주역관해

나남
nanam

황정원

법학박사. 호 (號) 는 야청 (也青)
부산중·고등학교 졸업
서울대학교 법과대학 졸업
한국해양대학교 법학부 교수 역임
현 한국해양대학교 명예교수

《중국법사상사》(中國法思想史),
《주역 삼가해》(周易 三家解) 등 출간

나남신서 1972

주역관해

2018년 10월 20일 발행
2018년 10월 20일 1쇄

편역자_ 黃鉦源
발행자_ 趙相浩
발행처_ (주) 나남
주소_ 10881 경기도 파주시 회동길 193
전화_ (031) 955-4601 (代)
FAX_ (031) 955-4555
등록_ 제 1-71호 (1979. 5. 12)
홈페이지_ http://www. nanam. net
전자우편_ post@nanam. net

ISBN 978-89-300-8972-2
ISBN 978-89-300-8655-4 (세트)

책값은 뒤표지에 있습니다.

나남신서 1972

주역관해

周易管解

황정원 편역

나남
nanam

일러두기

1. 〈역경〉(易經)인 괘사(卦辭)와 효사(爻辭)에는 토(吐)를 달지 않았다. 다만 각 괘(卦)의 첫 장에 독송용(讀誦用)으로 〈역경〉의 원문(原文)을 제시하고, 그 토는 주희(朱熹)의 것을 사용했다.

2. 원문의 해석은 공자(孔子)의 〈단전〉(彖傳)과 〈상전〉(象傳)을 따르고, 그 토는 주희의 것을 따랐다.

3. 의리(義理)는 원칙적으로 공자와 왕부지(王夫之)를 따르고, 부득이한 경우에는 통설을 따랐다.

4. 〈상전〉 다음에 붙인 〈고역단시언〉(古易斷時言)은 일본 역학자 아라이 하쿠가〔新井白蛾〕의 점단(占斷)이다.

5. 각 괘의 말미에 제시한 '괘상(卦象)풀이'는 일본 역학자 마세쥬슈〔眞勢中州〕의 〈역학계제〉(易學階梯)를 중심으로 다른 견해도 첨가하여 정리한 것이다.

머리말

〈주역〉은 고대에 갑골문자(甲骨文字)로 기록되어 전해온 것이라서, 괘효(卦爻)의 길흉(吉凶)을 기록한 점사(占辭)에 오자(誤字)가 섞일 수밖에 없었다. 그 원문(原文)이 불분명하니, 그 본래의 뜻을 찾아서 해석하는 것은 더 어려운 작업이었다. 1973년 한묘(漢墓)에서 발굴한 〈백서주역〉(帛書周易)에 보면 공자가 "나는 100번 점쳐서 70번만 맞았다"고 한 구절이 있다. 그 당시에도 오자가 많았던 것으로 보인다. 점사의 정오(正誤)를 정확하게 밝히는 것은 역학(易學) 연구를 위한 선결 조건인데, 〈역경〉의 원문이 발굴되지 않는 한 정확한 해석은 영원한 숙제로 남을 수밖에 없다.

그런데도 〈주역〉이 3천 년 동안 계속해 인기가 있는 이유는 무엇일까? 공자가 노년에 역(易)을 좋아하여 해설서를 10권이나 남겼기 때문이다. 지난 3천 년 동안, 중국에서 소중히 다룬 책들 중에서 그 해설서가 2천 종류가 넘는 책은 오직 〈주역〉뿐이다. 비록 오자가 더러 있더라도 공자의 위대한 사상을 접할 수 있는 귀중한 자료다. 그래서 후대의 많은 해설서의 제목이 '정의'(正義), '전'(傳), '본의'(本義) 등으로 그럴듯하지만, 내용 중에는 의외로 '미상'(未詳)이라는 표현이 많이 들어 있다.

조선시대에 〈주역〉의 교과서로 사용한 명(明)나라의 〈주역전의대전〉(周易傳義大全)과 그 뒤에 나온 청(淸)나라의 〈주역절중〉(周易折中)은 역학자의 필독서이지만, 편찬한 사람들의 기호(嗜好)가 서로 다르다는 점을 정리한 책으로 유력한 이설(異說)들을 분류한 서적일 뿐이다. 전자는 의리역(義理易)을 따른 내용이 많고, 후자는 상수역(象數易)을 참조한 점이 서로 다르다.

　　저자가 읽은 의리역에 해당하는 책은, 공자의 〈십익〉(十翼)을 제외하면, 명말청초(明末淸初)에 나온 왕부지의 〈내전〉(內傳)이 압권이다. 〈십익〉은 너무 간단해서 이해하기 어렵고, 후자는 너무 자세하여 모두 옮기기 쉽지 않은 차이가 있을 뿐이다. 다만 왕부지가 후대에 살았기에 글자의 정오를 판단하는 안목이 뛰어난 것이 두드러진다. 생각건대, 두 책을 비교하면서 정독하면 역리(易理)를 저절로 맛볼 수가 있을 것이다.

　　몇 년 전에 출간한 《주역 삼가해》는 주역에 관심 있는 제자들에게 주역 해석의 다양성을 보여줄 목적으로 편집한 것이었다. 편자의 견해는 오직 '참고문'에 일부 첨가했을 뿐이었다. 역점(易占)에 관심이 있어서 〈주역〉을 다독(多讀)하다 보면, 나름대로 남다른 해석이 나오기도 하고, 역점을 이용하면서 더러 점사가 잘못 해석된 부분을 찾기도 한다.

　　50년 동안 주역을 가까이 두면서 정리한 특이한 해석들이 비록 그 분량은 적지만, 평생 완미(玩味)하여 얻은 것인지라, 후배들에게 전해 주고 싶은 생각에 만용을 부려 책으로 펴내기로 하였다. 이에 《주역관해》(周易管解)라는 제목으로 출간하니, 역도(易道)의 길을 선택한 선후배 도반(道伴)들의 고명(高明)한 질타(叱咤)를 기다린다.

2018년 가을
야청(也靑) 황 정 원

주역관해

차 례

서 론

1. 〈역경〉의 원류

중국 고대국가인 주(周) 나라 초에, 당시 은(殷) 나라에서 사용하던 점책 (占冊) 을 정리하여 〈역〉(易) 이라는 점서(占書) 를 만들었다. 지금으로 부터 3천 년 전 일이다. 이 작업의 주역(主役) 은 은주(殷周) 교체기 당시 의 주나라 문왕(文王) 과 주공(周公) 으로 알려져 있다. 그 후에 공자(孔 子) 가 이 〈역〉을 해설하여 10권의 해설서인 〈역전〉(易傳) 을 집필했다. 그 후 공자의 제자들이 이 〈역전〉을 〈역〉에 합쳐 같이 공부하면서, 〈역〉을 〈역경〉(易經) 이라 하고, 〈역경〉에 〈역전〉을 합권하여 〈주역〉 (周易) 이라고 불러왔다.

1993년 3월에 호북성(湖北省) 강능현(江陵縣) 왕가태(王家台) 15호 진묘(秦墓) 에서 〈귀장역〉(歸藏易) 이 발굴되었다. 〈주역〉의 원형으로 보이는 〈귀장역〉은 원래부터 은나라에서 점치던 책이라고 전해지는 데, 그 증거가 나온 셈이다. 즉, 문왕과 주공이 은역(殷易) 을 계수(繼 受) 하여 주역을 편찬하면서, 64가지 별괘(別卦) 로 구성된 〈귀장역〉의 점사를 버리고, 각 별괘마다 괘사(卦辭) 와 효사(爻辭) 를 증보(增補) 하여 편찬한 것으로 보인다.

이처럼 역점제도는 원래 산동반도에 살던 동이(東夷)가 은나라에서 사용하던 점이었고, 그 점사를 기록한 갑골문(甲骨文)은 그 당시 동이족이 사용하던 중국 최초의 문자이다. 이 은(殷)의 역점을 주초(周初)에 증보(增補)한 것이 오늘날의 〈주역〉이므로, 그 내용은 은에서 동이가 사용하던 역(易)을 근간으로 한 것이라고 볼 수 있다. 따라서 〈주역〉은 중국의 주대(周代)에 유가(儒家)에서 사용한 고문서(古文書)이므로 '우리 동이와는 아무런 관계가 없는 외국 서적이다'라고 하는 것은 아주 잘못된 생각이다.

즉, 역점을 애용하던 은나라는 본래 산동반도에 살던 동이가 중원(中原)에 있던 한족(漢族) 하(夏)나라를 무너뜨리고 세운 상(商)나라이고, 〈주역〉을 기록한 한자(漢字)는 애초에 은(殷)의 갑골문에서 유래한 글이다. 그러므로 한자와 역점은 본래 동이의 문화였고, 우리 고대 문화의 중요한 유물(遺物) 중 하나다. 원래 우리 글로 기록된 은허(殷墟)의 갑골문은 〈은역〉(殷易)의 점사였고, 그 고자(古字)를 사용하여 은나라의 역점을 정리, 기록한 것이 바로 〈주역〉이니, 그 연원(淵源)을 따져 보면 〈주역〉이란 고서(古書)는 원래 우리 동이의 것이다.

구체적으로 〈주역〉 책이 동이의 것이란 증거는 현존하는 〈주역〉 책에도 그 내용이 다수 남아 있다. 64별괘 속에 들어 있는 내용 중에는 동이와 연관 있는 점사가 잔존하고 있다. 즉, 동이를 나타내는 명이(明夷)라는 괘가 있고, 그 명이괘에 보면 六五에 "기자(箕子)가 동이(東夷)로 갔다"는 "기자지명이"(箕子之明夷)라는 효사가 있다. 갈 '지'(之) 자를 '간다'는 뜻으로 보면, 은(殷)의 제후(諸侯)였던 기자가 고향인 동쪽 해 뜨는 나라로 돌아갔다는 기록이다. 〈초씨역림〉(焦氏易林)의 '도장본'(道

14

藏本) 과 '원본'(元本) 에도 산천대축(山天大畜) 괘의 불변(不變) 에 "조선
지지 기백소보"(朝鮮之地 箕伯所保) 라는 글귀가 있으므로, 고조선 왕족
이던 기자(箕子) 가 조선(朝鮮) 땅을 지배했다는 사실을 알 수 있다.

또 〈설괘전〉에는 감(坎: 물) 을 함(陷), 즉 '빠진다'고 해설하고, 이
(離: 불) 를 려(麗), 즉 '붙는다'고 해석한 글이 있다. 이것은 〈주역〉의
내용이 동이에서 연원한 것임을 보여주는 명백한 증거다. 〈상서〉(尙書)
에 보면, 중국인은 물을 '빠진다'고 표현하지 않으며, 불을 '붙는다'고 말
하는 버릇이 없다. '물 빠진다', '불 붙었다'는 표현은 순전히 우리 동이
의 표현이다.

이런 사실을 감안하면 우리가 지금까지 〈주역〉을 중국 고전(古典) 으
로 보던 시각은 상당히 잘못된 것이었음을 알 수 있다. 동시에 우리는
동이족(東夷族) 이 중국 대륙을 최초로 정복했던 우리의 고대사(古代史)
를 상기할 필요가 있다.

2. 〈역전〉의 내용

점책 중에서도 〈주역〉은 확실하게 적중하는 희귀한 점서이므로, 역학
(易學) 은 예로부터 실용성이 높은 학문으로 존중되었다. 그 덕분에 진
시황(秦始皇) 의 분서(焚書) 에도 살아남았다고 한다. 그러면서 중국의
유가에서 익히는 사서삼경(四書三經) 중에 포함되어 필수적으로 공부
해야 하는 고전이 되었다. 고문서이므로, 중국에서도 난해한 책으로 손
꼽히고, 유학자(儒學者) 라면 자기의 해설서를 내고 싶어 하는 책이다.

점책인 〈역경〉에 해설을 최초로 붙인 사람은 공자라고 알려져 있다.
공자는 50세가 되어서야 〈역경〉을 읽었는데, 한 번 읽어 보고서 그는

완전히 역리(易理)에 심취하여 유명한 위편삼절(韋編三絶)이라는 말이 생겼다. 그리고는 〈역경〉을 해설하는 작업에 들어갔다. 이 해설이 〈역경〉에 대한 최초의 해설서인 〈역전〉(易傳)이다.

이른바 '십익'이라 불리는 이 해설들은, 괘사를 풀이한 〈단전〉(彖傳), 괘상(卦象)과 효상으로 괘사와 효사를 모두 풀이한 〈상전〉(象傳), 8괘(八卦)를 풀이한 〈설괘전〉(說卦傳), 64별괘의 순서를 설명한 〈서괘전〉(序卦傳), 별괘를 비교하여 특징을 분석한 〈잡괘전〉(雜卦傳), 건곤(乾坤)괘만 자세히 분석한 〈문언전〉(文言傳), 그리고 음양(陰陽)을 중심으로 역리를 널리 해설한 〈계사전〉(繫辭傳)이 그것이다. 이로부터 원문인 〈역경〉과 해설서인 〈역전〉이 구별되었다. 오늘날 통행하는 〈주역〉이라는 책은 이 〈역경〉과 〈역전〉을 합본(合本)한 것이다.

이 책 《주역관해》(周易管解)는 〈역경〉인 괘사와 효사만 해석한 것이고, 〈역전〉은 모두 수록하지 않고 직접적으로 점사인 괘사와 효사를 해석한 공자의 〈단전〉과 〈상전〉만 수록하였다.

3. 점치는 방법

점(占)을 쳐서 의문을 풀려는 사람은 먼저 64개의 별괘 중에서 한 개의 괘를 선정하여 그 괘의 의미와 상징을 보고 의문사항에 대비하여서 그 결과를 추리, 해석한다. 64개인 별괘 중에서 한 개를 선별하는 작업을 일반적으로 '괘를 뽑는다'거나 '점친다'고 표현하고, 역학(易學)에서는 작괘(作卦) 또는 입괘(立卦)라고 한다. 역점을 사용하려면 이렇게 괘를 뽑는 방법이 먼저 이해되어야 한다.

1) 본서법과 점사

점치는 작괘의 방법에 대해서는 고래(古來)로 설(說)이 많다. 일반적으로는 시초(蓍草)라는 50개의 점대를 사용해 계산하는 작괘법(作卦法)이 전통적인 것으로 알려져 있다. 흔히 본서법(本筮法)이라고 하는데, 그 방법은 64괘를 만드는 방법으로 "6개의 효(爻)에다 음양을 정하는 점법"인데, 그 작괘하는 순서는 주희(朱熹)의 〈역학계몽〉(易學啓蒙)에 자세히 적혀 있고, 주희의 〈본의〉(本義) 앞부분에도 나온다. 작괘하는 과정이 각 효마다 3번씩 점대를 계산하므로 합계 18번 계산이 반복되므로 18변법(變法)이라고도 한다.

본서법은 6효(六爻)의 음양을 시초(蓍草)의 숫자를 헤아려서 정한다. 먼저 점칠 문제(問題)를 정리하여, 그 사안(事案)에 정신을 집중하고, '그 길흉을 알고 싶다'는 생각을 일으킨다. 그리고 다음 순서에 따라 점대를 조작한다.

점칠 때에 사용하는 시초인 점대는 50개인데, 먼저 태극(太極)을 상징하는 1개를 빼어 상 위에 가로로 놓아두고, 나머지 49개를 양손으로 잡아서, 점대 조작(操作)을 시작한다. 맨 밑에 있는 초효(初爻)의 음양부터 정한다.

① 점대를 무심(無心)하게 양손으로 둘로 나눈다. 오른손에 잡은 점대를 앞에다 내려놓고, 그중 하나를 집어서 왼손 약지와 소지 사이에 끼운다.
② 왼손에 있는 점대를 4개씩 세어서 제거하고 그 나머지를 왼손 중지와 약지 사이에 끼운다.
③ 다시 오른손에 잡았다 내려놓았던 점대를 집어 역시 4개씩 제거하

고, 그 나머지를 검지와 중지 사이에 끼워 둔다.

④ 왼쪽 손가락 사이에 끼워둔 점대를 모두 합쳐서, 태극을 상징하는 점대의 좌측에 직각(直角)으로 걸쳐 둔다.

⑤ 그리고 남은 점대를 집어 들고, 같은 방식으로 둘로 나누고, 오른손의 하나를 왼손 약지와 소지 사이에 끼우고는, 나머지를 4개씩 제거하고 남는 수를 왼손 중지와 약지 사이에 끼운다. 손가락에 끼워진 점대를 합쳐서 태극점대의 중간에다 직각으로 걸친다.

⑥ 다시 남은 점대를 집어 들고, 같은 방식으로 계산하고 손가락에 끼운 점대를 합쳐서 태극점대의 우측에 걸친다.

⑦ 이렇게 점대를 헤아려서 4개씩 제거하는 과정을 3번 거치고 나서, 손에 남는 점대를 세어 보면, 24개 · 28개 · 32개 · 36개라는 4가지 경우에 해당한다. 이 남는 시초의 숫자를 4로 나누면 각각 6 · 7 · 8 · 9라는 숫자가 나오는데, 이것으로 음양과 사상(四象)을 정한다. 이 작괘작업은 정신이 통일된 상태에서 이루어져야 바른 괘(卦)가 나오므로, 유가(儒家)에서는 〈주역〉을 〈세심경〉(洗心經)이라고도 부른다.

숫자를 음양으로 변환하면, 홀수는 양(陽)이고 짝수는 음(陰)이다. 7과 9는 양수이고, 6과 8은 음수이다. 다시 음양을 노(老)와 소(少)로 나누면, 양수 중에서 7은 소양(少陽)이고, 9는 노양(老陽)이며, 다시 음수 중에서 6은 노음(老陰)이고, 8은 소음(少陰)이니, 이것을 사상(四象)이라고 부른다. 가령 6 · 7 · 8 · 9 · 6 · 7이 차례로 나온 경우라면, 처음 6은 노음, 7은 소양, 8은 소음, 9는 노양, 6은 노음, 7은 소양이므로, 종합하면 화수미제(火水未濟)라는 괘가 성립된다.

이렇게 점대를 조작하는 간단한 동작을 6번 하면, 6효의 음양과 그

노소(老小)가 각각 정해진다. 즉, 6효를 아래에서 위로 그어가면서, 작괘작업이 끝난다.

그런데 역리는 변화에 따라 발생하는 길흉을 중시하므로, 음(陰)은 양(陽)으로 변동하고, 양은 음으로 변동한다고 말한다. 〈주역〉은 "길흉 회린(吉凶悔吝)이 동(動)에서 생긴다"고 하면서, 노(老)가 소(少)로 변화하는 음양의 변화를 중시하는 점법이다. 즉, 소는 노로 변동하고, 노는 죽어서 다시 소로 변동한다고 말한다. 예컨대, 소양(少陽) 7은 당연히 노양(老陽) 9가 되고, 소음(少陰) 8은 당연히 노음(老陰) 6이 된다. 그리고 노양인 9는 변화하여 소음인 8이 되고, 노음인 6은 변화하여 소양인 7이 된다고 설명한다.

다시 말해, 점대가 24개나 36개가 남은 노효(老爻)를 중시하므로, 노양인 9와 노음인 6을 주목한다. 7과 8로 표시한 28개와 32개는 소양과 소음이므로 시간이 지나가도 노양과 노음으로 늙어가지만, 그 음양만은 불변하므로, 7과 8은 역점에서는 사용하지 않는다.

이렇게 맨 아래에 있는 초효에서 맨 위에 있는 상효(上爻)까지 6·7·8·9로 6효를 표시하면, 별괘라고 부르는 64가지의 본괘(本卦)가 정해진다. 그리고 그 6효 중에서 6노음과 9노양만 찾아서 그 효사를 가지고 길흉을 판단한다. 이렇게 6과 9를 찾아서 소양과 소음으로 변화시키면 변괘(變卦)인 64가지 지괘(之卦)가 나온다.

사물은 변동하고, 그에 따라서 길흉이 생기는 것이 사실이라면, 음양의 성질이 변동하는 노효인 6과 9를 취하여 그 점사인 효사로 점단(占斷)한다.

그런데 6효로 구성된 별괘에서 변화할 동효(動爻)인 6이나 9가 하나인 경우에는 해당하는 효사로 길흉을 판단하지만, 6과 9가 동시에 2개

이상인 경우에는 적용할 점사가 다수이므로 그것을 종합하여 판단하여야 한다. 본서법은 64개의 별괘가 본괘가 되어서, 각각 64개의 별괘로 변화가 가능하므로, 작괘하여 만든 경우의 수는 4,096가지다. 동효가 복수인 경우에는 해당하는 점사들을 종합해 해석해야 하는데 그 기준에 대해서는 설명이 없다.

역점 공부의 고전(古典)인 〈춘추좌씨전〉(春秋左氏傳)의 점례(占例)를 살펴보면, 동효가 복수(複數)인 경우가 여럿 등장한다. 본서법에서 생기는 4,096가지 경우에다 각각 점사를 붙인 독특한 점책이 있다. 한(漢)나라의 초연수(焦延壽)가 저술한 〈초씨역림〉이 그것이다. 그런데 2천 년 동안, 필사하여 내려온 책이니 글자가 달라진 부분이 많아서 여러 판본이 남아 있고, 그 원본을 찾아낼 수 없는 것이 난점이다.

이처럼 〈주역〉의 구조는 '동효가 한 개일 경우에' 그에 해당하는 효사를 가지고 길흉을 판단하는 체제로 편집되어 있다. 그래서 동효를 따로 '한 개만 구하는 방법'이 자고로 여러 가지로 소개되고 있다. 우리나라 다산 정약용(丁若鏞) 선생도 동효를 한 개만 구하는 방법에 대하여 〈주역사전〉(周易四箋)에서 복잡한 설명을 전개했다.

동효가 복수인 경우에 주역의 효사를 활용하는 방법에 대해서는 주희의 고변점(考變占)을 비롯하여 여러 가지 점단방법이 전해오나, 아직도 보편타당한 통설은 없다. 참고로 전통적인 주희의 고변점의 내용을 살펴보자.

① 6효가 모두 불변(不變)하면, 본괘(本卦)의 괘사(卦辭)로 점단(占斷)한다.

② 한 개의 효(爻)만 변하면, 본괘의 동효(動爻)의 효사(爻辭)로 점단한다.

③ 2개의 효가 변하면, 본괘의 2개 동효의 효사로 점단하되, 상위
(上位)의 효를 주로 한다.

④ 3개의 효가 변하면, 본괘와 지괘(之卦: 變卦)의 괘사로 점단한다.

⑤ 4개의 효가 변하면, 지괘의 불변(不變)인 2개의 효사로 점단하되
하위(下位)의 효를 주로 한다.

⑥ 5개의 효가 변하면, 지괘의 불변(不變)인 한 개의 효사로 점단
한다.

⑦ 6효가 모두 변하면, 지괘의 괘사로 점단한다.

이 방법은 고래로 비판을 많이 받아서 이것을 따르는 사람은 매우 적
다고 한다.

동효가 한 개만 아니고 2개 이상 또는 6개까지도 다양하게 출현하는
이 다동(多動)의 문제뿐만 아니라, 본서법은 18변(變)을 거치는 작업
과정이 복잡하여 일정한 작괘실(作卦室)이 따로 필요하므로 실용성이
적고, 또 점대를 조작하는 시간도 10분 이상 소요되므로 작괘과정에서
정신을 계속 사안에 집중하기 어렵다. 그래서 숙련된 사람이 아니면 망
괘(妄卦)가 나오기 쉽다. 또 수학적으로 양효(陽爻)가 나올 가능성이
상대적으로 높아서 음효(陰爻)와 양효가 나올 확률이 공평하지 못하다
는 비판도 있다. 구체적인 길흉 점단은 원칙적으로 본괘의 괘사와 지괘
의 괘사를 참작하여 종합적으로 활단(活斷)해야 한다.

이런 약점이 있어서, 〈역경〉의 체제를 그대로 활용할 수 있는 다른
작괘법을 모색하게 되었고, 그에 따라 간단한 점법이 출현했다. 오늘날
에는 여러 가지 간단한 작괘법이 일반화되어 본서법을 사용하는 사람은
찾아보기 힘들다.

2) 약서법

한(漢)나라에 와서 엽전(葉錢)을 6번 던져서 6효를 정하는 척전법(擲錢法)이 등장한다. 동전(銅錢)의 한쪽을 깨끗하게 갈아서 양(陽)을 표시하는데, 한 번에 엽전 3개를 동시에 던져서 사상(四象)을 구별하므로, 결과적으로는 6·7·8·9가 나오는 본서법과 같은 이치다. 흔히 육변법(六變法) 또는 중서법(中筮法)이라고 하는데, 다동의 문제가 해결되지 않으므로 오행(五行)을 사용하여 점단하는 6효점에서만 애용되었다. 요즘도 흔히 동전으로 6효를 결정하는데, 이때는 음양을 구분하는 기준이 합리적이어야 한다.

그러다가 〈주역〉에 나오는 64별괘의 괘사나 384개인 효사만을 사용하여 점단하는 약서법(略筮法)이 나왔다. 먼저 경괘(經卦)인 8괘 중에서 차례로 2개를 뽑아 별괘를 작괘하고, 다시 6효 중에서 동효를 한 개만 정한다. 즉, 64괘 중에서 괘를 한 개 선정하고, 다시 동효를 한 개만 선정하는 간단한 점법인데, 흔히 작괘하는 과정이 세 번이므로 삼변법(三變法)이라고도 한다.

구체적으로 먼저 8괘 이름을 적은 점대를 이용하여 상괘(上卦)와 하괘(下卦)를 작괘하고, 다음에는 1에서 6까지 숫자가 적힌 점대나 육면체로 된 주사위로 동효를 정한다. 괘명(卦名)을 적은 점대와 숫자를 적은 점대가 필요하다. 이 약서법은 효사를 활용하는 장점이 있으나, 괘사를 근본으로 하고, 효사를 참고하면서, 점사를 합리적으로 해석하는 기술이 필요하다.

3) 매화점법

생활이 복잡한 현대에는 자동차를 운전하거나 대화하는 중에도 갑자기 점을 쳐야 하는 경우가 있다. 점칠 도구도 없고, 점을 칠 만한 환경이 아닐 때에 길흉을 판단할 필요가 있다면 어떻게 할 것인가? 이런 경우에 활용하기 쉬운 것이 중국 송(宋)나라의 소강절(邵康節) 선생의 매화점법(梅花占法)이다. 즉, 당시의 연월일시(年月日時)를 합산(合算)하여 작괘하는데, 합산할 여건이 안 되거나, 시급한 경우에는 점을 치는 그 시점(時點)에 특별하게 눈에 띄는 주위 사물이나 인물 혹은 숫자가 있으면 그것으로 8괘를 배대(配對)하여 64별괘와 동효를 결정하는 방법이다.

사물을 괘상에 대비하는 설명은 공자의 〈십익〉 중 하나인 〈설괘전〉에 비교적 자세히 나와 있다. 특별한 것은, 소강절 선생은 8괘에다 숫자를 배대하는 괘서(卦序)를 정하여, 1에서 8까지 숫자를 이용하여 간단하게 작괘하는 점법을 많이 활용했다. 그가 '복희팔괘차서'(伏羲八卦次序)를 설명하면서 경괘에 차례를 정해서 1건천(乾天)·2태택(兌澤)·3리화(離火)·4진뢰(震雷)·5손풍(巽風)·6감수(坎水)·7간산(艮山)·8곤지(坤地)라는 8괘의 순서를 발표했다. 그런데 주희가 이 '복희팔괘차서'를 〈역학계몽〉(易學啓蒙)에 원용(援用)하면서 공인받은 괘서로 유행하게 되었다.

즉, 점대로 6·7·8·9 숫자를 조작하여 사상(四象)을 정하는 과정을 생략하고, 주위에 보이는 숫자를 그대로 사용하여 8괘와 동효로 전환하는 약서법을 활용했다. 예컨대 1·2·3이라는 숫자가 보이면, 1은 건천이고 2는 태택이므로 별괘 중에서 천택리(天澤履)괘가 되고, 동효는 3효이니 六三의 효사로 그 길흉을 판단한다. 효사는 길흉이 불분명한 경우가 많으므로, 경괘 8괘에 오행(五行)을 배대하여 본괘와 지괘의 생극(生剋) 비화(比和)로 점단하는 방법이 〈매화역수〉(梅花易數)에서 보조적으로 활용되기도 한다.

4) 평생괘의 등장

괘서(卦序)의 숫자를 가지고 별괘와 동효를 정하는 약서법과 숫자점(數字占)이 일반화되면서, '복희팔괘차서'와 다른 괘서가 등장하는데, 중국 송(宋) 대에 나온 〈하락이수〉(河洛理數)의 방법이 대표적이다. 팔자간지(八字干支)를 수(數)로 바꾸고, 그 수로 평생을 보는 괘를 찾는 방법이다. 원래 평생을 판단하는 것은 사주(四柱) 명리학(命理學)에 속하는 분야인데, 용신(用神) 찾기가 어려우므로 송대에는 이 〈하락이수〉로 평생괘(平生卦)를 작괘하여 많이 애용했다. 그런데 〈하락이수〉에서 간지를 괘에 배대하는 숫자가 소강절 선생의 〈매화역수〉에 나오는 '복희팔괘차서'와는 다르다. 이론적으로는 한 해와 한 달의 신수(身數)까지도 계산이 되지만, 작괘과정이 복잡하고 적중률이 낮아 점차 명리(命理)에 밀려났다.

우리나라에는 대정수(大定數)라는 것이 유행했다. 사주팔자(四柱八字)를 가지고서 명리학으로 1년의 신수를 판단하는 것은 대가(大家)가 아니면 어려운 과제이므로, 〈하락이수〉보다 간단한 방법으로 팔자간지를 대정수로 계산하고 그 수(數)에서 별괘를 찾아서 당장의 운세(運勢)까지 보는 방법이다. 간지를 숫자로 변환하는 방법은 선천수(先天數)와 후천수(後天數)를 단복(單複)으로 활용하는데, 이 대정수는 우리나라에만 있는 방법이다. 그 괘서가 남명(南冥) 조식(曹植) 선생의 문집에만 보이는 것을 보면, 아마도 선생의 작품이 아닌가 싶다. 그리고 〈황극책수〉(皇極策數)도 그와 유사한 점법을 사용하는데, 이 책도 우리나라에

서만 전해온다. 이런 원리를 이용하여 나온 신수점 중에서 가장 잘 알려
진 것이 〈토정비결〉이다.

4. 괘사와 효사

64개의 별괘가 가지는 독자적인 뜻을 나타낸 글이 괘사(卦辭)인데, 흔
히 단사(彖辭)라고 부른다. 상괘와 하괘의 순열(順列)에서 나오는 의
미와 괘상을 참작하여 각 괘의 특징을 간단한 형식으로 표현한 글이다.
그리고 각각의 괘에는 6효가 있으며 각 효마다 효사(爻辭)가 붙어 있
다. 6효는 별괘가 처한 상황에서, 그 시간과 지위에 따라서 구체적으로
6가지 경우를 구별하여, 적당한 점사를 배치한다. 즉, 효사는 괘사를
기본으로 하면서 발생하는 6가지 경우에 대하여 점사를 붙인 것이니,
반드시 그 의미 내용이 괘사의 범위를 벗어나지 말아야 한다.
　흔히 초보자들이 괘사는 흉한데 효사가 길하면, 결론을 길하다고 판
단하는 경우가 있다. 전체가 흉한 상황에서 효사에서 길이 나왔다면, 그
것은 흉의 범주에서 비교적 길하다는 뜻임을 상기해야 한다. 즉, 별괘의
내용을 이해하고 활용하는 것이 주역 공부의 핵심이라 하겠다. 그래서
별괘의 괘상을 자세히 풀어낸 자료들을 찾아서 각 별괘의 말미에 첨부하
였다. 물론 그 괘상은 괘사와 효사, 그리고 〈십익〉에서 종합하고 추리
한 것이므로 근거 없이 독창적으로 창작한 것들이 아니다. 물론 상수학
(象數學)을 전공하는 학자들은 나름대로 괘상을 종횡무진으로 번쇄하게
설명하기도 한다. 그러나 구체적으로 별괘의 괘사와 효사를 벗어난 엉
뚱한 풀이는 망단(妄斷)을 초래할 뿐이므로 염두에 둘 필요가 없다.
　효사를 해석하는 방법으로는 고래로 '중(中)·정(正)·응(應)·비

(比)·승(承)·승(乘)'을 기준점으로 사용해왔다. '중'은 경괘의 중심이나 중간이라는 뜻이니 5효와 2효는 "중(中)을 얻었다"고 말한다. '정'은 위치를 말하니 6효 위치에서 홀수인 초효, 3효, 5효는 양위(陽位)라 하고, 짝수인 2효, 4효, 상효는 음위(陰位)라고 한다. 양효가 양위에 있거나, 음효가 음위에 있으면 "정위(正位)를 얻었다"고 말한다. '응'(應)은 서로 마주 보는 효를 말하니, 하괘의 상중하 3효와 상괘의 상중하 3효가 끼리끼리 마주 보므로 "상응(相應)한다"고 한다. 서로 음양으로 짝이 되면 정응(正應)이라고 길(吉)로 본다. '비'(比)는 서로 이웃하는 효를 가리킨다. 서로 음양이 짝이 되면 친비(親比)나 밀비(密比)라고 말한다. '승'(承)은 바로 "위의 효를 이어받는다"는 뜻이고, '승'(乘)은 "아래 효를 타고 있다"는 뜻이다.

5. 〈백서주역〉과 이본

〈역경〉은 고대문자인 갑골문으로 뼈에다 기록한 책이었고, 처음에는 죽간(竹簡)으로 전승(傳承)하다가, 한(漢)대에 비단을 거쳐서 나중에 종이에 적어 전해왔다. 한대에도 벌써 수종(數種)의 〈주역〉책이 있었다고 한다. 이미 3천 년의 긴 세월이 흘렀으니, 따라서 원문의 진가(眞假) 문제가 영원한 숙제다.

　근래 들어 통행본(通行本)〈주역〉과 내용이 다른 이본(異本)〈주역〉책이 다수 발굴되었다. 1973년 12월에 중국 호남성(湖南省) 장사시(長沙市)의 마왕퇴(馬王堆) 3호 한묘(漢墓)에서 한대(漢代)에 사용하던 백서(帛書)로 된 〈주역〉이 출토되었고, 그 후 1977년 7월에 안휘성(安徽省) 부양현(阜陽縣) 한묘에서 죽간으로 된 〈주역〉이 발굴되었고, 이어서 1978년, 1987년, 1993년, 1994년에 전국시대(戰國時代)의 죽간 〈주역〉이 여섯 종류나 더 발견되었다. 그중에서 보존된 내용이 가장 양호한 것은 호남성 장사시의 마왕퇴의 〈백서주역〉(帛書周易)인데, 그 내용을 통행본 〈주역〉과 비교하면, 괘의 순서는 완전히 다르고, 점사에도 약간의 차이가 있다. 통행본과 백서본(帛書本)에서 다른 부분이 있다는 사실이 발견되자, 두 가지 중에서 어느 것이 〈역경〉의 원본에 가까운가를 두고 최근 중국을 위시한 역학계(易學界)에서 활발한 연구발표가 진행되는 중이다. 〈백서주역〉에 보면, 공자가 제자에게 "오백점이칠십당"(吾百占而七十當), 즉 "나는 100번 점쳐 70번만 맞았다"고 한 말이 나온다. 이것은 당시에 공자가 공부한 〈역경〉도 진본(眞本)이 아닐 수도 있다는 이야기다.

특히 1993년에 호북성 강릉현에서 발견된 왕가태 진묘 죽간이 〈귀장역〉으로 판명되면서, "〈연산역〉(連山易)은 하나라의 역(易)이고, 〈귀장역〉은 은나라의 역(易)이다"라고 주장하던 종래의 통설도 흔들리고 있다. 앞으로 유물 발굴이 계속되면, 어쩌면 원본(原本)인 〈주역〉이나 〈귀장역〉을 보게 될지도 모르겠다. 하지만 이미 3천 년이 지났으니 동이 시대의 그 원본 내지 진본을 찾는 작업은 사실은 막연한 일이라 하겠다.

본론

64 별괘의 해석

중천건
重天乾

乾은 元亨하고 利貞하니라

初九는 潛龍이니 勿用이니라

九二는 見龍在田이니 利見大人이니라

九三은 君子가 終日乾乾하야 夕惕若이니 厲하나 无咎
이리라

九四는 或躍在淵이니 无咎이리라

九五는 飛龍在天이니 利見大人이니라

上九는 亢龍이니 有悔리라

用九는 見羣龍无首이니 吉하리라

31

^건 ^{원 형} ^{이 정}
乾. 元亨·利貞

건(乾)은 크게 형통(亨通) 하고, 이롭다는 점이다.

[풀이] 통행본(通行本) 〈주역〉에 나오는 첫 괘는 '건괘'(乾卦)다. 이 괘의 호칭을 중국이나 일본에서는 '건위천'(乾爲天)이라고 부르고, 우리나라는 전통적으로 '중천건'(重天乾)이라고 불러왔다. 이렇게 괘명(卦名) 다음에 붙은 점사(占辭)를 괘사(卦辭) 또는 단사(彖辭)라고 부른다. 괘상(卦象)과 괘의(卦義)를 중점적으로 나타내는데, 역점(易占)에서 동효(動爻)가 전혀 없으면, 이 괘사로 길흉(吉凶)을 판단한다.

　건괘의 괘상은 하늘이고, 괘의는 강건(剛健)이다. 6효 전부가 양효로 구성되어서 점사가 양(陽)의 특성을 나타낸다고 생각하나, 이 건괘의 괘사인 '원형이정'(元亨利貞)에 대해서는 고래로 그 해석이 분분하다. 원(元)은 크다는 뜻으로 보고, 형(亨)의 의미는 형통(亨通)으로 보지만, 간혹 향(享)자로 읽어서 제향(祭享)으로도 본다. 이(利)는 이롭다는 뜻이지만, 정(貞)의 뜻은, 종래에 정고(正固)라고 풀이했으나, 근래에는 문일다(聞一多) 교수가 '점(占)칠 貞(정)자'로 풀이하여 그것이 통설이 되었다.

　〈백서주역〉(帛書周易)에는 이 괘명이 '鍵'(건)으로 기록되어 있다. 열쇠 건(鍵)이니, 잠긴 것을 열쇠로 열어서 적극적으로 활성화시킨다는 뜻이리라.

^{대 재} ^{건 원} ^{만 물} ^{자 시} ^{내 통 천} ^{운 행 우 시}
彖曰 大哉라 乾元이여 萬物이 資始하나니 乃統天이로다. 雲行雨施
^{품 물} ^{유 형} ^{대 명} ^{종 시} ^{육 위 시 성} ^{시 승}
하야 品物이 流形하나니라. 大明이 終始하면 六位時成하나니 時乘
^{육 룡} ^{이 어 천} ^{건 도 변 화} ^{각 정 성 명} ^{보 합 대 화}
六龍하여 以御天하나니라. 乾道變化에 各正性命하여 保合大和
^{내 리 정} ^{수 출 서 물} ^{만 국} ^{함 령}
하나니 乃利貞이니라. 首出庶物에 萬國이 咸寧하나니라.

단(彖)에 일렀다. '건(乾)의 원(元)'이여! 만물이 그것에서 비롯하나니 이에 하늘을 통할(統轄) 한다. 구름이 가고 비가 내려서 만물이 형상을 이룬다. 대명(大明)이 처음과 나중에서 6효의 자리를 때맞추어 이루고, 때에 따라 여섯 용(龍)을 타고 천하를 다스린다. 건도(乾道)가 변화함에 각기 성명(性命)을 바로 타고나니, 대화(大和)를 보존하고 화합하여 이에 '이정(利貞)하다'. 성인이 만물 위에 나서서 다스리니, 모든 나라가 다 함께 편안하다.

[풀이] 괘사에 붙인 공자(孔子)의 해설을 통칭 〈단전〉(彖傳)이라고 한다. 위의 문장은 건괘의 괘사인 '원형이정'(元亨利貞)에 대한 공자의 해설이다. 특별히 건곤(乾坤) 양괘(兩卦)에 대한 자세한 해설은 〈십익〉(十翼) 중 하나인 〈문언전〉(文言傳)에서 다시 찾아볼 수 있다. '萬物(만물)이 資始(자시)한다'는 것은 만물의 씨를 뿌린 것을 가리킨다.

象曰 天行이 **健**하니 **君子以**하야 **自彊不息**하나니라.
상(象)에 이르기를, 하늘의 운행(運行)이 건실(健實)하다. 군자(君子)는 이것을 본받아서, 스스로 굳세어서 쉬지 않는다.

[풀이] 괘마다 붙은 행동지침(行動指針)을 〈상전〉(象傳)이라고 하는데, 공자가 괘사 밑에 붙인 것이라고 흔히 〈대상〉(大象)이라고 부른다. 이 글귀를 보고, 처세(處世)나 수양(修養)에 관한 글이라고 일반적으로 말한다.

• **〈古易斷時言〉의 점단**
사회적으로 존귀(尊貴)한 사람의 공적(公的) 사업은 성공하지만, 보통 사람은 백사(百事)에 길조(吉兆)가 아니다. 즉, 국가나 지방에 관한 공무(公務)나 가문(家門) 전체에 관한 공적인 일은 사심(私心) 없이 정도(正道)로 신중하게 진행하면 순조롭다고 보는데, 다만 진행속도는 대체로 더디다. 그러나 보통사람들은 좋은 '아이디어'가 생겼다고 즉시 일을 추진하면 대개 불성(不成)하고, 만약 성사될지라도 결국에는 깨어지니, 백사(百事)를 연기(延期) 하고 조심하는 것은 이롭다. 질병(疾病)은 난치(難治)이다. 혼인(婚姻)은 가(可)하다고 볼 때가 있지만, 뜻밖의 재해를 대비할 필요가 있다.

初九 潜龍·勿用
<small>잠 룡   물 용</small>

물에 잠겨 있는 용(龍)이니, 활용하지 마라.

[풀이] 효(爻)에 붙은 점사를 효사(爻辭)라고 한다. 모든 점괘(占卦)에서 변화할 동효(動爻)가 초효(初爻)인 경우에는, 그 괘의 초효의 효사를 가지고 길흉을 점단(占斷)한다. '初九'에서 '初'(초)는 첫 번째 효라는 표시이고, '九'(구)는 노양(老陽)을 가리키는 숫자다. 각 64괘마다 6개의 효가 있는데, 이 6효는 아래서부터 세는 것이 특징이다. 효마다 초(初)·이(二)·삼(三)·사(四)·오(五)·상(上)이라는 효위(爻位)를 표시하고, 효의 음(陰)과 양(陽)을 각각 육(六)과 구(九)로 표시한다.

이 괘는 용(龍)으로 양효를 설명한다. 용은 모든 공간을 자유로이 다니므로 양(陽)을 대표하는 동물이다. 초효와 2효는 삼재법(三才法)에서 지(地)에 해당하는데, 初九에서 초효는 다시 지하(地下)에 해당하니 물속에다 배대한다. 구(九)는 양(陽)이니, 어린 용이 물속에서 처음 공부하는 시절을 표상한다. 이경지(李鏡池)는 용을 천문(天文)의 용성(龍星)이라고 풀이하면서, 추분(秋分) 절기에 나타난 잠겨 있는 용성으로 해석한다.

象曰 潜龍勿用은 陽在下也니라.
<small>잠 룡 물 용   양 재 하 야</small>

상(象)에 이르기를, '물에 잠겨 있는 용이니 쓰지 마라'는 것은, 양(陽)이 맨 아래에 있기 때문이다.

[풀이] 각 효(爻)마다 효사를 해설한 공자의 〈상전〉이 있다. 흔히 〈소상〉(小象)이라 부른다.

• 〈古易斷時言〉의 점단

하나뿐인 동효가 초효인 경우에는, 백사(百事)에 한 걸음 물러나서 현
상유지하면서 때를 기다리는 태도가 유리하다. 만일 적극적으로 추진
하면 모두 불리하다. 또 신분에 맞지 않는 과분(過分)한 소원이나, 남
녀 간의 이성교제를 조심하라. 주소(住所)가 불편하다고 변동하면, 변
동할수록 더 고생하는 경향이 있다.

九二   見龍在田 · 利見大人
     현룡재전   이견대인

나타난 용(龍)이 밭에 있으니, 대인(大人)을 만나 보면 이롭다.

[풀이] 2효는 지상(地上)에 해당하니, 논밭의 위치다. 대인은 九五의 임금을 가
리킨다. 이경지는 용성(龍星)이 천전성(天田星) 주변에 나타난 상황으로 본다.

象曰   見龍在田은 德施普也니라.
     현룡재전   덕시보야

상(象)에 이르기를, '나타난 용이 밭에 있다'는 것은, 덕(德)을 널리
베풂이다.

[풀이] 용이 그 능력을 비로소 표현한다. 〈주역〉에 나오는 德(덕)자는 모두 재
능이라는 의미다.

• 〈古易斷時言〉의 점단

하나뿐인 동효가 2효인 경우는, 만사(萬事)가 대개 좋게 풀리는 시점이
다. 처음에는 고생이 되나 일이 서서히 진행되고, 입신할 기회가 생긴
다. 그러나 속성으로 급하게 성취되는 것은 아니니, 여기저기 널리 부
탁하면서 느긋하게 추진하라. 자신의 능력만으로 일을 처리하려는 태
도는 흉하게 된다.

九三　君子終日乾乾 · 夕惕若 · 厲无咎
군자종일건건　석척약　여무구

군자가 종일 부지런히 노력하고, 저녁에 반성하고 두려워하니, 위태
로워도 무탈하다.

[풀이] 3효는 관리(官吏)들의 위치다. 용 대신에 군자가 등장한 까닭은 3효
는 삼재(三才)에서 인(人)에 해당하기 때문이다.

象曰　終日乾乾은 反復道也니라.
종일건건　반복도야

상(象)에 이르기를, '종일 부지런히 노력한다'는 것은, 도(道)를 반
복함이다.

[풀이] 정이(程頤)는 '종일 부지런히 노력함을 반복하는 것을 도(道)라고 한다'
고 해석한다.

• 〈古易斷時言〉의 점단

하나뿐인 동효가 3효인 경우, 만사에 흉조(凶兆)다. 조금이라도 태만
하거나 방종하면 위험해진다. 대개 소인(小人)은 흉을 면하기 어렵다.

九四　或躍在淵 · 无咎
혹약재연　무구

혹은 뛰기도 하고, 혹은 연못에 있기도 한다. 무탈하다.

[풀이] 4효는 대신(大臣)의 위치이나, 왕자라면 세자(世子)에 해당한다. 이경
지는 '군자가 못으로 뛰어든다'고 본다.

象曰　或躍在淵은 進이 無咎니라.
혹약재연　진　무구

상(象)에 이르기를, '혹은 뛰고, 혹은 연못에 있다'는 것은 나아감에
무탈함이다.

• 〈古易斷時言〉의 점단

하나뿐인 동효가 4효인 경우, 진퇴(進退)할 시기를 아직 결정할 수 없는 시절이니 당분간 보류하라. 보통사람은 흉하다. 소원(所願)을 이루기 쉬운 듯 보이나 실제로는 이루기 어렵다. 남과 다투지 마라.

九五　飛龍在天·利見大人

나는 용(龍)이 하늘에 있다. 대인을 만나 보면 이롭다.

[풀이] 임금의 위치가 5효이다. 군(君)이나 주인(主人)에 해당한다. 대인은 九二의 현인(賢人)들을 가리킨다. 이경지는 춘분(春分) 절기에 나타난 용성(龍星)이 하늘에 있다고 본다.

象曰　飛龍在天은 大人造也니라.

상(象)에 이르길, '나는 용이 하늘에 있다'고 함은 대인의 작용이다.

• 〈古易斷時言〉의 점단

하나뿐인 동효가 5효인 경우에는, 九五는 군주(君主)의 위치에 해당하는 효상(爻象)으로 본다. 따라서 보통사람은 효상과 안 맞으므로 백사(百事)가 불리하지만, 군주나 부친에 관한 일과 윗사람에 관한 사안은 성사된다. 또 군주나 부모는 사람을 거느리는 위치이므로, 남을 위해서 고생이 많고 또 유지비도 많이 든다는 의미가 있다. 혼인은 가하다.

上九 亢龍 有悔
<small>항 룡 유 회</small>

너무 높이 올라간 용(龍)이다. 후회한다.

[풀이] 上九는 은퇴한 상왕(上王)의 자리이다. 기업에서는 경영일선에서 물러난 회장이나 이사장을 가리킨다. 이경지는 뻣뻣한 직룡(直龍)으로 본다.

象曰 亢龍有悔는 盈不可久也니라.
<small>항 룡 유 회　　영 불 가 구 야</small>

상(象)에 이르기를, '높이 올라간 용은 후회한다'는 가득 차면 오래갈 수 없음이다.

• 〈古易斷時言〉의 점단

하나뿐인 동효가 상효인 경우에는, 보통사람은 백사(百事)가 반드시 흉하고, 신상(身上)에 파탄이 생긴다. 또 남의 모함에 의한 피해를 주의하라.

用九 見羣龍无首 吉
<small>견 군 룡 무 수　 길</small>

용구(用九)는 여러 마리의 용들을 보니 머리가 없다. 길하다.

[풀이] '여러 마리의 용들을 보니 머리가 없다'는 것은, 정해진 법칙이 없이 적재적소에 적합한 양도(陽道)를 쓴다는 뜻이다. 용구의 사용처에 대해서는 자고로 해설이 분분하다. 종래의 통설은 중천건 괘의 6효가 모두 노양(老陽)이면, 순양(純陽)이 순음(純陰)으로 변하여 중천건이 중지곤으로 변하는데, 이경우에만 이 용구의 점사로 판단한다고 주장한다. 이렇게 본서법(本筮法)으로 점을 치는 통설에 따르면, 〈주역〉의 점치는 법은 동효가 한 개인 경우뿐만아니고 2~3개인 경우도 있고 최고로 6개인 효(爻)가 전부 동변(動變)하는 경우도 발생한다. 이렇게 '다동(多動)'일 경우에는 어느 효사를 기준으로 하느냐?' 하는 문제가 있다.

象曰 用九^{용구}는 天德^{천덕}은 不可爲首也^{불가위수야}니라.

상(象)에 이르기를, 용구는 천덕(天德)은 우두머리로 할 수 없음이다.

경괘인 건(乾)은 三陽으로 구성되므로, 건(乾)이 상하로 중첩된 별괘인 대성
괘(大成卦)도 그 명칭이 같다.[1] ● 六陽이므로 '강건하다'는 뜻이다. 자세히
분석하면, 건(乾)괘의 성(性)은 지강(至剛)이고 덕(德)은 지건(至健)이고 체
(體)는 원만(圓滿)이고 그 작용은 강진(剛進)이다.

● 건(乾)의 괘상은 하늘이다. 하늘을 상징하므로, 광대(廣大)·고상(高尙)
·지존(至尊)·지귀(至貴)·불식(不息)의 상(象)이다 ● 사람에 배대하면 귀
인·대인·군자의 상 ● 권위(權威)가 강하여 사람들에게 경하(慶賀)나 외경(畏
敬)의 대상이 되는 상이다 ● 군룡(群龍)이 비양(飛揚)한다는 뜻 ● 입신(立身)
하여 조상의 이름을 빛낸다는 뜻이다.

● 건천(乾天)은 하늘이고 무형(無形)이니, 실속이 없다는 뜻 ● 청결하고
여윈 사람 ● 양강(陽剛)하지만 베풀기만 하고 사취(私取)하지는 않는 상 ● 나
아가기만 하고 물러서지 않는다는 뜻 ● 부유·교만·사치의 뜻 ● 독재와 횡
포로 남을 업신여긴다는 뜻 ● 예진(銳進), 용맹(勇猛)의 뜻 ● 다른 사람들과
불화하고 다투거나 상처가 난다는 뜻이다. ● 양동(陽動)이니 한곳에 머무르
지 않고 운전(運轉)하면서 전진하여 멈추지 않는다는 뜻 ● 영만(盈滿) 또는
물건이 증가한다는 뜻이 있다.

---

1) 건(乾)괘는 원래 경괘(經卦)인 소성괘(小成卦)의 괘명인데, 상하(上下)에 건천(乾
天)이 중첩된 별괘인 중천(重天)인 대성괘(大成卦)도 그대로 건(乾)이라고 부른다.
이하에 나오는 중괘(重卦)의 명칭도 이와 같은데, 감괘(坎卦)만 예외로 습감(習坎)이
라고 부른다.

● 화상(畵象)으로 보면, 둥글게 포장한 물건 ● 곧고 긴 물건, 또는 물건을 뒤엎어 놓은 상 ● 모든 것이 새롭게 시작된다는 뜻 ● 일을 '이미 시작했다'는 뜻과 '아직 시작하지 않았다'는 뜻, 또는 시작과 종결의 뜻이 병존(竝存)하므로 경우에 따라 적절하게 적용한다 ● 생각이 짧고 성질이 급한 사람 ● 선악정사(善惡正邪)에 모두 철저한 사람 ● 하늘에 뜬 해 · 만월(滿月)의 상 ● 지역은 도시 · 번화가의 상 ● 적색 ● 검은색 ● 사람의 신체에서는 머리 · 얼굴 · 기운 · 골격 · 대복(大腹) 등이다.

● 문왕후천팔괘방위에 따르면 서북방이니,[2] 시간적 · 공간적으로는 술해(戌亥)이다 ● 오행(五行)상으로는 금(金)에 배대하고, 경신(庚辛)과 신유(申酉)에 해당한다 ● 늦가을, 서늘한 때, 금속으로 만들어진 물건, 금은주옥재보(金銀珠玉財寶), 강견(强堅)한 물건 ● 백색 · 4와 9의 수 · 매운맛 ● 인체에서는 피부 · 살가죽 · 폐장 등이다 ● 병은 공기를 통한 전염병 · 정신과로 · 신경쇠약 · 대소변 불통 · 두뇌질환 ● 소장법[3]에서는 하지(夏至)에 해당하는 괘다.

---

2) 〈주역〉, 〈설괘전〉(說卦傳) 제5장에 근거하여 8괘를 8방에다 배대하는 방법이 문왕후천팔괘방위(文王後天八卦方位)인데, 이런 해석법이 역학(易學)에서 통설로 계속 애용되었다.

3) 소장법(消長法)은 '복희(伏羲) 64괘 방위도'에 나타난 주야(晝夜)의 생장수장(生長收藏)을 별괘에 적용한 이론이다. 즉, 곤(坤)괘는 음(陰)이 지배하여 낮인 양(陽)이 가장 짧으므로 동지(冬至)에 배대하는데, 낮이 조금씩 길어지면서 복(復) · 임(臨) · 태(泰) · 대장(大壯) · 쾌(夬)괘를 거쳐, 건(乾)괘에 이르면 낮이 가장 긴 하지(夏至)에 배대한다. 그 후로는 밤이 조금씩 길어지면서 구(姤) · 돈(遯) · 비(否) · 관(觀) · 박(剝)괘를 거쳐, 동지인 곤괘에 돌아온다. 이 12괘를 소장십이괘(消長十二卦)라 한다.

중지곤
重地坤

坤은 元亨하고 利牝馬之貞이니 君子가 有攸往인데

先迷하고 後得하야 主利하니 西南은 得朋이요

東北은 喪朋이라 安貞하면 吉하리라

初六은 履霜하면 堅氷이 至하나니라

六二는 直方大라 不習이라도 无不利하니라

六三은 含章可貞이나 或從王事하면 无成有終하리라

六四는 括囊이니 无咎이며 无譽이리라

六五는 黃裳이니 元吉하니라

上六은 龍戰于野하니 其血이 玄黃이로다

用六은 利永貞하니라

^곤　^{원형}　^{이빈마지정}　^{군자유유왕}　^{선미후득주}
坤. 元亨・利牝馬之貞 ○ 君子有攸往・先迷後得主 ○
^이　^{서남득붕}　^{동북상붕}　^{안정길}
利 ○ 西南得朋・東北喪朋 ○ 安貞吉

곤(坤)은, 크게 형통(亨通)하고, 암말〔빈마(牝馬)〕을 묻는 점에 이롭
다. 군자가 나갈 일이 있으면, 먼저는 혼미(昏迷)하고 뒤에는 주인(主
人)을 얻는다. 이롭다. 서남(西南)에선 붕우(朋友)를 얻고, 동북(東
北)에선 붕우를 잃는다. 거주의 안부를 묻는 점은 길하다.

[풀이] 두 번째 괘다. 6효가 순음(純陰)이니 음(陰)을 대표한다. '먼저 나서면
혼미하고, 뒤따라가면 주인을 얻는다'는 것은 수동적인 음(陰)의 특성을 나타낸
다. 이롭다는 利(이)자는 앞구절에 붙기도 하고, 뒷구절에 붙기도 한다. '서
남에선 붕우를 얻는다'는 구절은, 해석이 분분하다. 중국의 지세(地勢)는 서남
은 산악이 높아서 눈과 얼음이 많고, 동북은 평지가 많다. 붕(朋)은 동류(同類)
인 붕우(朋友)로 풀이하니, 서남은 눈과 얼음이 많으므로 '붕우인 상설(霜雪)을
얻는다'고 표현한다. 이설(異說)은 붕(朋)을 같은 음(陰)으로 보거나, 붕패(朋
貝)라고 하여 금품(金品)의 뜻으로 보기도 한다. 〈백서주역〉에는 괘명이 '川'
(천)으로 되어 있어서, 곤(坤)이라는 흙과는 전혀 다른 냇물이 등장한다.

^{지재}　^{곤원}　^{만물}　^{자생}　^{내순승천}　^{곤후재}
象曰 至哉라 坤元이여 萬物이 資生하나니 乃順承天이다. 坤厚載
^물　^{덕합무강}　^{함홍광대}　^{품물}　^{함형}　^{빈마}
物이 德合无疆하며 含弘光大하야 品物이 咸亨하나니라. 牝馬는
^{지류}　^{행지무강}　^{유순리정}　^{군자유행}　^{선미실도}
地類니 行地无疆하며 柔順利貞이다. 君子攸行이면 先迷失道하고
^{후순득상}　^{서남득붕}　^{내여류행}　^{동북상붕}　^{내종유경}
後順得常하니 西南得朋은 乃與類行이요. 東北喪朋이나 乃終有慶
^{안정지길}　^{응지무강}
하리니 安貞之吉이 應地无疆이니라.

단(彖)에 이르기를, 지극하도다! '곤(坤)의 원(元)'이여! 만물이 모두 여기서 발생하나니 이에 순종하여 하늘을 이어받는다. 곤(坤)은 두터워서 만물을 싣고 덕은 한없는 건(乾)의 덕에 계합(契合)하여 널리 포함하고 크게 빛나서 모든 물건이 다 '형통하나니라'. 암말〔빈마 (牝馬)〕은 땅에 속하는 종류이니 땅을 걸어 다님이 끝이 없으며, 유순하면 이정(利貞)하고, '군자가 행하는 바가 있으면, 먼저 가면 길을 잃고 따라가면 떳떳함을 얻는다'. '서남쪽에서 득붕(得朋)하는 것'은 이에 동류(同類)와 함께 행하기 때문이요, '동북쪽에서 상붕(喪朋)하는 것'은 마침내 경사가 있고, '안정(安貞)의 점에 길하다'고 함은 한없는 땅의 공덕에 상응한다는 것이다.

[풀이] 공자는 곤(坤)괘에서 부창부수(夫唱婦隨) 같은 음(陰)의 대표적 성질을 설명한다. '만물(萬物)이 자생(資生)한다'는 것은 앞에 건괘에서 만물이 자시(資始)한 것을 이어받아 만물의 씨를 움트고 키우는 것을 말한다. 안정의 점은 향후 장기간의 평안과 불안을 묻는 점을 가리킨다.

象曰 地勢가 坤이니 君子以하야 厚德으로 載物하나니라.
상(象)에 이르기를, 땅의 형세가 곤(坤)이다. 군자는 이것을 본받아서, 덕(德: 才能)을 두텁게 하고 만물을 싣는다.

[풀이] 공자가 붙인 행동지침이다.

• 〈古易斷時言〉의 점단
중지곤(重地坤) 괘를 만나면 올바른 일은 천천히 이루어지니, 급히 서두르지를 마라. 남을 위하여 고생도 하고 손실(損失)도 발생한다. 그러나 흉점(凶占)은 아니다. 단, 사리사욕에 빠지면 장애가 생긴다. 유화(宥和)를 위주로 하고, 강하고 조급하게 추진하지 마라. 일상의 소사는 평온

(平穩) 하다. 다만 지지부진하거나 결정이 늦어지는 경향이 있다.

初六 履霜·堅氷至
　　 이상　 견빙지

서리를 밟는다. 단단한 얼음이 언다.

[풀이] 初六에서 初(초)는 첫 번째 효(爻), 육(六)은 노음(老陰)을 표시한다.

象曰 履霜堅氷은 陰始凝也니 馴致其道하야 至堅氷也니라.
　　 이상견빙　 음시응야　 순치기도　 지견빙야

상(象)에 이르기를, '서리를 밟는다. 얼음이 단단해진다'란 음(陰)이 처음 응결함이고, 그 도(道)를 순(馴)하게 따르면 '단단한 얼음이 언다'.

[풀이] 주희는 '履霜堅氷'(이상견빙)을 '初六履霜'(초육이상)이라고 수정한다. 즉, '堅氷'(견빙)은 쓸데없는 글자다.

• 〈古易斷時言〉의 점단
보통은 작은 악행이라도 나중에 대흉(大凶)이 되고, 작은 선행이라도 나중에 대길(大吉)이 된다. 만사가 오직 일의 정사(正邪)에 따라 그 길흉이 달라진다.

六二 直·方·大 ○ 不習·无不利
　　 직 방 대　 불습　 무불리

곧고 반듯하고 크다. 익히지 않아도 불리할 것이 없다.

[풀이] 六二는 노음(老陰)인 두 번째 효를 가리킨다. 건괘(乾卦) 九二의 짝에 해당하니, 부덕(婦德)을 설명한 글이다. 직방대(直方大)는 이설(異說)이 분분한데, 통설은 六二가 곤괘(坤卦)의 주효(主爻)이므로 직방대를 음(陰)의 주요한 덕성(德性)이라고 풀이한다. 그러나 문일다(聞一多)는 "순수(巡狩)한다"로 풀이하고, 고형(高亨)은 "방주(方舟)로 강(江)을 건너간다"로 본다.

象曰 六二之動이 直以方也니 不習无不利는 地道光也라.

상(象)에 이르기를, '六二의 동(動)'은 곧고 반듯하다. '익히지 않아도 불리할 것이 없다'는, 지도(地道)가 빛난다는 것이다.

• 〈古易斷時言〉의 점단

2효를 만나면, 화순(和順)한 정인(正人)은 만사형통한다. 보통사람은 부덕(不德)하므로 불성한다. 부정(不正)한 소인은 대흉하다.

六三 含章 ○ 可貞 ○ 或從王事·无成有終

좋은 자질(資質)을 품고 있다. 가하다는 점이다. 왕사(王事)에 종사하면, 성공은 없어도 끝내 결과가 좋다.

[풀이] 좋은 자질을 품고 있으나 앞장서지 않는 부덕(婦德)이면, 장차 국사(國事)를 마무리하는 역할을 할 만하다.

象曰 含章可貞이나 以時發也요 或從王事는 知光大也라.

상(象)에 이르기를, '좋은 자질을 품고 있다. 가하다는 점이다'는 때때로 발휘함이고, '혹 왕사에 종사한다'는 재지(才知)가 광대(光大)함이다.

• 〈古易斷時言〉의 점단

3효를 만나면, 백사(百事)에 한 걸음 물러나 현상유지하는 것이 이롭고, 계속 추진하여 나가면 불성한다.

六四 括囊 ○ 无咎·无譽

주머니를 묶는다. 허물도 없고 명예도 없다.

[풀이] 주머니를 풀어서 재능을 자랑하지 않으면, 무탈하다.

象曰 括囊无咎는 愼不害也라.

상(象)에 이르기를, '주머니를 묶으니 무탈하다'는, 조심하면 해(害)가 없음이다.

• 〈古易斷時言〉의 점단

보통은 신중하게 현상(現狀)을 지키면 큰 장애가 없다.

六五 黃裳 ○ 元吉

누런색 치마이다. 크게 길하다.

[풀이] 六五는 건괘(乾卦) 九五인 군주의 짝이다. 음(陰)의 기능을 웃저고리의 짝인 치마에다 비유한다.

象曰 黃裳元吉은 文在中也라.

상(象)에 이르기를, '누런 치마이니 크게 길하다'는, 문채(文彩)가 마음속에 있음이다.

[풀이] 치마는 문채를 저고리 안에 감춘다는 비유이다.

• 〈古易斷時言〉의 점단

5효를 만나면, 화순(和順)한 군자는 길하다. 대체로 백사불성(百事不成)하나 흉은 아니다. 조금이라도 허식(虛飾)이 있거나 성의가 부족하면 흉하다.

46

上六 龍戰于野·其血玄黃
^{용 전 우 야} ^{기 혈 현 황}

용(龍)들이 들판에서 싸운다. 그 피가 검고 누렇다.

[풀이] 고래로 해석이 구구하다. 용은 양물(陽物)인데 지금 순음(純陰)괘의 상효에서 용들이 다투고 있으니, 설명하기가 어렵다. 아무튼 '음(陰)이 궁극에 이르러서 양(陽)이 되려고 한다'고 해석하는 〈문언전〉(文言傳)의 해석이 통설이다. 그런데 이것은 괘에서 시공간을 6가지로 설정하여 그 상황을 풀이하는 것이 효사라는 원칙을 무시하는 견해이다. 대표적 양물인 용이 음괘(陰卦)에 등장하는 이유를 설명하지 못한다. 〈백서주역〉 이삼자 편(二三子 篇)에서 공자는 "용전우야(龍戰于野)는 대인의 광덕(廣德)이 아래로 백성에게 교접(交接)함이고, 기혈현황(其血玄黃)은 문채(文彩)를 보임이다"라고 풀어서 전(戰)자를 싸움이 아니고 분투노력으로 새겼다. 즉, 〈문언전〉의 해석과 다르다.

생각건대, 上六은 건괘(乾卦) 上九의 짝이다. 무지한 항룡(亢龍)의 짝이니, 성질 사나운 늙은 노마님이다. 워낙 사나워서 집안에서만 싸움이 그치질 않는 것이 아니고, 바깥에서도 시끄럽다는 말이다.

象曰 龍戰于野는 其道窮也라.
^{용 전 우 야} ^{기 도 궁 야}

상(象)에 이르길, '용들이 들판에서 싸운다'는 그 도(道)가 궁색함이다.

[풀이] 항룡(亢龍)과 그 짝이 부딪치니 궁색하여 어지럽다.

• 〈古易斷時言〉의 점단

상효를 만나면, 화순하면 일이 성사되지만 다만 늦게 된다. 소인은 사리사욕 때문에 자기의 고집을 내세워 흉해진다. 오래된 싸움은 결말이 나고, 조금이라도 부정하면 크게 실패한다. 성격이 강포(强暴)하면 흉해진다.

用六 <ruby>利<rt>이</rt></ruby><ruby>永<rt>영</rt></ruby><ruby>貞<rt>정</rt></ruby>

용육(用六)은 영정(永貞)은 이롭다.

[풀이] 영정(永貞)은 장기간의 길흉을 묻는 점이다. 보통 점은 당면한 문제를 해결하려고 그 해결방법을 선택하는 행동인데, 영정은 먼 장래의 장기적 길흉을 묻는 점을 가리킨다. 종래의 통설은 중지곤의 6효가 모두 변하여 순양(純陽)인 중천건 괘로 변하면 이 용육(用六)의 점사로 판단한다고 한다. 그런데 용구(用九)와 용육(用六)이란 점사는 건(乾) 곤(坤) 두 괘에만 붙어 있다. 그래서 이 점사는 〈주역〉에서 양효와 음효를 해석하는 대원칙을 설명한 것이라고 주장하는 견해도 있다.

象曰 <ruby>用<rt>용</rt></ruby><ruby>六<rt>육</rt></ruby><ruby>永<rt>영</rt></ruby><ruby>貞<rt>정</rt></ruby>은 <ruby>以<rt>이</rt></ruby><ruby>大<rt>대</rt></ruby><ruby>終<rt>종</rt></ruby><ruby>也<rt>야</rt></ruby>라

상(象)에 이르기를, '용육의 영정'은 마지막을 중요하게 본다.

괘상풀이

六陰인 곤(坤)은 전부 음(陰)이라 '유순(柔順)하다'는 뜻이다. 즉, 유화(柔和)이고, 유순하게 행동하는 것이며, 남보다 먼저 앞서지 않고 뒤따라가는 것이다 • 괘상은 땅[地]이다 • 유순하고 근후(謹厚)하다는 뜻 • 유화(柔和)하고 조용한 인물 • 재능 있는 사람을 뒤따라 다니는 안정·겸양·공경하는 무리 • 겁이 많고 마음이 약한 사람 • 검약(儉約)·인색하다는 뜻 • 화(和)를 가장하여 아첨한다는 뜻 • 속이 협소한 사람 • 하천인(下賤人) • 음사(陰邪)·사곡(私曲)한 소인의 상 • 사람답지 못하고 빌어먹는 부류 • 키가 작거나 누추한 인물 • 게으른 사람 • 사물에 의혹이 많은 상 • 사물을 덮어두고 기만하거나 음흉(陰凶)하다 • 숨기고 감춘다는 뜻 • 욕심이 많다는 뜻 • 영민(英敏)하지 못하고 우둔하다는 뜻 • 편집(偏執)·간사(奸詐)·요사(妖邪)·편곡

(偏曲)의 뜻이 있다.

● 세간에 흔한 물건 ● 자질구레하고 작은 물건 ● 건천(乾天)은 하늘이고 무형(無形)인데, 곤지(坤地)는 땅이고 유형(有形)의 뜻이 있기 때문에, 일체의 '모습 있는 물건'은 모두 이 곤괘(坤卦)에 속한다 ● 취락(聚落)·점포·시골집의 뜻 ● 먼 나라·다른 나라·긴 육로의 뜻 ● 대천(大川)·대강(大江)·대해(大海)의 뜻 ● 낭비하여 가세(家勢)가 기운다는 뜻 ● 빈핍(貧乏)하여 가난하고 초라하다는 뜻 ● 유약미력(柔弱微力)의 상 ● 곤(坤)은 흙이므로 분말(粉末)로 된 모든 것 ● 양(陽)은 주고 음(陰)은 받으므로, 수납(受納)의 뜻 ● 주머니·바구니의 뜻 ● 인출(引出)이 잦은 물건 ● 무거워서 움직이기 어려운 물건 ● 계단이나 사다리의 상 ● 먼지처럼 유연(柔軟)한 물건 ● 베[布]나 비단[帛] 같은 직물류라는 뜻이 있다.

● 무릇 만물은 죽어서 흙[土]으로 돌아가지 않는 것이 없기에, 곤(坤)을 사망·시신·묘지로 본다 ● 한편, 만물이 모두 흙에서 자라지 않는 것이 없으므로, 곤(坤)에는 생(生), 어미[母], 낳아서 기르는 생육(生育)의 뜻이 있다 ● 일단 파괴된 것이 다시 새싹을 낼 조짐[兆]이 있다. 그러나 성취되려면 세월이 흘러야 한다 ● 대음(大陰)의 뜻에서 달, 구름, 서리, 눈, 진눈깨비, 안개 등 ● 문왕팔괘방위에 따르면 서남방이니, 시간적·공간적으로 미신(未申)이다 ● 오행상으로는 토(土)에 해당하며, 무기(戊己)나 진(辰) 술(戌) 축(丑) 미(未)에 해당한다 ● 계절은 장마철이다 ● 5와 10의 수·황색·단맛 ● 사람의 신체에서는, 배[腹]·피[血]·살[肉]·비위 등 ● 병은 소화기 질환·원기허약·신경쇠약·사지무력 ● 소장법으로는, 동지(冬至)에 해당하는 괘다.

수뢰준
水雷屯

屯은 元亨하고 利貞하니 勿用有攸往이요 利建侯하니라
_{준 원형 이정 물용유유왕 이건후}

初九는 磐桓이니 利居貞하며 利建侯하니라
_{반환 이거정 이건후}

六二는 屯如邅如하며 乘馬班如하니 匪寇라 婚媾이니 女子이 貞하야 不字이다가 十年에야 乃字이로다
_{준여전여 승마반여 비구 혼구 여자 정 부자 십년 내자}

六三은 卽鹿无虞라 惟入于林中이니 君子幾하야 不如舍이니 往하면 吝하리라
_{즉록무우 유입우림중 군자기 불여사 왕 인}

六四는 乘馬班如이니 求婚媾이어든 往하면 吉하야 无不利하리라
_{승마반여 구혼구 왕 길 무 불리}

九五는 屯其膏이니 小는 貞이면 吉코 大는 貞이라도 凶하리라
_{준기고 소 정 길 대 정 흉}

上六은 乘馬班如하야 泣血漣如이로다
_{승마반여 읍혈련여}

50

준　　원형　　이정　　　물용유유왕　　　이건후
屯. 元亨·利貞 ○ 勿用有攸往 ○ 利建侯

준(屯)은, 크게 형통하고 이롭다는 점이다. 멀리 나가지 마라. 제후
(諸侯)를 세우면 이롭다.

[풀이] '屯'은 보통 '둔'으로 읽지만, 괘명에서는 '준'으로도 읽어왔다. 글자는
새싹이 땅을 뚫고 올라오는 모습이다. 괘상으로 보면 물속에 수초(水草)가 물
밖으로 뻗어나오는 모양으로, '어렵다'는 뜻이다. 중국 봉건제도가 시작되는
장면이니, 난세(亂世)를 평정하려고 친족을 제후로 봉하여 통치하는 방법이
등장한다.

　　　　준　　강유시교이난생　　　　동호험중　　　　대형정　　　　　뇌
象曰 屯은 剛柔始交而難生하며 **動乎險中**하니 **大亨貞**이니라. **雷**
우지동　　　만영　　　천조초매　　　의건후　　　이불녕
雨之動이 **滿盈**하여 **天造草昧**라 **宜建侯**요 **而不寧**이니라.

단(象)에 이르기를, 준(屯)은 강(剛)과 유(柔)가 비로소 교합(交合)
해서 어려움이 생기며, 험(險)한 가운데서 움직이는 것이니 '원형(元
亨)하고, 이정(利貞)함'은 우레와 비가 움직여 가득 차기 때문이다.
천조(天造)가 어지럽고 어두울 때는 '마땅히 제후를 세울 것'이니, 그
렇지 않으면 안녕(安寧)하지 못하다.

[풀이] 음양(陰陽)이 처음 교제(交濟)하여 생긴 난제(難題)가 준(屯)이다. 천
조가 어지럽고 어두울 때다.

　　　　운뢰　　준　　군자이　　　경륜
象曰 雲雷가 屯이니 **君子以**하야 **經綸**하나니라.

상(象)에 이르기를, 구름과 천둥이 준(屯)이다. 군자는 이에, 나라
를 경륜(經綸)한다.

만사에 속전속결(速戰速決)을 삼가고, 좋은 때가 오기를 기다리는 괘이다. 급히 서두르면 도리어 진행이 더욱 더디게 된다. 전문가를 영입하거나 인재를 등용하여 사업을 보좌(補佐) 하도록 하는 것이 타개책(打開策)이 된다.

初九 磐桓 ○ 利居貞 ○ 利建侯
<small>반 환　　 이 거 정　　 이 건 후</small>

바위와 푯말이다. 주거(住居)를 묻는 점은 이롭다. 제후를 세우면 이롭다.

[풀이] 대인과 군자를 찾아서 그 도움을 받아야 난국(亂局)을 타개할 수 있는 상황이다. 통설은 반환(盤桓)을 '서성거림'으로 새기지만, 왕부지(王夫之)의 설을 따라 '바위와 푯말'로 새긴다.

象曰 雖磐桓하니 志行正也며 以貴下賤하니 大得民也로다.
<small>수 반 환　　 지 행 정 야　　 이 귀 하 천　　 대 득 민 야</small>

상(象)에 이르기를, 비록 '바위와 푯말'이나 뜻은 정도(正道)를 행하고 있으며, 존귀(尊貴)한 사람이 천(賤)한 사람의 아래에 있으니 크게 민심을 얻는다.

[풀이] 양(陽)이 맨 아래에 있으니, 존귀한 군자가 천한 사람들의 아래에 있는 상황이다.

・〈古易斷時言〉의 점단

보통은 준비만 하고 착수는 하지 말 것. 유능한 인재를 먼저 확보할 필요가 있다.

六二 <ruby>屯<rt>준</rt></ruby><ruby>如<rt>여</rt></ruby><ruby>邅<rt>전</rt></ruby><ruby>如<rt>여</rt></ruby> · <ruby>乘<rt>승</rt></ruby><ruby>馬<rt>마</rt></ruby><ruby>班<rt>반</rt></ruby><ruby>如<rt>여</rt></ruby> ○ <ruby>匪<rt>비</rt></ruby><ruby>寇<rt>구</rt></ruby><ruby>婚<rt>혼</rt></ruby><ruby>媾<rt>구</rt></ruby> ○ <ruby>女<rt>여</rt></ruby><ruby>子<rt>자</rt></ruby><ruby>貞<rt>정</rt></ruby><ruby>不<rt>부</rt></ruby><ruby>字<rt>자</rt></ruby> · <ruby>十<rt>십</rt></ruby><ruby>年<rt>년</rt></ruby><ruby>乃<rt>내</rt></ruby><ruby>字<rt>자</rt></ruby>

어려운 듯 머뭇거린다. 4마리 말이 끄는 수레가 왔다 갔다 한다. 도둑이
아니고 청혼(請婚)이다. 여자가 임신을 점치는데, 10년 뒤에야 임신한다.

[풀이] 初九가 六二에게 청혼을 한다. 그러나 六二는 九五와 응하고, 임신과
출산이 늦다.

象曰 <ruby>六<rt>육</rt></ruby><ruby>二<rt>이</rt></ruby><ruby>之<rt>지</rt></ruby><ruby>難<rt>난</rt></ruby>은 <ruby>乘<rt>승</rt></ruby><ruby>剛<rt>강</rt></ruby><ruby>也<rt>야</rt></ruby>요 <ruby>十<rt>십</rt></ruby><ruby>年<rt>년</rt></ruby><ruby>乃<rt>내</rt></ruby><ruby>字<rt>자</rt></ruby>는 <ruby>反<rt>반</rt></ruby><ruby>常<rt>상</rt></ruby><ruby>也<rt>야</rt></ruby>라.

상(象)에 이르기를, '六二의 어려움'은 강(剛 : 初九)을 타고 있음이
고, '10년 뒤에야 임신함'은 상도(常道)에 되돌아옴이다.

• 〈古易斷時言〉의 점단

2효를 만나면, 현상유지하는 마음을 가지고 신중하게 처신하면 나중에
성취한다. 작은 이익에 유혹되면 나중에 손해(損害)가 오고 길운(吉運)
을 상실하게 되니 조심하라. 만사가 늦게 성사한다.

六三 <ruby>卽<rt>즉</rt></ruby><ruby>鹿<rt>록</rt></ruby><ruby>无<rt>무</rt></ruby><ruby>虞<rt>우</rt></ruby> · <ruby>惟<rt>유</rt></ruby><ruby>入<rt>입</rt></ruby><ruby>于<rt>우</rt></ruby><ruby>林<rt>림</rt></ruby><ruby>中<rt>중</rt></ruby>. <ruby>君<rt>군</rt></ruby><ruby>子<rt>자</rt></ruby><ruby>幾<rt>기</rt></ruby> · <ruby>不<rt>불</rt></ruby><ruby>如<rt>여</rt></ruby><ruby>舍<rt>사</rt></ruby> <ruby>往<rt>왕</rt></ruby><ruby>吝<rt>린</rt></ruby>

사슴을 쫓는데 산지기가 없다. 숲속으로 들어간다. 군자가 기미(幾
微)를 보고서 그만두는 것만 같지 못하니, 그대로 간다면 아쉽고 막
힌다.

象曰 <ruby>卽<rt>즉</rt></ruby><ruby>鹿<rt>록</rt></ruby><ruby>无<rt>무</rt></ruby><ruby>虞<rt>우</rt></ruby>는 <ruby>以<rt>이</rt></ruby><ruby>從<rt>종</rt></ruby><ruby>禽<rt>금</rt></ruby><ruby>也<rt>야</rt></ruby>요 <ruby>君<rt>군</rt></ruby><ruby>子<rt>자</rt></ruby><ruby>舍<rt>사</rt></ruby><ruby>之<rt>지</rt></ruby>는 <ruby>往<rt>왕</rt></ruby>하면 <ruby>吝<rt>린</rt></ruby><ruby>窮<rt>궁</rt></ruby><ruby>也<rt>야</rt></ruby>라.

상(象)에 이르기를, '사슴을 쫓는데 산지기가 없다'는 것은 짐승만 보
고 쫓음이고, '군자가 그것을 그만둔다'는 것은 가면 아쉽고 막히기
때문이다.

3효를 만나면, 재능이 없는 사람이 남의 도움조차 없다면 백사(百事)가 불성하기 마련이다. 눈앞의 사리사욕에 빠져서는 위험하니 주의하라.

六四 乗馬班如·求婚媾 ○ 往吉·无不利
^{승마반여　구혼구　　왕길　무불리}

4마리 말이 끄는 수레가 왔다 갔다 한다. 배우자를 구한다. 나아가면 길하고, 불리한 것이 없다.

[풀이] 初九가 응효(應爻)인 六四에게 청혼한다.

象曰 求而往은 明也라.
^{구이왕　명야}

상(象)에 이르기를, '구하고자 나아감'은 현명한 것이다.

보통은 만사가 때를 만나면서 점차 성취된다. 다만 내가 먼저 추진하는 것은 주의해야 한다.

九五 屯其膏 ○ 小貞吉·大貞凶
^{준기고　소정길　대정흉}

기름진 고기를 베풀기 어렵다. 작은 일에 대한 점이면 길하고, 큰일에 대한 점이면 흉하다.

[풀이] 초창기 군주이니 아직 여력(餘力)이 부족하다. 소사(小事)는 가능하지만, 대사(大事)를 도모하는 것은 어렵다.

象曰 屯其膏^{준기고}는 施未光也^{시미광야}라.

상(象)에 이르기를, '기름진 고기를 베풀기 어렵다'는 베풂이 빛나지
않음이다.

• 〈古易斷時言〉의 점단
5효를 만나면, 정도(正道)를 지키는 사람은 소사는 이루고 대사(大事)는
불성한다. 만약 부정하면 소사조차 이룰 수 없다.

上六 乘馬班如^{승마반여}·泣血漣如^{읍혈련여}

4마리 말이 끄는 수레가 왔다 갔다 한다. 눈물과 피가 줄줄 흐른다.

[풀이] 上六이 혼인할 의사가 있으나 적당하지 못하니, 포기하고 피눈물을
흘린다.

象曰 泣血漣如^{읍혈련여}어니 何可長也^{하가장야}리오.

상(象)에 이르기를, '눈물과 피가 줄줄 흐른다'면 어찌 오래가겠느냐!

• 〈古易斷時言〉의 점단
상효를 만나면, 자기의 재능이 없으면 남의 도움이 있어야 하는데, 여
건이 이루어지지 않으면 백사가 흉하게 된다.

준(屯)은 '어렵다'는 뜻이니, 대표적인 난괘(難卦)이다 ● 내괘(內卦) 진뢰(震雷)인 초목이 땅속에서 싹[芽]을 내밀지만 외괘(外卦) 감수(坎水)의 한기(寒氣)가 거세어서 그 풀[草]의 뿌리와 가지와 잎[枝葉]이 자라기 힘든 상이다. 준(屯)이라는 글자를 풀어 보면, 위의 일(一)은 땅의 상이고 아래는 풀뿌리가 구부러진 모양이다. 그래서 "준(屯)은 어렵다[難]"고 말한다 ● 천조초매(天造草昧)이므로, 감(坎)의 구름[雲]이 위에 있어도 아직 비가 되지 못하고, 진(震)의 뇌(雷)가 아래에 있어도 아직 분발(奮發)하지 못한다. 고로 기운이 막히고[鬱滯] 답답하여 굴신(屈伸)하면서 번뇌하는 상이니, 이것은 자연의 어려움[難]이다.

 ● 우레[震]는 빨리 나아가고자 하지만, 감수(坎水)의 험난함을 만나 쉽게 진행할 수가 없는 상이니, 이것은 인간의 어려움[屯]이다 ● 어려운 일로 고생이 많은 간난고로(艱難苦勞)의 상 ● 소견이 짧고 성급한 상 ● 고생을 견디지 못하고 달아나는 상 ● 불합리한 생각에 빠져서 길[道]을 잃었다는 뜻 ● 인내하고 의지가 강하다는 뜻 ● 나아갈 수 없어서 때를 기다린다는 뜻 ● 험난이 눈앞에 있어서 두려워한다는 뜻 ● 거처를 잃을까 걱정이 많으나 부실(不失)하는 상 ● 처음에 시작과정이 어려워서 고생이 많은 상 ● 초기의 장애를 이겨내야만 장차 크게 이룰 수 있다는 의미 ● 세상에 나갈 능력이 있지만 묻혀서 버림받고 있다는 뜻 ● 기량 있는 인물 ● 한 사람이 능히 대업을 창조한다는 뜻 ● 재능이 명지(明知)한 사람이지만, 세상과 맞지 않아 비천한 사람들과 친화한다는 뜻 ● 장차 훗날에 언젠가는 발군(拔群)의 실력을 나타낸다는 뜻 ● 가득 찬 모양이다.

 ● 준괘(屯卦)를 수지비(水地比) 괘의 교역괘(交易卦)로 설명하면, 비(比)괘는 주효인 九五의 一陽이 군덕(君德)으로 천하의 五陰을 친비무휼(親比撫恤)하는 친화(親和) 평정(平定)의 괘이다. 그런데 初九의 一陽이 외부로부터 들어오면서부터, 천하가 二陽으로 갈라져 이주(二主)로 나뉘니, 소란하고

바쁜 세상인 준(屯)으로 변하였다. 이것은 이른바 국가의 어려움인 준(屯)
이다 ● 이것을 일가(一家)에다 배대하면, 九五는 둘째 아들[中男]이고, 初九
는 첫째 아들[長男]이다. 중남이 5효의 주인 자리에 있고, 장남은 맨 아래
무위(無位)이지만 진동(震動)의 주(主)가 된다. 즉, 위의 아우는 주인 자리에
서 형을 거부하고, 형은 장자(長子)임을 주장해 아우를 업신여긴다. 이것은
가족의 어려움인 준(屯)이다 ● 동생은 가족을 계속 부양하고, 형은 반대로
동생의 지원을 받는 상황이다.

산수몽
山水蒙

蒙은 亨하니 匪我求童蒙이라 童蒙이 求我이니 初筮이
어든 告하고 再三이면 瀆이다 瀆則不告이니 利貞하니라

初六은 發蒙이니 利用刑人하고 用説桎梏이니 以往
이면 吝하리라

九二는 包蒙이니 吉하고 納婦이니 吉하고 子이 克家
이니라

六三은 勿用取女이니 見金夫하고 不有躬하니 无攸
利하니라

六四는 困蒙이니 吝토다

六五는 童蒙이니 吉하니라

上九는 擊蒙이니 不利爲寇요 利禦寇하니라

58

^몽 ^형 ^{비아구동몽} ^{동몽구아} ^{초서곡} ^{재삼독} ^{독즉불곡}
蒙. 亨 ○ 匪我求童蒙·童蒙求我 ○ 初筮告·再三瀆·瀆則不告 ○
^{이 정}
利貞

몽(蒙)은, 형(亨)하다. 내가 동몽(童蒙)에게 구하지 않고, 동몽이 나에게 구한다. 초서(初筮)는 가르쳐 준다. 재삼(再三) 점치면 욕(辱)되니, 욕되면 안 가르친다. 이롭다는 점이다.

[풀이] 몽(蒙)은 '무지몽매(無知蒙昧)하다'는 뜻이다. 몽매한 어린이를 교육하는 장면이다. "점은 한 번만 친다"는 원칙이 이 괘사에 나왔다.

^몽 ^{산 하 유 험} ^{험 이 지} ^몽 ^{몽 형} ^{이 형 행}
象曰 蒙은 山下有險하고 險而止가 蒙이라 蒙亨은 以亨行하여
^{시 중 야} ^{비 아 구 동 몽} ^{동 몽 구 아} ^{지 응 야} ^{초 서 곡} ^{이 강 중}
時中也요 匪我求童蒙 童蒙求我는 志應也요 初筮告은 以剛中
^야 ^{재 삼 독 독 즉 불 곡} ^{독 몽 야} ^{몽 이 양 정} ^{성 공 야}
也요 再三瀆瀆則不告은 瀆蒙也일새니 蒙以養正이 聖功也라.

단(彖)에 이르기를, 몽(蒙)은 산 밑에 험한 것이 있으니, 험하고 그치는 것이 몽이다. '몽이 형통한다'는 것은 형통함으로써 행함이니, 때에 맞기 때문이요, '내가 동몽(童蒙)에게 구하는 것이 아니고, 동몽이 나에게 구함'은 뜻이 상응함이요, '초서(初筮)는 가르쳐 주는 것'은 강(剛)이 중(中)에 있음이요, '두 번, 세 번 점쳐서 물으면 모욕(侮辱)하는 것이니 모욕하면 가르치지 아니함'은, 모욕하는 몽(蒙)이기 때문이다. 몽에 바르게 양성(養成)함은 성인(聖人)의 공(功)이다.

[풀이] 양(陽)이 음(陰)을 양육(養育)하는 상황이다.

^{산 하 출 천} ^몽 ^{군 자 이} ^{과 행} ^{육 덕}
象曰 山下出泉이 蒙이니 君子以하야 果行하며 育德하나니라.

상(象)에 이르기를, 산 아래 샘물이 솟는 것이 몽(蒙)이다. 군자는 이것을 보고, 행실을 바르게 하고 재덕(才德)을 기른다.

일상(日常)의 가사(家事)는 평평(平平)하고, 교육과 같은 성실하고 신의에 관한 공공사업은 점차 성사한다. 만사가 길조(吉兆)를 품고 있으나 아주 더디고 늦다. 상당한 시일이 지난 후에야 성사된다. 당장 해결하려면 불성하고, 장기간 천천히 추진하는 것은 좋다.

初六 發蒙 ○ 利用刑人·用說桎梏 ○ 以往·吝

몽매(蒙昧)한 어린이를 계발(啓發)한다. 사람을 벌주면서 그 질곡(桎梏)을 벗겨 주는 교육방법이 이롭다. 그대로 진행하면 어렵게 된다.

[풀이] 어린이를 교육할 적에 상벌(賞罰)을 사용하느냐 아니냐에 관한 점사이다. 해석이 통일되어 있지 않다. 정이(程頤)와 주희는 체벌(體罰)을 수용하고, 고형도 형벌(刑罰)을 이용함이 좋다고 했다. 질곡을 벗긴다는 것은 '무지(無智)에서 벗어난다'는 뜻인데, 이 구절을 '체벌에서 해방시킨다'는 뜻으로 새기기도 한다.

象曰 利用刑人은 以正法也라.

상(象)에 이르기를, '형인(刑人)을 씀이 이롭다'는 법을 바로 세움이다.

• 〈古易斷時言〉의 점단
보통은 부정한 일은 크게 흥하고, 정신(正信)에 사욕(私慾)이 없는 사람은 노력하면 행운이 온다.

九二 包蒙・吉 ○ 納婦・吉 ○ 子克家
몽매한 어린이를 포용(包容)하니 길하다. 부인을 맞이하니 길하다.
아들이 가정을 이룬다.

[풀이] 몽(蒙)괘는 九二와 上九가 교육자로서 합심하여 어린이를 교육하는데,
九二가 중도(中道)로써 너그럽게 학생들을 포용하는 상이다.

象曰 子克家는 剛柔接也라.
상(象)에 이르기를, '아들이 가정을 이룬다'는 강(剛)과 유(柔)가 접
촉함이다.

• 〈古易斷時言〉의 점단
2효를 만나면, 보통사람은 무사(無事)하고, 군자는 길하다.

六三 勿用取女・見金夫・不有躬 ○ 无攸利
여자를 취하지 마라. 돈 많은 남자를 보면 그 몸을 보존하지 못한다.
이로울 것이 없다.

[풀이] 六三은 上九가 정응(正應)인데, 가까운 九二와 친비(親比)하여 부모와
의논(議論) 없이 결혼하고자 한다.

象曰 勿用取女는 行이 不順也라.
상(象)에 이르기를, '여자를 취하지 마라'는 행실(行實)을 삼가지 아
니함이다.

- **〈古易斷時言〉의 점단**

3효를 만나면, 백사(百事)가 흉하니 깊이 조심하고 모든 일은 후퇴하라.

六四 困蒙 ○ 吝
곤 몽   인

곤란한 어린이다. 어렵게 된다.

[풀이] 4효는 교육자인 九二와 上九의 중간에 위치하여, 사실상 교육받을 기회가 없어서 몽매에서 벗어나기 어렵다.

象曰 困蒙之吝은 獨遠實也라.
     곤 몽 지 린   독 원 실 야

상(象)에 이르기를, '몽매한 자가 곤란하다'는 홀로 실(實)을 멀리하는 것이다.

- **〈古易斷時言〉의 점단**

보통은 스스로 어리석어서 남의 도움을 얻지 못한다. 현명(賢明)한 사람을 주위에서 찾아서 도움을 청하고, 유순(柔順)하게 정도(正道)로 나가면 새롭게 길조로 바뀐다.

六五 童蒙 ○ 吉
     동 몽   길

몽매한 어린이다. 길하다.

[풀이] 九二와 상응하고 또 上九와도 친비(親比)하니, 좋은 환경에서 교육을 충분히 받는 어린이다.

象曰 童蒙之吉은 順以巽也일세라.
     동 몽 지 길   순 이 손 야

상(象)에 이르기를, '몽매한 어린이가 길함'은 순종하고 공손함이다.

62

• 〈古易斷時言〉의 점단

5효를 만나면, 마음을 비우고 현명한 사람을 따라가면 남의 도움을 얻어서 길하다. 나쁜 꾀를 부리면 흉하다.

^{격몽} ^{불리위구} ^{이어구}
上九 擊蒙 ○ 不利爲寇·利禦寇

몽매한 어린이를 매질하여 계몽한다. 도둑으로 삼는 것은 불리하고, 도둑이 되지 않도록 교육하는 것이 이롭다.

[풀이] 교육자의 입장을 설명한다. 이율곡(李栗谷) 선생의 〈격몽요결〉(擊蒙要訣)을 생각나게 하는 구절이다.

^{이용어구} ^{상하} ^{순야}
象曰 利用禦寇는 上下가 順也라.

상(象)에 이르기를, '도둑이 되지 않도록 교육하는 것이 이롭다'는 상하가 순(順)함이다.

• 〈古易斷時言〉의 점단

상효를 만나면, 보통사람은 자기의 잘못으로 뜻밖의 재앙이 생긴다. 남들과 화순(和順)하고 싸움을 피하라.

괘상풀이

몽(蒙)은 '무지몽매(無知蒙昧)하다'는 뜻이다 ● 몽(蒙)자는 돼지 한 마리가 풀이 무성한 떡(冖)에 가려서 살고 있는 상으로, '암매(暗昧)하여 항상 혼암(昏暗) 중에 헤매고 있다'는 의미다. 따라서 무지한 어린아이라는 뜻이 있다 ● 간(艮)인 산은 위에 있고 감(坎)인 계곡은 아래에 있는데, 감(坎)인 구름이 산을 덮고 간(艮)인 안개는 계곡을 가려서, 동서남북을 분간하기 어려운 상이다 ● 간(艮) 산은 위에 솟아 있고 감(坎) 수(水)는 아래에서 세차게 흘러가니 산천험조(山川險阻)하여 길이 막힌 상 ● 감(坎) 샘(泉)이 간(艮) 산의 꼭대기에서부터 흘러내리는데, 그 물의 근원은 하나이지만 그 하류는 백천(百千)으로 나뉘어 이르는 곳을 알 수 없는 상 ● 방향을 판단하기 어려워서 행선지를 못 찾아서 헤매는[迷] 상이다.

● 감험(坎險)을 내괘로, 간지(艮止)를 외괘로 하므로, 비록 내괘는 괴로운 상태이더라도 외괘는 무사한 것처럼 보이는 상 ● 우둔해서 시비득실(是非得失)을 판단하기 어렵다는 뜻 ● 어리석어 사무(事務)를 다룰 능력이 없어서 다른 사람에게 속는다는 뜻 ● 아직 유치하다는 뜻 ● 어린이처럼 망상(妄想)이 많은 인물이라는 뜻 ● 집착(執着)이 깊다는 뜻 ● 바라는 것이 많다는 뜻 ● 욕심이 많다는 뜻 ● 제 몸을 제대로 지키지 못한다는 뜻 ● 가업(家業)이 기울어서 고뇌한다는 뜻 ● 가르침에 불응하면, 장차 몽매에서 벗어나지 못하는 지경에 이른다는 뜻 ● 어린이가 교육을 제대로 받으면, 장차 대인이 된다는 뜻이다.

● 처음에는 애매하고 몽롱한 상황이지만, 나중에는 명백하게 드러난다는 뜻 ● 독실(篤實)하고 충신(忠信)한 사람은 후일에 희망을 이룬다는 뜻이 있다 ● 수산건(水山蹇) 괘의 역위괘로 보면, 건(蹇)괘는 감험의 내부에서 중지하는 상이고, 이 몽(蒙)괘는 감험의 밖에 거(居)하는 상이니, 그 거하는 위치가 내부인가 외부인가 하는 점이 서로 다르다. 즉, 건괘는 군부(君父)를 위해서 간난고로하는 것에 비해서, 몽괘는 집안에 있는 자제의 어리석음[暗昧]를 깨우치기 위해서 간난고로한다는 뜻이 대조적이다.

수천수
水天需

需이 有孚하면 光亨하고 貞하면 吉하야 利涉大川하니라

初九는 需于郊이라 利用恒이니 无咎이리라

九二는 需于沙이라 小有言하나 終吉하리라

九三은 需于泥이니 致寇至하리라

六四는 需于血이나 出自穴하리라

九五는 需于酒食이나 貞하면 吉하리라

上六은 入于穴이니 有不速之客三人이 來하리니 敬之면 終吉이리라

需. 有孚·光亨 ○ 貞吉 ○ 利涉大川
<small>수 　유부 　광형 　정길 　이섭대천</small>

수(需)는, 신의(信義)가 있으면 밝게 형통한다. 점이 길하다. 대천을 건너가면 이롭다.

[풀이] 수(需)는 '기다린다'는 뜻이다. 신의(信義)라는 뜻의 '孚'(부)자는 동지(同志)와 동심(同心)이 서로 믿는 것이니, 이른바 끼리끼리 모이는 상황을 가리킨다. 하괘인 건(乾)의 ☰陽이 九五의 양(陽)과 동심이라 서로 믿는다는 뜻이다. 현대에는 〈주역〉에 나오는 孚(부)를 같은 발음인 俘(부)로 보아서 포로(捕虜)로 보기도 하고, 浮(부)로 읽어서 벌(罰)로 해석하기도 한다. 〈백서주역〉에는 괘명이 '襦'(유)로 되어 있다.

象曰 需는 須也니 險이 在前也니 剛健而不陷하니 其義不困窮
<small>　　수　수야　험　재전야　강건이불함　기의불곤궁</small>
矣라 需有孚光亨貞吉은 位乎天位하야 以正中也오 利涉大川은
<small>의　수유부광형정길　위호천위　이중정야　이섭대천</small>
往有功也라.
<small>왕유공야</small>

단(彖)에 이르기를 수(需)는 기다림이다. 험(險)한 것이 앞에 있으나, 강건(剛健)하여 빠지지 않으니 그 의리가 곤궁하지 아니함이라. '수(需)는 성실함이 있으면 크게 형통하고 정고(正固)하면 길하다'는 것은 하늘의 위치에 자리하여 정중(正中)하기 때문이다. '큰 내를 건너는 데 이롭다' 함은 나가면 공(功)이 있음이다.

[풀이] 需(수)자는 비 雨(우)자와 而(이) 내지 天(천)자가 결합한 글자이니, 비가 많이 내려서 강물이 범람한 상황이다. 물이 빠질 때까지 기다려야 한다는 뜻이다.

象曰 雲上於天이 需니 君子以하야 飮食宴樂하나니라.
<small>　　운상어천　수　군자이　음식연락</small>
상(象)에 이르기를, 구름이 하늘에 오르는 것이 수(需)이다. 군자는 이것을 보고, 먹고 마시면서 편안하게 즐긴다.

• 〈古易斷時言〉의 점단
만사에 성의를 가지고, 현상유지만 힘쓰고 경거망동하지 말라. 신용이 있으면 좋아진다. 만약 조급하게 희망을 품고 성급하게 추진하면 모두 흉하다.

初九 需于郊^{수 우 교} · 利用恒^{이 용 항} ○ 无咎^{무 구}

교외(郊外)에서 기다린다. 계속 유지하는 것이 이롭다. 무탈하다.

[풀이] 외괘인 감수(坎水), 즉 강(江)에서 멀리 떨어져서 기다린다. 먹고 마시면서 편안하게 기다리자면 그물을 치고서 고기도 잡으며 느긋하게 기다림이 어울린다.

象曰 需于郊^{수 우 교}는 不犯難行也^{불 범 난 행 야}요 利用恒无咎^{이 용 항 무 구}는 未失常也^{미 실 상 야}라.

상(象)에 이르기를, '교외에서 기다린다'는 난행(難行)을 범(犯)하지 않음이고, '항(恒)을 씀이 이롭다. 무탈하다'는 상도(常道)를 잃지 않음이다.

• 〈古易斷時言〉의 점단
보통은 원칙을 따르고 변동하지 않으면 길하다.

九二 需于沙^{수 우 사} · 小有言^{소 유 언} · 終吉^{종 길}

모래사장에서 기다린다. 작은 말썽이 있을 것이나 끝내 길하다.

[풀이] 강(江)에 조금 다가갔다. 응하는 효(爻)인 九五와는 양양(陽陽)이므로 상응(相應)이 아니고 적응(敵應)이니, 작은 말썽이 있다고 한다.

象曰 需于沙는 衍으로 在中也니 雖小有言하나 以吉로 終也리라.

상(象)에 이르기를, '모래사장에서 기다린다'는 너그럽게 중용(中庸)에 있음이고, 비록 '작은 말썽이 있지만'은 끝내는 길하게 마감한다.

• 〈古易斷時言〉의 점단

2효를 만나면, 보통사람은 대개 실패하고 구설에 오른다.

九三 需于泥·致寇至

진흙에서 기다린다. 도둑을 불러들인다.

[풀이] 3효는 상괘에 접하고 있으니 진흙이라고 했다.

象曰 需于泥는 災在外也라 自我致寇하니 敬愼이면 不敗也리라.

상(象)에 이르기를, '진흙에서 기다린다'는 재난이 밖에 있음이고, 내가 스스로 '도둑을 부른다'는 공경하고 삼가면 실패하지 않음이다.

• 〈古易斷時言〉의 점단

3효를 만나면, 위험한 위치에 있고 재앙을 부르게 될 악운(惡運)이다. 잘못 추진하면 곤궁에 빠진다.

六四 需于血·出自穴

피를 묻힌 채 기다린다. 혈거(穴居)에서 나온다.

[풀이] 하괘의 전진(前進)과 九五의 환대(歡待) 사이에 六四가 끼어 양자의 만남을 방해하니, 양(陽)이 六四를 공격해 피를 본다.

象曰 需于血^{수우혈}은 順以聽也^{순이청야}라.

상(象)에 이르기를, '피 속에서 기다린다'는 순(順)하게 들음이다.

• 〈古易斷時言〉의 점단

보통은 유순(柔順)하고 정직하며, 망동(妄動)하지 않으면 재앙을 면한다. 보통사람은 대체로 흉하다. 작은 일은 혹 성사한다.

九五 需于酒食^{수우주식} ◦ 貞吉^{정길}

주식(酒食)을 즐기면서 기다린다. 점(占)은 길하다.

[풀이] 군주가 주연(酒宴)으로 하괘 三陽을 환대한다.

象曰 酒食貞吉^{주식정길}은 以中正也^{이중정야}라.

상(象)에 이르길, '먹고 마신다. 점이 길하다'는 중정(中正)함이다.

• 〈古易斷時言〉의 점단

5효를 만나면, 오랫동안 노력하면 성사되고 유리하게 된다. 부정한 사람과 가까이하지 말고, 주색(酒色)을 삼가라.

上六 入于穴^{입우혈}. 有不速之客三人來^{유불속지객삼인래} · 敬之終吉^{경지종길}

혈거(穴居)에 들어간다. 불청객(不請客) 세 사람이 온다. 공경(恭敬)하면 끝내 길하다.

[풀이] 하괘 三陽이 찾아왔으니, 九五를 거들어서 같이 공경하면 끝내 길하다.

象曰 不速之客來 敬之終吉은 雖不當位나 未大失也라.

'불청객이 오니, 그를 공경하면 마침내 길하다'는, 비록 당위(當位)가 아니지만 크게 잃지는 아니함이다.

• 〈古易斷時言〉의 점단

상효를 만나면, 백사불성(百事不成)이다. 자기의 사리(私利)나 사욕(私慾)에 관한 일은 흉하고, 다만 정도(正道)를 지키는 사람과 친하게 협력하면 처음은 곤란하나 나중에는 유리하게 된다.

괘상풀이

수(需)는 '기다린다'는 뜻이다 • 이 괘상은 감(坎)인 구름[雲]이 건(乾)인 하늘[天]의 위에 있는 상이다. 구름은 하늘로 올라가면 머지않아 비가 되어서 내리는데, 그 비가 하강하려면 여건이 구비되어야 하므로, 때를 기다려야 하는 상이다. 또 需(수)자는 비 雨(우)와 하늘 天(천)의 결합이다 • 백곡(百穀)·초목(草木)·금수(禽獸)·어별(魚鼈)이 잘 자라려면 우로(雨露)의 윤택(潤澤)이 필요한데, 하늘의 구름이 비가 되어서 내리기를 기다리는 시절이다.

　• 건(乾)은 강건하여 진행하는 상인데, 앞에 놓인 감(坎)이 홍수로 험조(險阻)하니, 계속 진행하면 위험에 빠진다는 뜻이다 • 건(乾)의 강건한 자가 험난한 장애를 만나서, 무리하게 계속 진행하여 건너가려 하면, 거센 물결에 빠지게 된다. 따라서 시간이 적당히 흘러가기를 기다렸다가 전진하는 것이 좋다는 뜻이다.

　• 일이 당장 이루어지지 못하고, 먼 후일에야 성사된다는 뜻 • 구름은 반드시 비가 되어서 내리듯이, 매사에 때가 되면 반드시 이루어지니, 성취하는 때를 기다린다는 뜻 • 경신(敬愼)하는 태도로 나아가지 않는다는 뜻 •

대망(大望)을 품고 때가 오기를 기다린다는 뜻 ● 희망을 품고 기다리는 동안에 고생이 심하다는 뜻 ● 절개[節]와 지조[操]의 뜻 ● 음식이 풍족하다는 뜻 ● 사물의 진행이 지연된다는 뜻 ● 성급한 인물은 실패한다는 뜻 ● 술 마시고 주정(酒酊)한다는 뜻 ● 상처를 입어서 피를 본다는 뜻이 있다 ● 상효가 변하는 경우에는 기다리던 결과가 나오는 상이므로, 의외의 천행(天幸)을 얻을 수도 있다.

천수송
天水訟

訟_은 有孚_{이나} 窒_{하니} 惕_{하야} 中_은 吉_코 終_은 凶_{하니}
利見大人_{이요} 不利涉大川_{하니라}

初六_은 不永所事_{이니} 小有言_{하나} 終吉_{이리라}

九二_는 不克訟_{하야} 歸而逋_{이니} 其邑人_이 三百户_이면 无眚_{하리라}

六三_은 食舊德_{하야} 貞_{하면} 厲_{하나} 終吉_{이리니} 或從王事_{이라도} 无成_{이리라}

九四_는 不克訟_{이라} 復卽命_{하야} 渝_{하야} 安貞_{이니} 吉_하리라

九五_는 訟_에 元吉_{이리라}

上九_는 或錫之鞶帶_{라도} 終朝三褫之_{리라}

訟. 有孚·窒惕 ○ 中吉·終凶 ○ 利見大人 ○ 不利涉大川

송(訟)은, 신의(信義)가 있어도 막히니 두려워한다. 중길(中吉)하나 종흉(終凶)하다. 대인을 만나 보면 이롭다. 대천(大川)을 건너가면 불리하다.

[풀이] 송(訟)이란 '서로 다툰다'는 뜻이다. 고대의 행정소송(行政訴訟)에 관한 설명이 비교적 자세하다. 이치로는 모든 소송에 다 적용된다.

象曰 訟은 上剛下險하야 險而健이 訟이라. 訟有孚窒惕中吉은 剛來而得中也요 終凶은 訟不可成也요 利見大人은 尙中正也요 不利涉大川은 入于淵也라.

단(象)에 이르기를, 송(訟)은 위는 강(剛)이고 아래는 험하여, 험하고 건실(健實)한 것이 송이다. '송사(訟事)는 성실(誠實)하여도, 막히는 일이 있다. 두려워하면서 중도(中道)를 얻으면 길하다' 함은, 강(剛)이 와서 중(中)을 얻었기 때문이요, '종내(終乃)에는 흉하다' 함은, 송사를 이루지 못함이다. '대인을 보는 것이 이롭다' 함은, 중정(中正)을 숭상함이요, '큰 내를 건너는 것이 불리하다' 함은 못 속에 빠지기 때문이다.

[풀이] 상괘는 강건(剛健)하고 하괘는 험난(險難)하니 서로 주장을 굽히지 않는다. 서로 타협이 안 되면 결국 소송밖에 없다. 오늘날의 행정소송에 해당한다.

象曰 天與水違行이 訟이니 君子以하야 作事謀始하나니라.

상(象)에 이르기를, 하늘과 물이 거슬러 가면 송(訟)이다. 군자는 이 것을 보고서, 일을 할 적에 먼저 그 시작부터 신중하게 한다.

[풀이] 소송을 없애려면, 무슨 일이든 시작단계에서 면밀하게 조사·검토하여 착오나 말썽의 소지를 없애야 한다.

• 〈古易斷時言〉의 점단
만사에 평안하지 못한 시절이니, 싸움을 조심하고 화순(和順) 하도록 하라. 백사(百事) 가 이루기 어렵고, 계산착오나 사기(詐欺) 와 같은 장애가 많이 생긴다. 단, 병은 낫는 수가 있다.

初六 不永所事 · 小有言 · 終吉
하는 일을 길게 끌지 않는다. 작은 말썽이 있으나, 끝내 길하다.

[풀이] 하는 일은 소송이다. 〈백서주역〉에는 終吉(종길)이 없다.

象曰 不永所事는 訟不可長也니 雖小有言이나 其辯이 明也라.
상(象) 에 이르기를, '일을 오래 끌어서는 안 된다'는 송사(訟事) 는 길게 할 수 없음이고, 비록 '작은 말썽이 있더라도' 그 변론이 분명함이다.

• 〈古易斷時言〉의 점단
보통은 양보정신으로 자기주장을 내세우지 말고 만사 양보하면서 지키기만 하면, 나중에는 점차 평안하리라. 일거리를 만들어서 힘으로 밀고 나아가면 반드시 흉하다.

九二 不克訟 · 歸而逋 ○ 其邑人三百戶 · 无眚
송사를 이기지 못해 돌아가서 피한다. 그 읍인(邑人) 3백 호는 재앙이 없다.

[풀이] 九二가 소송 당사자이고, 初六과 六三은 읍인들이다.

象曰 不克訟^{불극송}하야 歸逋竄也^{귀포찬야}니 自下訟上^{자하송상}이 患至掇也^{환지철야}리라.

상(象)에 이르기를, '송사를 이기지 못해 돌아가서 피한다'는 아랫사람이 윗사람을 걸어 송사하면 우환을 자초함이다.

• 〈古易斷時言〉의 점단

2효를 만나면, 스스로 소송거리를 만들어서 흉하게 되리라. 특히 친척이나 지기(知己)나 동료들로부터 불평을 듣게 되기도 하니 조심하고 삼가라.

六三 食舊德^{식구덕} ○ 貞厲^{정려} · 終吉^{종길} ○ 或從王事^{혹종왕사} · 无成^{무성}

조상(祖上)의 덕으로 먹고 산다. 점이 위태롭다. 끝내 길하다. 혹은 왕사(王事)에 종사하더라도 성취가 없다.

[풀이] 선대(先代)의 덕으로 먹고 사는 계층이다. 九二와 친비(親比)하니 위태로우나, 九五가 중정(中正)하니 끝내 길하다.

象曰 食舊德^{식구덕}하니 從上^{종상}이면 吉也^{길야}리라.

상(象)에 이르기를, '옛 덕을 의지한다'는 윗사람을 따르면 길하다는 뜻이다.

• 〈古易斷時言〉의 점단

3효를 만나면, 보통은 방해가 있어 성사하기 어렵다. 현덕(賢德)한 정도(正道)의 사람에게 의뢰하여 일을 추진하면 좋으리라.

九四 不克訟 · 復卽命渝 ○ 安貞 · 吉
<small>불극송 복즉명유 안정 길</small>

소송에서 이기지 못한다. 복귀하여 왕명(王命)을 따라 변신(變身)한
다. 안부를 묻는 점엔 길점(吉占)이다.

[풀이] 初六과 상응하므로 하괘의 의견에 찬동하니, 九二와 동지(同志)이고
소송에서 진다. 복귀하여 왕명을 따라 변신하면 안정은 잃지 않는다.

象曰 復卽命渝하면 安貞은 不失也라.
<small>복즉명유 안정 불실야</small>

상(象)에 이르기를, '복귀하여 왕명을 따라 변신하면 안부를 묻는 점
에서 잃지 않는다.'

• 〈古易斷時言〉의 점단

보통은 만사 자기 뜻대로 하면 손재(損財)를 하게 되니 삼가고, 현덕한
사람의 지도를 받아서 추진하는 것이 이롭다. 또 과거의 잘못을 반성하
고, 무엇이든 다투지 마라. 다른 장소로 옮기는 것은 좋다.

九五 訟 ○ 元吉
<small>송 원길</small>

소송에 크게 길하다.

[풀이] 행정소송의 심판관인 군주가 정위(正位)에 있으면서 중용(中庸)을 잃
지 않으면, 판결(判決)이 정당(正當)하다.

象曰 訟元吉은 以中正也라.
<small>송 원길 이 중정 야</small>

상(象)에 이르기를, '송사에 크게 길하다'는 것은 중정(中正) 함이다.

76

• 〈古易斷時言〉의 점단

5효를 만나면, 정심(正心)하면 지금까지 편안하지 못했더라도 지금부
터는 순조롭게 해결되고, 또 새로운 길조(吉兆)가 있으리라. 그러나 간
사한 사람은 상신(喪身)하는 정도의 흉사(凶事)가 있게 되리라.

　　　　혹 석 지 반 대　　종 조 삼 치 지
　上九 或錫之鞶帶 · 終朝三褫之
　혹 수레의 장식물과 요대(腰帶)를 받더라도, 오전 중에 세 번 도로 빼
앗긴다.

[풀이] 상소(上訴)제도에 따라 판결이 번복되는 상황이다.

　　　　이 송 수 복　　　역 부 족 경 야
　象曰 以訟受服이 亦不足敬也라.
　상(象)에 이르기를, 송사(訟事)로써 의복(衣服)을 받는 것은 공경할
것이 못된다.

• 〈古易斷時言〉의 점단

상효를 만나면, 대개 백사(百事)는 이루지 못하고, 뜻밖에 재화(災禍)
가 많고 고생이 끊이지 않으리라. 만사에 정직하고 화순(和順)한 태도
로 행동하라. 조금이라도 불화하는 마음이 있으면 후일에 반드시 재앙
을 불러온다.

송(訟)이란 '서로 다툰다'는 뜻이다 ● 송(訟)자는 '공(公)에 말[言]로 호소해 시비(是非)를 다툰다'는 뜻이니, 서로 다투며 소송하는 상이다 ● 건천(乾天)과 감수(坎水)가 상대할 경우, 천(天)은 위에 있으면서 올라가기만 하고 수(水)는 아래에 있으면서 내려가기만 하니, 서로 의사소통이 없어 감정이 달라서 위배되는 상이다 ● 소송(訴訟)이 생기는 상은, 윗사람이 건강(乾剛)으로 위엄(威嚴)만 부리고 관용(寬容)의 정(情)이 박(薄)하여서 감험(坎險)인 아랫사람과 대화가 안 되니, 아래에서 궁핍을 견디지 못해 부득이 윗사람을 제소(提訴)하는 상이다 ● 상대방과 내가 서로 의도하는 바가 배치된다는 뜻 ● 나는 간고(艱苦)하고 곤궁한데, 부유한 상대방은 무심하고 잔인해 나를 도와주지 않는 상이다.

● 송(訟)괘는 소송에 불리하다는 뜻이 있다. 삼가고 중지하는 것이 유리하다. 간계(奸計)를 꾸민다는 뜻이 있기 때문에 대패하기 전에 빨리 중지해야 한다 ● 일을 함께 도모하면서도 의견이 서로 어긋난다는 뜻 ● 불화반목(不和反目)하는 상 ● 논쟁격투(論爭擊鬪)의 뜻 ● 거역한다는 뜻 ● 원한분노(怨恨忿怒)의 뜻 ● 질투가 심하다는 뜻 ● 괴리(乖離)나 착오의 뜻 ● 군신(君臣)·부자(父子)·형제·부부·친구·동업자가 서로 화목하지 못한 상이다.

● 외견상으로는 강강(剛強)하고 내심은 험악하다는 뜻 ● 외견은 부강(富剛)해 보여도 내실은 간난빈고(艱難貧苦)하다는 뜻이 있다 ● 안으로 감(坎)의 간사한 마음을 품었으면서, 밖으로 건(乾)의 군자다운 풍모를 내보이는, 안팎이 다른 위선자 ● 천지비(天地否) 괘에서 변화한 것으로 해석하면, 천지비 괘에서 상괘인 건(乾)은 건강하고 하괘인 곤(坤)은 유순하다. 즉, 윗사람은 권세만 엄하게 내세우고 아랫사람에게 베풀지 않고, 아랫사람은 빈궁해 윗사람을 위해 일할 겨를이 없으니, 상하가 서로 막힌 상태다. 그곳에 九二의 一陽이 나타나 감험빈궁(坎險貧窮)한 아랫사람들을 도우면서 그 우두머리가 되어 아래의 간고한 형편을 관청에 호소하니 송(訟)괘가 된다고 해석한다.

지수사
地水師

師는 貞하고 丈人이라야 吉코 无咎하리라

初六은 師出以律이니 否臧이면 凶하리라

九二는 在師中하야 吉코 无咎하니 王三錫命이로다

六三은 師或輿尸니 凶하니라

六四는 師左次이니 无咎이로다

六五는 田有禽이라 利執言이니 无咎이리라 長子로
帥師이요 弟子로 輿尸면 貞이라도 凶하리라

上六은 大君有命하야 開國承家이니 小人勿用이니라

^사 ^{정 장 인 길} ^{무 구}
師.　貞丈人吉 ○ 无咎

사(師)는 장인(丈人)의 점은 길하다. 무탈하다.

[풀이] 사(師)는 '무리', '다중'(多衆)의 뜻이다. 효사를 보면 전쟁하는 상황이다. 장인은 사단장(師團將)에 해당하는 노련한 장군(將軍)을 지칭한다. 九二의 一陽이 바로 그 주인공이니, 이 독양(獨陽)을 주효라고 부른다. 〈전국초죽서〉(戰國楚竹書)와 〈부양한간〉(阜陽漢簡)에는 괘명이 '帀'(잡)으로 되어 있다.

^사 ^{중 야} ^정 ^{정 야} ^{능 이 중 정} ^{가 이 왕 의} ^강
象曰 師는 衆也요 貞은 正也니 能以衆正하면 可以王矣리라 剛
^{중 이 응} ^{행 험 이 순} ^{이 차 독 천 하 이 민} ^{종 지} ^길 ^우
中而應하고 行險而順하니 以此毒天下而民이 從之하니 吉코 又
^{하 구 의}
何咎矣리오.

단(彖)에 이르기를, 사(師)는 대중(大衆)이요, '정'(貞)은 바른 것이니, 능히 무리를 바르게 할 수가 있으면, 가히 왕(王) 노릇이 가능하다. 강(剛)이 가운데 자리〔中〕에서 상응하므로, 위험한 일을 수행하여도 순응한다. 이것으로써 천하에 혹독하게 하지만, 백성들이 그를 따르니 길하고 또 무슨 허물이 있겠느냐.

[풀이] '능히 무리를 바르게 할 수가 있으면, 가히 왕 노릇이 가능하다'는 구절은 덕장(德將)은 왕이 될 수 있다는 뜻이다. 고려(高麗)의 무신정권 시대를 상기시키고, 장군들의 혁명(革命)이 생각난다.

^{지 중 유 수} ^사 ^{군 자 이} ^{용 민 흑 중}
象曰 地中有水가 師니 君子以하야 容民畜衆하나니라.
상(象)에 이르기를, 땅속에 물이 있는 것이 사(師)이다. 군자는 이것을 보고, 백성을 포용하고 무리를 기른다.

• 〈**古易斷時言**〉의 점단

외환(外患)이 있는데, 또 자기의 이욕(利慾)까지 성취하려 하면, 내우
외환(內憂外患)으로 곤란한 지경에 처하게 되는 일이 생긴다. 흔히 친
지나 형제들의 부탁으로 고생이 많다. 만사를 공정하고 능력 있는 대인
에게 물어서 그 지시에 따라 행동하라.

初六 **師出以律** ○ **否臧·凶**
사 출 이 률　　　부 장　흉

출사(出師)에는 군율(軍律)이 있다. 군율이 서지 않으면 강병(強兵)
이라도 흉하다.

[**풀이**] 군율의 중요성을 먼저 거론한다.

象曰 師出以律이니 **失律**하면 **凶也**리라.
사 출 이 률　　실 률　　흉 야

상(象)에 이르기를, '출사에는 군율이 있다'는 말은 군율을 잃으면 흉
하다는 것이다.

• 〈**古易斷時言**〉의 점단

보통은 시작이 반이니 군대에는 호령(號令)과 상벌(賞罰)을 분명하게
세워 처음에 방향을 바로잡아야 한다. 부정한 일은 반드시 흉해지고,
자기 개인에 관한 것은 모두 불리하다. 만사를 윗사람 의견에 따라 처리
하는 것이 좋다.

九二 **在師中·吉·无咎** ○ **王三錫命**
재 사 중　길　무 구　　왕 삼 석 명

군대의 중군(中軍)에 있어서, 길하고 무탈하다. 왕이 세 번 하명(下
命)한다.

[풀이] 장수(長帥)가 군권(軍權)을 장악하여야 제대로 전투할 수 있으니, 길하고 무탈하다. 그것은 왕이 전권(專權)을 부여하였기 때문이다.

象曰 在師中吉은 承天寵也요 王三錫命은 懷萬邦也라.
상(象)에 이르기를, '군대의 중군(中軍)에 있어서 길하다'는 임금의 총애(寵愛)를 받음이고, '왕이 세 번 하명한다'는 만방(萬邦)을 마음 속에 품고 있음이다.

• 〈古易斷時言〉의 점단
2효를 만나면, 재덕(才德) 있는 사람이 군부(君父)의 명령을 받아서 하는 것은 유리하고, 보통사람의 사적인 일은 모두 불리하다.

六三 師或輿尸 · 凶
군대가 혹 수레에 시체를 싣고 돌아온다. 흉하다.

[풀이] 정이(程頤)는 "군대를 여러 장수가 통솔하면, 작전(作戰)의 능률이 없어져서 승리하기 어려우니 흉하다"고 풀이한다.

象曰 師或輿尸면 大无功也라라.
상(象)에 이르기를, '군대가 혹 수레에 시체를 싣고 돌아온다'는 대인(大人)이 공(功)이 없음이다.

• 〈古易斷時言〉의 점단
3효를 만나면, 자기의 능력을 생각하지 않고 분수(分數)에 넘치는 일을 시도하면 흉해지고 치욕을 당한다. 백사(百事)에 현상유지만 하라.

六四 師左次 ○ 无咎
<small>사 좌 차　무 구</small>

군대가 사흘 이상 좌측에 주둔(駐屯)한다. 무탈하다.

[풀이] '次'(차)는 군대가 사흘 이상 주둔한다는 글자인데, '左'(좌)에 대해서는 견해가 분분하고 명백한 해설이 없다.

象曰 左次无咎는 未失常也라.
<small>좌 차 무 구　미 실 상 야</small>

상(象)에 이르기를, '물러나 있으니 무탈하다'란 상도(常道)를 잃지 않는 것이다.

• 〈古易斷時言〉의 점단

보통은 사태의 추이를 자세히 살핀 후에 진퇴(進退)를 결정하라. 보통 사람은 수고만 하고 공(功)이 없어, 백사불성(百事不成)이다.

六五 田有禽 ○ 利執言 无咎 ○ 長子帥師 弟子輿尸 ○ 貞凶
<small>전 유 금　이 집 언 무 구　장 자 솔 사 제 자 여 시　정 흉</small>

사냥 가서 금수(禽獸)를 잡는다. 대의명분(大義名分)을 집행하는 것이 이롭고, 무탈하다. 큰아들이 군사(軍師)를 통솔한다. 동생들이 시체를 싣는다. 점이 흉하다.

[풀이] '제자여시'(弟子輿尸)를 정이(程頤)는 "제자(弟子), 즉 여러 장수(將帥)가 통솔하면 흉하다"고 풀이한다.

象曰 長子帥師는 以中行也요 弟子輿尸는 使不當也라.
<small>장 자 솔 사　이 중 행 야　제 자 여 시　사 부 당 야</small>

상(象)에 이르기를, '장자가 군대를 통솔한다'는 중(中)을 행함이고, '제자가 수레에 시체를 싣는다'는 부당(不當)한 것이다.

5효를 만나면, 정도(正道)로 분수를 지키는 사람을 사용(使用)하면 유리하다. 사리사욕에 빠지면 크게 일을 그르쳐서 재앙이 생긴다.

대 군 유 명　　개 국 승 가　　　　소 인 물 용
上六　大君有命·開國承家 ○ 小人勿用

대군(大君)에게 명령권이 있어, 개국(開國)하고 승가(承家)한다. 소인은 안 쓴다.

[풀이] 대군은 六五인데, 논공행상(論功行賞)하는 상황이다. 다만, 소인에게는 행상(行賞)을 조심해야 한다.

대 군 유 명　　이 정 공 야　　소 인 물 용　　필 란 방 야
象曰　大君有命은 **以正功也**요 **小人勿用**은 **必亂邦也**라.

상(象)에 이르기를, '대군의 명령이 있다'란 공(功)을 포상(褒賞)하는 것이고, '소인은 안 쓴다'는 반드시 나라를 어지럽힐 것이기 때문이다.

• 〈**古易斷時言**〉의 점단

상효를 만나면, 재덕(才德)을 갖춘 군자는 큰일을 한다. 그러나 보통사람은 만사불성(萬事不成)이다.

사(師)는 무리, 다중(多衆)의 뜻이다. 원래 사단장이 군사들을 거느리고 전쟁한다는 뜻으로, 군대의 상이다 ● 감수(坎水)가 곤지(坤地) 속에 있는 상으로, 물[水]이 땅속에서 흐르면서 모여들어 지하수가 많이 저장된 상인데, 이것은 비밀리에 병중(兵衆)을 양성하는 상이다 ● 감(坎)의 어려움에 대응하고자 곤(坤)인 뭇사람들이 무리로 모여드는 것이니, 바로 군대의 상이므로 사(師)라고 부른다 ● 감험(坎險)의 불측(不測)인 모략(謀略)을 곤순(坤順)의 정적(靜寂)한 유악(帷幄) 속에 감춘다는 뜻이니, 이것은 군대의 작전을 가리킨다 ● 사람들을 모은다는 뜻이다.

● 괘체(卦體)로 보면, 九二의 一陽인 장부가 五陰인 장병을 통솔하고, 五陰의 군사들은 一陽 장수의 명령을 따르는 상이니, 이것은 군사와 전쟁의 뜻이다 ● 九二의 一陽이 홀로 五陰의 무리와 대립하거나 다툰다는 뜻 ● 대장부(大丈夫)가 큰일을 능히 담당한다는 뜻 ● 외괘는 곤순(坤順)이고 내괘는 감험(坎險)이니, 외견은 부드럽고 온화하면서도 내심에는 큰 계략을 숨기고 있다는 뜻 ● 재능이 있지만 때를 만나지 못하여, 아직 사용하지 못하고 있다는 뜻 ● 간난고로를 능히 참고 견디면서 준비하면, 후일에 성공하여 안정된다는 뜻 ● 가업(家業)을 창업한다는 뜻 ● 스승 사(師)의 뜻 ● 우환(憂患)이 많은 상 ● 논쟁공격(論爭功擊)의 상 ● 신상에 간난(艱難)이 찾아와 고생이 심하다는 뜻 ● 신상이 곤궁하여 도망친다는 뜻 ● 금옥중보(金玉重宝)와 같은 귀중품이 땅속에 매장되어 있는 상이 있다.

수지비
水地比

比_비는 吉_길하나 原筮_{원서}하야 元永貞_{원영정}이라야 无咎_{무구}이리라

不寧_{불녕}이 方來_{방래}니 後夫_{후부}는 凶_흉하리라

初六_{초육}은 有孚_{유부}이면 比之_{비지}라도 无咎_{무구}이리니 有孚盈缶_{유부영부}이면

終來有他吉_{종래유타길}하리라

六二_{육이}는 比之自内_{비지자내}니 貞吉_{정길}하리라

六三_{육삼}은 比之匪人_{비지비인}이로다

六四_{육사}는 外比之_{외비지}니 貞吉_{정길}하리라

九五_{구오}는 顯比_{현비}니 王用三驅_{왕용삼구}에 失前禽_{실전금}하고 邑人_{읍인}도 不_불

誡_계니 吉_길하리라

上六_{상육}은 比之无首_{비지무수}이니 凶_흉하니라

比. 吉 ○ 原筮·元 ○ 永貞·无咎 ○ 不寧方來·後夫凶

비(比)는, 길하다. 원서(原筮) 가 원(元) 하여야, 영정(永貞) 이 무탈하
다. 불녕(不寧) 한 사람들이 몰려오는데, 후부(後夫) 는 흉하다.

[풀이] 비(比)는 '친하고 화합하며 도운다'는 뜻이다. 九五의 一陽을 중심으로
단체를 형성하는 장면이다. 九五인 독양(獨陽)이 주효이다. 원서(原筮)는 상
대방의 선악(善惡)을 묻는 점이니, 길(吉)은 원서가 선량한 경우에만 길하다
는 말이다.

象曰 比는 吉也며 比는 輔也니 下順從也라 原筮元永貞无咎는
以剛中也요 不寧方來는 上下應也요 後夫凶은 其道窮也라.

단(彖) 에 이르기를, 비(比) 는 길한 것이며 돕는 것이니, 아랫사람들
이 순종(順從) 하는 것이다. '원서(原筮) 가 원(元) 하면, 영정(永貞)
은 무탈하다' 함은, 강(剛) 이 중(中) 에 있음이요, '불녕한 사람들이 몰
려온다' 함은, 위와 아래가 응함이요, '뒤늦은 사람은 흉하다' 함은,
그 도(道) 가 궁(窮) 하기 때문이다.

[풀이] 아랫사람들이 순종하는 것은 九五의 一陽이니 이것이 주효이다. '불녕
한 사람들이 몰려오는 것'은 九五를 중심으로 안녕하지 못한 구직자들이 모여
들어 단체가 형성되는 과정이고, '뒤늦은 사람은 흉하다' 는 그 단체가 일단 완
성된 후에 나타난 사람은 그 단체에 가입할 수 없다는 말이다.

象曰 地上有水가 比니 先王이 以하야 建萬國하고 親諸侯하니라.

상(象) 에 이르기를, 땅 위에 물이 있는 것이 비(比) 이다. 선왕(先王)
은 이것을 본받아 만국(萬國) 을 세우고 제후와 친하다.

[풀이] 땅에 물이 있으니 좋은 논이고 농경지니, 도읍지로 적당하다.

만사에 부지런하며 주위를 살펴서 실수가 없도록 반성하고 남과 화합하
면 성공한다. 보통사람은 소사는 좋으나, 대사나 남에게 부탁한 일은
이루기 어렵다.

初六 有孚比之・无咎 ○ 有孚盈缶・終來有他吉
<small>유 부 비 지　　　무 구　　　유 부 영 부　　　종 래 유 타 길</small>

신의가 있어서 친보(親輔)하면, 무탈하다. 신의가 있어서 독아지에
가득 차면, 마침내 다른 길함이 있을 것이다.

[풀이] 五陰이 九五를 중심으로 뭉치는데, 동지(同志)들이 서로 뭉쳐서 친보
하면, 장차 대사를 치를 만하다.

象曰 比之初六은 有他吉也니라.
<small>비 지 초 육　　　유 타 길 야</small>

상(象)에 이르기를, 비(比)괘의 初六은 다른 길(吉)이 있다.

•〈古易斷時言〉의 점단

보통은 성심성의껏 하면 후일에 반드시 성공한다. 그러나 보통사람은
성공하기 어려운 경우가 많고, 또한 주소(住所)에 관한 일은 불성한다.

六二 比之自內 ○ 貞吉
<small>비 지 자 내　　　정 길</small>

내부에서 친보(親輔)한다. 점이 길하다.

[풀이] 六二가 九五와 정응(正應)하고, 初六과 六三이 동지다.

象曰 比之自内는 不自失也라.
상(象)에 이르기를, '친함이 안으로부터 온다'란 자실(自失)함이 아니다.

• 〈古易斷時言〉의 점단
2효를 만나면, 성실하면 성공하고 남이 도와준다. 불성실하면 백사불성(百事不成).

六三 比之匪人
비인(匪人)과 친비(親比)한다.

[풀이] 六三은 후부(後夫)인 上六과 상비(相比)하니, 이치에 안 맞는 행동을 하는 비인이다. 이런 자와 친보하고 지내면 반드시 흉한 꼴을 본다.

象曰 比之匪人이 不亦傷乎야.
상(象)에 이르기를, '비인과 친비하니' 상(傷)하지 않겠는가!

• 〈古易斷時言〉의 점단
3효를 만나면, 사람과 잘못 친하여 고생이 많고 백사불성(百事不成)이다. 부탁해도 도움을 얻지 못하고 도리어 방해받는다. 병은 어려우니 조심하라.

六四 外比之 ○ 貞吉
밖으로 친보(親輔)하니, 점이 길하다.

[풀이] 위의 九五와 친비하면서 동시에 하괘의 初六과도 친보하니, 무리를 포섭하는 능력이 있다.

象曰 外比於賢은 以從上也라.

象(象)에 이르기를, '밖으로 현인(賢人)과 친보한다'는 다 함께 윗사
람을 따름이다.

• 〈古易斷時言〉의 점단

정도(正道)로 무리들과 친화하면서 군주를 보필하면 크게 좋아질 수 있다.

九五 顯比 · 王用三驅 · 失前禽. 邑人不誡. 吉

친보함을 드러낸다. 왕이 수렵할 때 삼면(三面)에서 몰아가서, 앞에
있는 짐승은 놓친다. 고을 사람이 놀라지 않는다. 길하다.

[풀이] 왕이 수렵하는 가운데 인덕(仁德)을 드러내면, 더 많은 무리들이 모여
들기도 한다.

象曰 顯比之吉은 位正中也요 舍逆取順이 失前禽也요 邑人不
誡는 上使中也일세라.

상(象)에 이르기를, '친보함을 드러내어 길하다'는 것은 정중(正中)
에 자리함이고, 역(逆)을 버리고 순(順)을 취함은 '앞의 사냥감을 놓
친다'는 것이고, '마을 사람도 놀라지 않는다'는 것은 윗사람이 중(中)
을 지키도록 지시하는 것이다.

• 〈古易斷時言〉의 점단

5효를 만나면, 사심이 없으면 남들과 화합할 수 있다. 자기의 분수를
지키면 흉한 것을 면한다. 만사가 지체된다. 병은 난치.

上六 比之无首 ○ 凶
<small>비 지 무 수　흉</small>

친보(親輔)하는데 머리가 없다. 흉하다.

[풀이] 上六은 후부(後夫)이거나 九五를 무시하는 자를 말한다. 우두머리가 없으니 오합지졸에 지나지 않는다.

象曰 比之无首가 无所終也니라.
<small>비 지 무 수　무 소 종 야</small>

상(象)에 이르기를, '친함에 머리가 없다'는 것은 끝낼 내용이 없음이다.

• **〈古易斷時言〉의 점단**

상효를 만나면, 백사불성(百事不成)하고 친한 사람과 이별한다. 신용을 잃게 된다. 혼자 외로이 노력하는 때이므로 덕을 갖춘 사람을 조심조심 따라가라.

괘상풀이

비(比)는 '친하고 화합하며 도운다'는 뜻이다 • 감수(坎水)가 곤(坤)의 지상(地上)에 있는 상이다. 물[水]은 땅을 얻지 못하면 머무를 곳이 없고, 땅은 물을 얻지 못하면 생육(生育)하는 공(功)을 이룰 수 없다 • 수(水)와 지(地)는 서로 비화(比和)하는 물건이므로 비(比)라고 한다. 물은 능히 땅과 화합하고, 땅은 능히 물과 친화한다 • 친목회나 동호회 회원이나 이웃사촌 간에 서로 친밀하여 도운다는 뜻이다 • 괘체로 보면, 九五의 一陽이 나머지 五陰에 응하고, 五陰이 九五의 一陽을 보필하는 상이니, 이것은 임금[一君]이 만민(萬民)과 친하고, 만민이 임금을 돕는 상이다.

• 〈주역〉 64괘는 상하 괘에서 감(坎)괘를 만나면 모두 감험(坎險)으로 본다. 그런데 수지비(水地比) 괘만은 우로(雨露)나 은택(恩澤)의 길상(吉象)으

로 본다. 그 이유는, 一陽인 九五가 군위(君位)에 있으면서 인택(仁澤)으로 천하의 五陰과 두루 친비·친보하고, 만민은 화목하여 군주를 따르는 괘덕(卦德)을 강조하기 때문이다 ● 九五는 감수(坎水)의 주효로, 우로의 은택을 五陰인 토지에 두루 베푸는 상 ● 위는 인자하고, 아래는 순종한다는 뜻 ● 먼저 인덕(仁德)을 갖춘 지도자를 내세워서 그 사람을 따라 일을 성취하여 목적을 달성하는 괘이다.

　● 양육부조(養育扶助)의 뜻 ● 안락과 희열의 뜻 ● 귀신의 명가호우(冥加護祐)를 얻는 상 ● 애정(愛情)이 지나쳐서 사물[物]에 빠져 버린다는 뜻 ● 주인이 옳은 일을 추진하여도, 좋은 보좌역이 없으면 일을 성취할 수 없다는 뜻 ● 선악(善惡)을 불문하고, 남과 쉽게 친해지는 시절이니, 사람을 잘 가려서 사귀어야 한다는 뜻이 있다 ● 절검(節儉)하는 마음이 없기 때문에 비용이 많이 든다는 뜻 ● 통상의 범속한 졸부(猝富)는 一陽이 중음(衆陰)의 꼬임에 빠지므로, 주색(酒色) 등의 유혹에 빠져서 타락하여 빈궁하게 된다는 뜻이 있다.

풍천소축
風天小畜

小畜은 亨하나 密雲不雨이 自我西郊이로다

初九는 復이 自道이어니 何其咎이리오 吉하니라

九二는 牽復이니 吉하니라

九三은 輿說輻이며 夫妻反目이로다

六四는 有孚하야 血去코 惕出이니 无咎이리라

九五는 有孚攣如하야 富以其鄰이로다

上九는 旣雨旣處는 尙德하야 載니 婦이 貞이라 厲하
리니 月幾望이니 君子이 征이면 凶하리라

^{소 축}　　^형　^{밀 운 불 우}　^{자 아 서 교}
小畜. 亨 ○ 密雲不雨·自我西郊

소축(小畜)은, 형(亨)하다. 먹구름이 있지만, 비가 안 온다. 우리 서
교(西郊)에서 시작한다.

[풀이] 소축(小畜)에서 축(畜)은 '그치다', '기르다', '쌓아 둔다'[聚]는 뜻이고, 소
(小)는 음소(陰小)이니 '작다', '잠시 동안'이라는 뜻이 있다. 먹구름이 있지만,
비가 안 오는 것은 음양이 화합하지 못한 탓이다. 하괘인 三陽의 전진(前進)을
상괘인 손풍(巽風)이 제지하여 운우(雲雨)의 과정을 늦추고 있는 상황이다. 중
국 날씨의 특징은, 서교(西郊)에서 바람이 불면 비가 오지 않는다고 한다.

　　　^{소 축}　^{유 득 위 이 상 하 응 지}　　　^{왈 소 축}　　^{건 이 손}　　^강
象曰 小畜은 柔得位而上下應之할세 曰小畜이라 健而巽하며 剛
^{중 이 지 행}　　^{내 형}　　^{밀 운 불 우}　^{상 왕 야}　^{자 아 서 교}　^시
中而志行이라 乃亨하리라 密雲不雨는 尚往也요 自我西郊는 施
^{미 행 야}
未行也라.

단(象)에 이르기를, 소축(小畜)은 유(柔)가 자리를 얻어서, 상하(上
下)가 응하니 소축이라고 한다. 강건(剛健)하면서 순종(順從)하며,
강(剛)이 중(重)을 얻어 뜻대로 행하여, 이에 형통하나니라. '먹구름
이나 비가 오지 아니함'은, 진행을 숭상함이요, '우리 서쪽 들판에서
부터 시작한다' 함은, 아직 시행(施行)되지 못함이다.

[풀이] 六四에 있는 一陰을 중심으로 五陽이 서로 응하고 있으니 이것이 주효
이다. 서풍(西風)이 부니 비가 당장은 내리지 않는다.

　　　^{풍 행 천 상}　^{소 축}　　^{군 자 이}　·　^{의 문 덕}
象曰 風行天上이 小畜이니 君子以하야 懿文德하나니라.

상(象)에 이르기를, 바람이 하늘 위에서 부는 것이 소축(小畜)이다.
군자는 이것을 본받아서, 문덕(文德)을 아름답게 한다.

• 〈古易斷時言〉의 점단

소사는 가하나, 분수에 넘치는 대사는 불가하다. 친지(親知)의 인연
으로 일을 이루기도 하지만, 뜻밖의 재앙을 조심하라. 남녀는 교제를
피하라.

初九 復自道·何其咎 ○ 吉
자기 길로 되돌아온다. 허물을 지고 있다. 길하다.

[풀이] 六四가 축양(畜養)하는 괘인데, 初九는 六四에 정응(正應)하니, 길하다.

象曰 復自道는 其義吉也라.
상(象)에 이르기를, '자기 길로 되돌아온다'란 그 뜻이 길하다.

• 〈古易斷時言〉의 점단

시세(時勢)를 살펴보고 진퇴를 결정하라. 허망(虛妄)하게 사리사욕
에 끌리지 마라. 친지에 관한 일은 좋다. 부정하면 주거를 상실하고,
파산하는 흉사(凶事)가 있다.

九二 牽復 ○ 吉
이끌려서 돌아온다. 길하다.

[풀이] 동지(同志)인 初九에 이끌려서 자기 길로 돌아온다.

象曰 牽復은 在中이라 亦不自失也라.
상(象)에 이르기를, '이끌려서 돌아온다'는 중(中)에 있고 또한 자실
(自失)하지 않는다.

2효를 만나면, 지극한 성의가 있으면 길하고, 보통사람은 대체로 흉조
(凶兆)이니 재앙을 예방하라.

九三 輿說輻 · 夫妻反目
_{여 탈 복} _{부 처 반 목}

수레의 바퀴통이 빠진다. 부처가 서로 반목한다.

[풀이] 九三이 六四와 친비(親比)하니, 九五 부(夫)와 六四 부(婦)의 금슬(琴
瑟)이 깨진다.

象曰 夫妻反目은 不能正室也라.
_{부 처 반 목} _{불 능 정 실 야}

상(象)에 이르기를, '부부가 반목한다'는, 능히 처실(妻室)을 바르게
하지 못함이다.

• 〈古易斷時言〉의 점단
3효를 만나면, 화정(和正)하고 유순하면 만사에 허물이 없으나, 광폭
(狂暴)하면 재앙을 초래하니 깊이 조심하라. 정도(正道)에 어긋나는 생
각을 하면 착오가 생겨 큰 재앙을 받으니 신중하게 생각하라. 보통사람
은 백사(百事)에 흉하다.

六四 有孚 · 血去 ○ 惕出 · 无咎
_{유 부} _{혈 거} _{척 출} _{무 구}

신의가 있으면, 피가 사라진다. 근심에서 벗어나니, 무탈하다.

[풀이] 初九와 정응(正應)하니 하괘 三陽이 모두 신의를 지키고 투쟁을 멈춘다.

象曰 有孚 ^{유부}惕出^{척출}은 上合志也^{상합지야}라.

象曰 有孚 惕出은 上合志也라.

상(象)에 이르기를, '신의가 있고, 근심에서 벗어난다'는 것은, 윗사람과 뜻을 합함이다.

• 〈古易斷時言〉의 점단

보통은 화순(和順)하고 정직하면 길하나, 간사(奸邪)하거나 폭력적이면 대흉(大凶)하다.

九五 有孚攣如·富以其鄰

신의(信義)가 있고, 서로 호감(好感)이 있다. 재물(財物)로 이웃을 돕는다.

[풀이] 九五 군주가 六四 대신과 서로 신의를 지키고 서로 호감이 있어 六四가 三陽을 축양(畜養)하였다. 군주가 재물로 이웃인 六四의 노고에 보답한다.

象曰 有孚攣如는 不獨富也라.

상(象)에 이르기를, '신의(信義)가 있고, 서로 호감이 있다'는 자기 혼자만 부유하지 않음이다.

• 〈古易斷時言〉의 점단

5효를 만나면, 생각대로 안 되고 크게 실수할 수 있으니, 관용(寬容)이 있는 사람과 상의한 후에 결정하라. 대체로 화순(和順)하고 관대하면 좋고, 강강(剛强)하면 흉하다. 또 세력이 있는 사람의 부정한 일로 인하여 고생하는 수가 있으니 조심하라.

上九 <ruby>旣雨旣處<rt>기 우 기 처</rt></ruby>·<ruby>尚德載<rt>상 덕 재</rt></ruby> ○ <ruby>婦貞厲<rt>부 정 려</rt></ruby> ○ <ruby>月幾望<rt>월 기 망</rt></ruby> ○ <ruby>君子征凶<rt>군 자 정 흉</rt></ruby>

비가 내리고 벌써 처리했다. 덕을 실었음을 숭상한다. 부인의 점은
위태롭다. 보름날이 가깝다. 군자가 원정(遠征) 하면 흉하다.

[풀이] 구름이 비가 되니 음양이 이미 六四에서 화합한 증거다. 부녀(婦女)의
일이므로 군자가 나설 일이 아니다.

象曰 <ruby>旣雨旣處<rt>기 우 기 처</rt></ruby>는 <ruby>德<rt>덕</rt></ruby>이 <ruby>積載也<rt>적 재 야</rt></ruby>요 <ruby>君子征凶<rt>군 자 정 흉</rt></ruby>은 <ruby>有所疑也<rt>유 소 의 야</rt></ruby>니라.

상(象)에 이르기를, '비가 내리고 벌써 처리했다'는 덕이 적재(積載)
됨이고, '군자가 정벌하면 흉하다'는 의심받을 곳이 있음이다.

• 〈古易斷時言〉의 점단
상효를 만나면, 소사는 성사한다. 타인의 견제를 받아서 자신의 역량을
발휘하지 못하고 실패한다.

괘상풀이

소(小)는 음소(陰小)라는 뜻이고, 축(畜)은 그치고[止] 기르고[養] 쌓아 둔다
[聚]는 뜻이다. 즉, 소축(小畜)은 그치고 기르고 쌓아 두는 것이, '작다' '잠
시 동안'이라는 뜻이다 • 손(巽)의 공손을 이용해서 건(乾)의 강건(剛健)이
힘차게 전진하는 것을 멈추게 하는 상으로, 마치 유막(帷幕)을 이용해 시
석(矢石)을 막아서 그치게 하는 것과 같다. 그러나 부드러움[柔]으로 강함
[剛]을 그치게 하고, 약(弱)을 이용해서 강(强)을 억제[制]하는 것이므로, 그
내용상 장시간 멈추게 하는 것은 불가능하기 때문에 잠깐 저지한다는 뜻
이다 • 음(陰)이 능히 양(陽)을 그치게 하는데, 양대음소(陽大陰小)하므로
작거나 단기간이라는 뜻이 있다 • 작게 쌓아 둔다거나, 잠시 억제하거나

중지한다는 뜻이다.

• 전괘(全卦)의 괘체(卦體)로 보면, 六四의 一陰이 상하의 五陽을 멈추려고 상하의 주장을 막아내는 상이다 • 국정(國政)에서는 재상(宰相)이 상하를 견제하는 상으로, 위로는 군왕의 잘못을 간(諫)하고 아래로는 백성의 옳지 못한 행위를 금지하는 것이다. 여기서 재상이 군왕을 설득하여 멈추게 하는 것은, 소(小)를 이용해서 대(大)를 억제하는 것이니, 장기간 크게 멈추게 할 수는 없기 때문에 소축(小畜)의 뜻이다 • 회사에서는 건(乾)인 사주(社主)가 강강(剛强)하여 무리하게 전진하려는 것을 손(巽)인 이사(理事)가 공손하게 제지한다는 뜻이다 • 가정에서는 건(乾)의 부(夫)가 강강하게 비의(非義)를 저지르는 것을 손(巽)의 처(妻)가 공손하게 멈추게 한다는 뜻이다 • 손순(巽順)의 뜻을 이용해서 사람을 권유, 설득하면 그 사람이 순응한다는 뜻이 있다 • 수양버들처럼 손순하기 때문에 사람들과 다투지 않으면서, 능히 주위의 폭진(暴進)을 그치게 한다는 뜻 • 제지의 뜻 • 축취(畜聚)의 뜻 • 축양(畜養)의 뜻 • 지식(止息)의 뜻 • 과소(寡少)하다는 뜻이 있다.

천택리
天澤履

履虎尾라도   不咥人이라 亨하니라
<small>이 호 미   부 절 인   형</small>

初九는 素履니 往하야 无咎이리라
<small>소 리   왕   무 구</small>

九二는 履道이 坦坦하니 幽人이라 貞코 吉하리라
<small>이 도   탄 탄   유 인   정   길</small>

六三은 眇能視며 跛能履라 履虎尾하야 咥人이니 凶
<small>묘 능 시   파 능 리   이 호 미   절 인   흉</small>
하고 武人이 爲于大君이로다
<small>무 인   위 우 대 군</small>

九四는 履虎尾나 愬愬하야 終吉이리라
<small>이 호 미   색 색   종 길</small>

九五는 夬履니 貞이라도 厲하리라
<small>쾌 리   정   려</small>

上九는 視履하야 考祥하되 其旋이면 元吉이리라
<small>시 리   고 상   기 선   원 길</small>

100

履虎尾 ○ 不咥人 亨
<small>이 호 미   부 절 인 형</small>

호랑이 꼬리를 따라가도 사람을 물지 않으면 형통한다.

[풀이] 이(履)는 '밟는다', '따라간다', '밟고 나아간다'고 해석하는데, 여기서는 '뒤따라간다'고 보아야 한다. 호랑이를 뒤따라가는 형국이니 보통사람은 십중 칠팔(十中七八)은 흉(凶)에 가깝다. 따라서 조심하고 또 조심해야만 살아남는 다. 통설은 맨 앞에 '履'(이)라는 괘명이 생략되었다고 한다. 〈백서주역〉에는 괘 명이 '禮'(예)로 되어 있다. 예를 어기면 처벌받는 것을 강조한다.

象曰 履는 柔履剛也니 說而應乎乾이라 是以履虎尾不咥人亨이 라 剛中正으로 履帝位하야 而不疚이니 光明也라.

단(象)에 이르기를, 이(履)는 유(柔)가 강(剛)을 따라가는 것이니 기 꺼이 건(乾)에 응함이다. 그래서 '범의 꼬리를 따라가도, 사람을 물 지 아니하니 형통함이다'. 강(剛)이 중정(中正)으로 제위(帝位)에 올 라서도 병들지 않으니, 광명(光明)할 것이다.

[풀이] 소음(少陰)인 태(兌)가 노양(老陽)인 건(乾)의 뒤를 따라가니 기쁜 마 음으로 순응하여 받들어야 한다. 또 六三이 중정(中正)인 九五를 예법(禮法) 에 따라 존중하는 상이다.

象曰 上天下澤이 履니 君子以하야 辯上下하야 定民志하나니라.

상(象)에 이르기를, 위는 하늘이고 아래가 연못이면 이(履)이다. 군 자는 이것을 본받아, 상하(上下)를 분별하여 백성들이 뜻할 바를 설 정(設定)한다.

만사에 예의를 지키면서 화열(和悅)의 자세를 가지고 무리 없이 추진하면 성사되는 길괘(吉卦)라고도 본다. 신하가 임금에게 봉사하고, 아들이 부모를 모시고, 연소자가 연장자에게 순응하는 등 항상 부드러운 태도를 가지는 것이 필요한 시절이니, 화순(和順)하고 근면하도록 힘쓸 때다. 백사(百事)에 이런 괘상을 잊지 말고, 자신의 능력을 과시하려 하지 않으면 흉한 일은 없게 된다.

初九 素履 ○ 往无咎

평소대로 나아간다. 나아가더라도 무탈하다.

[풀이] 소리(素履)는 소박(素朴)하게 평소대로 행동하는 것이다.

象曰 素履之往은 獨行願也라.

상(象)에 이르기를, '평소대로 나아간다'는 홀로 원하는 바를 행하는 것이다.

• 〈古易斷時言〉의 점단
정심(正心)으로 추진하면 백사(百事)가 성사되리라. 만약 고집을 부리거나 강경(剛勁)하게 대처하면 만사불성(萬事不成)하고 또 재해를 당한다. 또 상관의 꾸지람을 듣지 않도록 주의하고, 쟁론(爭論)을 삼가라.

九二 履道坦坦 ○ 幽人貞吉

다니는 길이 탄탄하다. 유인(幽人)은 길점(吉占)이다.

[풀이] 유인은 六三에 막혀 발전하지 못하거나 빛을 보지 못하는 사람이다.

象曰 幽人貞吉은 中不自亂也라.

상(象)에 이르기를, '유인은 길점이다'는 중도를 지키고 스스로 어지럽히지 않는다는 것이다.

• 〈古易斷時言〉의 점단

죄수라도 지성(至誠)인 사람은 길하다. 보통사람은 흉조(凶兆)가 많으니, 재해를 예방하라.

六三 眇能視・跛能履・履虎尾 ○ 咥人・凶 ○ 武人爲于大君

애꾸눈이 볼 수 있다고 말하고, 절름발이가 걸을 수 있다고 말한다. 호랑이 꼬리를 밟는다. 사람을 물어서 흉하다. 무인(武人)이 대군(大君)에게 대든다.

[풀이] 음유(陰柔)하여 무능한데도 양위(陽位)인 탓에 자신을 과신(過信)하여 무조건 전진하고, 행패가 심하다. 끝내 하극상(下剋上)을 저질러 문제를 일으킨다.

象曰 眇能視는 不足以有明也요 跛能履는 不足以與行也요 咥
人之凶은 位不當也요 武人爲于大君은 志剛也라.

상(象)에 이르기를, '애꾸눈이 볼 수 있다고 말하지만' 충분한 시력이 없다는 뜻이고, '절름발이가 걸을 수 있다고 말하지만' 같이 다닐 수 없다는 뜻이다. '사람을 물어서 흉하다'는 위치가 부당하다는 뜻이고, '무인이 대군이 된다'는 그 뜻이 강하다는 것이다.

3효를 만나면, 화순(和順) 하면 만사 평안하여 허물이 없으리라. 포악한 마음이 있으면 재앙을 초래하니 깊이 삼가라. 또 도리에 어긋나는 생각을 하면 잘못이 생기고 크게 손해를 볼 수 있다. 보통사람은 백사(百事) 에 흉조(凶兆) 이다.

九四 履虎尾 ○ 愬愬·終吉
호랑이 꼬리를 따라간다. 조심하고 두려워한다. 마침내 길하다.

[풀이] 상괘가 호랑이니, 九四는 호랑이 꼬리에 해당한다. 六三이 九五를 범하려면 여기를 지나가야 한다.

象曰 愬愬終吉은 志行也라.
상(象) 에 이르기를, '조심하고 두려워하면, 마침내 길하다'란 뜻이 행해진다는 것이다.

• 〈古易斷時言〉의 점단
보통은 화순(和順) 하고 정직한 성품인 사람에게는 길조(吉兆) 이다. 포악하거나 간곡(姦曲) 한 사람은 대흉하다.

九五 夬履 ○ 貞厲
결단코 무례한 행동을 처리(處理) 한다. 점괘가 위태롭다.

[풀이] 九五의 군주가 단호하게 六三의 망동(妄動)을 처벌한다. 따라서 六三의 발악(發惡)을 대비해야 한다.

104

象曰 夫履貞厲는 位正當也일세라.
'결단코 무례한 행동을 처리한다. 점괘가 위태롭다'는 것은 〔九五의〕
위치가 정당(正當)하다는 것이다.

• 〈古易斷時言〉의 점단

보통사람은, 자기 생각과 달리, 크게 잃는 수가 있다. 만사에 삼가고 관용
있는 사람과 먼저 의논하고 조심스레 추진하라. 화순(和順)하고 관용 있
게 행동하여야 하며, 만약 고집을 세워 뻣뻣하게 행동하면 흉(凶)을 초래
한다. 또 비도(非道)인 세력가로부터 방해받는다. 예방하고 조심하라.

上九 視履·考祥 ○ 其旋·元吉
六三의 행동을 보고 여러 모로 생각한다. 선회(旋回)하면 크게 길할
것이다.

[풀이] 上九는 六三과 상응하므로, 친분이 있어서 그 행동을 자세히 감시하고
있다. 만약 六三이 반성(反省)하면 길하다.

象曰 元吉在上이 大有慶也니라.
상(象)에 이르기를, '크게 길한 것〔元吉〕이 상효에 있다' 함은 크게
경사가 있음이다.

[풀이] 六三을 견제하여 큰 경사를 만드는 주체가 上九이다.

• 〈古易斷時言〉의 점단

보통사람은 백사(百事)가 결정되기 어렵다. 타산지석(他山之石)을 본
받도록 하라. 남보다 앞질러서 하는 것은 대부분 흉하고, 뜻밖의 재앙
을 막아야 한다. 병자는 의사를 바꾸면 효력을 본다.

이(履)는 '밟는다', '따라간다'는 뜻이다 ● 태(兌)의 유약함이 건(乾)의 강건함의 뒤를 따라서 조심스레 밟아가는 상이다. 괘사인 "호랑이 뒤를 따라간다(履虎尾)"는 것은 '위험하니 무척 조심해야만 무탈하다'는 뜻이다 ● 건천(乾天)은 높고 위에 있으며, 태택(兌澤)은 낮고 아래에 있어, 그 상하 지위를 분별하는 것이 분명한 것이 상이다. 예(禮)의 대강(大綱)에 부합하므로, 이(履)괘를 예의 기본으로 해석한다 ● 전괘(全卦)의 괘체로 보면, 六三의 一陰이 五陽에 대응하는 일유오강(一柔五剛)이니, 일을 처리하고 이행하는 것이 위험하고 어렵다는 뜻 ● 음(陰)은 유순하므로, 양(陽)에 능히 순응하고, 강(剛)에 능히 화순(和順)하므로 위난(危難)을 면하고 이행(履行)에 성공할 수 있다는 뜻이 있다.

● 상하 계급에 따라서, 신하가 임금에게 봉사하고, 부장(部長)이 상사(上司)를 받들고, 아들이 부모를 모시고, 젊은이가 연장자에게 순응하는 등 화열(和悅)의 자세를 가지고, 예의(禮儀)에 합당하게 행동하면 성사된다는 뜻이 있다 ● 만사에 예의를 지키면서 항상 부드러운 태도를 가지는 것이 필요한 시절이니, 화순(和順)하고 성실하여야 좋다는 뜻이다 ● 중지하지 않고 진행된다는 뜻 ● 여행의 뜻 ● 위난(危難)을 만난다는 뜻 ● 안심할 수 없다는 뜻 ● 이별의 뜻 ● 분수에 넘치는 일은 화(禍)를 자초한다는 뜻 ● 위기(危機)에는 태(兌)의 화열(和悅)하고 공경하는 마음을 가지고, 상대방을 성실하고 예의 있게 우대(優待)하는 것이 해결책이다 ● 만사에 자신의 능력을 과신하지 말고, 무리하게 추진하지 않으면 흉한 일은 없다 ● 과강(過剛)과 과유(過柔)를 비교하여 판단하라는 뜻 ● 내유외강(內柔外剛)한 사람 ● 나약하고 능력이 모자란다는 뜻이 있다.

지천태
地天泰

泰_는 小_이 往_코 大_이 來_{하니} 吉_{하야} 亨_{하니라}

初九_는 拔茅茹_{이니} 以其彙_면 征_이 吉_{하리라}

九二_는 包荒_{하고} 用馮河_{하며} 不遐遺_{하고} 朋亡_{하면}
得尚于中行_{하리라}

九三_은 无平不陂_며 无往不復_{이니} 艱貞_{이면} 无咎_{하고}
勿恤其孚_{이면} 于食_에 有福_{하리라}

六四_는 翩翩_히 不富以其鄰_{하야} 不戒以孚_{로다}

六五_는 帝乙歸妹_니 以祉_며 元吉_{이리라}

上六_은 城復于隍_{이라} 勿用師_요 自邑告命_{이니} 貞
_{이라도} 吝_{하니라}

泰. 小^소往^왕大^대來^래 ○ 吉^길 ○ 亨^형

태(泰)는, 음소(陰小)가 가고 양대(陽大)가 온다. 길하다. 형통한다.

[풀이] 태(泰)는 '상통(相通)하여 편안하다'는 뜻이다. 음양이 균형을 이루어 천하태평(天下泰平)한 괘라고 알려져 있다. 소장(消長)하는 12벽괘(辟卦) 중 가장 이상적인 삼음삼양(三陰三陽) 괘라고 말한다. 춘분(春分) 절기에 해당한다.

象曰 泰^태小^소往^왕大^대來^래吉^길亨^형은 則^즉是^시天^천地^지가 交^교而^이萬^만物^물이 通^통也^야며 上^상下^하가 交^교而^이其^기志^지가 同^동也^야라 內^내陽^양而^이外^외陰^음하며 內^내健^건而^이外^외順^순하며 內^내君^군子^자而^이 外^외小^소人^인하니 君^군子^자道^도長^장하고 小^소人^인道^도消^소也^야라.

단(象)에 이르기를, '태(泰)는 작은 것은 물러가고 큰 것이 오니, 길하고 형통한다'고 함은, 곧 하늘과 땅이 교통(交通)하여 만물이 통하며, 위아래가 교통해서 그 뜻이 같음이라, 안은 양(陽)이고 밖은 음(陰)이며, 안은 건실(健實)하고 밖은 유순(柔順)하며, 안은 군자이고 밖은 소인이니, 군자의 도(道)는 자라고 소인의 도는 사라진다.

[풀이] 동적으로 추이(推移)를 보면 '하늘과 땅이 서로 교통하여 음(陰)과 양(陽)이 상하로 화합하니' 번성(繁盛)한 상황이다. 한편 정적으로 현상을 보면 '안은 양(陽)이고 밖은 음(陰)이며, 안은 건실하고 밖은 유순하며, 안은 군자이고 밖은 소인이니' 군자가 주도(主導)하는 태평세계다. 즉, 시간적으로는 봄이 익어가는 시절이고, 공간적으로는 군자들이 득세(得勢)하는 상황이다.

象曰 天地交_{천지교}가 泰_태니 后以_{후이}하야 財成天地之道_{재성천지지도}하며 輔相天地之宜_{보상천지지의}
하야 以左右民_{이좌우민}하나니라.

상(象)에 이르기를, 천지(天地)가 사귀면 태(泰)가 된다. 임금은 이것을 보고, 천지의 도(道)를 재성(財成)하고, 천지의 마땅함을 보상(輔相)하여서, 백성을 돕는다.

• 〈古易斷時言〉의 점단
보통사람이 성실하고 정도(正道)로 가면 길하다고 보지만, 대체로 주소(住所)가 불안하고 부녀자에게 재앙이 생긴다. 조심하고 방비를 하라.

初九 拔茅茹_{발모여} · 以其彙_{이기휘} ○ 征_정 · 吉_길
띠풀을 뽑으니 옆 뿌리가 같이 뽑힌다. 원정(遠征)하면 길하다.

[풀이] 띠풀로 내괘의 三陽을 단체로 비유하고 있다.

象曰 拔茅征吉_{발모정길}은 志在外也_{지재외야}라.
상(象)에 이르기를, '띠풀을 뽑고, 원정하면 길하다'란 뜻이 밖에 있다는 것이다.

• 〈古易斷時言〉의 점단
보통사람은 친구를 얻어야 일이 성사되고, 혼자서는 불성한다. 일상의 소사는 성사하나 후일에 재앙이 생기는 수가 있으니 정도(正道)와 성의(誠意)를 가지고 지키는 것이 좋다.

九二 包荒·用馮河·不遐遺 ○ 朋亡 ○ 得尙于中行
<small>포 황　용 빙 하　불 하 유　봉 망　득 상 우 중 행</small>

모든 사람을 포용한다. 과감하게 배도 없이 강을 건너간다. 멀리 있
는 것을 내버리지 않는다. 친구와 교제를 삼간다. 중용(中庸)으로 숭
상(崇尙)을 받는다.

象曰 包荒得尙于中行은 以光大也라.
<small>포 황 득 상 우 중 행　이 광 대 야</small>

상(象)에 이르기를, '모든 사람을 포용하고, 중용으로 숭상을 받는다'
는, 빛나고 위대하기 때문이다.

• 〈古易斷時言〉의 점단
2효를 만나면, 관용(寬容)하면 사람들을 지휘하여서 일이 성사되지만,
만약 성급하거나 화를 내면 백사불성(百事不成)이다.

九三 无平不陂·无往不復 ○ 艱貞·无咎 ○ 勿恤其孚 于食有福
<small>무 평 불 피　무 왕 불 복　간 정　무 구　물 휼 기 부 우 식 유 복</small>

평평한 것은 기울고, 간 것은 돌아온다. 간난(艱難)의 점은 무탈하
다. 신의(信義)를 근심하지 마라. 먹을 것은 복이 있다.

[풀이] 평평함은 양(陽)이고, 기움은 음(陰)이다. 간정(艱貞)은 간난(艱難)을
점치는 것이고, 신의는 ☰陽의 믿음이다.

象曰 无往不復은 天地際也라.
<small>무 왕 불 복　천 지 제 야</small>

상(象)에 이르기를, '간 것은 돌아오지 않는 것이 없다'란 천지가 교제
(交際)한다는 것이다.

110

3효를 만나면, 정도(正道)로 성실하게 지키면 재앙을 면한다. 분수를 지키는 것이 이롭고, 추진하면 불리하다. 부정한 사람이 경망(輕妄)하게 추진하면 점점 흉하게 된다.

六四 翩翩・不富以其鄰・不戒以孚

날개 치며 날아간다. 그 이웃 때문에 불부(不富)하다. 경계하지 않더라도 신의가 있을 것이다.

[풀이] 양실(陽實)하고 음허(陰虛)하니 상괘 ☷陰은 가난하다. ☷陰이 신의가 있어서 같이 가난하다. ☷陰은 모두 하괘의 ☰陽과 상응하니, 부(富)에 관심 있다.

象曰 翩翩不富는 皆失實也요 不戒以孚는 中心願也라.

상(象)에 이르기를, '날개 치며 내려오니 부유(富裕)하지 않다'란 모두 그 실질을 잃은 것이고, '경계하지 않더라도 신의가 있다'란 속마음이 원한다는 말이다.

•〈古易斷時言〉의 점단

보통은 실패하기 쉽다. 추진해 추구하면 불성하고, 또 부정한 일에 휩쓸리게 되니 조심하라. 덕이 있는 사람을 따르라.

六五 帝乙歸妹・以祉 ○ 元吉

제을(帝乙)이 소녀(少女)에게 장가간다. 복이 있다. 크게 길하다.

[풀이] 九二인 제을이 六五에게 장가가는 상황이다. 뒤에 나오는 귀매(歸妹)괘를 참조할 것이다.

象曰 以祉元吉_{이지원길}은 中以行願也_{중이행원야}라.

象(象)에 이르기를, '복이 있고 크게 길하다'는 것은 마음이 원하기 때문이다.

• 〈古易斷時言〉의 점단

5효를 만나면, 마음을 비우고 높은 사람의 지시를 따르면 길하다. 보통 사람은 대체로 불길(不吉)하다. 혼인은 길하나 화려하게 하지 마라.

上六 城復于隍_{성복우황}·勿用師_{물용사}·自邑告命_{자읍고명} ○ 貞吝_{정린}

성(城)이 해자(垓字) 구덩이로 무너진다. 군사를 쓰지 말고, 고을에 천명(天命)을 알린다. 점이 어렵게 된다.

[풀이] 황(隍)은 해자(垓字)인 도랑이다. ☷陰이 ☰陽에 밀려서 무너진다. 곧 음(陰)이 되찾으러 올 것이니, 대비해야 할 상황이다.

象曰 城復于隍_{성복우황}은 其命_{기명}이 亂也_{난야}라.

상(象)에 이르기를, '성이 구덩이로 무너진다'란 그 천명이 어지럽다는 것이다.

• 〈古易斷時言〉의 점단

상효를 만나면, 백사불성(百事不成)하고 재앙을 초래한다. 원칙을 그대로 따르고 새롭게 시작하지 마라. 남녀관계를 주의하라.

태(泰)는 '상통(相通)하여 편안하다'는 뜻이다 ● 건천(乾天)의 기운은 내려와서 아래에 있고, 곤지(坤地)의 기운은 올라가서 위에 있으니, 이미 음양이 서로 교제하여 화합한 상이다 ● 부부는 건(乾)의 남편과 곤(坤)의 아내가 상화(相和)하고, 군신(君臣)은 건(乾)의 임금과 곤(坤)의 신하가 교화(交和)하는 상이다 ● 상하와 내외가 교화하여, 제가(齊家)와 경영(經營)과 치국(治國)이 이루어져서 천하태평한 상이다 ● 건(乾) 군자는 안에서 기획·경영하고, 곤(坤) 소인은 밖에서 각자의 업무에 종사하는 상이다 ● 경(慶)과 복(福)은 많이 오고, 근심과 재앙은 사라지는 상 ● 상교(相交)하여 상통한다는 뜻 ● 친목화합(親睦和合)의 뜻 ● 성사(成事)한다는 뜻 ● 부요번창(富饒繁昌)의 뜻 ● 외유내강(外柔內剛)의 뜻 ● 임신의 뜻 ● 낙천적인 사람을 뜻한다.

● 교만하고 사치로 흐르기 쉽다는 뜻 ● 무사(無事)하므로 태만하거나 방만해지기 쉬운 상이니, 비상사태(非常事態)를 예비하고 조심할 것 ● 지금 태평한 자가 계속 더 편안해지려고 생각하면, 장차 파멸·실패하게 된다는 뜻이다 ● 선통후비(先通後否)의 뜻 ● "소(小)가 가고 대(大)가 온다(小往大來)"는 괘사는 양대(陽大)인 군자의 도(道)는 장구하고 음소(陰小)한 소인의 도(道)는 사라진다는 뜻으로, '음소(陰小)가 밖[外]으로 밀려가고 양대(陽大)가 안[內]에서 성장한다'는 소장법을 설명한 구절이다.

동지(冬至)에 중지곤 괘에서 一陽이 시생(始生)하여 지뢰복(地雷復)이 되고, 그것이 二陽인 지택림(地澤臨)을 거쳐서 계속 진행하여 현재 삼음삼양인 지천태(地天泰) 괘에서 음양이 균형이 잡힌 춘분(春分)의 상이 된다고 음소양장(陰消陽長)으로 추론한다 ● 소장괘(消長卦)는 양장(陽長) 6괘와 음장(陰長) 6괘가 있다 ● 음양이 균형이 잡혔으니 무병하고 건강하다는 뜻이 있다.

천지비
天地否

否之匪人이니 不利君子貞하니 大往小來하니라

初六은 拔茅茹이라 以其彙니 貞하면 吉하야 亨하리라

六二는 包承이니 小人은 吉코 大人은 否라야 亨하리라

六三은 包羞이라

九四는 有命이요 无咎하야 疇이 離祉리라

九五는 休否라 大人이 吉하니 其亡其亡이라야 繫于苞桑이리라

上九는 傾否니 先否코 後喜로다

비지비인　　불리군자정　　대왕소래
否之匪人 ◦ 不利君子貞 ◦ 大往小來

비인(匪人) 때문에 막혀 있다. 군자에게는 불리한 점이다. 양대(陽大)가 가고 음소(陰小)가 온다.

[풀이] 비(否)는 '막히어서 불통(不通)한다'는 뜻이다. 음양이 불통하는 전형적인 괘로서 소장(消長)하는 12벽괘 중에서 가장 폐쇄적인 삼음삼양 괘다. 추분(秋分)에 해당하는 시절이다. 맨 앞에 '否'라는 괘명이 생략되었다고 보는 견해가 있다. 〈백서주역〉에는 괘명이 '婦'(부)로 되어 있다.

비지비인불리군자정대왕소래　　즉시천지　　불교이만물
象曰 否之匪人不利君子貞大往小來는 則是天地가 不交而萬物
　　불통야　　상하　　불교이천하　　무방야　　내음이외양　　내
이 不通也며 上下가 不交而天下가 无邦也라 内陰而外陽하며 内
유이외강　　내소인이외군자　　소인도장　　군자도소야
柔而外剛하며 内小人而外君子하니 小人道長하고 君子道消也라.

단(象)에 이르기를, '비(否)는 사람의 길이 아니니, 군자가 정고(正固)하여도 불리하다. 큰 것은 가고 작은 것이 왔다'고 함은, 곧 천지(天地)가 교통(交通)하지 못해서 만물이 통하지 못하고, 상하가 교통하지 못하여 천하에 나라가 없음이라. 안은 음(陰)이고 밖은 양(陽)이며, 안은 유하고 밖은 강하며, 안은 소인이고 밖은 군자이니, 소인의 도(道)는 자라고 군자의 도는 사라진다.

[풀이] 동적으로 추이(推移)를 보면, '큰 것은 가고 작은 것이 오니 천지가 교통하지 못해서 만물이 통하지 못하고, 상하가 교통하지 못하여 천하에 나라가 없다'고 한다. 한편 정적으로 현상을 보면 '안은 음(陰)이고 밖은 양(陽)이며, 안은 유하고 밖은 강하며, 안은 소인이고 밖은 군자이니, 소인의 도(道)는 자라고 군자의 도는 사라진다'고 한다. 시간적으로 가을이 익어가는 시절이고, 공간적으로는 소인들이 득세하는 상황이다.

象曰 <ruby>天地不交<rt>천지불교</rt></ruby>가 <ruby>否<rt>비</rt></ruby>니 <ruby>君子以<rt>군자이</rt></ruby>하야 <ruby>儉德辟難<rt>검덕피난</rt></ruby>하야 <ruby>不可榮以祿<rt>불가영이록</rt></ruby>이니라.

상(象)에 이르기를, 천지가 사귀지 않는 것이 비(否)이다. 군자는 이 것을 본받아서 덕을 검소하게 하고 화난(禍難)을 피하니, 녹봉(祿俸) 으로 영화(榮華)를 누리지 않는다.

• 〈古易斷時言〉의 점단
비(否)괘를 만나면 만사가 불통(不通)하여 장애와 방해가 있다. 그러나 비태(否泰)가 세월을 따라서 순환하므로, 시간이 흐르면 막힌 것이 점점 풀린다. 비색(否塞)한 시절에도 정직하고 착한 사람은 화(禍)가 없으 며, 시간이 지나면 비색도 오히려 길조(吉兆)로 된다.

<ruby>初六 拔茅茹<rt>발모여</rt></ruby>·<ruby>以其彙<rt>이기휘</rt></ruby> ○ <ruby>貞吉<rt>정길</rt></ruby> ○ <ruby>亨<rt>형</rt></ruby>
띠풀을 뽑으니 옆 뿌리가 같이 뽑힌다. 점이 길하다. 형통한다.

[풀이] 三陰 소인들이 뭉쳐 상군(上君)을 따르면 길형(吉亨)하다는 뜻이다. 고 형은 亨(형)자가 六二의 맨 앞에 붙어야 한다고 주장한다.

象曰 <ruby>拔茅貞吉<rt>발모정길</rt></ruby>은 <ruby>志在君也<rt>지재군야</rt></ruby>라.
상(象)에 이르기를, '띠풀을 뽑으니, 점이 길하다'는 것은 뜻이 임금 을 섬기는 데 있다.

• 〈古易斷時言〉의 점단
보통은 군자는 진실하고 부지런하므로 복이 있는 것이 원칙이지만, 전 진하면 불성하고 불리하리라. 단, 보통사람은 부정하므로 뜻밖의 재앙 이나 사상(死傷)이 있으리라.

六二 包承^{포 승}·小人吉^{소 인 길}·大人否亨^{대 인 비 형}

작당(作黨)하여 계승한다. 소인은 길하고, 대인은 형통함이 아니다.

[풀이] 六二가 소인끼리 작당하여 九五를 계승한다면, 소인은 길하지만, 九五
는 길하지 못하다.

象曰 大人否亨^{대 인 비 형}은 不亂群也^{불 란 군 야}라.

상(象)에 이르기를, '대인은 형통함이 아니다'라는 것은 무리에게 휩
쓸리지 아니함이다.

• 〈古易斷時言〉의 점단

2효를 만나면, 보통사람은 성사하기 어렵다. 혹은 고관(高官)이나 상사
(上司)의 꾸지람이 있으리라. 또 논쟁하여 깨어지기도 한다.

六三 包羞^{포 수}

작당(作黨)이 부끄럽다.

[풀이] 六三은 ☷陰의 우두머리로 ☰陽에게 부끄러운 줄 안다.

象曰 包羞^{포 수}는 位不當也^{위 부 당 야}일세라.

상(象)에 이르기를, '작당이 부끄럽다'는 것은 위치가 마땅하지 않기
때문이다.

• 〈古易斷時言〉의 점단

3효를 만나면, 백사(百事)가 흉이다. 개선할 수 없으니 성사할 수가 없다.

九四 有命·无咎 ㅇ 疇離祉
_{유명 무구 주리지}

천명(天命)이 있으니 허물이 없다. 함께 복을 얻는다.

[풀이] 九五의 하명(下命)을 받아서 행동하니 무탈하다. 뜻이 임금을 섬기는
데 있는 初九와 상응하니 함께 복을 얻는다.

象曰 有命无咎는 志行也라.
_{유명무구 지행야}

상(象)에 이르기를, '천명(天命)이 있으니 허물이 없다'란 뜻대로 행
해짐이다.

• 〈古易斷時言〉의 점단

보통은 군자가 바야흐로 때를 만나 형편이 풀리고, 정도(正道)를 지키
던 친구들까지도 같이 행복해진다. 단, 보통사람은 대체로 불길하거나
불리하므로, 외부의 유혹에 조심하고 일을 떠벌리지 말아야 한다.

九五 休否. 大人吉. 其亡其亡·繫于苞桑
_{휴비 대인길 기망기망 계우포상}

비색(否塞)한 세상에 쉬고 있다. 대인은 길하니, "망할까, 망할까"
하고 근심하여 무성한 뽕나무에 매어 둔다.

[풀이] 〈백서주역〉에는 '繫于苞桑'(계우포상)이 '擊于苞桑'(격우포상), 즉 "무성
한 뽕나무에 찔린다"로 되어 있다.

象曰 大人之吉은 位正當也일세라.
_{대인지길 위정당야}

상(象)에 이르기를, '대인은 길하다'는 것은 위치가 정당함이다.

118

• 〈**古易斷時言**〉의 점단

5효를 만나면, 만사 길조(吉兆). 오랫동안 묻혀 있던 사람도 개운(開運)의 시절로 향한다. 그러나 정성(精誠)을 가지고 노력해야 하며, 경솔하게 나아가지 마라.

上九 ^{경비}傾否 ^{선비}先否 · ^{후희}後喜

비색(否塞)이 기울어진다. 먼저 막히고, 뒤에는 기뻐한다.

象曰 ^{비종즉경}否終則傾하나니 ^{하가장야}何可長也리오.

상(象)에 이르기를, 비색이 끝나서 기울어지니 어찌 막힘이 오래가겠는가?

• 〈**古易斷時言**〉의 점단

상효를 만나면, 백사(百事)가 가성(可成)이다. 조용히 추진하되, 부지런히 노력하라.

괘상풀이

비(否)는 '막히어서 불통(不通)한다'는 뜻이다 • 건천(乾天)의 기(氣)는 상승하여 위로 올라가고, 곤지(坤地)의 기(氣)는 하강해서 아래로 내려가니, 음양이 서로 교제하지 않아서 만물이 모두 불통한다는 것이 비(否)의 상이다. 지천태(地天泰) 괘와 상반하는 상 • 건(乾) 군(君)과 곤(坤) 신(臣)의 대화가 단절된 상 • 건(乾) 경영자와 곤(坤) 근로자가 의사불통(意思不通)된 상 • 건(乾) 부(夫)와 곤(坤) 처(妻)가 별거하는 상 • 안은 곤(坤)으로 유약이나, 밖은 건(乾)하여 강강(剛强)하니, 사람들과 화합하지 못하고 백사(百事)가 비색

(否塞)한 상이다.

• "큰 것이 가 버리고 작은 것이 온다"(大往小來)는 괘사는, 군자의 도(道)는 사라지고 소인의 도(道)가 주도하는 시절이라는 뜻으로, 양대(陽大)가 밖[外]으로 밀려가고 음소(陰小)가 앤[內]에서 성장하는 소장괘의 설명이다. 하지(夏至)에 중천건 괘에서 一陰이 시생(始生)하여 천풍구(天風姤)로, 다시 천산돈(天山遯)을 거쳐서, 삼양삼음인 천지비(天地否) 괘로 진행되니, 추분(秋分)의 괘에 해당한다 • 세사(世事)에 비유하면 三陰 소인들이 몰려와서 三陽 군자를 제거, 축출하는 상황이다 • 소인들이 판을 치는 비색한 시절이라는 뜻이다.

• 점차 쇠퇴한다는 뜻 • 모든 일이 막혀서 통하지 않는다는 뜻 • 등을 돌리고 떠나는 상 • 장차 위태한 지경에 이르게 된다는 뜻 • 중지되거나, 손해보거나, 실패한다는 뜻 • 불화(不和)로 모든 일이 불성하는 상 • 윗사람은 부유해도 아랫사람은 가난한 상 • 위는 사치하고 아래는 궁핍한 상 • 핍박(逼迫)이 심하다는 뜻 • 근검절약의 뜻 • 선비후통(先否後通)의 뜻으로, 당장은 비색하지만 성실하면 장차 풀린다는 뜻 • 지금은 위태로운 상황이지만, 시간이 흐르면 점차 안전하게 변한다는 뜻 • 상열하한(上熱下寒)하니 몸에 병이 있다는 뜻 • 병점에서는 호괘(互卦)에 손(巽)과 간(艮)이 있어서, 허약하다가 영양실조로 진행하면서 점차 기혈(氣血)이 막히는 병세로 본다.

천화동인
天火同人

同人于野이니 亨하고 利涉大川하니 利君子貞하니라

初九는 同人于門이니 无咎이리라

六二는 同人于宗이니 吝토다

九三은 伏戎于莽하고 升其高陵하야 三歲不興이로다

九四는 乘其墉하나 弗克攻이니 吉하리라

九五는 同人이 先號咷而後笑이니 大師克이라야 相遇이로다

上九는 同人于郊이나 无悔리라

121

^{동 인 우 야} ^형 ^{이 섭 대 천} ^{이 군 자 정}
同人于野 ○ 亨 ○ 利涉大川 ○ 利君子貞

동인(同人)이 들판에 모인다. 형통한다. 대천을 건너가면 이롭다.
귀족(貴族)의 점은 이롭다.

[풀이] 동인(同人)은 '사람과 같이한다', '만난다'는 뜻이다. 동인은 뜻이 통하
는 동지(同志)를 만나는 장면이다. 독음(獨陰)인 六二가 주효이다. 맨 앞에 同
人(동인)이라는 괘명이 생략되었다고도 한다.

^{동 인} ^{유 득 위} ^{득 중 이 응 호 건} ^{왈 동 인} ^{동 인 우}
象曰 同人은 柔得位하며 得中而應乎乾할세 曰同人이라 同人于
^{야 형 이 섭 대 천} ^{건 행 야} ^{문 명 이 건} ^{중 정 이 응} ^{군 자 정 야}
野亨利涉大川은 乾行也요 文明以健하고 中正而應이 君子正也니
^{유 군 자} ^{위 능 통 천 하 지 지}
唯君子야 爲能通天下之志하나니라.

단(象)에 이르기를, 동인(同人)은 유(柔)가 제자리를 얻었으며 중
(中)을 얻어서 건(乾)에 응하는 것을 동인이라고 한다. '동인은 들판
에 있다. 형통하며, 큰 내를 건너는 것이 이롭다' 함은 건(乾)이 행함
이요, 문명하되 건실하고 중정(中正)하고 서로 응함이 군자의 정도
(正道)이니, 오직 군자만이 능히 천하의 뜻을 통할 수 있다.

[풀이] 六二가 주효로서, 중정(中正)하며 바깥으로 건(乾)에 응하는 상황이다.

^{천 여 화} ^{동 인} ^{군 자 이} ^{유 족 변 물}
象曰 天與火가 同人이니 君子以하야 類族辨物하나니라.

상(象)에 이르기를, 하늘과 불이 함께함이 동인이다. 군자는 이것을
본받아, 그들의 종족(種族)을 분류하고 사물을 변별(辨別)한다.

• 〈古易斷時言〉의 점단

동인(同人)괘를 만나면, 일상생활은 만사에 길조(吉兆)이다. 남들과 합
심하여 일할 때는 반드시 정도(正道)를 지키는 정인(正人)을 따라가라.

122

또 남과 함께 일할 때에는 자신의 의견을 고집하는 일은 삼가야 한다. 그렇지 않으면 불의의 사건에 관련되거나 유혹을 당하는 수가 있다.

初九 同人于門 ○ 无咎
（동 인 우 문）（무 구）
문밖에서 만난다. 무탈하다.

[풀이] 주효인 九二와 친비(親比)하니 바로 문 앞에서 만나는 상황이다.

象曰 出門同人을 又誰咎也리오.
（출 문 동 인）（우 수 구 야）
상(象)에 이르기를, 문밖에서 사람을 모은다고 하니, 또 무슨 허물이 있겠는가?

• 〈古易斷時言〉의 점단
보통은 중인(衆人)이 의논하여 정도(正道)로 가면 무탈하다. 국가, 기업, 가정에 위난(危難)이나, 이전(移轉), 입주(入住) 등의 문제가 있거나, 많은 사람들로부터 미움이나 시샘받는 일이 있으리라.

六二 同人于宗 ○ 吝
（동 인 우 종）（인）
종중(宗中)에서 만난다. 어렵게 된다.

[풀이] 하나뿐인 一陰이니 주효(主爻)다. 五陽이 서로 만나려는 사람이 六二인데, 문중(門中) 사람들만 만나면, 시야가 너무 좁다. 아쉬움이 남는다.

象曰 同人于宗이 吝道也라.
（동 인 우 종）（인 도 야）
상(象)에 이르기를, '종중에서 사람을 모은다'는 것은 어렵게 되는 길이다.

• 〈古易斷時言〉의 점단
2효를 만나면, 공정(公正)하거나 조금도 사리사욕(私利私慾)에 끄달리지 않으면 수치를 면하리라. 보통사람은 사심(私心)에 이끌려 흉하게 된다. 신병(身病)을 조심하라. 또 후원자를 상실하기도 한다.

九三 伏戎于莽·升其高陵·三歲不興
<small>복 융 우 망　　승 기 고 릉　　삼 세 불 흥</small>

군사(軍師)를 숲속에 매복(埋伏)시키고, 높은 구릉(丘陵)에 오른다. 3년이 되어도 흥기(興起)하지 못한다.

[풀이] 九三은 六二와 친비(親比)하고자 하는데, 九五가 강적(强敵)이다. 그래서 매복하고서 九五 근처에서 기회를 노리지만 실패한다.

象曰 伏戎于莽은 敵剛也요 三歲不興이어니 安行也리오.
<small>복 융 우 망　　적 강 야　　삼 세 불 흥　　안 행 야</small>

상(象)에 이르기를, '군사를 덤불 속에 매복시킨다'는 말은 적(敵)이 강하다는 뜻이고, '3년이 되어도 흥기하지 못한다'는 말은 실행(實行)하지 못한다는 뜻이다.

• 〈古易斷時言〉의 점단
3효를 만나면, 보통사람은 대체로 불의(不義), 부직(不直)하고 사리사욕이 있다. 잘 살펴보고 재해를 당하지 않도록 조심하라. 삼가고 남을 공경하는 태도가 필요하다.

九四 乘其墉·弗克攻 ○ 吉
<small>승 기 용　　불 극 공　　길</small>

성벽에 올라간다. 능히 공격하지 못한다. 길하다.

[풀이] 九四도 六二와 친비(親比)하고자 하는데, 연적(戀敵)인 九三을 물리치려 하지만 공격하지 못한다. 차라리 九五에 대한 충성을 바치는 것이 상책이다.

124

象曰 乘其墉은 義弗克也요 其吉은 則困而反則也라.

상(象)에 이르기를, '그 담장을 탄다'는 것은 의리 때문에 이기지 못한다는 뜻이고, 그것이 '길하다'는 것은 곤란하나 원칙(原則)으로 돌아가기 때문이다.

[풀이] 원칙에 돌아간다는 것은 九五에 충성함이다.

• 〈古易斷時言〉의 점단
보통은 타인과 상의할 것을 기다리지 말고 스스로 잘 판단해 보아서 정의로운 일이라면 이루어지리라. 만약 조금이라도 정도(正道)에 어긋나면 반드시 실패한다. 지금까지의 해결책을 점검해 보고 새로운 해결방법을 모색하라. 지나간 일로 인하여 지장이 생기리라.

九五 同人先號咷而後笑·大師克相遇
동인(同人)이 먼저 소리쳐 울고 뒤에는 웃으니, 대군(大軍)이 오면 승리하고 서로 만나리라.

[풀이] 九三과 九四는 한때 六二에게 마음이 있었으니, 九五가 지금 六二와 상응하니 처음에는 감정이 안 좋을 수밖에 없다.

象曰 同人之先은 以中直也요 大師相遇는 言相克也라.
상(象)에 이르기를, '동인이 먼저 소리쳐 울고'는 마음이 곧기 때문이고, '대군이 오면 서로 만난다'는 것은 서로 이김을 말한다.

• 〈古易斷時言〉의 점단
5효를 만나면, 보통사람은 사리사욕으로 실패하고, 또 치욕을 당한다. 쟁론(爭論)을 막고 삼가라. 또 손재(損財)의 조짐이 있다.

上九 同人于郊 ○ 无悔
_{동 인 우 교} _{무 회}

교외(郊外)에서 만난다. 후회가 없다.

[풀이] 교외는 넓고 개방된 장소로 특별한 연고(緣故)가 없다는 뜻이다.

象曰 同人于郊는 志未得也라.
_{동 인 우 교} _{지 미 득 야}

상(象)에 이르기를, '교외에서 만난다'란 뜻을 얻지 못함이다.

[풀이] 上九는 처음부터 六二에 별다른 뜻이 없었다.

• 〈**古易斷時言**〉의 점단

상효를 만나면, 스스로 기대하는 희망이나 욕구는 불리하다. 자연스레 찾아오는 것은 응하여도 무방하다. 정도(正道)를 지키고 뜻을 굳게 지녀서 바꾸지 마라.

괘상풀이

동인(同人)은 '사람과 같이한다'는 뜻이다 • 이 괘는 건천(乾天) 아래에 이화(離火)가 있는 상이니, 천(天)은 순양(純陽)이고, 태양은 양(陽)인 화(火)의 정(精)이다. 하늘도 태양도 모두 양물(陽物)이므로 위로 향하는 성질이 서로 같다[同]는 뜻이다 • 태양이 하늘에서 온 세상[萬國]을 모두 평등하게 비추듯이, 세상 사람들이 함께 위를 쳐다보는 상이다 • 이(離)의 지자(智者)가 안에서 내사(內事)를 담당하고, 건(乾)의 용자(勇者)가 밖에서 업무를 진행하는 상이니, 지용(智勇)이 동심(同心)으로 가정·회사·국가를 안정되게 한다는 뜻이다 • 九五의 현군(賢君)과 六二의 명신(名臣)이 뜻을 같이 하여 나랏일을 잘 처리한다는 뜻이다.

　• 괘사가 '동인우야(同人于野)'이니, 자기 혼자서 사익(私益)을 위해서 하

는 일은 불길하고, 공익(公益)에 관한 공정한 일을 동지들과 협력하여 처리하는 것이 좋다는 뜻 ● 六二의 一陰은 중정(中正)으로 처(妻)의 자리에 해당하니, 이명(离明)의 지혜와 부덕(婦德)이 되고, 그에 상응하는 九五의 양(陽)은 중정(中正)한 남편[夫]의 자리로 강건한 현부(賢夫)에 해당하는 상 ● 건부(乾夫)는 굳세어서 바깥일에 힘쓰고, 이처(離妻)는 슬기롭게 가사(家事)를 돌보니, 부부가 뜻을 같이해서 그 집안을 꾸려나간다는 뜻이다.

● 주효가 六二의 여자이므로 처나 여직원이 유능하여 능히 일을 처리한다는 뜻 ● 음유비천(陰柔卑賤)한 사람이 명지(明智)한 까닭에 귀인의 총애를 받는다는 뜻 ● 친목의 뜻 ● 자식이 능히 가업(家業)을 잇는다는 뜻 ● 사람들이 우러러본다는 뜻 ● 두 사람이 뜻을 모아 목적을 이루는 상 ● 대체로 사욕(私慾)을 꾀하는 개인적 사업은 사람들과 협력해도 성공하기 어렵다는 뜻 ● 첩을 총애하여 재산을 낭비한다는 뜻 ● 또 점친 사람과 같다는 뜻이 있다.

화천대유
火天大有

大^{대유}有는 元^{원형}亨하니라

初九는 无^{무 교 해}交害이니 匪^{비 구}咎이나 艱^{간 즉 무 구}則无咎이리라

九二는 大^{대 거 이 재}車以載이니 有^{유 유 왕}攸往이면 无^{무 구}咎이리라

九三은 公^{공 용 향 우 천 자}用亨于天子이니 小^{소 인}人은 弗^{불 극}克이니라

九四는 匪^{비 기 팽}其彭이니 无^{무 구}咎이리라

六五는 厥^{궐 부}孚이 交^{교 여}如이니 威^{위 여}如이면 吉^길하리라

上九는 自^{자 천 우 지}天祐之라 吉^{길 무 불 리}无不利로다

大有. 元亨
대유(大有)는, 크게 형통한다.

[풀이] 대유(大有)는 '양대(陽大)가 많다', '소유한 것이 크다'는 뜻이다. 건(乾)
의 원형이정(元亨利貞)에서 원형(元亨)은 있지만, 이정(利貞)이 없다. 즉, 전
반의 덕은 있고, 후반의 덕은 없다는 뜻이다. 독음(獨陰)인 六五가 주효인데,
여왕이나 여사장을 상징한다.

象曰 大有는 柔得尊位하고 大中而上下應之할세 曰大有니 其德
이 剛健而文明하고 應乎天而時行이라 是以元亨하니라.
단(彖)에 이르기를, 대유(大有)는 유(柔)가 높은 자리를 얻고, 크게
중(中)하고 상하가 응하므로 대유라고 하니, 그 덕이 강건(剛健)하
고 문명(文明)하여 하늘에 응하고 때때로 행함이라. 이로써 '크게 형
통한다'고 한다.

[풀이] 유(柔)가 높은 자리를 얻고, 크게 중(中)하고 상하가 응하는 것은 六五
의 군주를 말한다.

象曰 火在天上이 大有니 君子以하야 遏惡揚善하야 順天休命
하나니라.
상(象)에 이르기를, 불이 하늘 위에 있는 것이 대유(大有)니, 군자는
이것을 본받아서, 악(惡)을 막고 선(善)을 칭양하여, 하늘에 따르고
명(命)을 빛나게 한다.

• **〈古易斷時言〉의 점단**

대유(大有) 괘의 괘상은 대낮을 나타내니, 강유(剛柔)를 겸비한 경우에
는 공평무사(公平無私)한 국사(國事)가 성취되지만, 보통사람은 만사
가 불성하니, 추진하지 마라.

初九 无交害 匪咎 ○ 艱則无咎

서로 해치지 않으니 허물이 아니다. 어려움에 처하면 무탈하다.

[풀이] 九五와 멀리 떨어져 있으니, 은둔하여 교제가 없다.

象曰 大有初九는 无交害也라.

상(象)에 이르기를, 대유(大有)의 初九는 '해로움을 만나지 않는다'
는 것이다.

• **〈古易斷時言〉의 점단**

보통은 일상의 가사(家事)나 소사는 길조(吉兆)다. 또 남을 위하여 돕
는 시절이다. 대사는 방해가 생겨 이루기 어렵도.

九二 大車以載 ○ 有攸往 · 无咎

큰 수레에 실었다. 갈 곳이 있으면 무탈하다.

[풀이] 六五와 상응하니 五陽을 대표하므로 임무가 엄중하다.

象曰 大車以載는 積中不敗也라.

상(象)에 이르기를, '큰 수레에 싣는다'는 것은 중(中)에 쌓아서 불패
(不敗)함이다.

130

2효를 만나면, 원조자가 있으면 추진해도 좋다. 함부로 망동(妄動)하여 추진하면 반드시 실패하리라. 주거에 재앙이 있다.

九三 公用亨于天子 ○ 小人弗克
_{공 용 향 우 천 자} _{소 인 불 극}

공경(公卿)이 천자(天子)에게 향응(饗應)을 올린다. 소인은 할 수 없다.

[풀이] 군자인 하급관리가 六五에게 음식을 바친다. 亨(형)자를 享(향)자로 고쳐서 보는 것이 통설이다.

象曰 公用亨于天子는 小人은 害也리라.
_{공 용 향 우 천 자} _{소 인} _{해 야}

상(象)에 이르기를, '공경이 천자에게 향응을 올림'은, 소인은 해롭다는 것이다.

3효를 만나면, 효사에 해당 안 되는 보통사람은 백사(百事)가 불성이다. 단, 문학(文學) 등에 관한 일은 좋다.

九四 匪其彭 ○ 无咎
_{비 기 팽} _{무 구}

북소리를 울리지 않으니 무탈(無頉)하다.

[풀이] 고급관리가 하급관리들을 데리고 조용히 六五의 명령을 따른다.

象曰 <ruby>匪其彭无咎<rt>비 기 팽 무 구</rt></ruby>는 <ruby>明辨晳也<rt>명 변 석 야</rt></ruby>라.

상(象)에 이르기를, '북소리를 울리지 않으니 허물이 없다'는 명석하게 판단한 것이다.

• 〈**古易斷時言**〉의 점단

보통은 겸손하고 삼가면 허물이 없고, 자만하거나 사치하면 반드시 흉하다. 스스로 잘못을 저지르지 마라.

六五 <ruby>厥孚交如<rt>궐 부 교 여</rt></ruby> ○ <ruby>威如<rt>위 여</rt></ruby> ○ <ruby>吉<rt>길</rt></ruby>

신의(信義)가 상교(相交)하니, 위엄(威嚴)이 있으면, 길하다.

[풀이] 五陽이 신의를 가지고 서로 교제한다. 六五는 음유(陰柔)하므로 반드시 군주의 위엄을 갖추고 五陽을 상대해야 한다.

象曰 <ruby>厥孚交如<rt>궐 부 교 여</rt></ruby>는 <ruby>信以發志也<rt>신 이 발 지 야</rt></ruby>요 <ruby>威如之吉<rt>위 여 지 길</rt></ruby>은 <ruby>易而无備也<rt>역 이 무 비 야</rt></ruby>일세라.

상(象)에 이르기를, '그 믿음으로 사귐'은 신(信)으로써 뜻을 펴는 것이요, '위엄이 있으면 길하다'는 것은 자칫 바뀌어서 예의를 갖추지 않을 수가 있다는 것이다.

• 〈**古易斷時言**〉의 점단

5효를 만나면, 군주가 위엄이 있으면 길하다. 군주가 너무 유약(柔弱)하면 아랫사람들이 반드시 엿보기 쉬우니 항상 조심하라. 보통사람은 불가능하다.

上九　자천우지
自天祐之 ○ 길
吉 ○ 무불리
无不利

하늘이 돕는다면, 길하여 불리함이 없다.

[풀이] 상효까지 六五를 도우면, 길하다.

象曰　대유상길
大有上吉은 자천우야
自天祐也라.

상(象)에 이르기를, 대유(大有)의 上九의 길함은, 하늘이 돕기 때문이다.

• 〈古易斷時言〉의 점단

상효를 만나면, 불의(不義) 부정(不正) 하거나 교만하고 방자하면 흉하다. 재난을 만나 고생한다.

대유(大有)는 '소유한 것이 크다'는 뜻이다 • 이 괘는 六五의 一陰이 군주의 위치에서 유정(柔正)의 덕을 가지고 다섯 양강(陽剛)한 신하를 통솔하는 상으로, 양대(陽大)가 많이 있다[有]고 하여 대유(大有)라고 부른다 • 六五의 一陰이 성괘(成卦)의 주(主)가 되어서 군위(君位)에 정좌(定坐)하고 있는 상이다 • 六五의 유군(柔君)이 위(威)·명(明)·단(斷)의 삼덕(三德)을 갖춘 후에야, 비로소 중정(中正)의 인덕(仁德)을 널리 펼 수 있다는 뜻 • 안으로는 건(乾)의 위엄을 갖추고, 밖으로는 이(离)의 총명을 구비하여서, 국정(國政)을 잘 처리하고 국리민복(國利民福)을 실현한다는 뜻 • 지금은 제 지위를 유지하고, 국가를 경영하고, 부유하므로, 나라를 잘 다스리고 있으므로 대유(大有)라고 한다 • 총명과 예지(叡智)와 위엄을 갖춘 지도자가, 어리석고 간사한 무리들을 물리치는 상이다.

• 번성(繁盛)한다는 뜻 • 재보(財寶)가 많다는 뜻 • 보수가 높다는 뜻 • 비용이 많이 든다는 뜻 • 친목의 뜻 • 중인(衆人)을 통솔하는 상 • 지인용(智仁勇) 삼덕(三德)을 갖춘 사람, 또는 유인정직(柔仁正直)의 덕을 가진 사람이라는 뜻 • 사태가 공개되어서 명백하게 밝혀진다는 뜻 • 사(邪)를 피하고 정(正)을 권하여서 공명정대한 천명(天命)을 따르게 한다는 뜻 • 일의 처리 속도가 느리다는 뜻 • 매월의 10일, 20일, 30일, 또는 일순(一旬)이 끝나는 시점에 이르러서 일이 성취된다는 뜻 • 종괘(綜卦)인 천화동인(天火同人)괘는 하늘 아래에 태양이 있으니 오전에 해당하고, 대유(大有)괘는 하늘 위에 태양이 있으니 해가 이미 중천(中天)에 있는 상이다. 오후가 곧 이르게 되므로 강성(强盛)한 후에는 장차 쇠퇴하는 상이 숨어 있는 것으로 보기도 한다 • 보통사람은 능력에 비하여 임무가 과중(過重)하여 무리(無理)라는 뜻이 있다.

지산겸
地山謙

謙_은 亨_{하니} 君子_이 有終_{이리라}

初六_은 謙謙君子_{이니} 用涉大川_이 吉_{하리라}

六二_는 鳴謙_{이니} 貞_코 吉_{하니라}

九三_은 勞謙_{이니} 君子_이 有終_{하야} 吉_{하리라}

六四_는 无不利_나 撝謙_{이니라}

六五_는 不富以其鄰_{이니} 利用侵伐_{이요} 无不利_{하리라}

上六_은 鳴謙_{이니} 利用行師_{이나} 征邑國_{이니라}

겸   형   군자유종
謙. 亨 ○ 君子有終

겸(謙)은, 형통한다. 군자는 좋은 결과가 있다.

[풀이] 겸(謙)은 '겸양'(謙讓) · '겸퇴'(謙退) · '비하'(卑下) 등의 뜻이다. 간산(艮山) 이 지하(地下)에 묻혀 있고 주효인 九三이 하괘에 있으니, 주인공인 독양(獨陽)이 겸손하게 겸퇴한 상황이다. 〈백서주역〉에는 괘명이 '嗛'(겸)으로 되어 있다.

겸 형   천도하제이광명   지도비이상행   천도   휴
象曰 謙亨은 天道下濟而光明하고 地道卑而上行이라 天道는 虧

영이익겸   지도 변영이류겸   귀신 해영이복겸   인
盈而益謙하고 地道는 變盈而流謙하고 鬼神은 害盈而福謙하고 人

도   오영이호겸   겸 존이광   비이불가유   군자지종
道는 惡盈而好謙하나니 謙은 尊而光하고 卑而不可踰니 君子之終

야
也라.

단(彖)에 이르기를, '겸(謙)이 형통한다' 함은, 하늘의 도(道)는 아래로 베풀어서 밝게 빛내고, 땅의 도(道)는 낮은 데서 위로 올라가는 것이다. 천도(天道)는 가득 찬 것을 덜어서 겸에 보태주고, 지도(地道)는 가득 찬 것을 변하여 겸에 흐르게 하고, 귀신(鬼神)은 가득 찬 것을 해(害)하여 겸을 복되게 하고, 인도(人道)는 가득 찬 것을 미워하고 겸을 좋아하니, 겸은 높고 빛남이 있고, 낮지만 밟고 지나가지 못하니 '군자의 마침〔終〕'이다.

[풀이] '하늘의 도(道)는 아래로 베풀어서 밝게 빛남'는 간산(艮山)이 하괘가 됨이고, '땅의 도(道)는 낮은 데서 위로 올라감'은 곤지(坤地)가 상괘가 됨이다.

지중유산   겸   군자이   부다익과   칭물평시
象曰 地中有山이 謙이니 君子以하야 裒多益寡하야 稱物平施하나니라.
땅 가운데에 산이 있는 것이 겸(謙)이다. 군자는 이를 본받아, 많은 자가 더 모아서 적은 것에 보태주고, 사물을 저울질해 고르게 베푼다.

136

[풀이] '많은 자가 더 모아서, 적은 것에 보태준다'는 구절이 난해하다. 부(裒) 자는 '모은다'는 뜻인데 통설은 '덜어낸다'고 해석한다. 왕부지(王夫之)는 부자 (富者)의 재물을 덜어서 빈자(貧者)에게 보태는 것은 근본적으로 잘못된 방법 이라고 하면서, '사물을 저울질하여 고르게 베푼다'는 뜻은 균등하게 나누는 것이 아니라고 한다.

• 〈古易斷時言〉의 점단
겸(謙) 괘를 만나면 성실한 일은 모두 길하고, 부정하거나 교만한 일은 대 흉하다. 바깥으로 허식(虛飾)에만 치중하면 불리하다. 병은 오래간다.

初六 謙謙 ○ 君子 ○ 用涉大川 ○ 吉
겸손(謙遜) 하고 겸손하다. 군자가 대천(大川) 을 건너가면 길하다.

[풀이] 겸손은 불만족스럽지만 기다리는 덕이다. 보고 배우고 익혀서 실력을 길러 장차 대천을 건너면 길하다.

象曰 謙謙君子는 卑以自牧也라.
상(象) 에 이르기를, '겸손하고 겸손한 군자'란 스스로 낮춤으로 덕을 기른다는 것이다.

• 〈古易斷時言〉의 점단
보통은 남보다 뒤에 물러서는 태도가 이롭다. 뜻밖의 재앙이 생기고 모 함을 당한다. 남녀관계를 조심하라.

六二 鳴謙_{명 겸} ○ 貞吉_{정 길}
겸손하게 화답한다. 점이 길하다.

[풀이] 주효인 九三과 친근(親近)하면서 승계(承繼)한다.

象曰 鳴謙貞吉_{명 겸 정 길}은 中心得也_{중 심 득 야}라.
상(象)에 이르기를, '저절로 우러나는 겸손으로 점이 길하다'란 중심
(中心)을 얻음이다.

• 〈古易斷時言〉의 점단
2효를 만나면, 재능(才能)과 예능(藝能)이 있는 자가 바른 사람을 따라
열심히 노력하면 길하게 된다.

九三 勞謙_{노 겸} ○ 君子有終_{군 자 유 종} ○ 吉_길
공로가 있으면서 겸손하다. 군자가 끝이 좋다. 길하다.

[풀이] 빈곤한 五陰을 혼자서 감당한다. 공로를 자랑하지 않는다.

象曰 勞謙君子_{노 겸 군 자}는 萬民_{만 민}의 服也_{복 야}라.
상(象)에 이르기를, '공로가 있으면서 겸손한 군자'는 만민(萬民)이
복종함이다.

• 〈古易斷時言〉의 점단
3효를 만나면, 마음을 비우고 노력하면서 교만하지 않으며, 작은 재능
과 예능을 과시하지 않고 겸손하게 전진하면 만사 성사한다. 보통사람
은 너무 재주를 믿고 자부심이 강하기 때문에 불성한다.

六四 无不利^{무불리}·撝謙^{휘겸}

六四 无不利·撝謙

불리한 것이 없다. 봉사(奉事)하면서 겸손하다.

[풀이] 九三과 친비(親比)하여 그 세력을 타고서 겸양(謙讓)을 실행한다.

象曰 无不利撝謙은 不違則也라.

상(象)에 이르기를, '이롭지 않음이 없으나, 겸손을 발휘한다'는 원칙을 어기지 않음이다.

• 〈古易斷時言〉의 점단

보통은 조금이라도 오만한 생각을 하면 남들이 싫어하니 조심하라. 겸손하여 위아래로 인심을 얻으면 길하다. 경쟁심이 있으면 크게 재앙을 부른다.

六五 不富以其鄰 ○ 利用侵伐 ○ 无不利

불부(不富)한 것은 그 이웃 때문이다. 침벌(侵伐)하면 이롭다. 불리한 것이 없다.

[풀이] 검소(儉素)한 이웃들에 싸여서 군주가 부귀할 수가 없다. 검박(儉朴)하면 이웃나라를 침벌할 만하다.

象曰 利用侵伐은 征不服也라.

상(象)에 이르기를, '적을 치는 것이 이롭다'는 것은 복종하지 않는 자를 정벌함이다.

5효를 만나면, 겸손하게 남에게 고개를 숙이는 자는 남의 도움을 얻어 좋아진다. 능히 몸을 살펴서 화순(和順) 하여 사람의 도움을 얻으면, 산을 넘고 물을 건너서 외국에 가더라도 유리하다.

上六 鳴謙 ○ 利用行師·征邑國
<small>명 겸　　　이 용 행 사　　정 읍 국</small>

겸손하게 화답한다. 군대를 동원함이 이롭다. 읍국(邑國)을 정벌한다.

[풀이] 九三과 상응하니 나설 만하다. 그러나 주위가 검소하니 상인(上人)이라도 한계가 있다.

象曰 鳴謙은 志未得也니 可用行師이나 征邑國也라
<small>명 겸　지 미 득 야　　가 용 행 사　　　정 읍 국 야</small>

상(象)에 이르기를, '겸손하게 화답한다'란 뜻을 얻지 못함이다. 가히 군대를 쓰기는 하지만, 자기의 읍국을 정벌한다.

• 〈古易斷時言〉의 점단

상효를 만나면, 고생이 많고 백사(百事)가 불성이다. 병을 조심하라.

괘상풀이

겸(謙)은 '겸양'(謙讓)·'겸퇴'(謙退)·'비하'(卑下)의 뜻이다 ● 높은 간산(艮山)이 낮은 곤지(坤地)의 아래에 있는 상으로, 산이 겸양해서 땅의 아래에 있으니 겸(謙)이라 한다 ● 九三의 양효는 강건(剛健)의 덕이 있는데도 불구하고, 간지(艮止)의 주효가 되어서 부진(不進)하고 겸퇴해서 아래 괘에 머물러 있어서, 위로 나아가지 않는 상이다 ● 안으로는 간(艮)의 독실(篤實)을 지키고, 밖으로는 곤(坤)의 유순(柔順)을 행하여, 뭇사람에게 잘 순응하는 상이다●높은 것을 덜어서 낮은 것에 더해 주면서 평평하게 만든다는 뜻이 있어서, 겸손퇴양(謙遜退讓)의 극치라는 뜻이다.

●유순하고 독실하지만, 세상에 묻혀서 발달하지 못하는 상●겸양이 지나쳐 가볍다는 뜻도 있다●산지박(山地剝) 괘의 왕래나 역위(易位)로 보면, 박(剝)괘는 곤지(坤地)의 위에 간산(艮山)이 있었지만, 이 괘에서는 그 산이 지하로 옮겨가 칩거해서 나타나지 않고 굽히고 산다는 뜻이다●겉으로는 유화(柔和)한 것 같아도 속으로는 고집이 있어서 사람들과 화합하지 못하는 상●임기응변(臨機應變)하지 못한다는 뜻이다.

●일을 망쳐서 영락(零落)한 상●고로(苦勞)가 많은 상●모든 일에 경솔하기 때문에 권위가 없다는 뜻●임금[君]이나 스승[師]으로는 맞지 않다는 뜻●자신감이 없는 상●명(明)의 왕부지(王夫之)는 '謙'(겸)을 '慊'(겸)으로 해석하여, '겸연(慊然)쩍다', '부족하다'는 뜻으로 보았다●박명(薄命)해서 복(福)과 능력이 적은 상으로 본다●괘사가 '군자유종'(君子有終)이므로 군자다운 성실한 일은 모두 길하지만, 부정하거나 교만한 일은 대흉하다는 뜻이 있다●현재 상황을 정확하게 파악하고, 만사에 조심하고 항상 공경하는 태도가 좋다.

뇌지예
雷地豫

豫^예는 利建侯行師^{이건후행사}하니라

初六은 鳴豫^{명예}이니 凶^흉하니라

六二는 介于石^{개우석}이라 不終日^{불종일}이니 貞^정하야 吉^길하리라

六三은 盱豫^{우예}라 悔^회니 遲^지하면 有悔^{유회}리라

九四는 由豫^{유예}라 大有得^{대유득}이니 勿疑^{물의}면 朋^봉이 盍簪^{합잠}하리라

六五는 貞疾^{정질}이나 恒不死^{항불사}로다

上六은 冥豫^{명예}라 成^성하나 有渝^{유유}이니 无咎^{무구}이리라

豫. 利建侯行師

예(豫)는 제후(諸侯)를 세우고 군사(軍師)를 일으키는 것이 이롭다.

[풀이] 예(豫)는 '기쁨'·'오락'·'예비'(豫備)의 뜻이 있다. 대신인 九四 一陽이 주효인 독양괘(獨陽卦)이다. 〈백서주역〉에는 괘명이 余(여) 또는 餘(여)로 되어 있다.

象曰 豫는 剛應而志行하고 順以動이 豫라 豫順以動故로 天地도 如之이니 而況建侯行師乎여 天地以順動이라 故로 日月이 不過而 四時不忒하고 聖人이 以順動이라 則刑罰이 清而民이 服하나니 豫 之時義大矣哉라.

단(彖)에 이르기를, 강(剛)이 응해서 뜻대로 행해지고 유순하게 움직이는 것이 예(豫)이다. 예가 유순하게 움직이는 고로 천지도 이러하거늘, 하물며 '제후를 세우고 군사를 행하는 것'임에랴. 천지가 이치에 따라 움직이는지라, 고로 해와 달이 제때에 운행되고, 사시(四時)가 어긋나지 아니하고, 성인(聖人)이 이치에 따라 움직이는지라, 형벌(刑罰)이 맑고 백성이 복종하나니, 예의 시의(時義)가 크도다.

象曰 雷出地奮이 豫니 先王이 以하야 作樂崇德하야 殷薦之上帝 하야 以配祖考하니라.

상(象)에 이르기를, 진뢰(震雷)가 발출(發出)하니 땅이 흔들리는 것이 예(豫)이다. 선왕(先王)은 이것을 본받아, 음악을 마련하고 덕을 높이어서 상제(上帝)에게 크게 천거(薦擧)하고 조상에게는 제사를 지낸다.

• 〈古易斷時言〉의 점단
일이 진행될 것 같지만 빨리 결정되지 않으니, 함부로 추진하면 허망하게 잘못되기 쉽다. 백사(百事)에 사치(奢侈)와 유락(遊樂)을 조심해야 한다.

初六 ^{명예}鳴豫 ○ ^흉凶

드러내는 즐거움이다. 흉하다.

[풀이] 주효인 九四와 상응한다. 기쁨을 드러내니 경박하다.

象曰 ^{초 육 명 예}初六鳴豫는 ^{지 궁}志窮하야 ^{흉 야}凶也라.

상(象)에 이르기를, '初六의 즐거움이 드러남'은, 뜻이 궁(窮)하여서 흉함이다.

• 〈古易斷時言〉의 점단
보통은 백사불성. 부허(浮虛)한 사람은 재앙이 있다. 현상유지만 하라.

六二 ^{개 우 석}介于石 · ^{부 종 일}不終日 ○ ^{정 길}貞吉

절개가 돌과 같다. 하루가 안 걸린다. 점이 길하다.

[풀이] 중정(中正)하니 지조(志操)가 굳다.

象曰 ^{부 종 일 정 길}不終日貞吉은 ^{이 중 정 야}以中正也라.

상(象)에 이르기를, '하루가 안 걸린다. 점이 길하다'는 것은 중정(中正)으로 함이다.

144

2효를 만나면, 보통사람은 백사에 흉조(凶兆)가 많다. 사리사욕으로
인하여 손재가 있으니, 조심하고 마음을 비워라.

六三 盱豫・悔 ○ 遲・有悔
올려다보고 즐거움에 빠지면 후회(後悔)한다. 늦으면 후회한다.

[풀이] 九四와 접근하니 계승(繼承)하려 하지만, 후회한다. 또 상황 파악이 늦
어도 후회한다.

象曰 盱豫有悔는 位不當也일세라.
상(象)에 이르기를, '올려다보고 즐거움에 빠지면 후회한다'는 것은
자리가 부당함이다.

•⟨古易斷時言⟩의 점단
3효를 만나면, 모든 계획을 중단하고 현업(現業)에만 충실하라. 만사
에 결단을 내리지 못하고 또 욕심을 버리지 못하면 흉하게 된다. 친지와
불화하는 일이 있다.

九四 由豫・大有得 ○ 勿疑・朋盍簪
자기로 말미암아 즐거워, 크게 얻음이 있다. 의심하지 않으면 친구들
이 모여 따른다.

[풀이] 五陰이 九四 독음(獨陰)에 의지하고 있다.

象曰 由豫大有得은 志大行也라.
상(象)에 이르기를, '자기로 말미암아 즐거워, 크게 얻음이 있다' 함
은, 뜻이 크게 행하여짐이다.

• 〈古易斷時言〉의 점단
보통은 정직하면 성취하지만, 조금이라도 사리사욕이 있는 부정한 일
이면 실패하고 재앙이 있다.

六五 貞疾 · 恒不死
병점(病占)은 오래도록 불사(不死) 한다.

象曰 六五貞疾은 乘剛也요 恒不死는 中未亡也라.
상(象)에 이르기를, '六五의 병점(病占)'은 강(剛)을 승(乘)한 탓이
고, '항불사'(恒不死)는 중(中)을 잃지 않음이다.

• 〈古易斷時言〉의 점단
5효를 만나면, 욕심대로 추진하면 나중에 재앙이 생긴다. 현명한 사람의
지시를 따르는 것이 좋다. 성실하면 처음에는 어려우나 나중에 성사한다.

上六 冥豫 ○ 成有渝 · 无咎
즐거움에 어두워졌다. 일이 성사되지만 변화가 있다. 무탈하다.

象曰 冥豫在上이어니 何可長也리오.
상(象)에 이르기를, '즐거움에 어두워져 상효에 있으니', 어찌 오래
갈 수 있겠는가!

146

• 〈古易斷時言〉의 점단

상효를 만나면, 백사(百事)에 자기의 과실(過失)로 재앙을 자초한다.
선인(善人)을 따르고, 부정한 일을 멀리하라.

예(豫)는 기쁨·오락·예비의 뜻이 있다 ● 진동(震動)인 뇌(雷)가 지상(地上)
에서 발산하는 상이다 ● 진(震)의 춘양(春陽)의 기(氣)가 곤지(坤地)의 지상
에 나오니, 진(震)의 백곡초목(百穀草木)이 발생해서 융화하여 열락(悅樂)하
는 상이다 ● 지뢰복(地雷復) 괘의 왕래나 역위로 보면, 지뢰복 괘는 진뢰(震
雷)가 곤지(坤地)의 아래에 있었는데, 이 예(豫)괘에서는 진뢰가 곤지를 뚫
고 위로 올라온 초춘(初春)의 상이므로, 막혀 있던 곤순(坤順)의 울체(鬱滯)
한 기운을 해소하고 양명(陽明)한 기운이 신장(伸張) 해방되어서 기뻐한다
는 뜻이 된다.

● 진(震)은 동(動)이고, 곤(坤)은 순(順)이니, 상괘 군(君)은 명령하고 하
괘 신민(臣民)은 순응해서 따르니, 모든 일이 성공하고 기쁨이 있으므로
열락(悅樂)하는 상이다 ● 외괘인 진(震) 장남은 밖에서 열심히 노력하고,
내괘인 곤(坤) 노모는 집에서 편안하니 가족이 즐겁다는 뜻이다 ● 九四의
一陽 재상(宰相)이 양명(陽明)한 재주가 있어서 군민(君民)을 잘 보호하여
열락(悅樂)한다는 뜻 ● 목표를 달성하여 기쁘다는 뜻 ● 여유가 생기니 즐
겁게 놀기만 하고 게을러서 일락(逸樂)·방종한다는 뜻 ● 비천(卑賤)·영락
(零落)하더라도, 지금부터 열심히 예비하면 후에 크게 발달할 사람이라는
뜻이다.

● 방탕이 지나치다는 뜻 ● 일이 빨리 결정되지 않고 유예(猶豫)된다는 뜻
● 예비한다는 뜻 ● 주인은 나약하지만, 아랫사람인 九四가 부지런하여 능
히 편안하다는 뜻 ● 처음에는 우레가 울리듯이 명성(名聲)이 자자해도, 나

중에는 흔적도 없이 사라져 버린다는 뜻●음악회·관현악·성악·연극·코미디 등 가무(歌舞)의 뜻●문을 닫아걸고 비상사태에 대비하면 사람들이 무사(無事) 안락(安樂)하다는 뜻●단속(團束)하지 않고 해이하여 황폐하다는 뜻●게으른 소인들은 부끄러운 줄 모르고, 말이나 꾸며대고 핑계를 대면서 즐거움에 빠져서 방탕하다는 뜻이 있다.

택뢰수
澤雷隨

隨는 元亨하나 利貞이라 无咎이리라

初九는 官하야 有渝이니 貞하면 吉하니 出門交이면 有功하리라

六二는 係小子이요 失丈夫이로다

六三은 係丈夫하고 失小子하니 隨하야 有求를 得하나 利居貞하니라

九四는 隨有獲이니 貞이라도 凶하니 有孚코 在道코 以明이면 何咎이리오

九五는 孚于嘉이니 吉하니라

上六은 拘係之요 乃從維之니 王用亨于西山이로다

149

隨. 元亨·利貞 ○ 无咎

수(隨)는, 크게 형통하고 이롭다는 점이다. 무탈하다.

[풀이] 수(隨)는 '따른다'는 뜻이다. 아랫것이 윗것을 따른다. 하괘 진뢰(震雷)
는 一陽인데 점차 자라서 상괘 태택(兌澤)에서 二陽이 되니, 건(乾)괘를 닮아
서 원형이정(元亨利貞)의 덕을 갖추었다고 본다. 〈백서주역〉에는 괘명이 '隋'
(수)로 되어 있다.

象曰 隨는 剛來而下柔하고 動而說이 隨니 大亨코 貞하야 无咎하야
而天下隨時하나니 隨時之義大矣哉라.

단(象)에 이르기를, 수(隨)는 강(剛)이 와서 유(柔)의 아래로 내려가
고 움직이면서 기뻐하는 것이 수(隨)이니, '크게 형통하고 정(貞)하
여 허물이 없다'는 것이라, 천하(天下)가 때에 따르나니 수시(隨時)
하는 의(義)가 크도다.

[풀이] 괘변(卦變)으로 보면, 천지비(天地否)괘의 上九가 초효로 내려오니
수(隨)괘가 된다. 비색(否塞)을 타개하려는 의도가 광대하다. 이와 같이 삼음
삼양 괘를 풀이할 적에 태(泰)괘와 비(否)괘를 기준하여 괘변을 일으키는 교역
법(交易法)은 일찍이 공자로부터 시작된 것이다.

象曰 澤中有雷가 隨니 君子以하야 嚮晦入宴息하나니라.

상(象)에 이르기를, 연못 가운데에 천둥이 있는 것이 수(隨)이다. 군
자는 이것을 보고, 날이 저물면 들어가서 휴식한다.

[풀이] 일동일정(一動一靜)을 강조하니, 양강(陽剛)도 휴식할 줄 알아야 한
다는 말이지, 양강은 언제나 쉬어야 한다는 뜻이 아니다.

150

• **〈古易斷時言〉의 점단**

정인(正人)과 같이하는 것은 길하여 끝을 보전하며, 보통사람이라도 만사가 조화된다. 불선(不善)한 사람과 같이 놀면 물이 들어서 점점 미혹(迷惑)해진다. 또 남녀관계를 조심하라.

初九 官有渝 ○ 貞吉 ○ 出門交有功

벼슬이 변한다. 길한 점이다. 문(門)을 나가 교제하면 공(功)이 있다.

[풀이] 비색(否塞)한 上九가 초효로 내려왔으니 벼슬이 변한다고 한다. 문은 六二를 가리킨다.

象曰 官有渝에 從正이면 吉也니 出門交有功은 不失也라.

상(象)에 이르기를, '벼슬이 변한다'에는 정(正)을 따르면 길하고, '문밖에 나가 사귀면 공이 있다' 함은 잃지 아니함이다.

• **〈古易斷時言〉의 점단**

보통은 만사 강정(强情)하기만 하면 성사될 것도 실패하리라. 타인을 따르는 것이 좋다고 할지라도 경망한 사람의 지시를 따라서는 안 되고, 일의 정사(正邪)를 살펴서 선한 쪽을 택하라. 재화(財貨)로 다투니 예방하라. 재화나 여색(女色) 등에 빠지면 뜻을 잃게 된다.

六二 係小子 · 失丈夫

소자(小子)에게 매여서 장부(丈夫)를 잃는다.

[풀이] 六二가 3효를 따르면서 初九와 교제를 끊는다.

象曰 <ruby>係小子<rt>계 소 자</rt></ruby>는 <ruby>弗兼與也<rt>불 겸 여 야</rt></ruby>라.

상(象)에 이르기를, '소자에게 매인다'란 겸하여 함께하지 못함이다.

• 〈**古易斷時言**〉의 점단

2효를 만나면, 보통사람은 백사(百事)에 입수(入手)하기 어렵다. 또 작은 이익에 이끌려 큰 이익을 잃을 징조다. 삼가고 일상생활을 지키는 자는 평안하리라.

六三 <ruby>係丈夫<rt>계 장 부</rt></ruby>・<ruby>失小子<rt>실 소 자</rt></ruby> ○ <ruby>隨有求得<rt>수 유 구 득</rt></ruby>. <ruby>利居貞<rt>이 거 정</rt></ruby>

장부(丈夫)에게 매여서 소자(小子)를 잃는다. 따라가서 구하면 얻음 이 있다. 거주하는 점은 이롭다.

[풀이] 六三이 九四를 따르니 六二를 버린다. 양실(陽實)하므로 소득이 있다.

象曰 <ruby>係丈夫<rt>계 장 부</rt></ruby>는 <ruby>志舍下也<rt>지 사 하 야</rt></ruby>라.

상(象)에 이르기를, '장부에게 매인다'는 것은 뜻이 아랫사람을 저버 림이다.

• 〈**古易斷時言**〉의 점단

3효를 만나면, 대개 성취될 시절이다. 그러나 사안(事案)의 정사(正邪) 를 살펴보고, 정실(正實)이면 따라가면서 구하라. 색정(色情)으로 파 탄이 생기니, 현혹되지 말라. 부녀(婦女)와 같이 하는 것은 모두 이롭 지 않으니 조심하라.

152

九四 隨有獲^{수유획}·貞凶^{정흉} ○ 有孚在道^{유부재도}·以明何咎^{이명하구}

따라가면 얻는 것이 있다. 점이 흉하다. 믿음을 가지고 도(道)에 마음을 두니, 뜻이 밝으니 무슨 허물이 있겠느냐!

[풀이] 九五를 따르면 대세를 거역하니 흉하다. 그러나 신의(信義) 있는 대도(大道)임을 어찌하랴!

象曰 隨有獲^{수유획}은 其義凶也^{기의흉야}요 有孚在道^{유부재도}는 明功也^{명공야}라.

상(象)에 이르기를, '따라가서 얻는 것이 있다'란 그 뜻이 흉함이고, '믿음을 가지고 도(道)에 있다'는 것은 밝은 공(功)이다.

• 〈古易斷時言〉의 점단
보통은 사리(私利)나 사욕(私慾)의 일이면 흉하다. 윗사람이나 군부(君父)에 관한 일은 길하다.

九五 孚于嘉^{부우가} ○ 吉^길

신의가 가례(嘉禮)를 이룬다. 길하다.

[풀이] 上九를 따라가니 음양(陰陽)이 화합한다.

象曰 孚于嘉吉^{부우가길}은 位正中也^{위정중야}일세라.

상(象)에 이르기를, '신의가 가례(嘉禮)를 이루니, 길하다'는 자리가 중정(中正)함이다.

• 〈古易斷時言〉의 점단
5효를 만나면, 신의(信義)로써 사람과 사귀면 성사되리라. 내가 의심하면 상대방도 의심하여 실패하고 불성하리라. 말조심하라.

上六 拘係之^{구 계 지} · 乃從維之^{내 종 유 지} ○ 王用亨于西山^{왕 용 향 우 서 산}

붙잡아 매어서 이를 따라가서 묶여 있다. 왕이 서산(西山)에서 제사
(祭祀) 지낸다.

[풀이] 九五가 上六을 붙잡아서 매어 둔다. 성공한 사실을 하늘에 고(告)하는
제사다.

象曰 拘係之^{구 계 지}는 上窮也^{상 궁 야}라.

상(象)에 이르기를, '붙잡아 맨다'는 것은 윗사람이 궁함이다.

• 〈**古易斷時言**〉의 점단

상효를 만나면, 조금이라도 허망하거나 속이면 흉하다. 대개 보통사람
의 점에는 흉이 많다. 불의(不意)의 재앙이 있다. 성정(誠正)으로 예방
하라. 부정하면 반드시 흉을 초래하리라.

괘상풀이

수(隨)는 '따른다'는 뜻이다. 주위 사람을 따르는 것이다 ● 진(震) 장남이 태
(兌) 소녀의 아래로 내려가므로, 남자가 여자를 따라가고, 장(長)이 소(少)
를 따르는 상이다 ● 천지비(天地否) 괘의 교역(交易)으로 본다면, 비(否)괘
에는 건천(乾天)과 곤지(坤地)가 불통·대립하는 것이지만, 수(隨)괘에서는
上九의 一陽이 아래로 내려와서 초위(初位)에 자리를 잡는 것이다. 이것은
높은 곳에서 낮은 곳으로 향하거나, 높은 자리에 있으면서 낮은 자리에 있
는 사람을 따르는 상이니, 피아(彼我) 간에 종전(從前)의 대립과 불통이 풀
린다는 뜻이다.

　● 피(彼)는 태구(兌口)로서 명령하고, 아(我)는 진동하여 따라 움직이는

상이다 • 나는 부지런히 움직이고, 상대방은 기뻐하는 상이다 • 나는 사모(思慕)하지만, 그 사람은 딴 곳에 마음을 두고 있는 상 • 내가 그 사람을 쫓아가면서 구한다는 뜻 • 그 상황에 순종해서 다른 곳으로 마음을 옮기지 않는다는 뜻이다 • 처음에는 수긍하지 않지만, 계속하여 강력하게 요구하면 그 사람이 나중에는 따르게 된다는 뜻 • 지탄받던 하인이 재화를 훔쳐서 담을 넘어 도망간다는 뜻이다.

• 모든 일을 정도(正道)로 추진하면 크게 통달한다는 뜻 • 무사하고, 안심한다는 뜻 • 굴복하여 때를 기다린다는 뜻 • 진(震) 용(龍)이 태(兌) 연(淵)에 잠겨 있으나 후일에는 크게 발달하리라는 뜻 • 이런 시절에는 노는 물을 잘 선택하여야만 한다. 만약 불선(不善)한 사람과 같이 놀면 근묵자흑(近墨者黑)으로 물이 들어서 점점 미혹하거나 타락하게 된다. 자중하고 시세(時勢)의 흐름에 순응하여 몸을 맡기는 것이 좋은 처방이다 • 장남이 소녀를 따라다니면서 색정 사건을 야기한다는 뜻이 있다.

산풍고
山風蠱

蠱^고는 元亨^{원형}하니 利涉大川^{이섭대천}이니 先甲三日^{선갑삼일}하고 後甲三^{후갑삼}
日^일이니라

初六^{초육}은 幹父之蠱^{간부지고}이니 有子^{유자}이면 考^고이 无咎^{무구}하리니 厲^여하
여야 終吉^{종길}이리라

九二^{구이}는 幹母之蠱^{간모지고}이니 不可貞^{불가정}이니라

九三^{구삼}은 幹父之蠱^{간부지고}이니 小有悔^{소유회}나 无大咎^{무대구}이리라

六四^{육사}는 裕父之蠱^{유부지고}이니 往^왕하면 見吝^{견린}하리라

六五^{육오}는 幹父之蠱^{간부지고}이니 用譽^{용예}리라

上九^{상구}는 不事王侯^{불사왕후}하고 高尚其事^{고상기사}이로다

고　　원형　이섭대천　　선갑삼일　　후갑삼일
蠱. 元亨·利涉大川 ○ 先甲三日·後甲三日

고(蠱)는, 크게 형통하고, 대천(大川)을 건너가면 이롭다. 선갑(先甲)
의 3일에서 후갑(後甲)의 3일까지다.

[풀이] 고(蠱)라는 글자는 파괴(破壞)·고혹(蠱惑)·고생(苦生)의 뜻이 있다.
왕부지(王夫之)는 노인들의 식사에 등장하는 벌레인 고기반찬이라고 본다. 고
기는 쉽게 부패(腐敗)하는 특성이 있다. 썩은 것을 새것으로 바꾸려면 준비기
간이 필요하므로, 7일이 필요하다. 선갑의 3일은 신일(辛日)이고, 후갑의 3일
은 정일(丁日)이다. 〈백서주역〉에는 괘명이 '箇'(개)로 되어 있다.

　　　고　강상이유하　　손이지　　고　고원형　　이천하치야
象曰 蠱는 剛上而柔下하고 巽而止가 蠱라 蠱元亨하여 而天下 治也
　　이섭대천　왕유사야　　선갑삼일후갑삼일　　종즉유시천행
요 利涉大川은 往有事也요 先甲三日後甲三日은 終則有始天行
야
也라.

단(彖)에 이르기를, 고(蠱)는 강(剛)이 위에 있고, 유(柔)가 아래에
있으니, 순종(順從)하면서 그치는 것이 고(蠱)이다. '고(蠱)가 크게
형통함'은 천하가 다스려지는 것이요, '큰 내를 건너는 것이 이로운
것'은 가면 일이 있음이요, '갑(甲)보다 사흘 앞에 하며, 갑보다 사흘
뒤에 함'은, 끝나면 시작이 있는 것이 하늘의 운행이다.

[풀이] 보통은 지천태(地天泰)의 괘변(卦變)인 교역(交易)으로 보아서, "강
(剛)이 위로 가고, 유(柔)가 아래로 간다"고 풀이하지만, 고괘(蠱卦)의 상(象)을
기준으로 "강(剛)이 위에 있고, 유(柔)가 아래에 있다"고 해석하는 것이 좀더 적
합하다. 별괘에서 상괘는 양괘, 하괘는 음괘이고, 경괘에서도 상효는 양효, 하
효는 음효이다. '끝나면 시작이 있는 것'은 신일(辛日)부터 준비하여 갑일(甲
日)에 시작하고 다시 이어서 정일(丁日)까지는 개업(開業)의 상황을 마무리하
는 것을 말한다.

象曰 山下有風이 蠱니 君子以하야 振民하며 育德하나니라.

산 아래에 바람이 있는 것이 고(蠱)이다. 군자는 이것을 본받아, 백성들을 진작(振作)시켜서 그 재덕(才德)을 기른다.

[풀이] 진민(振民)은 풍(風)의 뜻이고, 육덕(育德)은 산의 뜻이다.

• 〈古易斷時言〉의 점단

용기가 있고 재주가 있으면 나중에 성공할 수 있으나, 보통사람은 기대하기 힘들다. 재주 없고 유약하면 흉하고 조심하지 않으면 큰 재앙을 만난다. 싸움을 조심하라. 병은 어린이는 낫고 어른은 난치.

初六 幹父之蠱 · 有子考无咎 ○ 厲 · 終吉

아버지의 노후(老後)를 보살핀다. 아들이 있으면 아버지는 무탈하다. 위태하나 마침내 길하다.

[풀이] 初六이 상위(上位)인 2효, 3효의 부모를 돌본다. 고대에 아들이 노부모를 봉양(奉養)하는 것은 의무이었다. 부모 봉양이 좀 어려운 일이지만 끝내는 복(福)을 받는다는 점이다.

象曰 幹父之蠱는 意承考也라.

상(象)에 이르기를, '아버지의 노후를 보살핀다'란 아버지의 뜻을 계승함이다.

• 〈古易斷時言〉의 점단

보통사람은 백사(百事)가 흉하고 실수하기 쉽다. 도와주는 친구가 있으면 가능성이 있다. 화순(和順)하게 행동하고 고집을 부리지 마라.

九二 幹母之蠱·不可貞
^{간 모 지 고} ^{불 가 정}

어머니의 노후(老後)를 보살핀다. 불가(不可)하다는 점이다.

[풀이] 2효는 음효이니 모친(母親)에 해당한다. 노모(老母)를 봉양하는 일은 당연한 일이니, 길흉을 점으로 판단할 수 없다.

象曰 幹母之蠱는 得中道也라.
^{간 모 지 고} ^{득 중 도 야}

상(象)에 이르기를, '어머니의 노후(老後)를 보살핀다'는 중위(中位)의 도(道)를 얻었음이다.

• 〈古易斷時言〉의 점단

2효를 만나면, 보통사람은 이로운 것 같으나 나중에는 불리하다. 고생과 질병을 조심하라.

九三 幹父之蠱·小有悔·无大咎
^{간 부 지 고} ^{소 유 회} ^{무 대 구}

아버지의 노후를 보살핀다. 조금 후회하나 큰 탈은 없다.

[풀이] 3효는 양효니 부친(父親)에 해당한다. 나중에 생각하면 봉양이 좀 미흡했다는 후회가 있더라도, 큰 잘못만 없으면 된다는 뜻이다.

象曰 幹父之蠱는 終无咎也니라.
^{간 부 지 고} ^{종 무 구 야}

상(象)에 이르기를, '아버지의 노후를 보살핀다'란 마침내 무탈하다는 것이다.

• 〈古易斷時言〉의 점단

3효를 만나면, 용기 있게 재주를 다하면 일을 성사하지만, 보통사람은 어렵다. 가내(家內)의 실패와 분란을 조심하라.

六四 <ruby>裕<rt>유</rt></ruby><ruby>父<rt>부</rt></ruby><ruby>之<rt>지</rt></ruby><ruby>蠱<rt>고</rt></ruby> · <ruby>往<rt>왕</rt></ruby><ruby>見<rt>견</rt></ruby><ruby>吝<rt>린</rt></ruby>

아버지의 노후를 부유(富裕) 하게 한다. 가면 부끄러움을 당한다.

[풀이] 홀로 된 부모에게 부유한 형편을 고려하여 재혼(再婚)을 권유하는 일은, 자칫하면 나중에 집안이 부끄러운 꼴을 당하기도 한다.

象曰 <ruby>裕<rt>유</rt></ruby><ruby>父<rt>부</rt></ruby><ruby>之<rt>지</rt></ruby><ruby>蠱<rt>고</rt></ruby>는 <ruby>往<rt>왕</rt></ruby>엔 <ruby>未<rt>미</rt></ruby><ruby>得<rt>득</rt></ruby><ruby>也<rt>야</rt></ruby>라.

상(象) 에 이르기를, '아버지의 노후를 부유하게 한다'란 그대로 가면 얻음이 없음이다.

• 〈古易斷時言〉의 점단

보통은 유약(柔弱) 하고 의리 없으면 대흉하다. 뜻밖의 재난을 조심할 것.

六五 <ruby>幹<rt>간</rt></ruby><ruby>父<rt>부</rt></ruby><ruby>之<rt>지</rt></ruby><ruby>蠱<rt>고</rt></ruby> · <ruby>用<rt>용</rt></ruby><ruby>譽<rt>예</rt></ruby>

아버지의 노후를 보살핀다. 명예롭다.

[풀이] 부모의 이름을 드날리는 효자(孝子) 노릇을 한다.

象曰 <ruby>幹<rt>간</rt></ruby><ruby>父<rt>부</rt></ruby><ruby>用<rt>용</rt></ruby><ruby>譽<rt>예</rt></ruby>는 <ruby>承<rt>승</rt></ruby><ruby>以<rt>이</rt></ruby><ruby>德<rt>덕</rt></ruby><ruby>也<rt>야</rt></ruby>라.

상(象) 에 이르기를, '아버지를 보살펴서 영예롭다'란 덕으로 계승함이다.

[풀이] 부모의 유덕(遺德)을 계승하여 부모의 이름을 드날린다.

• 〈古易斷時言〉의 점단

5효를 만나면, 정직하고 독실(篤實) 하여 종전의 폐단을 고칠 수 있는 시절이다. 그러나 완전히 썩은 것을 청소 못한다면, 기력만 소모하고 성과가 없다.

上九 不事王侯 · 高尚其事
불사왕후 고상기사

왕후(王侯)를 섬기지 않고, 노부모 봉양을 고상(高尚)하게 한다.

[풀이] 충(忠)과 효(孝)는 국민들의 의무이나, 효를 충보다 강조하더라도 의리에 어긋나지 않는다는 뜻이다. 그렇게 해석하는 것이 종래의 통설이다. 그런데 〈백서주역〉에는 "不事王侯(불사왕후) · 高尚其德(고상기덕) · 凶(흉)"으로 기록되어 있다. 이 凶(흉)자의 존부(存否)에 대해서는 아직까지 학계에서 결론을 내리지 못하고 있다.

象曰 不事王侯는 志可則也라.
불사왕후   지가칙야

상(象)에 이르기를, '왕후를 섬기지 않는다'는 것은 그 뜻이 본받을 만하다.

• 〈古易斷時言〉의 점단

상효를 만나면, 백사(百事)가 불성하니 은퇴(隱退)하는 것이 좋다.

괘상풀이

고(蠱)는 '파괴'(破壞) · '고혹'(蠱惑) · '고생'(苦生)의 뜻이다 ● 손풍(巽風)이 간산(艮山)의 초목(草木)을 쓸어버리는 상으로 보고, 손(巽)의 장녀(長女)가 간(艮)의 젊은 남자[小男]를 유혹하는 상으로 〈춘추좌전〉(春秋左傳)에서 해석한다 ● 윗사람은 간(艮)으로 그쳐서 아래에 은혜를 베풀지 않고, 아랫사람은 겉으로만 공손하고 진실한 충성심이 없으니, 상하가 서로 등져서 괴란(壞亂)한다는 뜻이다.

　● 〈주역〉 64괘 중에서 상대방을 파멸시키고 상해(傷害)한다는 뜻이 강한 괘는 이 산풍고(山風蠱) 괘와 지화명이(地火明夷) 괘가 대표적이다. 두 괘를 비교하면, 지화명이 괘는 외부에서 내부를 해친다는 뜻이 있고, 이 고(蠱) 괘는 안에서 어려운 일이 생긴다는 뜻이 있다. 즉, 명이(明夷)괘는 상괘인

곤(坤) 혼암(昏暗)이 하괘의 이명(离明)을 손상시키므로, 밖에서부터 내부를 깨뜨리거나, 위에서 아래의 이명(離明)을 가린다는 뜻이다. 반면에 고(蠱)괘는 내괘인 손풍(巽風)이 외괘인 간산(艮山)을 휘몰아치므로, 즉 안에서부터 밖을 부수고, 아래에서 위를 부수고, 내[我]가 남[彼]을 부수고, 여자가 남자를 부순다는 뜻이다.

● 미혹하게 하거나 속인다는 뜻 ● 손재(損財)하고 파멸한다는 뜻 ● 색정(色情), 이익, 좋은 음식, 혹은 기교를 이용해서 상대방을 고혹(蠱惑)하여 괴란(壞亂)에 이르게 한다는 뜻 ● 이미 부서진 것을 후일에 다시 수복(修復)한다는 뜻이다 ● 사람을 점친다면 교활하지만, 눈치가 재빨라서 일을 알선(斡旋)하는 재주가 있는 그럴싸한 인물이다 ● 사고가 우려되어 불안한 상이다 ● 왕부지(王夫之)는 고(蠱)자를 그릇[皿] 위에 있는 벌레[蟲]로 해석하여 고(蠱)괘는 육식의 일종을 가리킨다고 해석한다. 즉, 연로한 부모가 식사에 육류가 필요하여 자손들이 그것을 준비·보관하는 상황으로 보았다.

지택림
地澤臨

臨은 元亨코 利貞하니 至于八月하야 有凶하리라
<small>임 원형 이정 지우팔월 유흉</small>

初九는 咸臨이니 貞하야 吉하니라
<small>함림 정 길</small>

九二는 咸臨이니 吉하야 无不利하리라
<small>함림 길 무불리</small>

六三은 甘臨이라 无攸利하니 旣憂之라 无咎이리라
<small>감림 무유리 기우지 무구</small>

六四는 至臨이니 无咎하니라
<small>지림 무구</small>

六五는 知臨이니 大君之宜니 吉하니라
<small>지림 대군지의 길</small>

上六은 敦臨이니 吉하야 无咎하니라
<small>돈림 길 무구</small>

臨. 元亨·利貞 ○ 至于八月有凶
<small>임 원형 이정 지우팔월유흉</small>

임(臨)은, 크게 형통하고 이롭다는 점이다. 8월에 이르면 흉화(凶禍)
가 있다.

[풀이] 임(臨)은 '임박(臨迫)하다', '희망하다', '본다'는 뜻이다. 태괘(泰卦)에
'임박하다'는 뜻으로, 소장괘로 보면 우수(雨水)에 해당한다. '8월에 흉하다'는
것은 소장괘로 보면, 8월이 풍지관(風地觀)에 해당하기 때문이라고 해석하는
것이 통설이다. 〈부양한간〉과 〈백서주역〉에는 괘명이 '林'(림)으로 되어 있다.

象曰 臨은 剛浸而長하며 說而順하고 剛中而應하여 大亨以正하니
<small>임 강침이장 열이순 강중이응 대형이정</small>
天之道也라 至于八月有凶은 消不久也라.
<small>천지도야 지우팔월유흉 소불구야</small>

단(象)에 이르기를, 임(臨)은 강(剛)이 점점 자라나니 기뻐하며 유
순(柔順)하고, 강(剛)이 중(中)에서 응하는 것이다. '크게 형통하고
바름'은 하늘의 도(道)라, '8월에 이르러 흉화(凶禍)가 있다' 함은,
머지않아 사라진다는 것이다.

[풀이] 초효와 2효에 있는 2개의 양효가 4개의 음효를 응대하는 괘상이다. 양
강(陽剛)이 음유(陰柔)를 완전히 제거하지 않으면 그 해독(害毒)이 8월에 나타
난다고 한다.

象曰 澤上有地가 臨이니 君子以하야 敎思无窮하며 容保民이 无
<small>택상유지 임 군자이 교사무궁 용보민 무</small>
疆하니라.
<small>강</small>

못 위에 땅이 있는 것이 임(臨)이다. 군자는 이것을 본받아, 가르치려
는 의욕(意欲)이 다함이 없으며 백성을 포용하여 보호함이 끝이 없다.

[풀이] 두 양효가 4개의 음효를 가르치고 백성들을 보호하는 괘상이다.

• 〈古易斷時言〉의 점단

공익(公益)에 관한 일을 항상 공명정대(公明正大)하게 처리하여 재앙을 미연(未然)에 방지하라. 정도(正道)를 지키면 대체로 성사한다.

初九 咸臨 ㅇ 貞吉
온화한 태도로 임박(臨迫)한다. 점이 길하다.

[풀이] 4효와 정응(正應)하여 온화하게 치민(治民)한다.

象曰 咸臨貞吉은 志行正也라.
상(象)에 이르기를, '온화한 태도로 임박한다. 점이 길하다'란 뜻을 행함이 올바르다.

• 〈古易斷時言〉의 점단

보통은 화정(和正)하고 사욕을 버리면 길하지만, 보통사람은 뜻밖의 싸움에 휩쓸린다. 손재수(損財數)가 있다. 사업은 실패를 조심하라.

九二 咸臨 ㅇ 吉 ㅇ 无不利
감화(感化) 정책으로 임박한다. 길하다. 이롭지 않음이 없다.

[풀이] 5효와 정응(正應)하여 치민(治民)하는 도리를 펼친다.

象曰 咸臨吉无不利는 未順命也라.
상(象)에 이르기를, '감화정책으로 임박한다. 길하다. 이롭지 않음이 없다'란, (백성들이) 천명(天命)을 따르지 않기 때문이다.

[풀이] 음효가 4개이니 소수인 천명을 따르지 않는 상황이다.

2효를 만나면, 위세(威勢)가 있고 덕의(德義)가 있으면 길하다. 초효
보다는 좋은 점괘이다.

六三 甘臨 · 无攸利 ○ 旣憂之 · 无咎
감언(甘言)으로 임박(臨迫)하면 이로운 것이 없다. 이미 근심한다면
무탈하다.

[풀이] 六三이 九二와 친비(親比)하려고 감언이설(甘言利說)로 접근한다.

象曰 甘臨은 位不當也요 旣憂之하니 咎不長也리라.
상(象)에 이르기를, '달콤한 말로 대응한다'란 위치가 부당함이고,
'이미 이를 근심한다면' 허물이 자라지 않는다.

3효를 만나면, 정직한 사람은 허물이 없으나, 보통사람은 감언이설이 많
으면 일이 흉하게 된다. 남녀문제를 조심하라. 주거가 불안해진다.

六四 至臨 ○ 无咎
온화하게 도달하여 임박한다. 무탈하다.

[풀이] 初九가 온화하게 임박하는데, 고관(高官)인 六四가 기다렸다가 부드
럽게 상응하니 자연히 무탈하다.

象曰 至臨无咎는 位當也일세라.
'온화하게 도달하여 임박하니 무탈하다'는 것은 위치가 마땅하다.

• 〈古易斷時言〉의 점단

보통사람은 일이 중간에 막혀서 끝을 보지 못한다. 일상소사(日常小事)는 처리가 되지만, 대체로 진지하게 일을 처리하지 않는 경향이 있다. 여자문제는 조심하라.

六五 知臨 ○ 大君之宜 ○ 吉

지혜(知慧)롭게 임박한다. 대군(大君)의 도리(道理)니, 길하다.

[풀이] 군주가 九二의 감화정책을 현명하게 받아들인다.

象曰 大君之宜는 行中之謂也라.

상(象)에 이르기를, '대군의 도리'란 중위(中位)를 행한다는 말이다.

• 〈古易斷時言〉의 점단

5효를 만나면, 자신을 과신(過信)하면 흉하다. 보통사람은 분수보다 적게 행동하는 것이 좋고, 분수를 넘으면 흉해진다. 대체로 초길(初吉)에 종흉(終凶)하다. 윗사람에 관한 일은 길하다.

上六 敦臨 ○ 吉 ○ 无咎

돈독(敦篤)하게 임박한다. 길하다. 무탈하다.

[풀이] 이미 퇴역(退役)하였으니 담담하게 대응한다.

象曰 敦臨之吉은 志在內也라.

상(象)에 이르기를, '돈독하게 임박한다'는 뜻이 안에 있다.

상효를 만나면, 성실하면 길하다. 처음에는 막히나 나중에는 도움을 얻어서 결실을 얻는다. 그러나 불성실하면 백사(百事)에 도움을 얻지 못하고 실패한다.

괘상풀이

임(臨)은 '임박(臨迫)하다', '희망하다', '본다'는 뜻이다 • 이 괘는 二陽과 四陰이 상대하는데, 위의 四陰이 아래의 二陽을 보고, 二陽도 四陰을 보니, 음양이 서로 바라보는 상이다 • 九二의 신(臣)은 강중(剛中)의 재력(才力)이 있어서 六五에 응하고, 六五의 군(君)은 유중(柔中)의 덕량(德量)이 있어서 九二에 응하여, 군신(君臣)이 상응·상망(相望)하는 상이다 • 이 괘의 덕은 화열(和悅)하여 순종하고 효(爻)의 덕은 음양이 상구(相求)하니, 서로 희망하는 것이 절실하기 때문에 임(臨)이라고 한다.

• 위의 귀인과 아래의 천민이 서로 교제하여 친하다는 뜻이다 • 위에서 아래를 내려다보기도 하고, 또 아래쪽에서 위쪽을 쳐다보기도 한다는 뜻이다 • 위에서 아래를 어루만져서 따르게 한다는 뜻이다 • 소장법에 의하면, 동지(冬至)인 곤(坤)에서 복(復)인 대한(大寒)으로, 또 임(臨)인 우수(雨水)로, 다시 춘분(春分)인 태(泰)를 거쳐서 대장(大將), 쾌(夬)를 지나면 하지(夏至)인 건(乾)의 순양(純陽)으로 되는 것이다. 우수는 음(陰)이 물러나고 양(陽)은 성장하여 임박하므로 임(臨)이라 한다.

• 기뻐하면서 따르는 모습이다 • 엄마가 딸을 사랑하고, 딸이 엄마를 쳐다보고 따른다는 뜻이다 • 내[我]가 태(兌)로 말하면 상대방[彼]이 곤(坤)으로 따르는 상 • 땅위에 못[澤]이 존재하는 상인데, 땅은 높고 못은 낮으니 땅위의 물은 모두 못 속으로 임(臨)하여 모인다 • 사람들에게 사랑을 받는다는 뜻 • 점차로 번창한다는 뜻 • 서로 돕거나, 혹은 베풀어 주거나, 구

해 준다는 뜻 ● 무릇 만점(萬占)에서 지택림(地澤臨) 괘와 지천태 괘를 길조 (吉兆)라고 풀이하는 것은, 동지(冬至)를 지나면서 지뢰복(地雷復) 괘에서 시발(始發)한 양(陽)이 점차 진장(進長)하는 상이 있기 때문이다 ● 대괘(大 卦)로 보면 대진(大震)이니 진동이 활발한 상이다. 초효와 2효, 3효와 4효, 5효와 상효가 서로 같은 음양이면, 각각 지효(地爻)와 인효(人爻)와 천효(天爻)로 삼아서 대괘(大卦) 8개를 만든다. 즉, 임괘(臨卦)는 대진(大震) 이고, 돈괘(遯卦)는 대손(大巽), 소과(小過)괘는 대감(大坎), 중부(中孚)괘는 대리(大離), 관괘(觀卦)는 대간(大艮), 대장(大壯)괘는 대태(大兌)이다.

풍지관
風地觀

觀은 ^관盥而不薦이면 ^{유부}有孚하야 ^{옹약}顒若하리라

初六은 ^{동관}童觀이니 ^{소인}小人은 ^{무구}无咎요 ^{군자}君子는 ^인吝이리라

六二는 ^{규관}闚觀이니 ^{이여정}利女貞하니라

六三은 ^{관아생}觀我生하야 ^{진퇴}進退로다

六四는 ^{관국지광}觀國之光이니 ^{이용빈우왕}利用賓于王하니라

九五는 ^{관아생}觀我生이니 ^{군자}君子이면 ^{무구}无咎이리라

上九는 ^{관기생}觀其生이니 ^{군자}君子이면 ^{무구}无咎이리라

觀. 盥而不薦 · 有孚顒若
<small>관 관이불천 유부옹약</small>

관(觀)은, 손을 씻었으나, 제물(祭物)은 아직 올리지 않았다. 신의(信義)가 있어서 우러러본다.

[풀이] 관(觀)은 '본다', '보여준다', '관찰한다'는 뜻이다. 제사(祭祀)를 모시는 장면이다. 四陰이 二陽인 군상(君上)을 압박하고 있으며, 소장괘로는 상강(霜降)에 해당한다.

象曰 <small>대관</small>大觀으로 <small>재상</small>在上하여 <small>순이손</small>順而巽하고 <small>중정</small>中正으로 <small>이관천하</small>以觀天下니 <small>관관</small>觀盥
<small>이불천유부옹약</small>而不薦有孚顒若은 <small>하관이화야</small>下觀而化也라 <small>관천지신도이</small>觀天之神道而 <small>사시불특</small>四時不忒하니
<small>성인</small>聖人이 <small>이신도설교이천하복의</small>以神道設教而天下服矣니라.

단(彖)에 이르기를, 양대(陽大)가 위에서 관망(觀望)하니, 유순하고 온순하다. 중정(中正)으로써 천하를 관망하니, '관(觀)은 손을 씻고 제물을 아직 올리지 아니하여도, 신뢰하고 우러러본다' 함은, 아래에 있는 자가 우러러보고서 감화를 받음이다. 하늘의 신도(神道)를 보니 사시(四時)가 틀리지 아니하나니, 성인(聖人)은 신도로써 가르침을 펴서 천하가 복종하나니라.

[풀이] 쇠락(衰落)하는 군상(君上)이 엄숙하니, 백성이 우러러본다. 신도(神道)로 가르치지 못하면 천하가 승복(承服)하지 않는 상황이다.

象曰 <small>풍행지상</small>風行地上이 <small>관</small>觀이니 <small>선왕</small>先王이 <small>이</small>以하야 <small>성방관민</small>省方觀民하야 <small>설교</small>設教하니라.

상(象)에 이르기를, 바람이 땅 위를 왔다 갔다 하는 것이 관(觀)이다. 선왕(先王)은 이것을 본받아 전국을 살펴서 백성을 관찰하고 교육(敎育)을 실시한다.

[풀이] 四陰이 득세하니 군상(君上)은 조심해야만 한다.

• 〈**古易斷時言**〉의 점단

신용과 성의가 있고 윗사람과 아랫사람에게 두루 춘풍(春風)으로 사교
(社交)를 잘하면 만사를 성취한다. 하지만 보통사람은 사리사욕에 눈
이 어둡거나 외부의 유혹에 넘어가서 손해를 보니 조심하라. 주거는 지
장이 있어도 변동하지 말고, 도난사고를 조심하라.

初六 童觀 ○ 小人无咎·君子吝

어린애가 본다. 소인은 무탈하고, 군자는 아쉽다.

[풀이] 초효로 음유(陰柔)하니 어리석은 소견(所見)이다.

象曰 初六童觀은 小人道也라.

상(象)에 이르기를, '初六의 어린 소견'은 소인의 도(道)다.

• 〈**古易斷時言**〉의 점단

보통사람의 일상소사는 좋다. 분수에 넘치는 큰일은 차질이 생겨 손해
본다. 또 주거 때문에 고생이 있다.

六二 闚觀 ○ 利女貞

문틈 사이로 엿본다. 여자의 점이라면 이롭다.

[풀이] 六二는 중정(中正)으로 九二에 상응한다. 그러나 四陰의 가운데 있어
서 행동이 반신반의(半信半疑)한다.

象曰 闚觀女貞이 亦可醜也니라.

상(象)에 이르기를, '틈새로 엿보는 것은 여자의 점이다' 함은 이 또한
부끄러운 일이다.

172

2효를 만나면, 집안일은 유지되지만, 바깥일은 불리하다. 또 소사는 좋으나, 대사는 불리하고 손해 본다.

六三 觀我生 進退

나의 소행(所行)을 관찰한다. 진퇴(進退)한다.

[풀이] 아직 태도가 결정되지 않은 상황이다. 수신(修身)해 준비하고 있어야 한다.

象曰 觀我生進退하니 未失道也라.

상(象)에 이르기를, '나의 소행을 살펴보고서, 진퇴를 정한다'는 도(道)를 잃지 않았음이다.

• 〈**古易斷時言**〉의 점단

3효를 만나면, 조심해서 진퇴를 결정하지 않으면 처음부터 일에 잘못이 생긴다. 병은 오래가고 위험.

六四 觀國之光·利用賓于王

나라의 영광(榮光)을 관찰하니, 왕의 빈객(賓客)이 되면 이롭다.

[풀이] 태도를 결정하고 능력을 인정받아, 빈례(賓禮)를 치르고 왕을 가까이한다.

象曰 觀國之光은 尚賓也라.

상(象)에 이르기를, '나라의 영광을 관찰한다'는 것은, 손님을 극진히 대접함이다.

• 〈**古易斷時言**〉의 점단

보통은 유덕(有德)한 귀인(貴人)을 따라가야 길하다. 다만 늦게 성사된
다. 부정하면 구설수가 있다.

九五 觀我生 · 君子无咎
　　관아생　　　군자무구

나의 백성을 관찰한다. 군자는 무탈하다.

[풀이] 군주가 백성의 안위와 복지를 관망한다.

象曰 觀我生은 觀民也라.
　　　관아생　　관민야

상(象)에 이르기를, '나의 태도를 관찰한다'란, 백성의 이해득실(利
害得失)을 판단한다는 것이다.

• 〈**古易斷時言**〉의 점단

5효를 만나면, 독실(篤實)한 사람은 성사(成事)하나 변동(變動)이 생
긴다. 남으로부터 원한을 사고 비방을 들으니 조심하라.

上九 觀其生 · 君子无咎
　　관기생　　　군자무구

그 기미(幾微)를 관찰한다. 군자는 무탈하다.

[풀이] 음양(陰陽) 성쇠(盛衰)의 기미를 살핀다.

象曰 觀其生은 志未平也라.
　　　관기생　　지미평야

상(象)에 이르기를, '그의 삶을 관찰한다'란 뜻이 평안하지 않다는 것
이다.

174

• 〈**古易斷時言**〉의 점단

독실한 사람은 성사하나, 착오가 있거나, 변동이 생긴다. 사람들에게
원한을 사고 비방을 들으니 조심하라.

괘상풀이

관(觀)은 '본다', '보여준다', 그리고 '관찰한다'는 뜻이 있다 ● 아래의 四陰이
위의 二陽을 쳐다보고, 또 위에 있는 二陽이 四陰에게 군자의 경신(敬愼)하
는 태도를 보여주는 상이므로, 관(觀)이라 부른다 ● 손목(巽木)이 곤지(坤地)
위에 있으니, 수목(樹木)이 지상에 무성하게 자라는 모습을 사람들이 쳐다
보는 상 ● 손풍(巽風) 바람이 곤(坤)의 지상에 부는 상 ● 시절을 관찰하고서,
사물이 변화하는 상황을 깨달아 안다는 뜻 ● 음(陰)이 4효에 진입하는 상이
므로 양도(陽道)가 크게 쇠퇴하는 시절이라는 뜻 ● 외견은 좋아도, 내실은
궁핍하다는 뜻이다.

　● 四陰에게 二陽이 밀려나는 상황이니, 상인(上人)이 조심하지 않으면
갑자기 재해가 생긴다는 뜻인데, 만약 경신(敬愼)하면 재해를 모면할 수도
있다는 뜻 ● 종교적이거나 도덕적인 가르침으로 가르치고 타이른다는 뜻 ●
대괘로 보면 대간(大艮)이니, 규모가 큰 건물이나 대형 정문(正門)의 상이다
● 학문이나 종교나 제사에 관한 일은 대게 순조롭지만, 세속적 이익에 관한
일은 지지부진(遲遲不進)하거나 막힌다는 뜻 ● 주기도 하고 받기도 한다는
뜻 ● 바람이 부니 바람에 날려서 이사하거나 멀리 떠나간다는 뜻 ● 두문불출
(杜門不出)보다는 외유(外遊) 관광이 좋다고 봄 ● 지풍승(地風升) 괘의 역위로
보면, 지금까지 지하에 있던 나무가 지상에 노출되는 상 ● 소장법으로는 상
강(霜降)에 해당한다.

화뢰서합
火雷噬嗑

噬嗑^{서 합}은 亨^형하니 利用獄^{이 용 옥}하니라

初九^{초구}는 屨校^{구 교}하야 滅趾^{멸 지}니 无咎^{무 구}하니라

六二^{육이}는 噬膚^{서 부}이나 滅鼻^{멸 비}이니 无咎^{무 구}이리라

六三^{육삼}은 噬腊肉^{서 석 육}하다가 遇毒^{우 독}이니 小吝^{소 린}이나 无咎^{무 구}이리라

九四^{구사}는 噬乾胏^{서 간 자}하야 得金矢^{득 금 시}이니 利艱貞^{이 간 정}하니 吉^길하리라

六五^{육오}는 噬乾肉^{서 간 육}하야 得黃金^{득 황 금}이니 貞厲^{정 려}라야 无咎^{무 구}이리라

上九^{상구}는 何校^{하 교}하야 滅耳^{멸 이}니 凶^흉토다

^{서 합} ^형 ^{이 용 옥}
噬嗑. 亨 ○ 利用獄

서합(噬嗑)은, 형통한다. 옥사(獄事)를 사용함이 이롭다.

[풀이] 서합(噬嗑)은 '깨물어서 합친다'는 뜻이니 음식을 씹어 먹는 상황이다. 괘사는 사회의 장애물을 음식물에 배대하여, 범죄를 형벌로 처벌할 필요성을 강조했다. 〈백서주역〉에는 '筮闡'(서갑)으로 나온다.

^{이 중 유 물} ^{왈 서 합} ^{서 합 이 형} ^{강 유 분} ^{동 이}
象曰 頤中有物할세 曰噬嗑이니 噬嗑而亨하니라 剛柔分하고 動而
^명 ^{뇌 전} ^{합 이 장} ^{유 득 중 이 상 행} ^{수 부 당 위} ^{이 용 옥}
明하고 雷電이 合而章하고 柔得中而上行하니 雖不當位나 利用獄
^야
也니라.

단(彖)에 이르기를, 입속에 음식물이 있는 것을 '서합'이라 하니, '씹어서 합하니 형통한다'고 한다. 강(剛)과 유(柔)가 나뉘고, 움직이면서 밝고, 우레와 번개가 합하여 빛나고, 유(柔)가 중위(中位)를 얻어 상행(上行)하니, 비록 자리는 마땅치 않으나 '옥사를 사용함이 이롭다'.

[풀이] 〈단전〉에는 강유(剛柔)나 경괘를 설명하여 괘사를 풀이하는 것이 일반적인데 이 서합에는 이(頤), 즉 입이란 물형(物形)으로 풀이하는 것이 예외적이다. '유(柔)가 중위(中位)를 얻어 상행(上行)한 것'은 삼음삼양이므로 천지비(天地否)에서 初六이 오위(五位)에 상행하여 비색(否塞) 국면을 타파한 것을 말한다.

^{뇌 전} ^{서 합} ^{선 왕} ^이 ^{명 벌 칙 법}
象曰 雷電이 噬嗑이니 先王이 以하야 明罰勅法하니라.
상(象)에 이르기를, 번개와 천둥이 서합이다. 선왕(先王)은 이것을 본받아, 벌을 분명히 밝히고, 법을 제정한다.

[풀이] 형벌제도는 먼저 죄의 종류를 결정하고, 그에 합당한 형벌의 경중(輕重)을 정하는 것이다.

• **〈古易斷時言〉의 점단**

정도(正道)로 성심(誠心)이 견고(堅固)하면 조금 방해가 있더라도 점
차 통하게 되어 성사되리라. 보통사람은 대체로 평안하지 못하고 분쟁
이나 다툼을 안고 있다. 화순(和順)한 태도로 정도(正道)로 나아가라.
간사하고 그른 일은 망신당하게 되니 삼가라.

初九 **屨校·滅趾 ○ 无咎**
<small>구교   멸지   무구</small>
족쇄를 찬다. 월형(刖刑)을 당한다. 무탈하다.

[풀이] 고대(古代)에 죄인의 육체에 형벌의 흔적을 남기는 제도를 육형(肉刑)
이라고 한다. 육형에는 묵(墨)·이(劓)·월(刖)·의(劓)·궁(宮) 등이 있다. 월형
은 발뒤꿈치를 잘라서 아킬레스건을 끊어 버리는 형벌이다.

象曰 **屨校滅趾**는 **不行也**라.
<small>구교멸지   불행야</small>
상(象)에 이르기를, '족쇄를 차니 월형을 당한다'는 것은 걷지 못한다
는 뜻이다.

[풀이] 걷지 못하게 하니, 범죄를 미연에 방지한다는 뜻이다.

• **〈古易斷時言〉의 점단**

보통은 선사(善事)는 이루어지니 구하라. 조금이라도 부정불의(不正不
義)한 행위는 뜻밖의 재앙을 부르는 수가 많으리라.

六二 **噬膚·滅鼻 ○ 无咎**
<small>서부   멸비   무구</small>
살코기를 씹는다. 의형(劓刑)을 당한다. 무탈하다.

178

[풀이] 씹는 주체는 初九 아랫니와 上九 윗니이다. 의형은 코를 베어 버리는 형벌이다. 멸비(滅鼻)를, 큰 고기를 들고 먹다 보니 '코가 가려서 보이지 않는다'고 풀이하는 견해도 있다.

象曰 噬膚滅鼻는 乘剛也일세라.

象曰 噬膚滅鼻는 乘剛也일세라.
상(象)에 이르기를, '살코기를 씹는다. 의형을 당한다'는 것은 강(剛)을 탔기 때문이다.

[풀이] 강(剛)은 初九를 가리킨다.

• 〈古易斷時言〉의 점단
2효를 만나면, 백사(百事)가 이루기 쉬운 듯하나 지장(支障)이 있고, 힘을 쓴 후에야 이루어진다. 보통사람은 쟁송(爭訟)으로 파탄이 생기니 삼가라. 자기주장만 고집하지 마라. 계산착오를 주의하라.

六三 噬腊肉·遇毒 ○ 小吝·无咎
마른고기를 씹다가 독(毒)을 만난다. 조금 아쉽지만, 무탈하다.

[풀이] 여기서 독(毒)이란, 화살촉에 바른 독이나 고기가 썩어서 생긴 독을 포함한다.

象曰 遇毒은 位不當也일세라.
상(象)에 이르기를, '독을 만난다'는 것은 위치가 부당함이다.

• 〈古易斷時言〉의 점단
3효를 만나면, 소사는 통하지만, 대사는 중간에서 실패한다. 성의가 없으면 친한 사람과 이별하리라.

九四 <ruby>噬<rt>서</rt></ruby><ruby>乾<rt>간</rt></ruby><ruby>胏<rt>자</rt></ruby> · <ruby>得<rt>득</rt></ruby><ruby>金<rt>금</rt></ruby><ruby>矢<rt>시</rt></ruby> ○ <ruby>利<rt>이</rt></ruby><ruby>艱<rt>간</rt></ruby><ruby>貞<rt>정</rt></ruby> · <ruby>吉<rt>길</rt></ruby>

마른고기를 씹다가 구리 화살을 얻는다. 간난(艱難)을 점치면 이롭다. 길하다.

[풀이] 九四가 입에 가로놓인 장애물인 一陽에 해당한다. 뼈가 있는 마른고기를 씹다가, 뼈에 박힌 구리 화살을 얻는다. 장애물이 제거된 상황이다. 九四를 제거하는 것은 初九와 上九에게는 힘든 작업이다. 그래서 간난(艱難)의 점이다. 제거함이 이롭다는 점이다. 그런데 〈백서주역〉에는 '利'(이)자가 없다.

象曰 <ruby>利<rt>이</rt></ruby><ruby>艱<rt>간</rt></ruby><ruby>貞<rt>정</rt></ruby><ruby>吉<rt>길</rt></ruby>은 <ruby>未<rt>미</rt></ruby><ruby>光<rt>광</rt></ruby><ruby>也<rt>야</rt></ruby>라.

상(象)에 이르기를, '간난을 점치면 이롭다. 길하다'는 영광(榮光)이 아니다.

• 〈**古易斷時言**〉의 점단

보통은 재덕(才德) 있고 남을 잘 도우면 백사조화(百事調和) 된다. 강강(剛強)하고 화기(和氣)가 없으면 윗사람에게서 화(禍)를 입고 아랫사람에게 원망(怨望)을 듣는다. 정직하고 조심하여 삼가고, 사욕(私慾)에 이끌려 남에게 이용당하지 마라.

六五 <ruby>噬<rt>서</rt></ruby><ruby>乾<rt>간</rt></ruby><ruby>肉<rt>육</rt></ruby> · <ruby>得<rt>득</rt></ruby><ruby>黃<rt>황</rt></ruby><ruby>金<rt>금</rt></ruby> ○ <ruby>貞<rt>정</rt></ruby><ruby>厲<rt>려</rt></ruby> · <ruby>无<rt>무</rt></ruby><ruby>咎<rt>구</rt></ruby>

마른고기를 씹다가 황금(黃金)을 얻는다. 점괘(占卦)가 위태롭다. 무탈하다.

[풀이] 上九가 씹는 형벌을 주관하고, 군주는 형벌에는 관여하지 않고 있다. 그래서 위태로워도 군주인 六五이므로 무탈하다.

象曰 貞厲无咎^{정려무구}는 得當也^{득당야}일세라.

상(象)에 이르기를, '점괘가 위태롭지만, 무탈하다'는 마땅함을 얻었음이다.

• 〈**古易斷時言**〉의 점단

백사(百事)에 겁을 내고 삼가라. 내 마음대로 할 생각을 절대 하지 마라. 소인이나 부정부실(不正不實)한 사람은 대란(大難)을 당할 수 있다.

上九 何校^{하교}·減耳^{멸이} ○ 凶^흉

목에 칼을 찬다. 이형(刵刑)으로 귀를 자른다. 흉하다.

[풀이] 上九는 初九와 같이 씹는 것을 주관한다. 그런데 初九는 장애물을 살펴서 선택하여 씹는 능력이 있으나, 上九는 고정되어 있어서 그런 선택권이 없는 탓에 가까운 六五도 씹어 보려는 충동을 가진다.

象曰 何校減耳^{하교멸이}는 聰不明也^{총불명야}일세라.

상(象)에 이르기를, '목에 칼을 찬다. 귀를 자른다'는 것은 듣는 것이 불명(不明)함이다.

• 〈**古易斷時言**〉의 점단

상효를 만나면, 보통사람은 백사(百事)가 정보에 어두워서 십중팔구 이루지 못한다. 화순(和順)하고 정직한 사람을 따르도록 하라. 똑똑해도 의리에 어두운 자는 흉하다.

서합(噬嗑)은 '깨물어서 합친다'는 뜻이니, 입에 음식물이 들어오면 깨물어서 삼키고는 위아래의 이가 서로 합한다는 뜻이다 • 산뢰이(山雷頤) 괘에서 유래한 괘로서, 치아 구강을 나타내는 이(頤)괘에서 4효에 양획(陽劃)인 장애가 하나 들어가 있는 화상(畵象)이다. 그 九四의 양효가 음식을 나타낸다고 하면 그것을 깨물어서 합치는 상이 서합이다. 즉, 이(離)는 위에 붙어 있고 진(震)은 아래에서 움직이니, 이것도 입으로 음식을 저작(詛嚼)하는 상이므로 서합이라고 불렀다 • 九四의 양효가 방해꾼이거나 범법자(犯法者)이면 그것을 확실하게 제거하여 공공(公共)의 치안(治安)을 유지한다는 뜻이다 • 장애가 생겨서 평안하지 못하거나, 현재 분쟁이나 다툼을 안고 있다는 뜻 • 형사사건을 심판하는 상 • 시비득실(是非得失)을 따져 보는 상 • 소송으로 다투다가 감옥에 수감되는 상이다.

　 • 이(离)인 총명한 임금이 위에 있어서 일을 분석하고, 진(震)인 부지런한 신하는 아래에서 움직이니, 군신(君臣)이 마음을 합쳐 어려운 국사(國事)를 잘 처리한다는 뜻 • 사물이 부합(符合)한다는 뜻 • 현재 고장 난 것을 적극적으로 나서 해결한다는 뜻 • 진(震)으로 움직여서 이(离)로 밝게 된다는 뜻 • 재주와 기술이 있으면서, 열심히 노력한다는 뜻 • 시장(市場)을 만들어서 물자를 교역하여 이익이 창출되는 상 • 회식(會食)하는 상 • 해가 동쪽에서 떠오르는 상 • 육식에 쓸 가축(家畜)을 기른다는 뜻 • 호구책(糊口策)을 찾는다는 뜻 • 사건처리의 중개자나 중재자라는 뜻 • 두 사람이 다투는 중간에 제 3자가 나서서 다툼을 해결하려고 애쓰는 상 • 한 사람이 중간에서 상하를 강경하게 이간(離間)시키는 상이다.

산화비
山火賁

賁는 亨코 小利有攸往하니라

初九는 賁其趾니 舍車而徒이로다

六二는 賁其須이로다

九三은 賁如이 濡如하니 永貞하면 吉하리라

六四는 賁如하며 皤如하니 白馬는 翰如이라 匪寇이라
婚媾이니라

六五는 賁于丘園이나 束帛戔戔이니 吝하나 終吉이리라

上九는 白賁니 无咎이리라

賁^비. 亨^형 ○ 小利有攸往^{소리유유왕}

비(賁)는, 형통한다. 갈 곳이 있으면 소리(小利) 하다.

[풀이] 비(賁)는 '꾸민다'는 뜻이다. 산 너머로 태양이 지고 있으니, 석양이 아름다운 상황이다. 자연에 인공을 가미한 화사(華奢)한 문명(文明)을 설명한다. 〈백서주역〉에는 괘명이 '繁'(번)으로 되어 있다.

象曰^{상왈} 賁亨^{비형}은 柔來而文剛故^{유래이문강고}로 亨^형하고 分剛^{분강}하여 上而文柔故^{상이문유고}로 小^소
利有攸往^{리유유왕}하니 天文也^{천문야}요 文明以止^{문명이지}하니 人文也^{인문야}니 觀乎天文^{관호천문}하여 以^이
察時變^{찰시변}하며 觀乎人文^{관호인문}하여 以化成天下^{이화성천하}하나니라.

단(象)에 이르기를, '비(賁)가 형통한 것'은 유(柔)가 와서 강(剛)을 꾸미므로 '형통한다'. 강(剛)을 나누어 위로 올라가서 유(柔)를 꾸미는 것이므로 '갈 곳이 있으면 소리하니', 천문(天文)이다. 문명으로서 그치니 인문(人文)이다. 천문을 보아서 사시(四時)의 변천을 살피며, 인문을 보아서 천하를 교화(教化)하여 이룬다.

[풀이] 지천태(地天泰) 괘에서 변화가 생겨서, 上六이 아래 2효로 내려오고 九二는 상효로 올라가 산화비(山火賁)가 되었다고 풀이한다.

象曰^{상왈} 山下有火^{산하유화}가 賁^비니 君子以^{군자이}하야 明庶政^{명서정}호대 无敢折獄^{무감절옥}하나니라.
산 아래에 불이 있는 것이 비(賁)이다. 군자는 이것을 본받아, 서정(庶政)을 밝게 하되, 감히 옥사(獄事)는 처리하지 않는다.

[풀이] 석양은 아름답기는 하지만 시야(視野)는 좁다. 생사(生死)를 다루는 형사사건(刑事事件)은 시야가 좁아서는 안 된다는 뜻이다. 대낮처럼 환하게

184

밝은 견해를 가진 자라야 형사문제를 처리할 자격이 있다고 하여, 고대부터 사법시험(司法試驗) 제도를 시행했다.

• 〈古易斷時言〉의 점단
일상의 소사는 유리하나 대사는 불성한다. 사기, 속임수, 교만한 마음은 남과 불화하거나 흉한 일을 불러온다. 다만, 문학 등 예술에는 길하다.

初九 賁其趾 · 舍車而徒
발을 꾸민다. 수레를 버리고 걸어서 간다.

[풀이] 六二와 상비(相比)하여 수레를 타지 않고, 六四와 상응하여 자기 발로 걷는 것이 마땅하다.

象曰 舍車而徒는 義弗乘也라.
상(象)에 이르기를, '수레를 버리고 걷는다'란 의리(義理) 상 타지 않음이다.

[풀이] 六二와 상비(相比)하면 수레를 탄다는 뜻이다.

• 〈古易斷時言〉의 점단
보통은 독실(篤實) 하고 정의로우면 길하다. 신분보다 낮은 일은 유리하다. 교만하거나 사치하거나 인색하면 흉하다. 병은 오래가고 증세가 자주 변한다.

六二 貴其須^{비 기 수}

六二 貴其須
수염을 꾸민다.

[풀이] 수염은 턱밑에 붙어 있다. 3효에서 상효까지 호괘(互卦)에서 이(頤)의
상(象)이 있으니, 그래서 턱밑의 수염이 등장한다.

象曰 貴其須^{비 기 수}는 與上興也^{여 상 흥 야}라.
'그 수염을 꾸민다' 함은 위와 함께 움직임이다.

• 〈古易斷時言〉의 점단
2효를 만나면, 강정(剛情)은 만사에 방해가 생기니 화순(和順)하게 행
동하라.

九三 貴如濡如^{비 여 유 여} ○ 永貞吉^{영 정 길}
치장(治粧)하고 윤택하게 한다. 장기간의 안부에 대한 점은 길하다.

[풀이] 六二와 六四가 앞뒤로 상비(相比)하니 치장하고 윤택하게 꾸민다.

象曰 永貞之吉^{영 정 지 길}은 終莫之陵也^{종 막 지 릉 야}니라.
상(象)에 이르기를, '장기간의 안부에 대한 점은 길하다'란 끝내 능멸
(陵蔑)하지 못함이다.

[풀이] 九三은 양강(陽剛)하므로 업신여기지 못한다는 말이다.

• 〈古易斷時言〉의 점단
3효를 만나면, 일이 성사되는 시절이다. 다만 허망하거나 사치하면 후
일에 실패한다.

六四 ^{비 여}貴如·^{파 여}皤如·^{백 마 한 여}白馬翰如 ○ ^{비 구}匪寇·^{혼 구}婚媾

꾸미기도 하고, 안 꾸미기도 한다. 백마(白馬)가 고개를 쳐들어 털이
빛난다. 도둑이 아니고 구혼(求婚)하는 자이다.

[풀이] 친비(親比)인 九三이나 상응하는 初九와는 이성(異性)들이니 꾸미지
만, 六五와는 동류(同類)이니 안 꾸민다. 치장한다는 뜻은 양효와 혼인하고자
하는 것이지, 동지(同志)인 六五를 배척하는 것은 아니다. 백마(白馬)는 六五
를 가리킨다.

象曰 六四는 ^{당 위}當位나 ^{의 야}疑也니 ^{비 구 혼 구}匪寇婚媾는 ^{종 무 우 야}終无尤也라.

상(象)에 이르기를, 六四는 마땅한 위치이지만 의심한다. '도둑이 아
니고 구혼하는 사람이다'는 마침내 허물이 없음이다.

• 〈古易斷時言〉의 점단

보통은 일상의 소사는 길하고, 문학·예술도 길하다. 허망한 사람은 대
체로 흉하고 뜻밖의 재앙이나 싸움이 생긴다.

六五 ^{비 우 구 원}貴于丘園·^{속 백 전 전}束帛戔戔 ○ ^인吝·^{종 길}終吉

구원(丘園)에서 꾸민다. 폐백(幣帛)이 빈약하다. 아쉽지만 끝내 길하다.

[풀이] 음유(陰柔)한 六五가 정자(亭子)에서 六四와 결합하고자 하나, 六四는
이미 初九 九三에게 마음이 있다.

象曰 ^{육 오 지 길}六五之吉은 ^{유 희 야}有喜也라.

상(象)에 이르기를, '六五의 길(吉)'은 기쁨이 있음이다.

• 〈古易斷時言〉의 점단
5효를 만나면, 분수에 넘치지 않는 일은 임하고 사치하거나 부실(不實)
한 일은 조심하라. 정직한 여자는 길조.

上九 白賁 ○ 无咎
백 비　무 구

꾸미지 않으니, 무탈하다.

[풀이] 은퇴한 사람이니 전혀 치장을 할 생각이 없다.

象曰 白賁无咎는 上得志也라.
백 비 무 구　상 득 지 야

상(象)에 이르기를, '꾸미지 않으니 무탈하다'는 것은 윗사람이 뜻을
얻음이다.

• 〈古易斷時言〉의 점단
상효를 만나면, 공명정대한 일은 성사하나 부정한 일은 흉하다. 남의
모함을 받기 쉽지만, 성실하면 뒤에 길하게 된다.

괘상풀이

비(賁)는 '꾸민다'는 뜻이다 • 저녁에 산 아래로 해가 넘어가니, 석양(夕陽)
이 아름답고 선명한 현상이다 • 이(離)의 해[日]가 간(艮)의 산 아래 숨는 저
녁이니 곧 밤[夜]이 오는 상이다 • 지천태(地天泰) 괘의 교역괘로 보게 되
면, 삼문(三文)이 있다. 九二는 위로 올라가서 곤(坤) 순음(純陰)의 상효를
꾸미니 이것은 하늘의 문채(文彩)인 천문(天文)이다. 또 上六은 내려와서
건(乾) 순양(純陽)의 2효를 꾸미니 이것은 땅의 문채인 지문(地文)이다. 안
[內]으로 이(離) 문명의 덕을 갖추고, 밖으로 간(艮) 독실한 행동을 하는 것

은 사람의 문채인 인문(人文)이다.

• 사람이란 환경과 위치에 따라서 어울리는 문채나 수식(修飾)이 있어야 '문명사회의 구성원'답다는 뜻이지만, 한편으로는 가식(假飾)과 허식(虛飾)으로 남에게 실질(實質)보다 더 예쁘게 보이려는 의도도 있다. 즉, '가꾸어야 한다'와 함께 '남을 속이려고 보기 좋게 가꾼다'는 상반되는 뜻이 있다. 따라서, 경우에 따라 가(可)와 불가(不可) 중에서 적당한 뜻을 활용한다 • 얼굴이나 맵시를 예쁘게 꾸민다는 뜻 • 문채로 수식하거나 모방한다는 뜻이다.

• 일반 정사(政事)는 적당하게 처리하여도 무난하지만, 형사사건만은 개인의 권익(權益)에 중대한 영향을 미치는 사안이므로 자격이 없는 사람이 경솔하게 처리할 수 없다는 뜻 • 화뢰서합(火雷噬嗑) 괘의 종괘이니, 같은 이치로 해석하면, 입속에 음식물을 머금은 상이기도 하고, 옥중에 죄수를 묶어 놓은 상도 된다 • 착괘(錯卦)가 택수곤(澤水困) 괘니 외견은 그럴듯하지만, 내실은 곤궁하다는 뜻 • '진행하느냐? 중지하느냐?'에 관한 점이라면 내실이 없으니 중지하는 편이 좋다고 본다 • 간산(艮山)이니 다른 사람들과 불화한다는 뜻 • 직업으로는 미용사·분장전문가·원예사·실내장식가·화가·성형외과의·산업디자이너 등이다 • 현명한 분별력[智慮]이 있으면서 독실한 사람이라는 뜻이 있다.

산지박
山地剝

剝은 不利有攸往하니라
^박 ^{불 리 유 유 왕}

初六은 剝牀以足이니 蔑貞이면 凶하리라
^{박 상 이 족} ^{멸 정} ^흉

六二는 剝牀以辨이니 蔑貞이면 凶토다
^{박 상 이 변} ^{멸 정} ^흉

六三은 剝之无咎이니라
^{박 지 무 구}

六四는 剝牀以膚이니 凶하니라
^{박 상 이 부} ^흉

六五는 貫魚하야 以宮人寵이니 无不利리라
^{관 어} ^{이 궁 인 총} ^{무 불 리}

上九는 碩果不食이나 君子는 得輿하고 小人은 剝廬
^{석 과 불 식} ^{군 자} ^{득 여} ^{소 인} ^{박 려}
이리라

^박 ^{불리유유왕}
剝. 不利有攸往
박(剝)은, 갈 곳이 있으면 불리하다.

[풀이] 박(剝)은 '무너지다', '떨어지다', '삭제하다', '다친다'는 뜻이다. 독양(獨陽)이 주효로서 꼭대기에 걸려 있으니 난괘(難卦) 중 하나다. 소장괘로는 소설(小雪)에 해당하니, 음(陰)이 득세한 장면이다. 〈백서주역〉에는 엎어질 '仆'(부)가 괘명이다.

^박 ^{박야} ^{유변강야} ^{불리유유왕} ^{소인} ^{장야}
象曰 剝은 剝也니 柔變剛也니 不利有攸往은 小人이 長也일세라
^{순이지지} ^{관상야} ^{군자 상소식영허 천행야}
順而止之는 觀象也니 君子 尙消息盈虛 天行也라.

단(彖)에 이르기를, 박(剝)은 깎아내림이니 유(柔)가 강(剛)을 변화시키니, '가는 바가 있으면 불리하다' 함은 소인이 성장(成長)하고 있음이다. 유순하여 그치는 것은 괘상을 봄이니, 군자가 소장영허(消長盈虛)하는 하늘의 운행을 숭상하는 것이다.

[풀이] '유(柔)가 강(剛)을 변화시키니'는, 소장괘에서 음(陰)이 성장해 양(陽)을 밀어내다가 지금은 마지막에 一陽이 위태롭게 남아 있다.

^{산부어지 박 상 이 후하안택}
象曰 山附於地가 剝이니 上이 以하야 厚下安宅하나니라.
상(象)에 이르기를, 산이 땅에 붙어 있는 것이 박(剝)이다. 임금은 이것을 본받아, 하민(下民)을 후대(厚待)하고 가정을 편안하게 한다.

• 〈古易斷時言〉의 점단
성정(誠正)의 자세로 나가면 나중에 좋아진다. 기존의 사업을 바꾸어서 새로 시작한다는 뜻으로 추진하면 이롭지만, 그래도 급격하게 변동하는 것은 안 된다. 분수에 넘치는 사업을 추진하거나, 질투가 심한 경우에는 흉하게 되어, 점점 망가진다.

初六　剝牀以足 ○ 蔑貞・凶
침상(寢牀)의 다리가 떨어져 나간다. 몽점(夢占)은 흉하다.

[풀이] 깎아내리니 떨어지는 것을 침상으로 배대하니, 맨 아랫부분은 다리에 해당한다. 이경지와 고형 교수는 '蔑貞'(멸정)을 '夢貞'(몽정)의 오자(誤字)로 본다. 고대엔 꿈의 길흉을 점치는 몽점이 중요한 점법이었다.

象曰　剝牀以足은 以滅下也라.
상(象)에 이르기를, '침상의 다리가 떨어져 나간다'는 것은 아래가 없어짐이다.

• 〈古易斷時言〉의 점단
보통은 일상소사는 지장이 없다. 다만 화평(和平)하지 않고 고집을 부리면 고생이 있고 뒷날에 재앙이 생기기 쉽다. 파산(破産)의 징후(徵候)가 있다.

六二　剝牀以辨 ○ 蔑貞・凶
침상다리의 이음새가 떨어져 나간다. 몽점은 흉하다.

象曰　剝牀以辨은 未有與也일세라.
상(象)에 이르기를, '침상다리의 이음새가 떨어져 나간다'는 더불어 놀지 않음이다.

[풀이] 중정(中正)을 얻었으나, 上九의 독양(獨陽)과는 더불지 않았다.

192

2효를 만나면, 백사불성(百事不成). 부정하면 당장 재앙을 초래하고, 성신(誠信)하면 남의 도움을 받는다.

六三　剝之^{박 지} ○ 无咎^{무 구}

무너져간다. 무탈하다.

[풀이] 上九와 상응하니, 양강(陽剛)에 대한 마음은 잊지 않고 있다. 그래서 무탈하다. 〈백서주역〉에는 '之'(지) 자가 없다.

象曰 剝之无咎^{박 지 무 구}는 失上下也^{실 상 하 야}일세라.

상(象)에 이르기를, '무너진다. 무탈하다'는 상하(上下)를 잃음이다.

[풀이] 五陰의 중간이니, 상하를 잃음이다.

• 〈古易斷時言〉의 점단
3효를 만나면, 성실하고 현상을 유지하고 조심하면 나중에 길하다. 보통사람은 조심하지 않으면 흉한 일이 많다. 간사한 사람을 멀리하라. 병은 난치.

六四　剝牀以膚^{박 상 이 부} ○ 凶^흉

침상이 무너져 몸이 떨어진다. 흉하다.

[풀이] 본인의 신상(身上)에까지 위험이 미치는 단계이다.

象曰 剝牀以膚는 切近災也라.

상(象)에 이르기를, '침상이 무너져 몸이 떨어진다'는 것은 재앙이 매우 가깝다는 것이다.

• 〈古易斷時言〉의 점단

보통은 백사(百事) 흉조(凶兆). 사리사욕이 있으면 재앙을 받는다. 권력자는 쇠퇴하고 관직에서 쫓겨난다.

六五 貫魚 · 以宮人寵 ○ 无不利

물고기를 꿰듯이 궁인(宮人)의 총애를 관장(管掌)한다. 불리함이 없다.

[풀이] 五陰의 두목(頭目)인 왕후(王后)가 궁인들을 관장한다.

象曰 以宮人寵은 終无尤也라.

상(象)에 이르기를, '궁인을 총애한다'는 마침내 잘못이 없음이다.

• 〈古易斷時言〉의 점단

5효를 만나면, 개과천선하고 올바른 사람을 따르면 길조가 있다. 자기 욕심만 부리고 남의 피해를 생각하지 않는 자는 대흉(大凶)하다. 남을 위하여 하는 행동은 잘된다. 도난이나 손재수가 있다.

上九 碩果不食 ○ 君子得輿 · 小人剝廬

큰 과일은 못 먹는다. 군자는 수레를 얻고, 소인은 초가집을 무너뜨린다.

[풀이] 上九는 쓰일 곳이 없는 상황이다. 여(輿)는 귀족들이 타는 큰 수레다. 귀족들이 사치하고 서민들은 궁핍한 세상이니, 망하기 십상이다.

象曰 君子得輿^{군자득여}는 民所載也^{민소재야}요 小人剝廬^{소인박려}는 終不可用也^{종불가용야}라.

象(상)에 이르기를, '군자가 수레를 얻는다'는 백성들이 실을 것이고, '소인이 초가를 무너뜨린다'는 마침내 사용할 수 없음이다.

•〈古易斷時言〉의 점단

재덕(才德)이 있는 사람을 가까이하면 길하고, 사리사욕을 추구하면 방해가 생기고 대흉하다. 병은 흉. 출산은 산월(産月)이면 편안하나, 미리 점친 경우에는 조심하라.

괘상풀이

박(剝)은 '무너지다', '떨어지다', '삭제하다', '다친다'는 뜻이다 • 높은 산이 땅위에 우뚝하지만, 간산(艮山)은 준험(峻險)하더라도 풍우(風雨)의 작용으로 점점 붕괴되고 무너져서 결국에는 평지인 곤지(坤地)로 돌아가는 상 • 소장괘로 보면, 하지(夏至)인 건(乾)에서 구(姤)로 되고, 둔(遯)·비(否)·관(觀)을 거쳐서 박(剝)이 되었으니, 겨울철에 해당한다. 장차 五陰이 上九의 마지막 양효를 완전히 제거하면 곤(坤)으로 순음(純陰)인 동지(冬至)가 되니 양(陽)이 완전히 무너지기 직전이다 • 음(陰)이 장성(壯盛)하여 上九의 양(陽)을 제거하므로 양(陽)의 입장에서 보면 박(剝)이다.

•一陽인 군자가 높은 곳에 자리하니 중음(衆陰)의 소인들이 아래에서 무리를 지어서 군자의 지위를 박탈하는 상이다 • 안은 곤(坤)이니 유약해서 일에 게으르고, 밖은 간(艮)이니 고루해서 사람과 화합하지 못하므로, 장차 무너지고 떨어지는 상 • 삭제·박탈·제거·박락(剝落)의 상이니, 끝장이라는 뜻 • 군자가 은둔한다는 뜻 • 재산이 거덜 난다는 뜻 • 영락(零落)하는 상 • 나아가 일을 진행하면 흉하고, 물러나서 지키기만 하는 것이 장차 이롭게 된다는 뜻 • 온순독실(溫順篤實)하면 가업(家業)이나 식록(食祿)을 잃지

않는다는 뜻 • 산이 홀로 높이 솟으니 우러러본다는 뜻 • 산에 수목(樹木)이 없는 것과 같아서, 지위가 높아도 실수가 없다는 뜻 • 외견상은 보기 좋아도 속은 텅 비었다는 뜻 • 간수(艮手)는 잡아 쥐는 작용이니 사물에 집착이 깊다는 뜻이 있다.

지뢰복
地雷復

復은 亨^형하니 出入^{출입}에 无疾^{무질}하며 朋來^{봉래}에 无咎^{무구}이니라
反復其道^{반복기도}하야 七日^{칠일}에 來復^{내복}하니 利有攸往^{이유유왕}이니라

初九는 不遠復^{불원복}이라 无祗悔^{무지회}니 元吉^{원길}하니라

六二는 休復^{휴복}이니 吉^길하니라

六三은 頻復^{빈복}이니 厲^여하나 无咎^{무구}이리라

六四는 中行^{중행}하되 獨復^{독복}이로다

六五는 敦復^{돈복}이나 无悔^{무회}하니라

上六은 迷復^{미복}이라 凶^흉하니 有災眚^{유재생}하야 用行師^{용행사}이면 終有^{종유}
大敗^{대패}하야 以其國君凶^{이기국군흉}하야 至于十年^{지우십년}이 不克征^{불극정}하리라

復. 亨 ㅇ 出入无疾 ㅇ 朋來无咎 ㅇ 反復其道·七日來復 ㅇ 利
有攸往

복(復)은, 형통한다. 출입(出入)에 질병(疾病)이 없다. 벗이 와도 무
탈하다. 그 길을 되돌아온다. 그 도(道)가 7일 만에 돌아온다. 갈 곳
이 있으면 이롭다.

[풀이] 복(復)은 '되돌아간다', '회복한다'는 뜻이다. 소장법에서 곤(坤)인 동지
(冬至)를 지나서 낮이 조금 길어지면서, 初九가 독양(獨陽)으로 처음 등장하
는 상황이다. 소장괘로는 대한(大寒)에 해당하는데, 지금부터 낮인 양(陽)이
조금씩 길어진다.

象曰 復亨은 剛反이니 動而以順行이라 是以出入无疾 朋來无咎
니라 反復其道七日來復은 天行也요 利有攸往은 剛長也일세니 復
에 其見天地之心乎저.

단(彖)에 이르기를, '복(復)은 형통한다' 함은 강(剛)이 되돌아옴이
니, 움직여서 유순하게 행함이라. 이로써 '출입하는데 병이 없고, 벗
이 와도 허물이 없음이다'. '그 도(道)를 반복해 7일 만에 돌아온다'
함은, 천도(天道)의 운행이요, '가는 바 있으면 이롭다' 함은, 강
(剛)이 성장하기 때문이다. 복(復)에서 천지(天地)의 마음을 볼 수
있구나!

[풀이] 初九 一陽이 초효에 나타난 것은 낮이 조금씩 길어진다는 징후다. 6효를
한 바퀴 돌아서 다시 양강(陽剛)이 돌아오니 7일이 걸린다. 일요일이 돌아오는
데 7일이 걸리는 요즘의 달력과 같은 현상이지만, 요즘의 1주일은 음양과 오행
을 합친 숫자이니, 그 이치가 전혀 다르다. 〈주역〉에는 한족(漢族)이 애용하는

오행이라는 개념이 아직 등장하지 않고 있다. 금목수화토(金木水火土)라는 오행 이야기는 〈상서〉(尙書)에 처음 등장한다. '강(剛)이 성장하기 때문이다. 복(復)에서 천지의 마음을 볼 수가 있다'고 한 것은 공자는 양강(陽剛)에서 대도(大道)를 찾는 것 같다.

象曰 雷在地中이 復이니 先王이 以하야 至日에 閉關하야 商旅不行하며 后不省方하니라.

상(象)에 이르기를, 천둥이 땅 가운데에 있는 것이 복이다. 선왕(先王)은 이것을 본받아, 지일(至日)에 관문을 닫고, 장사를 금지하고, 임금도 나랏일을 살피지 않는다.

[풀이] 지일(至日)은 동지(冬至)다. 밤이 가장 길어서 양강(陽剛)이 아주 약하다고 보고, 일체의 행사를 중지하고, 또 재앙을 물리친다고 팥죽을 쑤어먹던 옛 풍습을 여기서 찾아볼 수 있다. 동지에서 시작하여 한겨울을 모두 칩거(蟄居)하는 기간으로 본다.

• 〈古易斷時言〉의 점단
정직한 사람은 점차 행복해지고 만사(萬事)가 천천히 진행이 된다. 만사에 조용히 추진하고 급히 서두르면 안 된다. 원래대로 돌아간다는 뜻이 있다.

初九 不遠復 ○ 无祗悔 ○ 元吉
머지않아 복귀한다. 큰 후회는 없다. 크게 길하다.

[풀이] 복괘(復卦)는 만사를 처리함에 항상 대도(大道)에 재빨리 복귀함을 우선으로 한다. 이 양강(陽剛)이 初九에서 머지않아 나타난다.

象曰 <ruby>不遠之復<rt>불 원 지 복</rt></ruby>은 <ruby>以修身也<rt>이 수 신 야</rt></ruby>라.

상(象)에 이르기를, '머지않아 되돌아온다'는 수신(修身) 함이다.

[풀이] 〈단전〉에서 '양강(陽剛)이 되돌아옴'을 대도(大道)에 비유한 것과 같은 맥락이다.

• 〈古易斷時言〉의 점단

보통은 정신(正信)하면 만사 성취하고, 부정하면 백사(百事) 대흉(大凶)이다. 보통사람은 대체로 성사하고자 하나 실패한다.

六二 <ruby>休復<rt>휴 복</rt></ruby> · <ruby>吉<rt>길</rt></ruby>

아름다운 복귀(復歸)다. 길하다.

[풀이] 불원복(不遠復)하는 初九와 상비(相比)하니 아름답다.

象曰 <ruby>休復之吉<rt>휴 복 지 길</rt></ruby>은 <ruby>以下仁也<rt>이 하 인 야</rt></ruby>라.

상(象)에 이르기를, '아름다운 회복(回復)의 길함'은 어진 이의 아랫자리에 내려가기 때문이다.

[풀이] 승강(乘剛)은 음유(陰柔)가 양강(陽剛)을 걸터탄다고 하여 흉으로 보는데, 지금 六二가 初九를 탔는데 '어진 이의 아래에 내려가기' 때문이라고 설명한다.

• 〈古易斷時言〉의 점단

2효를 만나면, 정도(正道)로 나가면 점점 유리하게 되고, 자만심이 강하거나 사리사욕을 추구하는 자는 흉하다.

六三 <ruby>頻<rt>빈</rt></ruby><ruby>復<rt>복</rt></ruby> ○ <ruby>厲<rt>여</rt></ruby> · <ruby>无<rt>무</rt></ruby><ruby>咎<rt>구</rt></ruby>

가까이 되돌아온다. 위태하나 허물이 없을 것이다.

[풀이] 주효인 初九와 같이 하괘에 있으니, 가깝다는 것이다.

象曰 <ruby>頻<rt>빈</rt></ruby><ruby>復<rt>복</rt></ruby><ruby>之<rt>지</rt></ruby><ruby>厲<rt>려</rt></ruby>는 <ruby>義<rt>의</rt></ruby><ruby>无<rt>무</rt></ruby><ruby>咎<rt>구</rt></ruby><ruby>也<rt>야</rt></ruby>니라.

상(象)에 이르기를, '가까이 돌아오는 위태로움'은 의리(義理)상 무탈하다.

• 〈古易斷時言〉의 점단

3효를 만나면, 보통사람은 잘못을 저지르고 재앙을 받는다. 조심하라.

六四 <ruby>中<rt>중</rt></ruby><ruby>行<rt>행</rt></ruby> · <ruby>獨<rt>독</rt></ruby><ruby>復<rt>복</rt></ruby>

중도(中道)로 홀로 돌아온다.

[풀이] 五陰의 중앙이고, 주효인 初九와 상응한다.

象曰 <ruby>中<rt>중</rt></ruby><ruby>行<rt>행</rt></ruby><ruby>獨<rt>독</rt></ruby><ruby>復<rt>복</rt></ruby>은 <ruby>以<rt>이</rt></ruby><ruby>從<rt>종</rt></ruby><ruby>道<rt>도</rt></ruby><ruby>也<rt>야</rt></ruby>라.

상(象)에 이르기를, '중도를 (함께) 행하려 하지만, 홀로 돌아온다'는 도(道)를 따르기 때문이다.

• 〈古易斷時言〉의 점단

보통은 화순(和順)하면서 정도(正道)로 강하게 추진하는 자는 길하다. 명리(名利)를 탐하고 남을 질투하는 자는 흉하다. 놀라고 걱정스러운 일이 생긴다.

六五 敦復 ○ 无悔

六五 敦復 ○ 无悔
돈독(敦篤)하게 복귀(復歸)한다. 후회가 없다.

[풀이] 군주이니 初九에 구애받지 아니한다.

象曰 敦復无悔는 中以自考也라.
상(象)에 이르기를, '돈독하게 돌아오니 후회가 없다' 함은 중도(中道)에서 스스로 완성함이다.

• 〈古易斷時言〉의 점단
5효를 만나면, 관대한 군자는 만사가 길하고 새로운 행복이 찾아온다. 정도(正道)로 성실한 사람을 따르면 유리하다. 보통사람도 늦지만 성사가 된다. 다만 새로운 시도나 변동은 불가하다.

上六 迷復 ○ 凶 · 有災眚 ○ 用行師 · 終有大敗 · 以其國君凶 ○
至于十年 不克征
복귀에 혼미(昏迷)하다. 흉하고, 재앙이 있다. 출사(出師)하면 끝내 대패(大敗)한다. 나라와 군주가 흉하다. 10년이 되도록 원정(遠征)을 할 수가 없다.

象曰 迷復之凶은 反君道也일세라.
상(象)에 이르기를, '복귀에 혼미하여 흉하다'는 것은 군도(君道)에 반(反)한다는 것이다.

202

• 〈古易斷時言〉의 점단

상효를 만나면, 복귀가 잘못되면 흉하게 된다. 보통사람은 욕심에 눈이 어두워서 마침내 망치게 되니 백사불성(百事不成)이다. 현상유지하는 것이 좋고 선조의 유훈(遺勳)이나 가훈을 지키는 것이 좋다. 또 남의 도움을 잘못 기대하여서 그만 흉하게 되는 수가 있다.

괘상풀이

복(復)은 '되돌아간다', '회복한다'는 뜻이다. 기왕(旣往)으로 되돌아가거나, 재차(再次) 되풀이되거나, 또는 왔다 갔다 반복 왕래한다는 뜻이다 • 소장괘로 보면, 동지(冬至)인 곤(坤)괘와 복(復)괘에서 시작한 1년이 춘분(春分)인 태(泰)를 지나고, 하지(夏至)인 건(乾)을 거쳐서, 구(姤), 돈(遯), 비(否), 관(觀), 박(剝)을 지나면 또다시 곤(坤)에 이르고, 동지(冬至)에는 一陽이 다시 돌아오는데, 원래로 되돌아오므로 복(復)이라고 부른다 • 박(剝)의 왕래법으로 보면, 박(剝)괘와 복(復)괘는 일양효(一陽爻)가 상하로 왕래하는 상이다. 박(剝)의 一陽이 밑으로 가면 복(復)이 되고, 복(復)의 一陽이 위로 가면 박(剝)이 된다.

• 진뢰(震雷)가 곤지(坤地)의 아래에 있으나, 뇌(雷)는 본래 땅속에 있던 것이 아니므로 반드시 원래의 자리인 하늘로 되돌아 복귀하는 상이다 • 한 사람의 힘으로 무리를 통솔하여서 일을 완성한다는 뜻 • 처음으로 일을 시작한다는 뜻 • 위로 진동하여 나아간다는 뜻 • 시작하여 점점 번창하고 입신출세(立身出世)로 점진하는 상 • 일에 임박해서 지장이 없다는 뜻 • 일을 시작하면 이익이 있다는 뜻 • 지난 잘못을 고친다는 뜻 • 만사에 반복하거나 왕래한다는 뜻이 있다.

천뢰무망
天雷无妄

无妄은 元亨하고 利貞하니 其匪正이면 有眚하릴새 不利有攸往하니라

初九는 无妄이니 往에 吉하리라

六二는 不耕穫하며 不菑畬이니 則利有攸往하니라

六三은 无妄之災니 或繫之牛하나 行人之得이 邑人之災로다

九四는 可貞이니 无咎이리라

九五는 无妄之疾은 勿藥이면 有喜리라

上九는 无妄에 行이니 有眚하야 无攸利하니라

204

无妄. 元亨利貞 ○ 其匪正·有眚 ○ 不利有攸往

무망(无妄)은, 크게 형통하고 이롭다는 점이다. 정도(正道)가 아니면 재앙이 있다. 갈 곳이 있으면 불리하다.

[풀이] '无'(무)자는 없을 '無'(무)자의 고자(古字)이고, 망(妄)은 '위망'(僞妄)이니, 무망(无妄)은 '위망(僞妄)이 없다'는 뜻이다. 인과응보(因果應報)는 분명하여 망(妄)이 없기 때문이다. 따라서 정도(正道)가 아니면 당연히 재앙이 있다. 〈백서주역〉에는 괘명이 '无孟'(무맹), 〈부양한간〉에는 '无亡'(무망), 〈전국초죽서〉에는 '亡忘'(무망)으로 되어 있다.

象曰 无妄은 剛이 自外來而爲主於內하니 動而健하고 剛中而應하여 大亨以正하니 天之命也라 其匪正有眚, 不利有攸往은 无妄之往이 何之矣리오 天命不祐를 行矣哉야.

단(象)에 이르기를, 무망(无妄)은 강(剛)이 밖에서 들어와서 안에서 주효가 되니, 움직이면서 건실하고, 강(剛)이 중(中)에 있어 응하여, 크게 형통하고 바르게 함이니 하늘의 명(命)이다. '그 바른 것이 아니면 재앙이 있고, 가는 바가 있으면 이롭지 아니함'은, 무망(无妄)인 때에 갈 곳이 어디에 있겠는가! 천명(天命)이 돕지 아니하는데 어찌 행할 수 있겠는가.

[풀이] '강(剛)이 밖에서 들어와서 안에서 주효가 된다'는 구절은 난해한 구절로 알려져 있다. 왜냐하면 외래(外來)의 의미가 불명하기 때문이다. 결론은 천명이니, 인과응보라는 말이다.

象曰 天下雷行하야 物與无妄하니 先王이 以하야 茂對時하야 育
萬物하니라.
상(象)에 이르기를, 하늘 아래에 천둥이 치는 것이 무망(无妄)이다. 선왕(先王)은 이것을 본받아, 부지런히 때를 대비하고 만물을 기른다.

• 〈古易斷時言〉의 점단
대체로 백사(百事)가 이루어질 듯하다가 이루어지지 않는다. 다만 군주나 부친의 일과 같이, 천명(天命)에 부끄럽지 않은 일은 성사(成事)되는 수가 있다.

初九 无妄 ○ 往吉
무망(无妄)이다. 나가면 길하다.

[풀이] 무망이니 정도(正道)라서, 길할 수밖에 없다.

象曰 无妄之往은 得志也라.
상(象)에 이르기를, '무망이니 나가면 길하다' 함은 뜻을 얻었음이다.

• 〈古易斷時言〉의 점단
보통은 성실하여 탐욕 없이 천명(天命)을 생각하는 일은 좋지만, 조금이라도 망심(妄心)이 있으면 불의(不意)의 환난(患難)이 생긴다. 보통은 흉사(凶事)가 많다.

六二 不耕穫·不菑畬 ○ 則利有攸往

경작(耕作)하지 않고도 거두고, 개간(開墾)하지 않고도 밭이 된다. 갈 곳이 있으면 이롭다.

[풀이] 중정(中正)하고 무욕(無慾)하여 횡재(橫財)하는 상황이다.

象曰 不耕穫은 未富也라.

상(象)에 이르기를, '경작하지 않고도 거둔다'는 부(富)를 도모하지 않음이다.

• 〈古易斷時言〉의 점단
2효를 만나면, 보통은 백사(百事)에 흉조(凶兆)다. 온갖 재앙이 일어난다. 깊이 살피고 조심하라.

六三 无妄之災. 或繫之牛·行人之得·邑人之災

무망(无妄)으로 생긴 재앙이다. 혹자(或者)가 소를 매어 두었는데, 행인(行人)이 끌고 가 버리니, 읍인(邑人)에게는 재앙이다.

[풀이] 줄이 풀린 소를 행인이 끌고 가 버린 사건이다.

象曰 行人得牛가 邑人災也라.

상(象)에 이르기를, 행인이 소를 끌고 가니, 읍인의 재앙이다.

• 〈古易斷時言〉의 점단
3효를 만나면, 백사(百事)가 흉재(凶災)다. 의외의 재앙을 예방하라.

九四 可貞 ○ 无咎
_{가 정} _{무 구}
가(可)하다는 점이다. 무탈하다.

象曰 可貞无咎는 固有之也일세라.
_{가 정 무 구} _{고 유 지 야}
상(象)에 이르기를, '가하다는 점이니 무탈하다'는 것은 굳게 가지고
있었기 때문이다.

• 〈古易斷時言〉의 점단
보통 만사가 이루어질 듯하나 이루기 어렵다. 또 손재(損財)를 예방하라.

九五 无妄之疾 · 勿藥有喜
_{무 망 지 질} _{물 약 유 희}
무망(无妄)으로 생긴 질병이다. 약(藥)을 안 써도 기쁨이 있다.

[풀이] 인과응보를 모르면, 군주가 앓게 되는 병이다.

象曰 无妄之藥은 不可試也니라.
_{무 망 지 약} _{불 가 시 야}
상(象)에 이르기를, 무망의 약은 시음(試飮)할 수가 없다.

• 〈古易斷時言〉의 점단
5효를 만나면, 보통은 백사(百事)를 처리하기 어렵다. 쟁론(爭論)을
삼가고 불의의 재난을 예방하라. 근심 · 걱정이 있다. 병은 약을 안 써
도 기뻐한다는 뜻이 있으나, 만성인 오래된 병〔久病〕은 어렵다.

上九 无妄行 · 有眚 ○ 无攸利
_{무 망 행} _{유 생} _{무 유 리}
무망인 행동에 재앙이 있다. 이로운 바가 없다.

[풀이] 범부(凡夫)가 볼 적에는 무망인 행동처럼 보이지만, 인과응보를 길게 따져 보면, 사실은 망행(妄行)인 경우를 설명한다. 〈백서주역〉에는 '无妄之行'(무망지행)으로 되어 있다.

象曰 无妄之行^{무 망 지 행}은 窮之災也^{궁 지 재 야}라.

상(象)에 이르기를, '무망의 행(行)'은 곤궁(困窮)에서 오는 재앙이다.

• 〈**古易斷時言**〉의 점단

상효를 만나면, 조금이라도 부정(不正), 불의(不義)의 생각으로 추구하는 것이 있으면 대흉(大凶)하다. 특히 부정한 사업이나 불륜관계(不倫關係)와 같은 일에 빠지지 않도록 조심하라. 또 쉽게 성사된 것은 파탄하게 되므로 흉하다.

'无'(무)자는 없을 '無'(무)자의 고자(古字)이고 망(妄)은 '위망'(僞妄)이니, 무망(无妄)은 '위망(僞妄)이 없다'는 뜻이다 • 이 괘는 건천(乾天)과 진뢰(震雷)가 상하 내외로 합심하여 자강(自彊)하고 운행하니, 천도(天道)가 자연스레 운행하는 상이다. 즉, 하늘이 운행하여 사계절을 만들고 백물(百物)을 완성하는 천진(天眞) 묘용(妙用)을 무망이라 한다 • '천명(天命)'인, '타고난 천성(天性) 그대로'라는 뜻이니, 천리(天理)에 순응하는 성실한 행동이라고 풀이한다 • 천성 그대로인 성실한 마음으로 행동하는 것이 무망이니, 무욕이고 정직한 행동이라는 뜻 • 부정직하거나 욕심대로 움직이면 의외로 재난에 걸린다는 뜻 • 인과응보에 몽매하다는 뜻 • 허망한 희망사항이 많다는 뜻 • 이전에 스스로 허망한 짓을 저질러서, 이후에 의외로 재난을 당한다는 뜻 • 날벼락을 맞는 경우처럼, 의외의 재앙이라는 뜻 • 박명(薄命)하여 뜻밖의 재난을 만난다는 뜻이 있다.

산천대축
山天大畜

_{대 축} _{이 정} _{불 가 식} _길 _{이 섭 대 천}
大畜은 利貞하니 不家食하야 吉하고 利涉大川하니라

_{유 려} _{이 이}
初九는 有厲이리니 利已니라

_{여 탈 복}
九二는 輿說輹이로다

_{양 마 축} _{이 간 정} _{왈 한 여 위} _{이 유 유}
九三은 良馬逐이니 利艱貞하니 曰閑輿衛면 利有攸

_왕
往하리라

_{동 우 지 곡} _{원 길}
六四는 童牛之牿이니 元吉하니라

_{분 시 지 아} _길
六五는 豶豕之牙이니 吉하니라

_{하 천 지 구} _형
上九는 何天之衢오 亨하니라

210

大畜. 利貞 ○ 不家食 ○ 吉 ○ 利涉大川
<small>대축 이정 불가식 길 이섭대천</small>

대축(大畜)은, 이롭다는 점이다. 집에서 먹지 않고 바깥에서 먹는다. 길하다. 대천을 건너가면 이롭다.

[풀이] 대축(大畜)은 양대(陽大)가 양강을 장기간 축양(畜養)한다는 뜻이니, 억제하고, 다스리고, 기르고, 모으고, 쌓아 두는 장면이다. 성과가 나오려면 제법 기다려야 한다. 〈백서주역〉에는 괘명이 '泰蓄'(태축)으로 되어 있다.

象曰 大畜은 剛健코 篤實코 輝光하여 日新其德이니 剛上而尚賢
<small>대축 강건 독실 휘광 일신기덕 강상이상현</small>
하고 能止健이 大正也라 不家食吉은 養賢也요 利涉大川은 應乎
<small>능지건 대정야 불가식길 양현야 이섭대천 응호</small>
天也라.
<small>천야</small>

단(象)에 이르기를, 대축(大畜)은 강건(剛健)하고 독실(篤實)하고 빛나서 날로 그 덕을 새롭게 함이니, 강(剛)이 위로 올라가니 어진 사람을 높이고, 능히 강건함에 머물게 하니, 크게 바른 것이다. '집에서 먹지 않는 것이 길하다' 함은, 어진 사람을 양성(養成)하기 때문이요, '큰 내를 건너는 것이 이롭다' 함은 하늘에 응함이다.

[풀이] 소축(小畜)은 음유(陰柔)가 ☰陽 양강(陽剛)을 축양하는데, 대축은 양대가 ☰陽 양강을 축양한다. 하괘인 ☰陽을 축양하는 자는 상괘인 손(巽)인 음유(陰柔)이거나, 간(艮)인 양강이다. 소축과 대축의 차이는 양진(陽進)을 견제하는 기간의 장단에 있다.

象曰 天在山中이 大畜이니 君子以하야 多識前言往行하야 以畜
<small>천재산중 대축 군자이 다식전언왕행 이축</small>
其德하나니라.
<small>기덕</small>

하늘이 산 가운데 있는 것이 대축(大畜)이다. 군자는 이것을 본받아

서, 전언(前言)과 왕행(往行)을 많이 알아서 그 학덕(學德)을 축적(蓄積)한다.

• 〈古易斷時言〉의 점단
강정(剛情)으로 오판(誤判)하지 말고 조심하라. 보통사람은 놀기 좋아하여 흥하게 되기 쉽다. 주소나 직장에 변동이 생기고, 숙변(宿便)이나 체화(滯貨)로 장애가 있어 동작이 둔한 때다. 또 남녀관계를 조심하라.

初九 有厲·利已
위태로움이 있다. 그만두는 것이 이롭다.

[풀이] 三陽의 급진(急進)을 우려하고 있다. 상응하는 六四가 제지(制止)하고 있다.

象曰 有厲利已는 不犯災也라.
상(象)에 이르기를, '위험이 있으니 그치는 것이 이롭다'는 재앙을 범하지 않음이다.

• 〈古易斷時言〉의 점단
보통은 현상유지하라. 추진하거나 추구하면 이익이 없고 손해 보기 쉽다.

九二 輿說輹
수레의 바퀴통이 빠진다.

[풀이] 三陽의 전진을 전차(戰車) 수레에 비유하고 있다. 중위(中位)를 차지하므로 스스로 자제(自制)하는 능력이 있으므로 무탈하다.

象曰 輿説輹^{여 탈 복}은 中^중이라 无尤也^{무 우 야}라.

상(象)에 이르기를, '수레의 바퀴통이 빠진다'는 것은, 중(中)에 자리하여 잘못이 없음이다.

• 〈古易斷時言〉의 점단

2효를 만나면, 현상유지하고 만사에 분수에 맞게 희망하는 것이 이롭다.

九三 良馬逐^{양 마 축}. 利艱貞^{이 간 정}. 日閑輿衛^{왈 한 여 위}. 利有攸往^{이 유 유 왕}

양마(良馬)가 힘차게 달린다. 간난(艱難)에는 이롭다. 매일 전차(戰車)의 마부와 전투병들을 훈련시키게 한다. 갈 곳이 있으면 이롭다.

[풀이] 三陽의 최전방(最前方)이니, 전차와 말이 같이 등장한다.

象曰 利有攸往^{이 유 유 왕}은 上^상이 合志也^{합 지 야}일세라.

상(象)에 이르기를, '갈 바가 있어 이롭다'는 것은 상(上)과 뜻이 합(合)하기 때문이다.

• 〈古易斷時言〉의 점단

3효를 만나면, 조용히 추진하면 가능하지만, 조급하게 추진하면 절반 정도 진행하다가 실패한다.

六四 童牛之牿^{동 우 지 곡} ○ 元吉^{원 길}

송아지 뿔에 나무를 걸친다. 원길(元吉)하다.

[풀이] 初九의 맹진(猛進)을 사전에 제지하는 조치이므로, 원길이다.

象曰 六四元吉_은 有喜也_라.
象曰 六四元吉은 有喜也라.

상(象)에 이르기를, '六四의 크게 길함'은 기쁨이 있다.

• 〈古易斷時言〉의 점단

보통사람은 화정(和正)한 사람을 도와서 길하게 되고 소사는 성취된다.
대사는 성공할 듯하지만 실패하니 추진하지 마라.

六五 豶豕之牙 ○ 吉

거세(去勢)된 돼지의 어금니이다. 길하다.

[풀이] 九二의 맹진을 대비하여 미리 거세한다.

象曰 六五之吉은 有慶也라.

상(象)에 이르기를, '六五의 길(吉)'은 경사(慶事)가 있다.

• 〈古易斷時言〉의 점단

5효를 만나면, 선인(善人)을 가까이해야 성공하고, 악인(惡人)을 가까
이하면 실패한다. 보통사람은 성공하지 못하거나 혹은 여자문제로 재
앙이 있다.

上九 何天之衢 ○ 亨

하늘의 네거리를 짊어진다. 형통한다.

[풀이] 何(하)는 荷(하)와 같이 사용했다. 三陽을 축양(畜養)한 성과가 上九에
서 빛난다.

象曰 何天之衢는 道大行也라.

상(象)에 이르기를, '하늘의 네거리를 짊어진다'란, 도(道)가 크게 행함이다.

• 〈古易斷時言〉의 점단

상효를 만나면, 대체로 일이 풀리는 시절이다. 교만하고 사치스러운 사람은 여자문제로 고생한다. 출산은 편안하고, 병은 불안하여 병세가 급변(急變)한다.

괘상풀이

대(大)는 양대(陽大)이고 축(畜)은 억제하고, 다스리고, 기르고, 모으고, 쌓아 둔다는 뜻이니, 대축(大畜)은 크게 또는 장기간 비축(備蓄)하는 시절로, 구체적으로 억제하고 다스리고 기르고 모으고 쌓아 두는 시절이다 • 건(乾)의 전진을 간(艮)의 제지가 억제하고 그치게 하는 상으로, 강강(剛强)하게 망진(妄進)하는 무리를 국가에서 법제를 만들어 제지한다는 뜻인데, 간산(艮山) 군주가 신하들을 제지함은 그 억제력이 강력하고 장기적이므로 대축이라 한다.

• 국정(國政)에서 六五의 임금과 六四의 대신이 뜻을 합쳐 아래 신민(臣民)들이 강강(剛强)하게 예진(銳進)하는 것을 제지한다는 뜻이니, 六四의 대신 1인이 상하를 모두 제지하는 풍천소축(風天小畜) 괘와 구별된다 • 건(乾)의 강건(剛健) 위에 간(艮)의 독실을 쌓아가는 상으로, 매일 학덕(學德)과 기력(氣力)을 길러 일취(日就)하고, 큰 뜻을 키우는 상 • 다문(多聞) · 박식(博識) · 재부(財富)의 뜻 • 안으로는 기량을 쌓고 밖으로는 독실한 품위를 지키는 인물 • 학덕과 기력을 길렀으니 시절이 이르면 소원을 이룬다는 뜻 • 상대방이 거부하니 정지되고 다툰다는 뜻 • 무리가 법령(法令)을 어겨서 재앙을 만난다는 뜻이 있다.

산뢰이
山雷頤

頤_는 貞_{하면} 吉_{하니} 觀頤_{하며} 自求口實_{이니라}

初九_는 舍爾靈龜_{하고} 觀我_{하야} 朵頤_니 凶_{하니라}

六二_는 顚頤_면 拂經_{이요} 于丘頤_면 征_{하야} 凶_{하리라}

六三_은 拂頤_면 貞_{이라도} 凶_{하야} 十年勿用_{이라} 无攸利_{하니라}

六四_는 顚頤_나 吉_{하니} 虎視耽耽_{하며} 其欲逐逐_{하면} 无咎_{이리라}

六五_는 拂經_{이나} 居貞_{하면} 吉_{하려니와} 不可涉大川_{이니라}

上九_는 由頤_니 厲_{하면} 吉_{하니} 利涉大川_{하니라}

^이 ^{정길} ^{관이} ^{자구구실}
頤. 貞吉 ○ 觀頤 · 自求口實

이(頤)는, 점이 길하다. 입을 보고 스스로 음식물을 구한다.

[풀이] 이(頤)는 치아(齒牙)와 치조골(齒槽骨)을 형상(形象)하여 입의 모습을 상징한 괘다. 입 주위를 이(頤)라고 한다. 上九는 윗잇몸이고, 初九는 아랫잇몸이며, 5효와 4효는 윗니이고, 3효와 2효는 아랫니다. 입에 들어가는 것은 음식이니, 사람을 양육(養育)하는 상황이다.

^{이정길} ^{양정즉길야} ^{관이} ^{관기소양야} ^{자구구실}
象曰 頤貞吉은 養正則吉也니 觀頤는 觀其所養也요 自求口實은
^{관기자양야} ^{천지} ^{양만물} ^{성인} ^{양현} ^{이급만민}
觀其自養也라 天地가 養萬物하며 聖人이 養賢하야 以及萬民하나니
^{이지시대의재}
頤之時大矣哉라.

단(象)에 이르기를, '이(頤)는 점이 길하다' 함은, 바른 것을 양성(養成)하면 길함이고, '입을 본다' 함은, 그 양성하는 것을 봄이요, '스스로 먹이를 구한다' 함은, 그 스스로 기르는 것을 봄이라. 천지(天地)는 만물을 기르며, 성인(聖人)이 현자(賢者)를 길러 만민에게 미치게 하나니, 이(頤)의 시(時)가 크도다!

[풀이] 천지가 만물을 키우듯, 성인은 현자를 키우는 것이 임무(任務)이다. 初九 아랫니와 上九 윗니가 주역(主役)이다.

^{산하유뢰} ^이 ^{군자이} ^{신언어} ^{절음식}
象曰 山下有雷가 頤니 君子以하야 愼言語하며 節飲食하나니라.

상(象)에 이르기를, 산 밑에 천둥이 있는 것이 이(頤)이다. 군자는 이것을 본받아, 말을 삼가고 음식을 절제한다.

[풀이] 입으로 들어가는 것은 음식(飲食)이고, 입에서 나오는 것은 언어(言語)이니, 입의 공덕이 크지만, 폐해도 지대하다.

• **〈古易斷時言〉의 점단**

보통사람은 백사(百事)가 불통(不通)한다. 정도(正道)로 현상유지를 하면 점차 길하게 되어 늦게라도 성사한다. 정도를 잃으면 뜻밖의 재앙이 있다. 상하가 친목(親睦)·화순(和順)하면 길하게 되고, 자기 고집으로 혼자 추진하면 흉하다.

初九 舍爾靈龜·觀我朶頤 ○ 凶
<small>사 이 영 귀　관 아 타 이　　흉</small>

너의 영험스런 거북이를 버리고, 나를 보고 입을 벌린다. 흉하다.

[풀이] 양실(陽實)이 음허(陰虛)를 양육하는 것이 이(頤)괘의 내용이다. 너는 初九고, 나는 2효에서 5효까지 있는 四陰이다.

象曰 觀我朶頤하니 亦不足貴也로다.
<small>관 아 타 이　　역 부 족 귀 야</small>

상(象)에 이르기를, '나를 보고 입을 벌린다'란 또한 귀(貴)히 여길 것이 못됨이다.

• **〈古易斷時言〉의 점단**

보통은 윗사람을 위한 일이나 도덕을 닦는 일은 성사한다. 이욕(利慾)에 관한 일은 흉하다.

六二 顚頤·拂經 ○ 于丘頤·征凶
<small>전 이　불 경　　우 구 이　정 흉</small>

거꾸로 기른다. 도리에 어긋난다. 언덕에서 기르면 정벌(征伐)함이 흉하다.

[풀이] 六二는 初九가 길러 주니, '거꾸로 기른다'. 세상의 도리에 어긋난다. 상응하는 六五를 찾아가면 동류(同類)인지라 길러 주지 못한다.

218

象曰 六二征凶은 行이 失類也라.
상(象)에 이르기를, '六二에 정벌함에 흉하다'란 행동이 바른 종류(種類)를 잃었음이다.

• 〈古易斷時言〉의 점단
2효를 만나면, 소인은 길조이고 대인은 흉조이다. 자기의 소원은 불성하고, 노력하면 장차 성사된다.

六三 拂頤 · 貞凶 ○ 十年勿用 · 无攸利
이양(頤養)의 도리에 어긋난다. 점이 흉하다. 10년 동안 쓰지 마라. 이로운 것이 없다.

[풀이] 내괘는 初九가 기르고, 외괘는 上九가 담당이다. 그러나 上九와 정응(正應)하여 初九를 버리니, '이양의 도리에 어긋난다'.

象曰 十年勿用은 道大悖也라.
상(象)에 이르기를, '10년 동안 쓰지 마라'는 것은 도리에 크게 어긋났음이다.

• 〈古易斷時言〉의 점단
3효를 만나면, 이익만 추구하고 조심을 안 하면, 얻었던 물건을 다시 잃게 된다.

六四 顛頤^{전 이}・吉^길 ○ 虎視耽耽^{호 시 탐 탐}・其欲逐逐^{기 욕 축 축}・无咎^{무 구}

거꾸로 기른다. 길하다. 호시탐탐(虎視耽耽) 엿보면서 노리니, 그 욕구(欲求)를 쫓아가면 무탈하다.

[풀이] 初九와 정응하니 거꾸로 기른다. 初九가 호시탐탐 노리니, 六四가 그 욕구를 따라간다.

象曰 顛頤之吉^{전 이 지 길}은 上施光也^{상 시 광 야}일세니라.

상(象)에 이르기를, '거꾸로 길러서 길하다'는 상(上)의 베풂이 빛나기 때문이다.

• 〈古易斷時言〉의 점단

보통은 화정(和正)하고, 또 선인(善人)을 따르면서 사람들과 협력하면 이롭게 된다. 허망한 생각을 조심하라.

六五 拂經^{불 경} ○ 居貞吉^{거 정 길} ○ 不可涉大川^{불 가 섭 대 천}

도리(道理)에 어긋난다. 거주점(居住占)은 길하다. 대천(大川)을 건너가는 것은 불가하다.

象曰 居貞之吉^{거 정 지 길}은 順以從上也^{순 이 종 상 야}일세라.

상(象)에 이르기를, '거주점은 길하다'는 순순히 상(上)을 따르는 것이다.

• 〈古易斷時言〉의 점단

5효를 만나면, 자기를 믿지 말고 현명한 사람을 따라가면 좋다. 자기 생각대로 하면 실패한다.

220

上九 由頤^{유 이}·厲^여·吉^길 ○ 利涉大川^{이 섭 대 천}

말미암아 기른다. 위태(危殆)하나 길하다. 대천을 건너가면 이롭다.

[풀이] 길러 주는 자는 初九와 上九라는 2개의 양실(陽實)이다.

象曰 由頤厲吉^{유 이 려 길}은 大有慶也^{대 유 경 야}라.

상(象)에 이르기를, '말미암아 기르니 위태하지만 길하다'란 경사(慶事)가 크게 있음이다.

• 〈古易斷時言〉의 점단

상효를 만나면, 재덕(才德)이 있으면 길하니, 일도 성공하고 사람도 사귈 수 있다. 보통사람은 백사(百事)가 일단 막혔다가 재삼(再三) 노력해야만 성사된다. 병은 위험. 출산은 평안.

이(頤)는 치아와 치조골(齒槽骨)을 형상하여 입의 모습을 상징한 괘로, 치조(齒槽)인 간지(艮止) 상악(上顎)과 진동(震動)하는 하악(下顎)으로 구성된다 • 괘체를 보면, 외실(外實)하고 내공(內空)하여 입의 모습이다. 즉, 上九의 一陽이 상악골(上顎骨)이고, 5효와 4효가 윗니[上齒]이고, 다시 初九의 一陽이 하악골(下顎骨)이고, 2효와 3효가 아랫니[下齒]이다 • 입[口]의 공덕(功德)을 보면, 언어는 입에서 나와서 의사(意思)를 표현하고, 음식은 입으로 들어가 몸을 길러 보존한다. 이것은 이양(頤養)의 뜻이 있다 • 효사는 상위에서 하위를 양육하는 도리를 설명한다.

• 산업·가업·생계의 뜻 • 사람과 대화하면서 일을 도모하면 능히 성취할 수 있다는 뜻 • 장남(長男)과 소남(少男)이 각각 맡은 바 일을 담당한다는 뜻

● 장남과 소남이 마음을 합쳐 사무를 처리한다는 뜻 ● 아버지가 명령하면, 아들들이 그것을 받들어 처리한다는 뜻 ● 재능과 독실을 겸비한 사람 ● 재물을 서로 출연(出捐)해 희망을 달성한다는 뜻 ● 후진(後陣)을 양성하는 상 ● 서로 마주보고 팽팽하게 이권(利權)을 다투는 상이 있다 ● 대괘로 보면, 대리(大離)의 사괘(似卦)다. 대괘의 사괘(似卦)는 이괘(頤卦)가 사대리(似大離)고 대과(大過)괘가 사대감(似大坎)이다. 나머지 4개의 사대괘(似大卦)는 이론상은 가능하지만 의미가 상이하여 거의 활용하지 않는다.

택풍대과
澤風大過

大過^{대 과}는 棟^동이 橈^요이니 利有攸往^{이 유 유 왕}하야 亨^형하니라

初六^{초육}은 藉用白茅^{자 용 백 모}이니 无咎^{무 구}하니라

九二^{구이}는 枯楊^{고 양}이 生稊^{생 제}하며 老夫^{노 부}이 得其女妻^{득 기 여 처}이니 无不^{무 불}利^리하니라

九三^{구삼}은 棟^동이 橈^요이니 凶^흉하니라

九四^{구사}는 棟^동이 隆^륭이니 吉^길커니와 有它^{유 타}이면 吝^인하리라

九五^{구오}는 枯楊^{고 양}이 生華^{생 화}하며 老婦^{노 부}이 得其士夫^{득 기 사 부}이니 无咎^{무 구}이나 无譽^{무 예}리라

上六^{상육}은 過涉滅頂^{과 섭 멸 정}이라 凶^흉하니 无咎^{무 구}하니라

大過. 棟橈 ○ 利有攸往 ○ 亨
대과(大過)는, 대들보가 아래로 휜다. 갈 곳이 있으면 이롭다. 형통한다.

[풀이] 대과(大過)는 대양(大陽)이 지나치게 많다[過多]는 상이다. 또 '크게 잘못되었다'는 뜻도 있다. 통설은 공자의 〈단전〉을 본받아서, 흉한 뜻으로 본다. 그러나 〈백서주역〉에는 괘명이 '泰過'(태과)로 되어 있고, 또 괘사에는 '동요'(棟橈) 대신에 '동륭'(棟隆), 즉 "대들보가 위로 휜다"라고 되어 있으니 참고하기 바란다.

象曰 大過는 大者過也라 棟橈는 本末이 弱也라 剛過而中하고 巽而説行이니 利有攸往하여 乃亨하니 大過之時 大矣哉라.
단(象)에 이르기를, 대과(大過)는 양대(陽大)가 과(過)한 것이다. '대들보가 아래로 휜다'는, 근본(根本)과 지말(枝末)이 약함이다. 강(剛)이 지나치나 중(中)에 있고, 순종하되 기쁘게 행하니, '가는 곳이 있으면 이롭고, 이에 형통한다'. 대과(大過)의 시(時)가 크도다.

[풀이] 동요(棟橈)를 강조하여 근본과 지말이 약하다고 한다.

象曰 澤滅木이 大過니 君子以하야 獨立不懼하며 遯世无悶하나니라.
상(象)에 이르기를, 연못이 나무를 침멸(沈滅)시키는 것이 대과(大過)이다. 군자는 이것을 본받아서, 홀로 있어도 두려워하지 않고, 세상을 피해 가더라도 걱정하지 않는다.

[풀이] 양대(陽大)가 과다(過多)하니 조열(燥熱)한 시절이라서 물을 찾는데, 범람이나 침멸을 조심해야 한다.

224

비상(非常)한 변란(變亂)을 예방하라. 만사에 계산착오를 조심하고,
무리하고 경솔하게 추진하지 마라. 정도(正道)와 강정(剛情)을 지키도
록 하라. 병은 조심하고 예방하라.

初六 藉用白茅 ○ 无咎
<small>자 용 백 모　　무 구</small>

흰 띠풀로 만든 자리를 깐다. 무탈하다.

[풀이] 흰 띠풀은 깨끗하고 소박하여 주로 제사(祭祀)에서 사용한다.

象曰 藉用白茅는 柔在下也라.
<small>자 용 백 모　　유 재 하 야</small>

상(象)에 이르기를, '흰 띠풀을 깔고 앉는다'는 것은 유(柔)가 아래에
있음이다.

보통사람은 다사다난(多事多難)하다. 서류나 도장으로 피해를 볼 염려
가 있다. 독실(篤實)하게 화정(和正)으로 조용히 일을 추진하라. 스스
로 재앙을 받는다는 뜻이 있다.

九二 枯楊生稊 ○ 老夫得其女妻 ○ 无不利
<small>고 양 생 제　　노 부 득 기 녀 처　　무 불 리</small>

마른 버드나무에 새 뿌리가 난다. 늙은 남자가 젊은 처를 얻는다. 불
리할 것이 없다.

[풀이] 九二 노부(老夫)가 친비(親比)하는 初六 처녀와 짝을 맞춘다.

象曰 老夫女妻는 過以相與也라.

象曰 老夫女妻는 過以相與也라.
상(象)에 이르기를, '늙은 남편과 젊은 아내'는 지나치지만 서로 만났음이다.

• 〈古易斷時言〉의 점단
2효를 만나면, 삼가고 만사에 화조(和調)하라. 소사는 길조. 단, 남녀문제는 조심.

九三 棟橈 ○ 凶
대들보가 아래로 휜다. 흉하다.

[풀이] 양(陽)이 양위(陽位)에 있으니 조급하므로 상응하는 上六을 급하게 찾아 도움을 청하고자 하나, 당장에 힘이 부쳐 기다리지 못하는 상황이다.

象曰 棟橈之凶은 不可以有輔也일세라.
상(象)에 이르기를, '대들보가 아래로 휘어졌으니 흉하다' 함은, 가히 도와서 바로잡지 못함이다.

• 〈古易斷時言〉의 점단
3효를 만나면, 백사(百事)를 이루기 어렵고, 스스로 파산(破産)하게 되리라. 두려워하고 삼감으로써 재앙을 모면하도록 하라.

九四 棟隆 ○ 吉 ○ 有它・吝
대들보가 힘차게 위로 휜다. 길하다. 뜻밖의 사고(事故)가 생기면 어렵다.

226

[풀이] 양(陽)이 음위(陰位)에 있고, 아래로 初六과 상응하니, 느긋하면서도 힘찬 모습이다.

象曰 棟隆之吉은 不橈乎下也일세라.
상(象)에 이르기를, '대들보가 위로 휘니 길하다' 함은, 아래로는 굽어지지 않음이다.

• 〈古易斷時言〉의 점단

보통은 만사에 옛것을 지키고 방침을 바꾸지 마라. 평상(平常)의 소사는 통용되리라. 타인과 같이 하는 것이 이롭고, 혼자만 사익(私益)을 구하는 것은 방해가 있으며, 재리(財利)는 불성한다. 소송은 흉, 혼인은 불리하다.

九五 枯楊生華 ○ 老婦得其士夫 ○ 无咎无譽
마른 버드나무에 꽃이 핀다. 늙은 여자가 젊은 남편을 얻는다. 허물도 없고 명예(名譽)도 없다.

[풀이] 九五인 사부(士夫)가 上六인 노부(老婦)와 친비(親比)하여 짝을 맞춘다.

象曰 枯楊生華가 何可久也며 老婦士夫는 亦可醜也로다.
상(象)에 이르기를, '마른 버드나무에 꽃이 피니', 어찌 오래가겠는가. '늙은 부인이 젊은 남편을 얻으니' 역시 부끄러운 일이다.

• 〈**古易斷時言**〉의 점단

5효를 만나면, 정고(正固) 하면 흉사가 없다. 가족, 친척, 친구가 있어도 도움을 얻을 수 없다. 스스로 부정하면 쇠퇴와 재앙의 징조. 또 일상의 소사는 가하나, 대사나 장기적인 것은 되지 않는다.

上六 過涉滅頂 ○ 凶 ○ 无咎

무리하게 물을 건너다가 머리가 잠긴다. 흉하지만, 무탈하다.

[**풀이**] 양(陽)이 과다하여 조열(燥熱)하다. 물을 과다하게 찾다보니 물이 넘쳐서 범람하고 침사(沈死)한 상황이다.

象曰 過涉之凶은 不可咎也니라.

'무리하게 물을 건너가는 흉'은 (남의) 잘못이 아니다.

• 〈**古易斷時言**〉의 점단

상효를 만나면, 의기(義氣) 있는 사람이 충성과 용기로 뜻이 변하지 않으면 비록 흉할지라도 비난이 없고 행복해질 징조. 그러나 재주 없는 보통사람은 백사(百事) 흉으로 성사가 안 된다. 또 광포(狂暴)·불의(不義)하면 재앙을 받을 것이다.

괘상풀이

대과(大過)는 대양(大陽)이 지나치게[過] 많은 상이다. 또 '크게 잘못되었다'는 뜻도 있다 ● 태열(兌悅)로 손순(巽順)하여 따른다는 뜻이 있으나, 태열의 기쁨은 위로 지나치게 올라가고, 손순의 따름은 아래로 지나치게 내려가므로, 서로 어긋나는 위배의 상이다 ● 양기(陽氣)가 태과하므로 심신(心身)이 조열(燥

228

熱)한 경향이 있다 ● 소녀가 위에 있고 장녀는 아래에 있어, 소녀가 장녀를 무시하는 것이 지나치고 장녀는 겸손이 지나친 형상이니, 크게 잘못되었다는 뜻 ● 손목(巽木)이 못[澤] 중에 잠겨 있는 상으로, 나무가 물속에 오랫동안 잠기면 수목(樹木)이 썩는다는 뜻 ● 과실이나 손실이 크다는 뜻 ● 시간적으로 크게 연기된다는 뜻 ● 공간적으로 사업규모가 분수에 넘쳐 감당하기 어렵다는 뜻이다.

● 가운데 있는 四陽은 지나치게 강력한데, 상하의 二陰은 지나치게 허약해 균형이 크게 어그러진 상 ● 사물이 불균형하다는 뜻 ● 음양이 불상응하여 적합하지 않지만, 그것이 도움 되는 일도 있다. 즉, 노인이 젊은 여자를 아내로 맞고, 노파가 젊은 남자와 혼인하는 상은 양기가 유여하기 때문에 가능하다 ● 지출이 많아 현상유지가 어렵다는 뜻 ● 사이가 좋지 않아 서로 등지는 상 ● 몸은 따라가지만 내심으로 서로 등진다는 뜻 ● 만사에 무관심한 상 ● 과도하게 오만하거나, 과도하게 겸양한다는 뜻 ● 가산(家産)이 쇠퇴해 기울어진다는 뜻 ● 지나치게 많이 먹어 과체중이란 뜻 ● 대괘로는 대감(大坎)의 사괘(似卦)이다.

중수감
重水坎

習坎은 有孚하야 維心亨이니 行하면 有尚이리라

初六은 習坎에 入于坎窞이니 凶하니라

九二는 坎에 有險하나 求를 小得하리라

六三은 來之坎坎하야 險且枕하야 入于坎窞이니 勿用
이니라

六四는 樽酒簋요 貳用缶하고 納約自牖이니 終无咎
하리라

九五는 坎不盈이나 祗旣平이니 无咎이리라

上六은 係用徽纆하야 寘于叢棘하야 三歲라도 不得이니
凶하니라

習坎. 有孚 ○ 維心亨 ○ 行有尚

습감(習坎)은, 신뢰할 만하다. 오직 마음은 형통하니, 흘러감에 떳떳함이 있다.

[풀이] 감(坎)이라는 문자는 '땅[土]에 흠(欠)이 있다'는 뜻이다. 괘상은 '물'이고, 괘의는 '빠진다', '험하다'는 뜻이다. 경괘의 주효인 一陽이 二陰의 구덩이에 빠져 있는 상이고, 빠지면 반드시 험난하므로, '구덩이', '빠짐', '험난'이란 뜻이 연결된다. 물의 흘러내리는 성질은 불변(不變)하니 '신뢰할 만하고', 또 물은 내심이 밝고 외부는 어두우니 오직 내심의 양강(陽剛)한 힘에 의하여 흘러갈 수 있다. 물은 흐르는 공능(功能)으로 여러 가지 성과를 이루니, 예컨대 물이 없으면 고체를 응고시킬 수 없다. 〈백서주역〉에는 괘명이 '習贛'(습공)으로 되어 있다.

象日 習坎은 重險也니 水流而不盈하며 行險而不失其信이니 維心亨은 乃以剛中也요 行有尚은 往有功也라 天險은 不可升也요 地險은 山川丘陵也니 王公이 設險하여 以守其國하나니 險之時用이 大矣哉라.

단(象)에 이르기를, 습감(習坎)은 거듭 험한 것이니, 물이 흐르되 모이지 아니하며, 험한 곳을 가더라도 그 신의를 잃지 아니함이니, '오직 마음이 형통함'은 이에 강(剛)이 중(中)에 있음이요, '흘러감에 떳떳함이 있다' 함은, 나아가면 공(功)이 있으리라. 하늘의 험한 것은 가히 올라가지 못함이요, 땅의 험한 것은 산천(山川)과 구릉(丘陵)이니, 왕공(王公)은 험한 것을 설치(設置)해서, 그 나라를 지키나니, 험한 것을 때에 따라 쓰는 시용(時用)이 크도다!

[풀이] 감괘(坎卦)를 난괘의 대표로 보지만, 물은 때와 장소에 따라 활용 범위가 매우 넓으므로, 시용이 크다고 한다.

象曰 水洊至가 習坎이니 君子以하야 常德行하며 習敎事하나니라.
상(象)에 이르기를, 물이 거듭 흘러감이 습감이다. 군자는 이것을 본받아서, 항상 덕행(德行)을 하며 가르치는 일을 익힌다.

[풀이] 습감(習坎)의 '습'(習)은 '중복'(重複)의 뜻이다. 물은 흐르는 것이다. 앞물의 뒤에도 다시 물이 있어야만 앞물이 밀려서 흘러갈 수 있다.

• 〈古易斷時言〉의 점단
정직(正直)하고 재덕(才德)을 갖추면 비록 험난하더라도 후일에 좋아진다. 보통사람이 깊이 조심하면 대흉(大凶)은 면한다. 또 소원은 성취되지 못하고 뜻밖의 재앙이 일어나기 쉬우니 모든 것을 물러나 지키도록 하라. 소인이나 부정직하거나 겁이 없는 사람은 대흉하다.

初六 習坎·入于坎窞 ○ 凶
구덩이가 거듭한다. 험한 구멍에 들어간다. 흉하다.

[풀이] 구덩이에 깊이 들어가면, 지중(地中)에 흐르는 물이니, 지하수인 수맥(水脈)이다. 수맥이 지나가면 흉하다.

象曰 習坎入坎은 失道라 凶也라.
상(象)에 이르기를, '구덩이가 거듭하고, 험한 데 들어감'은 정도(正道)를 잃어 흉하다.

• **〈古易斷時言〉의 점단**

보통은 백사불성(百事不成) 하나 충효(忠孝)에 관한 일은 성공한다. 대체로 스스로 정도(正道)를 벗어나서 흉을 자초하는 경우가 많다.

九二 坎有險 · 求小得
_{감 유 험}　_{구 소 득}

구덩이에 험난이 있지만, 구하면 조금 얻는다.

[풀이] 물은 구멍에 빠지는 것이고, 양(陽)이 음(陰) 가운데 빠졌다.

象曰 求小得은 未出中也일세라.
_{구 소 득}　_{미 출 중 야}

상(象)에 이르기를, '구하면 조금 얻는다'는 험한 가운데서 아직 나오지 못했다.

• **〈古易斷時言〉의 점단**

2효를 만나면, 정직하면 소사는 성취한다. 보통사람은 운세가 막힌다.

六三 來之坎坎 · 險且枕 ○ 入于坎窞 · 勿用
_{내 지 감 감}　_{험 차 침}　_{입 우 감 담}　_{물 용}

오나가나 모두 구덩이니, 험난하고 물이 깊다. 구덩이에 들어가서 빠졌다. 쓰지 마라.

[풀이] 내괘로 오거나 외괘로 가거나 모두 감수(坎水)뿐이니, 험난하다. 그래서 난괘에 해당한다.

象曰 來之坎坎은 終无功也리라.
_{내 지 감 감}　_{종 무 공 야}

상(象)에 이르기를, '오나가나 모두 구덩이뿐'인 것은 끝내 공(功)이 없다.

• 〈**古易斷時言**〉의 점단
3효를 만나면, 백사 불리하니 현상을 유지하고, 만사에 조심하라.

　　　　　　준 주　　궤 이　　용 부　　　납 약 자 유　　　종 무 구
　六四 樽酒 · 簋貳 · 用缶 ○ 納約自牖 ○ 終无咎
나무술잔과 대밥그릇을 밑이 납작한 질그릇에 넣는다. 창문으로 넣어준다. 끝내 무탈하다.

[풀이]　六四가 九五와 친비(親比)하니, 지하감옥(地下監獄)인 수옥(水獄)에 갇힌 죄수에게 창문을 통해 음식을 주는 상황이다.

　　　　　준 주 궤 이　　　강 유 제 야
　象曰 樽酒簋貳는 **剛柔際也**일세라.
상(象)에 이르기를, '나무잔과 대그릇'은 강(剛)과 유(柔)가 사귀는 것이다.

[풀이]　주희는 貳(이)자가 필요 없다고 본다. 강(剛)과 유(柔)가 사귀는 것은 六四와 九五의 친비(親比)를 말한다.

• 〈**古易斷時言**〉의 점단
보통은 성실하면 처음에는 어려우나 마침내 성공한다. 고생 끝에 낙(樂)이 오지만 유약하거나 부정한 사람은 곤궁에 빠진다.

　　　　　감 불 영　　　지 기 평　　　무 구
　九五 坎不盈 · 祗旣平 ○ 无咎
구덩이가 가득 차지 않는다. 거의 평평하다. 무탈하다.

[풀이]　강물이 하구(河口)에 이르면 평평하여 영허(盈虛)가 없다.

234

象曰 坎不盈은 中이 未大也라.
_{감 불 영　　중　　미 대 야}

상(象)에 이르기를, '구덩이가 물이 안 찬다'는 중덕(中德)이 크지 않음이다.

[풀이] 강 하구를 본 사람은 자존망대(自尊妄大)하지 않는다.

• 〈古易斷時言〉의 점단
5효를 만나면, 재능이 있으면 성공하지만, 보통사람은 실패한다.

上六 係用徽纆·寘于叢棘·三歲不得. 凶
_{계 용 휘 묵　　치 우 총 극　　삼 세 부 득　　흉}

검은 밧줄로 묶이어, 감옥에 갇힌다. 3년 동안 벗어나지 못한다. 흉하다.

[풀이] 六四와 上六은 모두 감옥에 갇힌 상황이니, 난괘(難卦) 중의 난효(難爻)다. 고대(古代)에는 형기(刑期)의 최소 단위가 3년이었다.

象曰 上六失道는 凶三歲也라.
_{상 육 실 도　　흉 삼 세 야}

상(象)에 이르기를, 上六이 도(道)를 잃어서, 3년 동안이나 흉하다.

• 〈古易斷時言〉의 점단
상효를 만나면, 손재(損財) 또는 관재(官災)나 사망(死亡)의 징조가 있다. 또 남의 일로 고생이 많고, 편안하던 사람은 장차 고생한다. 지금 곤궁한 사람은 조심하면 액을 면하고 편안한 쪽으로 나갈 수 있다.

감(坎)은 원래 경괘인 소성괘(小成卦)의 괘명이다. 감수(坎水)가 상하로 거듭한 중수(重水)괘인 별괘는 특별히 중복(重複)을 강조하는 습(習)자를 붙여서 습감(習坎)이라고 하였다. 감(坎)이라는 문자는 '땅에 흠(欠)이 있다'는 뜻이니, 감(坎)은 '빠진다', '험하다'는 뜻이다. 주효인 一陽이 二陰의 구덩이에 빠져 있는 상이다. 구덩이가 있으니 빠지고, 빠지면 반드시 험난하니, '구덩이', '빠짐', '험난'이라는 뜻이 있다 ● 구덩이가 있으면 물이 흘러서 고이므로 감(坎)의 괘상은 '물'이다.

● 무릇 별괘 64괘 중에서 '험난'을 대표하는 난괘는, 준(屯)·건(蹇)·곤(困)의 3괘인데, 이 습감(習坎)은 이 셋을 하나로 합친 정도로 험난이 지극한 괘라고 해석한다 ● 흉해(凶害)가 극심하다는 뜻 ● 물에 빠지거나, 아래로 빠져서 험한 꼴을 본다는 뜻 ● 함락당한다는 뜻 ● 해악(害惡)을 만난다는 뜻 ● 두 사람이 함께 어려움에 처한 상 ● 군신(君臣)이 화합하지 못하면 함께 어려움에 처한다는 뜻 ● 일가(一家)의 세력이 나뉘어 다스리기 어렵다는 뜻 ● 원한에 깊게 집착한다는 뜻 ● 마음의 병이 깊다는 뜻 ● 욕심이 많은 사람 ● 간계(奸計)를 교묘하게 잘 꾸며대는 간곡(奸曲)한 사지(邪智)의 인물 ● 우매(愚昧)·복장(伏藏)·절도(竊盜)의 뜻 ● 고생이 거듭되거나 겹치는 상이다.

● 성실하고 인애(仁愛)가 있으며 순진한 사람은 신명(神明)에게 기도하면 감응한다는 뜻 ● 믿음과 성실을 마음속에 지니고 수도(修道)하면 만복(萬福)의 주인이 되고, 도(道)를 잃으면 만해(萬害)의 주인이 된다는 뜻 ● 택지췌(澤地萃) 괘로 변화시키면, 두 가지 어려움을 하나로 합하면서 어려움을 해결할 수도 있는 상 ● 팔괘방위가 정북방이니, 시간적이나 공간적으로 보면 '자'(子)의 위치에 해당한다 ● 오행으로 보면 임계(壬癸)·해자(亥子)·간지(干支)에 해당한다 ● 겨울의 괘 ● 1과 6의 수·흑색·짠맛 ● 사람의 신체에서는 귀·피[血]·신장 ● 병은 설사·신장염·혈담·부종·알코올중독 등이다.

중화리
重火离

離_는 利貞^{이정}하니 亨^형하니 畜牝牛^{흑빈우}하면 吉^길하리라

初九_는 履^이이 錯然^{착연}하니 敬之^{경지}면 无咎^{무구}이리라

六二_는 黃離^{황리}니 元吉^{원길}이리라

九三_은 日昃之離^{일측지리}니 不鼓缶而歌^{불고부이가}이면 則大耋之嗟^{즉대질지차}이라 凶^흉하리라

九四_는 突如其來如^{돌여기래여}이니 焚如^{분여}이며 死如^{사여}이며 棄如^{기여}이니라

六五_는 出涕沱若^{출체타약}하며 戚嗟若^{척차약}이면 吉^길하리라

上九_는 王用出征^{왕용출정}하야 有嘉折首^{유가절수}이요 獲匪其醜^{획비기추}니 无咎^{무구}이리라

離. 利貞 ○ 亨 ○ 畜牝牛吉
이(離)는, 이롭다는 점이다. 형통한다. 암소를 기르면 길하다.

[풀이] 이(离)의 괘상은 '불'이니, 여(麗)로서 '붙는다', '빛난다'는 뜻이다. 〈백서주역〉에는 괘명이 '羅'(라)로 되어 있다.

象曰 離는 麗也니 日月이 麗乎天하며 百穀草木이 麗乎土하니 重明으로 以麗乎正하여 乃化成天下하나니라 柔麗乎中正故로 亨하니 是以畜牝牛吉也라.

단(象)에 이르기를, 이(離)는 붙음이니 일월(日月)이 하늘에 붙으며, 백곡(百穀)과 초목(草木)이 땅에 붙어 있으니, 거듭 밝음으로 정도(正道)에 붙어서 천하(天下)를 교화(敎化)하여 이룬다. 유(柔)는 중정(中正)에 붙으므로 형통하니, 이로써 '암소를 기르는 것이 길하다'고 한다.

[풀이] 중국에서는 불은 '뜨겁고 위로 타오른다'고 〈상서〉(尙書)에서 설명하는데, 공자는 〈단전〉에서 '불은 붙는다'고 설명한다. 이런 표현은 원래 우리 동이족(東夷族)이 상용하는 것이다. 탈 물건이 있어야 불이 '붙어서' 계속 탈 수 있기 때문이다.

象曰 明兩이 作離하니 大人이 以하야 繼明하야 照于四方하나니라.
밝음 2개가 이(離) 괘가 된다. 대인은 이것을 본받아, 밝음을 계속 이어서 사방(四方)을 비춘다.

[풀이] 불이 존재하려 하면 앞불과 뒷불이 계속 연속하여야 하므로, '밝음 2개'라고 한다.

238

• 〈**古易斷時言**〉의 점단

일상의 일은 이롭고, 오래된 것은 중간에서 변화하니 손재(損財)를 주
의하라. 만사 화순(和順)으로 타인과 함께 하라. 성급하게 자기 생각대
로 일하지 마라. 병점은 흉.

初九 履錯然 · 敬之 · 无咎

착잡(錯雜)한 광경이 분명하다. 공경(恭敬)하면 무탈하다.

[풀이] 날이 밝으니 착잡한 경계가 분명하게 보인다. 이런 광경을 보고, 공경
하듯이 조심하면 현혹(眩惑)될 일이 없다.

象曰 履錯之敬은 以辟咎也라.

상(象)에 이르기를, '착잡한 광경을 보고, 공경한다'는 허물을 피하
는 것이다.

• 〈**古易斷時言**〉의 점단

강명(剛明)한 재능이 있을지라도 자신이 넘치면 반드시 실패한다. 화
정(和正)으로 타인에게 의뢰(依賴)하는 것이 이롭다. 천천히 추진하
라. 급히 하면, 비록 통할지라도 손재수(損財數)가 있다. 다만 문학,
예술 등은 길조(吉兆). 경솔하면 어렵거나 잘못된다. 병은 흉. 출산은
산월(産月)이면 안(安)이지만 오래되면 불안(不安). 이사는 가하다.
원방(遠方)의 소식은 있다.

六二 黃離 ○ 元吉

노랗게 붙어 있는 태양이다. 원래 길하다.

[풀이] 중정(中正)하며 주효로서, 중천에 있는 태양이다. 불은 전반에 왕성하므로 2효가 불의 공덕(功德)을 나타내는 자리다.

象曰 黃^황離^리元^원吉^길은 得^득中^중道^도也^야라.

상(象)에 이르기를, '노랗게 붙어 있는 태양이 원래 길하다'는 중도(中道)를 얻었음이다.

• 〈古易斷時言〉의 점단
2효를 만나면, 보통사람은 감당하기 어려운 때. 만사 흉은 아니라도 이루기 어렵다. 크게 삼가고 공경하라. 혼인은 불리. 병은 무겁고 위험하다.

九三 日^일昃^측之^지離^리 ○ 不^불鼓^고缶^부而^이歌^가 · 則^즉大^대耋^질之^지嗟^차 · 凶^흉

저녁에 기우는 태양이다. 북 치고 노래하지 않으면 늙은이의 탄식(歎息)이다. 흉하다.

[풀이] 하괘의 끝에 해당하니 석양(夕陽)이다. 초효는 아침이고, 2효는 한낮이고, 3효는 저녁에 해당한다. 일생에 배대하면 노년(老年)이니, 탄식하고 있다. 앞불이 끝나고 있다.

象曰 日^일昃^측之^지離^리가 何^하可^가久^구也^야리오.

상(象)에 이르기를, '저녁에 기우는 태양'이니 어찌 오래가겠는가!

• 〈古易斷時言〉의 점단
3효를 만나면, 삼가고 조심하지 않으면 반드시 지위를 잃고 손해를 당할 징조이니, 미리 쟁론(爭論)이 발생할 것을 막아라. 만사에 파괴될 우려가 있고, 변동의 시절이다.

240

_{돌 여 기 래 여　분 여　사 여　기 여}
九四 突如其來如 · 焚如 · 死如 · 棄如

돌연(突然)히 찾아온다. 불타고, 죽고, 내버린다.

[풀이] 뒷불이 갑자기 생기고, 타다가, 꺼지고, 버려진다.

_{돌 여 기 래 여　무 소 용 야}
象曰 突如其來如는 无所容也니라.

상(象)에 이르기를, '돌연히 찾아온다'는 용납할 곳이 없다.

• 〈古易斷時言〉의 점단

보통은 만사 나아가면 재앙을 만나리라. 가업(家業)이나 일용(日用)의 소사는 삼가면 평안하다. 병은 가볍다고 치료를 잘못하면 무겁게 변하니 조심하라. 출산은 불안. 혼인은 흉.

_{출 체 타 약　척 차 약　길}
六五 出涕沱若 · 戚嗟若 ○ 吉

눈물이 비 오듯 하고, 근심하고 슬퍼한다. 길하다.

[풀이] 군주가 유약(柔弱)하여 정사(政事)에 무능하다. 국사(國事)가 다난(多難)하니 조심하면 길하다고 본다.

_{육 오 지 길　여 왕 공 야}
象曰 六五之吉은 離王公也일세라.

상(象)에 이르기를, '六五의 길(吉)'은 왕공(王公)들에게 붙었기 때문이다.

• 〈古易斷時言〉의 점단

5효를 만나면, 정실(正實)하고 성심(誠心)이 가득하면 성사하리라. 전통을 따르면 가업은 현상유지할 수 있다. 보통사람의 실력과 노력으로

는 소원을 이루기 어렵다. 유약(柔弱) 부정(不正) 하면 길한 것 같은 일
에 유혹되어 간혹 손재(損財) 하고, 혹은 고생하고 슬퍼하게 된다.

上九 王用·出征 ○ 有嘉折首·獲匪其醜 ○ 无咎
왕(王) 이 명(命) 하니, 출정(出征) 한다. 승리하여 괴수(魁首) 를 죽인
다. 적군(敵軍) 을 포로로 잡았다. 무탈하다.

[풀이] 六五의 왕이 명령하니, 上九가 명을 받들어서 적군을 소탕(掃蕩)한다.
上九는 왕보다 나이가 많은 은퇴한 인물이다.

象曰 王用出征은 以正邦也라.
상(象) 에 이르기를, '왕이 출정한다'는 나라를 바로잡는 것이다.

• 〈古易斷時言〉의 점단
상효를 만나면, 보통사람은 백사(百事) 이루기 어려우리라. 혹은 뜻밖
의 재앙이 생기리니 삼가며 예방하라. 현명한 부형(父兄) 이 있는 자는
그 가르침을 따르고, 자신의 지식과 재주로 처리하지 말지어다. 강재(剛
才) 라 할지라도 고덕(高德) 한 지시를 따라 일을 처리하면 성공한다. 힘
있는 권력자로부터 부당한 피해를 받을 수 있으니 미리 예방하라.

이(离)란 '붙는다', '빛난다'는 뜻이다 ● 이(離)는 붙어야만 존재하는 불[火]의 상이다. 불은 표면이 밝으므로 이(離)를 '빛난다'고 한다 ● 주효인 一陰이 二陽의 사이에 붙어서 존재하므로 붙는 불을 상징한다 ● 미려(美麗)의 상 ● 불붙어 위로 올라가는 상 ● 밝음과 지혜의 상 ● 학문·문장·문서의 상 ● 편지와 소식과 증권의 상 ● 복리(福利), 보화(寶貨)의 상 ● 날을 거듭해 연기한다는 뜻 ● 명지(明智)한 사람 곁에 붙어 덕을 밝히며 수신(修身)한다는 뜻 ● 부자(父子)가 상승(相承)하여 밝게 집안을 다스린다는 뜻 ● 사물이 불처럼 밝아 현저(顯著)하다는 뜻 ● 불처럼 성급해서 덕을 잃는다는 뜻이다.

● 유순하고 정직하면 복력(福力)이 많다는 뜻 ● 머리를 굴리면서 항쟁(抗爭)한다는 뜻 ● 시비선악(是非善惡)을 밝히기 때문에 다른 사람들과 불화한다는 뜻 ● 불처럼 지향하는 것이 고정되지 않아서 바람을 따라 이동이 쉽다는 뜻 ● 두 마음이 있어서 사람과 불화한다는 뜻 ● 불이 환하게 비추면서 타들어가니, 나무를 계속 공급해야 현상유지가 된다. 즉, 환하지만 복(福)이 없다는 뜻 ● 사지(邪智)를 이용하면 실패하고 몸을 망친다는 뜻 ● 팔괘방위가 정남쪽이니, 시간적이나 공간적으로 보면, 오(午)에 해당한다 ● 오행으로 보면 화(火)에 해당되고, 병정(丙丁)과 사오(巳午)에 해당된다 ● 여름철 ● 불, 화재, 태양, 전기, 에너지 ● 2와 7의 수 ● 쓴맛 ● 사람의 신체에서는 마음·눈·심장·대복(大腹)·젖·열혈(熱血) 등이다 ● 병은 열병·심장병·뱃속의 혹·두통 등이다.

택산함
澤山咸

咸_함은 亨_형하고 利貞_{이정}하니 取女_{취녀}이면 吉_길하리라

初六_은 咸其拇_{함기무}이라

六二_는 咸其腓_{함기비}니 凶_흉하니 居_거하면 吉_길하리라

九三_은 咸其股_{함기고}이라 執其隨_{집기수}이니 往_왕하면 吝_인하리라

九四_는 貞_정이면 吉_길하야 悔_회이 亡_망하리니 憧憧往來_{동동왕래}면 朋從_{붕종}
爾思_{이사}이리라

九五_는 咸其脢_{함기매}니 无悔_{무회}리라

上六_은 咸其輔頰舌_{함기보협설}이라

244

咸. 亨 ○ 利貞 ○ 取女吉

함(咸)은, 형통하고, 이롭다는 점이다. 여자를 취하면 길하다.

[풀이] 함(咸)은 느낄 감(感)자로 '교감'(交感), '감응'(感應)의 뜻이다. 젊은 남녀가 서로 감통(感通)하여 연애(戀愛)하는 장면이다. '감동(感動)한다', '감격(感格)한다'는 뜻이므로, 대인관계에서도 의사전달이 제대로 잘되는 상황이다. 〈백서주역〉에는 괘명이 欽(흠)으로 되어 있다.

象曰 咸은 感也니 柔上而剛下하여 二氣感應以相與하여 止而説하고 男下女라 是以亨利貞取女吉也니라 天地가 感而萬物이 化生하고 聖人이 感人心而天下가 和平하나니 觀其所感而天地萬物之情을 可見矣리라.

단(彖)에 이르기를, 함(咸)은 느낄 감(感)이다. 유(柔)는 올라가고 강(剛)은 내려가서, 두 기(氣)가 감응하니 서로 함께 어울린다. 그치고 기뻐하고, 남자가 여자에게 스스로 낮춤이니, 이로써 '형통하고 이롭다는 점이고, 여자를 얻으면 길함'이다. 천지가 감응(感應)하면 만물이 화생(化生)하고, 성인(聖人)이 사람의 마음을 감응하여 천하가 화평하나니, 그 감응하는 바를 본다면 천지만물의 정상(情狀)을 가히 볼 수 있다.

[풀이] 삼음삼양의 교역괘이니, 비괘(否卦)에서 上九와 六三이 교역하여 함(咸)괘가 된다. 상하가 불통하는 비괘에서 감응하는 함(咸)으로 변하였으며, 6효가 모두 상응하니 서로 감응한다. 감정이 풍부한 청소년의 감응이며, 소남(少男)이 소녀(少女)에게 자세를 낮추어서 청혼(請婚)하는 괘상이다.

象曰 山上有澤<ruby>산 상 유 택</ruby>이 咸<ruby>함</ruby>이니 君子以<ruby>군 자 이</ruby>하야 虛<ruby>허</ruby>로 受人<ruby>수 인</ruby>하나니라.

상(象)에 이르기를, 산 위에 못이 있는 것이 함(咸)이다. 군자는 이 것을 보고서, 허심(虛心)으로 사람들을 받아들인다.

• 〈古易斷時言〉의 점단

대체로 백사(百事)에 길점(吉占)이다. 성의(誠意)가 있으면 서로 감응 내지 감동한다는 뜻이니, 정도(正道)는 반드시 도움이 있어서 길조(吉 兆)이다. 혼인은 성사. 질병은 흉.

初六 咸其拇<ruby>함 기 무</ruby>

엄지발가락이 감응(感應)한다.

[풀이] 함(咸)괘는 인체를 6효에다 배대한다. 즉, 초효는 발이고, 2효는 장딴지, 상효는 머리에 해당한다. 신체 각 부위의 감각(感覺)을 효사로 사용하는데, 중산 간(重山艮) 괘도 이와 유사하다. 엄지발가락과 장딴지는 고관절(股關節)을 따 라 수동적으로 움직인다.

象曰 咸其拇<ruby>함 기 무</ruby>는 志在外也<ruby>지 재 외 야</ruby>라.

상(象)에 이르기를, '엄지발가락에 감응한다'는 것은 뜻이 밖에 있음이다.

[풀이] 여기서 밖은 九三인 고관절을 가리킨다.

• 〈古易斷時言〉의 점단

소원하는 것을 이루지 못한다. 친한 사람이 있을지라도 도움을 얻기가 어 렵다. 만사 조급하게 망동하지 마라. 성심(誠心)으로 정행(正行)하면서 장구(長久)하게 지켜나가는 태도를 취하면 길조(吉兆)가 생기리라. 남 녀관계를 조심하라. 혼인은 성사되나 훗날을 보장할 수 없다.

246

六二 咸其腓^{함기비} · 凶^흉 ○ 居^거·吉^길

六二 咸其腓 · 凶 ○ 居·吉

장딴지가 감응(感應)한다. 흉하다. 거주는 길하다.

[풀이] 다리가 움직일 때에 장딴지는 고관절을 따라서 피동적으로 움직이니, 순응(順應)하는 것이 정상이다.

象曰 雖凶居吉^{수흉거길}은 順^순하면 不害也^{불해야}라.

'비록 흉하나 거주는 길하다'는 것은 순종하면 무해(無害)함이다.

• **〈古易斷時言〉의 점단**

보통사람은 대체로 착오(錯誤)로 손해 본다. 구하고자 하면 흉을 초래한다. 만사에 조용히 지키도록 하라. 병은 흉.

九三 咸其股^{함기고} ○ 執其隨^{집기수} · 往吝^{왕린}

고관절인 허벅지가 감응한다. 따라가기만 고집하여 가면 어렵다.

[풀이] 3효에 해당하는 엉치인 허벅지는 능동적인 자리이므로, 피동적으로 따라가기만 고집하면 행동이 어렵게 된다. 〈백서주역〉에는 '往'(왕)자가 없다.

象曰 咸其股^{함기고}는 亦不處也^{역불처야}니 志在隨人^{지재수인}하니 所執^{소집}이 下也^{하야}라.

상(象)에 이르기를, '고관절인 그 허벅지에 감응한다'는 것은 또한 그대로 있지 않고, 뜻이 사람을 따라가는 것이니, 고집하는 바는 아래에 있음이다.

• **〈古易斷時言〉의 점단**

만사 조용히 지키는 것이 이롭다. 외부의 유혹에 주의하라. 작은 것을 탐(貪)하다가 큰 것을 잃으니 부디 삼가라.

九四　貞吉 ○ 悔亡 ○ 憧憧往來·朋從爾思
<ruby>貞吉<rt>정길</rt></ruby> <ruby>悔亡<rt>회망</rt></ruby> <ruby>憧憧往來<rt>동동왕래</rt></ruby> <ruby>朋從爾思<rt>붕종이사</rt></ruby>

점이 길하다. 후회가 없다. 이리저리 분주하게 왕래한다. 벗이 네 말을 따른다.

[풀이] 4효는 하복부(下腹部)에 해당한다.

象曰　貞吉悔亡은 未感害也요 憧憧往來는 未光大也라.
<ruby>貞吉悔亡<rt>정길회망</rt></ruby> <ruby>未感害也<rt>미감해야</rt></ruby> <ruby>憧憧往來<rt>동동왕래</rt></ruby> <ruby>未光大也<rt>미광대야</rt></ruby>

상(象)에 이르기를, '점이 길하다. 후회가 없다'는 것은 감응하여도 해가 되지 않는 것이고, '이리저리 분주하게 왕래하는 것'은 빛이 크지 않다는 뜻이다.

• 〈古易斷時言〉의 점단

마음이 불안하여 심란(心亂)한 시절이다. 구하는 것이 있으면 오히려 이루지 못하고, 정성(正誠)으로 조용히 있으면 자연히 길조(吉兆)가 있다. 단, 친구나 친지의 도움을 얻어 내가 하고자 하는 대로 일이 진행되는 수도 있다.

九五　咸其脢 ○ 无悔
<ruby>咸其脢<rt>함기매</rt></ruby> <ruby>无悔<rt>무회</rt></ruby>

등에 감응한다. 후회가 없다.

[풀이] 5효는 상복부에 해당하니, 등과 심장 부위다.

象曰　咸其脢는 志末也일세라.
<ruby>咸其脢<rt>함기매</rt></ruby> <ruby>志末也<rt>지말야</rt></ruby>

상(象)에 이르기를, '등에 감응한다'란 뜻이 끝에 있음이다.

- **〈古易斷時言〉의 점단**

남의 유혹에 끄달리기 쉽다. 외부의 유혹을 조심하고, 백사(百事)를 아랫사람과 상의하라. 사물은 감축(減縮)하는 것이 이롭고, 확대(擴大)는 불리하다. 정도를 지키면 평평하다.

上六 咸其輔頰舌
（함 기 보 협 설）

턱과 볼과 혀에 감응한다.

[풀이] 상효는 머리와 얼굴 부위에 해당한다.

象曰 咸其輔頰舌은 滕口説也라.
（함 기 보 협 설） （등 구 설 야）

상(象)에 이르기를, '턱과 볼과 혀에 감응한다'란 구설(口舌)에 오름이다.

- **〈古易斷時言〉의 점단**

백사(百事) 불성하고 착오가 많다. 병은 오래된 구병(久病)은 나을 수 있다.

괘상풀이

함(咸)은 느낄 감(感)자로 '교감'(交感)·'감응'(感應)이니, '서로 감통(感通)한다', '감동한다', '감격한다'는 뜻이다 ● 태택(兌澤) 음(陰)이 위에 있고, 간산(艮山) 양(陽)은 아래에 있어서, 양(陽)인 산기(山氣)는 하강하여 택(澤)에 감(感)하고, 음(陰)인 택기(澤氣)는 상승하여 산(山)에 응하니, 산과 택(澤)이 교역하면서 이미 교감한 상이다 ● 태(兌) 소녀는 위에 있고, 간(艮) 소남은 아래에 있으면서 구애(求愛)하므로, 음양 두 기운이 이미 상통한 상이다 ● 음양이 교감하는 상이다. 남녀가 상응하는 것은 청춘 남녀가 가장 빠르게 감응하므로 소녀와 소남이 감응하는 괘를 함(咸)이라고 불렀다.

● 천지비(天地否) 괘의 교대법(交代法)으로 본다면, 비(否)는 천지가 교제하지 않는 상태이다. 여기서 上九가 아래의 3효로 내려오니 천기(天氣)가 하강하여 땅[地]에 감응한 것이고, 동시에 六三이 상효로 올라간 것은 지기(地氣)가 상승해서 하늘에 감응한 것이다. 천지가 감응해 이기(二氣)가 서로 교제하므로 함(咸)이다 ● 상통한다는 뜻 ● 상조(相助)한다는 뜻 ● 태(兌)는 열(悅)이고 간(艮)은 지(止)로 머무니, 청춘 남녀의 마음에 기쁨이 머무르고 있다는 뜻 ● 마음을 비우고, 가르침을 받아들이는 뜻 ● 괘체로 보면, 곤(坤)이 건(乾)을 포함한 포괘(包卦)의 상이니, 임신의 뜻 ● 일상에 일을 만나서 신속하게 감발(感發)한다는 뜻이 있다.

뇌풍항
雷風恒

恒은 亨하나 无咎하나 利貞하니 利有攸往하니라

初六은 浚恒이라 貞이라도 凶하야 无攸利하니라

九二는 悔이 亡하리라

九三은 不恒其德이라 或承之羞이니 貞이라도 吝이리라

九四는 田无禽이라

六五는 恒其德이니 貞하나 婦人은 吉코 夫子는 凶하니라

上六은 振恒이니 凶하니라

恒_항. 亨_형 ○ 无咎_{무구} ○ 利貞_{이정} ○ 利有攸往_{이유유왕}

항(恒)은, 형통하고, 무탈하다. 이롭다는 점이다. 갈 곳이 있으면 이롭다.

[풀이] 항(恒)은 '항구'(恒久), '항상'(恒常)의 뜻이다. 부부가 일생 동안 배우자 구실을 하면서, 현상유지를 잘하는 장면이다. 가족·단체·회사·국가 등이 설립목적을 따라서 초심을 유지하는 것이 급선무라는 뜻이다.

象曰_{상왈} 恒_항은 久也_{구야}니 剛上而柔下_{강상이유하}하고 雷風_{뇌풍}이 相與_{상여}하고 巽而動_{손이동}하고 剛柔皆應_{강유개응}이 恒_항이니 恒亨无咎利貞_{항형무구이정}은 久於其道也_{구어기도야}니 天地之道恒_{천지지도항} 久而不已也_{구이불이야}니라 利有攸往_{이유유왕}은 終則有始也_{종즉유시야}일세라 日月_{일월}이 得天而能_{득천이능} 久照_{구조}하며 四時_{사시}가 變化而能久成_{변화이능구성}하며 聖人_{성인}이 久於其道而天下化成_{구어기도이천하화성} 하나니 觀其所恒而天地萬物之情_{관기소항이천지만물지정}을 可見矣_{가견의}리라.

단(象)에 이르기를, 항(恒)은 항구(恒久)이다. 강(剛)은 올라가고 유(柔)는 내려가서, 우레와 바람이 서로 함께 어울리고 순종하며 움직이고, 강유(剛柔)가 모두 상응함이 항(恒)이니, '항(恒)은 형통하고 허물이 없을 것이니, 이롭다는 점이다' 함은, 그 도(道)에 항구함이다. 천지의 도는 항구해 마지아니한다. '가는 바 있으면 이롭다' 함은, 끝나면 시작이 있음이다. 해와 달은 하늘에서 능히 오래 비추며, 사시(四時)는 변화하면서 능히 오래도록 화성(化成)하고, 성인(聖人)은 그 도를 항구하게 지켜서 천하를 화성하니, 그 항구한 이치를 살펴본다면 천지만물의 정상(情狀)을 가히 볼 수 있다.

[풀이] 삼음삼양의 교역괘(交易卦)이니, 태괘(泰卦)에서 六四와 初九가 교역(交易)하여 항(恒)괘가 된다. 함(咸)이 소남(少男)·소녀(少女)가 연애하는 시

절이면, 항(恒)은 장남(長男)·장녀(長女)가 부부로 가정생활을 계속 유지하는 상황이다.

象曰 雷風이 恒이니 君子以하야 立不易方하나니라.
상(象)에 이르기를, 천둥과 바람이 항(恒)이다. 군자는 이것을 보고서, 법도(法道)를 세우고서, 그 방침을 바꾸지 않는다.

• 〈古易斷時言〉의 점단
신의(信義)가 없거나 태도가 급변하면, 하던 일이 처리하기 어렵고 흉하다. 보통사람은 만사에 불리하다. 병은 약을 잘못 써서 흉하다.

初六 浚恒·貞凶 ○ 无攸利
항구(恒久)의 도(道)를 깊이 탐착한다. 점이 흉하다. 이로울 것 없다.

[풀이] 처음부터 너무 깊이 항구한 입장을 지지하면 상궤(常軌)에 어긋난다.

象曰 浚恒之凶은 始에 求深也일세라.
상(象)에 이르기를, '항구의 도를 깊이 탐구하여 흉하다'는 것은 처음부터 너무 깊이 구하기 때문이다.

• 〈古易斷時言〉의 점단
백사불성(百事不成). 억지로 구하면 재앙을 만나니 조심하고, 현상유지만 하라.

九二 悔亡
후회가 없다.

[풀이] 九二가 六五와는 상응하고 初六과도 친비(親比)하니, 항구하게 유지하려는 방침이 무난하다.

象曰 九二悔亡은 能久中也라.
'九二의 후회가 없다'는 것은, 능히 가운데 자리에 오래 있기 때문이다.

• 〈古易斷時言〉의 점단
정도(正道)를 지키면 화(禍)를 면한다. 욕심이 과하면 흉하다. 보통사람은 불화(不和). 계산착오가 많다.

九三 不恒其德 · 或承之羞 ○ 貞吝
그 덕을 항구하게 지키지 못한다. 혹 부끄러움을 당한다. 점이 어렵다.

[풀이] 양(陽)이 양위(陽位)에 있으니 조급하여, 종래의 방침을 바꾸어 볼까 하고 조바심을 내는 상황이다.

象曰 不恒其德하니 无所容也로다.
상(象)에 이르기를, '그 덕을 오래 지키지 못한다'는 것은, 용납(容納)될 수 없음이다.

• 〈古易斷時言〉의 점단
손재(損財)나 주거불안(住居不安)이 생기고 백사불성(百事不成)한다. 지난 일로 인해 어려움이 생긴다. 만사 자기의 실수로 손해가 생

긴다. 현상유지가 좋고, 새로 추진하면 흉하다. 친지들과 멀어지는
일이 있다.

九四 田无禽
<small>전 무 금</small>

사냥을 나갔는데 짐승과 새를 못 잡는다.

[풀이] 태(泰)의 初九가 4효로 멀리 나갔으니 교외로 사냥 나간 형상이다. 九
四는 부당위(不當位)라 아무 소득이 없다.

象曰 久非其位어니 安得禽也리오.
<small>구 비 기 위</small> <small>안 득 금 야</small>

상(象)에 이르기를, 오래 그 자리에 있지 않았으니 어떻게 사냥감을
얻겠는가.

•〈古易斷時言〉의 점단

노력을 하지만 성과가 없다. 성실히 현상유지하면 점차 성공하게 되지
만, 급하게 서두르면 불성한다.

六五 恒其德貞 ○ 婦人吉 · 夫子凶
<small>항 기 덕 정</small> <small>부 인 길</small> <small>부 자 흉</small>

그 덕을 항구하게 유지하려는 점이면, 부인(婦人)은 길하나, 부자(夫
子)는 흉하다.

[풀이] '항구한 방침을 계속 유지할 것이냐?' 하고 점을 쳤다면, 부부에 따라
길흉(吉凶)이 다르다는 뜻이다.

象曰 婦人_은 貞吉_{하니} 從一而終也_{일세요} 夫子_는 制義_{어늘} 從婦
하면 凶也_{라.}

상(象)에 이르기를, '부인(婦人)은 점이 길하다'란, 하나를 따라가서 끝내야 하는 것이고, 부자(夫子)는 의리로 제재(制裁)하여야 하므로 부인을 따르는 것은 흉하다고 한 것이다.

[풀이] 부인은 남편을 끝까지 따르지만, 남자는 융통성이 있어야 하기 때문에 부인만 따를 수 없다.

• 〈古易斷時言〉의 점단

소사는 이롭고, 대사는 불성(不成)한다. 다만 부녀자나 수도인(修道人)은 현상유지가 이롭다. 혼인, 양자는 불성하고, 혹 성사하더라도 마침내 실패로 결말이 난다.

上六 振恒 ○ 凶

항구(恒久)한 태도를 떨친다. 흉하다.

[풀이] 주위 여건과 상황은 수시(隨時)로 변천(變遷)하는데도 불구하고 한 가지 원칙만을 고수(固守)하는 주장은 실패한다는 뜻이다.

象曰 振恒在上_{하니} 大无功也_{로다.}

상(象)에 이르기를, '항구한 태도를 떨침'이 위에 있으니, 크게 공이 없다.

[풀이] 상효는 공간적으로 최상부(最上部)이고, 시간적으로 말기(末期)에 해당하는데, 옛날의 정책만을 고수하면 효과(效果)가 없다는 말이다.

• 〈**古易斷時言**〉의 점단

백사(百事) 무익(無益). 손해 보기 쉬우니, 안정하고 분수 밖의 일을 만들지 마라. 변화하면 손실이 많다.

항(恒)은 '항구'(恒久), '항상'(恒常)의 뜻이다 • 진(震)은 동(動)하여 산(散)하고 손(巽)은 손(遜)하여 입(入)하니, 양기(陽氣)와 음기(陰氣)가 계속 운동하여 쉬지 않는 상이다 • 진(震)의 장남이 바깥에 있고 손(巽)의 장녀는 안에 있으니, 중년에 접어든 부부가 각각 제자리를 지키면서 가정을 항상 계속하여 꾸려가는 상이다 • 지천태(地天泰) 괘의 교대법으로 보면, 태(泰)는 하늘과 땅이 상교(相交)하는 상인데, 初九의 양효가 4효로 올라가서 진뢰(震雷)의 주(主)가 되고, 六四의 음효는 초효로 내려가서 손풍(巽風)의 주(主)가 되었다. 이렇게 뇌풍(雷風)이 음양의 흐름을 따라서 교제하면서 천지의 변화에 응하여 변통(變通)하면서 항구하게 운행을 유지하므로 항(恒)이다.

• 항상 현상을 유지하면서, 환경에 적응하는 변화작용을 계속하는 상 • 상속하여 장구하게 유지한다는 뜻 • 승진하고 성공한다는 뜻 • 번창하고 발달한다는 뜻 • 상속한다는 뜻 • 부지런히 힘써서 현상을 유지한다는 뜻 • 괘체로 보면, 곤(坤)이 건(乾)을 포함하는 포괘(包卦)로서, 밖은 부드럽고 속은 강건한 상이다 • 우레나 바람처럼 흔적도 없이 소실된다는 뜻 • 뇌풍(雷風)이 상호 격분한다는 뜻 • 우레와 돌풍에 놀라고 두려워한다는 뜻 • 조감(鳥瞰)으로 보면 어긋나고 잘못되는 상 • 항상 여전하다고 하므로 모든 일이 지연된다는 뜻이 있다.

천산돈
天山遯

遯은 亨하니 小는 利貞하니라

初六은 遯尾라 厲하니 勿用有攸往이니라

六二는 執之用黃牛之革이라 莫之勝説이니라

九三은 係遯이라 有疾하야 厲하니 畜臣妾에는 吉하니라

九四는 好遯이니 君子는 吉코 小人은 否하리라

九五는 嘉遯이니 貞하면 吉하리라

上九는 肥遯이니 无不利하니라

258

遯.　亨 ○ 小利貞

돈(遯)은, 형통한다. 소리(小利)하다는 점이다.

[풀이] 돈(遯)은 '은둔'(隱遁), '도피'(逃避)의 뜻이다. 소장괘로 보면, 하지(夏至)
인 건(乾)괘에서 천풍구(天風姤) 괘를 거쳐 밤인 음(陰)이 점차 신장(伸張)하여,
이제 돈(遯)괘가 되었다. 장차 음(陰)인 소인들이 득세하는 시절이 오니 미리 숨
는 것이 좋다는 괘다. 〈백서주역〉에는 괘명이 '掾'(연)으로, 〈부양한간〉에는 '椽'
(연)으로 되어 있다.

돈 형　　돈 이 형 야　　강 당 위 이 응　　　여 시 행 야　　　소 리 정
象曰 遯亨은 遯而亨也니 剛當位而應이라 與時行也니라 小利貞

침 이 장 야　　　돈 지 시 의　대 의 재
은 浸而長也일세니 遯之時義 大矣哉라.

단(彖)에 이르기를, '돈(遯)은 형통한다' 함은, 피하고 숨으면 형통
함이다. 강(剛)이 제자리에 있어 응하는지라 때에 어울리게 행동함
이다. '소리(小利)하다는 점이다' 함은, 점점 자라기 때문이니, 돈
(遯)의 시의(時義)가 크도다.

[풀이] 돈(遯)은 '피하고 숨는다'는 뜻이다. '소리(小利)하다는 점이다'를, 혹 '소인
에게 이로운 점이다'라고 풀이하기도 한다. 지금은 군자가 요직(要職)을 담당하지
만, 소장괘로 보면 장차 음장(陰長)하여 비(否)괘를 거쳐 관(觀)괘나 박(剝)괘가 되
면 양(陽)이 쇠락하므로, 소인에게 이롭다는 해석도 가능하다. 시국(時局)이 평온한
데도 국민과 언론이 소인으로 바뀌면 장차 난세(亂世)가 찾아온다는 설명이다.

천 하 유 산　돈　　군 자 이　　　원 소 인　　불 오 이 엄
象曰 天下有山이 遯이니 君子以하야 遠小人하되 不惡而嚴하나니라.

하늘 아래에 산이 있는 것이 돈(遯)이다. 군자는 이것을 보고, 소인
을 멀리하되, 미워하지 않고 엄격하게 대처한다.

[풀이] 산으로 피(避)하고 숨을 시절이라고 보는 것이다.

・〈**古易斷時言**〉의 점단

보통사람은 백사(百事)가 난성(難成)하리라. 병은 치유되나, 상효가
변하면 사망한다.

　　　　　돈 미　　여　　물 용 유 유 왕
　初六　遯尾・厲 ○ 勿用有攸往

돼지꼬리다. 위태롭다. 갈 곳이 있어도 가지 마라.

[풀이] 돼지가 잘 달아나므로 돼지로 해석한다. 상효는 돼지머리, 초효는 돼
지꼬리로 배대한다.

　　　　돈 미 지 려　　불 왕　　하 재 야
　象曰 遯尾之厲는 不往이면 何災也리오.

상(象)에 이르기를, '숨는 것이 늦어서 위태롭다' 함은 가지 않으면 무
슨 재앙이 있겠는가?

・〈**古易斷時言**〉의 점단

만사를 가능하면 급하게 추진하라. 늦으면 방해가 나타나게 된다. 사람
들과 같이 하는 것이 좋다. 또 주택에 재화(災禍)가 있다. 혼인 등 신분
에 중대한 일들은 불리.

　　　　집 지 용 황 우 지 혁　　막 지 승 탈
　六二 執之用黃牛之革・莫之勝說

황소가죽으로 만든 끈으로 붙잡아 맨다. 능히 벗어나지 못하게 한다.

[풀이] 九五와 상응하고 九三과 친비하니, 현상유지함이 무난한 상황이다.

260

象曰 執用黃牛는 固志也라.
상(象)에 이르기를, '황소가죽으로 붙잡아 맨다'는 것은 뜻을 굳게
함이다.

• 〈古易斷時言〉의 점단
주위 사람들과 성실하게 사귀었다면 무사히 성사하리라. 그렇지 않으
면 일마다 불화(不和)하거나 이산(離散)하게 된다.

九三 係遯·有疾 厲 ○ 畜臣妾吉
은둔(隱遁)하려 하지만 얽매인다. 질병이 있고 위태하다. 신하(臣
下)와 처첩(妻妾)을 두는 것은 길하다.

象曰 係遯之厲는 有疾하야 憊也요 畜臣妾吉은 不可大事也니라.
상(象)에 이르기를, '은둔하려 하지만 얽매여서 위태로움'은 병이 있
어 피곤함이요, '신하와 처첩을 두면 길하다' 함은 큰일은 불가하다는
뜻이다.

• 〈古易斷時言〉의 점단
일상생활의 소사나 여자나 아이들에 관한 일들은 가능하지만, 대사는
불성이다. 이욕(利慾)이 걸린 일에 끄달리지 마라. 또 남녀관계를 주의
하라.

九四 好遯·君子吉·小人否
멋있게 은둔한다. 군자는 길하고 소인은 그렇게 못하다.

象曰 君子^{군자}는 好遯^{호 돈}하고 小人^{소 인}은 否也^{부 야}니라.

상(象)에 이르기를, '군자는 좋아서 물러나지만', 소인은 그렇게 물러나지 못한다.

• 〈古易斷時言〉의 점단

만사에 이욕(利慾)에 끄달리지 마라. 외국에 거주하는 것은 좋다. 또 남녀문제를 조심하라.

九五 嘉遯^{가 돈} ○ 貞吉^{정 길}

결혼식을 마치고, 은둔하는 점이 길하다.

象曰 嘉遯貞吉^{가 돈 정 길}은 以正志也^{이 정 지 야}라.

상(象)에 이르기를, '결혼식을 마치고 은둔하는 점이 길하다'는 것은 뜻이 바름이다.

• 〈古易斷時言〉의 점단

조금이라도 부정한 것에 끄달리면, 크게 망신을 당한다.

上九 肥遯^{비 돈} ○ 无不利^{무 불 리}

여유롭게 은둔한다. 이롭지 않음이 없다.

象曰 肥遯无不利^{비 돈 무 불 리}는 无所疑也^{무 소 의 야}라.

상(象)에 이르기를, '여유롭게 은둔하니 이롭지 아니함이 없다'는 것은 의심(疑心)할 바가 없다.

• 〈**古易斷時言**〉의 점단

대개 백사(百事)가 이루어지는 때다. 성실한 사람은 반드시 길하다. 동북(東北)쪽으로 구해 보라.

괘상풀이

돈(遯)은 은둔·도피의 뜻이다 • 소장괘로 보면, 건(乾)괘에서 천풍(天風姤)괘를 거쳐서 음(陰)이 점차 전진하여, 이제 돈(遯)괘가 되었다. 이어서 비(否)괘가 되면 불통하고, 계속하여 관(觀)괘·박(剝)괘·곤(坤)괘로 음기(陰氣)가 장성(壯盛)하면, 장차 음(陰)의 소인이 장악하는 세상이 되므로, 양(陽)의 군자는 하나둘 은퇴하거나 도피하기 시작하는 상이다 • 건천(乾天)이 간산(艮山)과 상대하는데, 산은 형체[形]를 가지고 있어도 아래에 머물러 움직이지 않고, 하늘은 무형(無形)으로 위로 전진하므로 저절로 멀어진다는 뜻으로, 간(艮)의 젊은이는 나이가 적으니 오래 세상에 머무르지만, 건(乾)의 늙은이는 나이가 많아서 세상에서 은퇴하고 사라지는 상이다.

　• 건(乾)인 현자(賢者)가 간(艮)인 산에 은둔하는 상이니, 현자가 난세(亂世)를 피해 도피한다는 뜻이다 • 은퇴하고 퇴장한다는 뜻 • 벼슬을 그만두고 물러난다는 뜻 • 멀리 도망치거나 망명(亡命)한다는 뜻 • 이익에 몰두하여 하던 일을 계속 고집하면 재액(災厄)을 만난다는 뜻 • 대괘로 보면 대손(大選)의 상이다 • 출가(出家)하여 둔세(遯世) 수도(修道)하는 무리라는 뜻 • 가도(家道)가 쇠하여 재보(財寶)가 감소한다는 뜻 • 점원이 주가(主家)의 재물을 헛되이 낭비한다는 뜻 • 도신(盜臣)이 재물을 약탈한다는 뜻 • 두 사람이 동행하는데, 앞선 자는 계속 전진하고, 뒤따르던 자는 정지하고 있는 상이 있다.

뇌천대장
雷天大壯

大壯은 利貞하니라

初九는 壯于趾니 征하면 凶이 有孚이리라

九二는 貞하여야 吉하리라

九三은 小人은 用壯이요 君子는 用罔이니 貞이라도 厲하니 羝羊이 觸藩하야 羸其角이로다

九四는 貞하면 吉하야 悔이 亡하리니 藩決不羸하며 壯于大輿之輹이로다

六五는 喪羊于易나 无悔리라

上六은 羝羊이 觸藩하야 不能退하며 不能遂하야 无攸利니 艱則吉하리라

大壯. 利貞

대장(大壯)은, 이롭다는 점이다.

[풀이] 대장(大壯)이란 양(陽)인 대(大)가 장성(壯盛)한다는 뜻이다. 四陽이 二陰을 바깥으로 거세게 몰아내는 장면이다. 〈백서주역〉에는 괘명이 '泰壯'(태장)으로 되어 있다.

象曰 大壯은 大者壯也니 剛以動故로 壯하니 大壯利貞은 大者正也니 正大而天地之情을 可見矣리라.

단(彖)에 이르기를, 대장(大壯)이란 양대(陽大)가 씩씩하니, 강(剛)이 움직이는 고로 씩씩하니, '대장(大壯)은 이롭다는 점이다' 함은, 양대(陽大)가 바르기 때문이고, 바르고 크니 천지(天地)의 정상(情狀)을 가히 볼 수 있다.

[풀이] 소장괘로 보면 태(泰)괘의 다음 순서이니, 양대(陽大)가 4개이고 음소(陰小)가 2개이니 양대가 장성(壯盛)한다.

象曰 雷在天上이 大壯이니 君子以하야 非禮弗履하나니라.

상(象)에 이르기를, 천둥이 하늘 위에 있는 것이 대장(大壯)이다. 군자는 이것을 보고서, 예(禮)가 아니면 이행(履行)하지 않는다.

• 〈古易斷時言〉의 점단
백사(百事)가 화순(和順)하면 길하지만, 조금이라도 방심(放心)하면 모든 것이 실패하는 시절이다. 조그마한 실수가 큰 손실을 초래하기 쉽다. 적극적으로 추진하는 것은 흉하다. 병은 흉, 소송은 흉.

初九 壯于趾 ^{장 우 지} ○ 征凶 ^{정 흉} ○ 有孚 ^{유 부}

발가락이 씩씩하다. 원정(遠征)하면 흉하다. 믿음이 있다.

[풀이] 초효이니 무능하고, 응효도 없으니 흉하다.

象曰 壯于趾 ^{장 우 지}하니 其孚窮也 ^{기 부 궁 야}로다.

상(象)에 이르기를, '발가락이 씩씩하니'는 믿음이 곤궁함이다.

• 〈古易斷時言〉의 점단

일상소사는 가능하다. 중대하고 장기적인 일은 불성한다. 조급하게 적극적으로 추진하면 모두 흉하다. 병은 약을 잘못 쓰는 수가 있다.

九二 貞吉 ^{정 길}

점이 길하다.

[풀이] 응효가 있으니 길하다.

象曰 九二貞吉 ^{구 이 정 길}은 以中也 ^{이 중 야}라.

상(象)에 이르기를, '九二의 점이 길하다'는 것은 중위(中位)에 있기 때문이다.

• 〈古易斷時言〉의 점단

겸손하고 근면하고 남의 말을 잘 따르면서 정직하게 조심하면 길하다. 소인은 자기 고집을 내세우고 남을 비방하고 사치를 좋아하여 결국 실패하게 된다. 또 이별의 슬픔을 조심하라.

九三 <ruby>小人<rt>소인</rt></ruby><ruby>用壯<rt>용장</rt></ruby>・<ruby>君子<rt>군자</rt></ruby><ruby>用罔<rt>용망</rt></ruby> ○ <ruby>貞厲<rt>정려</rt></ruby> ○ <ruby>羝羊觸藩<rt>저양촉번</rt></ruby>・<ruby>羸其角<rt>이기각</rt></ruby>
소인은 씩씩함을 쓰고, 군자는 그물을 쓴다. 점이 위태롭다. 숫양이
울타리를 내질러서 그 뿔이 걸려 있다.

[풀이] 소인은 上六을 지칭한다. '罔'(망)은 '網'(망)을 뜻하니, 四陽이 얽혀 있
으니 그 조직망(組織網)을 활용한다는 의미이다.

象曰 <ruby>小人<rt>소인</rt></ruby>은 <ruby>用壯<rt>용장</rt></ruby>이요 <ruby>君子<rt>군자</rt></ruby>는 <ruby>罔也<rt>망야</rt></ruby>라.
상(象)에 이르기를, '소인은 씩씩한 것을 쓰고' '군자는 그물을 쓴다'.

• 〈古易斷時言〉의 점단
만사에 불화(不和)하여 일이 중간에서 실패로 돌아간다. 백사 흉조(凶
兆)다. 소송을 조심하라.

九四 <ruby>貞吉<rt>정길</rt></ruby> ・ <ruby>悔亡<rt>회망</rt></ruby> ○ <ruby>藩決不羸<rt>번결불리</rt></ruby> ○ <ruby>壯于大輿之輹<rt>장우대여지복</rt></ruby>
점이 길하다. 후회가 없다. 울타리가 무너지고, 뿔은 안 다친다. 큰
수레의 바퀴가 튼튼하다.

[풀이] 四陽의 선두(先頭)에 위치하니, 강력하게 전진한다.

象曰 <ruby>藩決不羸<rt>번결불리</rt></ruby>는 <ruby>尚往也<rt>상왕야</rt></ruby>일세라.
상(象)에 이르기를, '울타리가 부서져도 뿔이 안 다친다'란 가는 것을
숭상함이다.

군자의 관대함을 소인이 엿볼 수 없다는 것이다. 군자는 모든 어려움이 물러가고 일마다 통달하는 시절이다. 그러나 보통사람은 백사불성(百事不成) 하며, 다만 군주를 위한 일이나 종교적인 일은 정성으로 하면 성사한다.

六五 <ruby>喪<rt>상</rt></ruby><ruby>羊<rt>양</rt></ruby><ruby>于<rt>우</rt></ruby><ruby>易<rt>역</rt></ruby> ○ <ruby>无<rt>무</rt></ruby><ruby>悔<rt>회</rt></ruby>
양(羊) 을 경계선(境界線) 에서 잃었다. 후회 없다.

[풀이] 四陽에 몰려서 5효가 양(羊)을 상호간의 경계선에서 잃었다.

象曰 <ruby>喪<rt>상</rt></ruby><ruby>羊<rt>양</rt></ruby><ruby>于<rt>우</rt></ruby><ruby>易<rt>역</rt></ruby>는 <ruby>位<rt>위</rt></ruby><ruby>不<rt>부</rt></ruby><ruby>當<rt>당</rt></ruby><ruby>也<rt>야</rt></ruby>일세라.
상(象) 에 이르기를, '양을 경계선에서 잃었다' 함은 자리가 마땅치 아니하기 때문이다.

• 〈古易斷時言〉의 점단
화순(和順) · 관대하게 행동하면 군자는 길하다. 보통사람은 백사(百事) 에 흉한 일이 많다. 화정(和正) · 유순(柔順) 하게 행동하여 실패하지 않도록 하라. 병은 흉하고, 대인(待人) 은 오고, 유실물은 찾을 수 있다.

上六 <ruby>羝<rt>저</rt></ruby><ruby>羊<rt>양</rt></ruby><ruby>觸<rt>촉</rt></ruby><ruby>藩<rt>번</rt></ruby> · <ruby>不<rt>불</rt></ruby><ruby>能<rt>능</rt></ruby><ruby>退<rt>퇴</rt></ruby> · <ruby>不<rt>불</rt></ruby><ruby>能<rt>능</rt></ruby><ruby>遂<rt>수</rt></ruby> · <ruby>无<rt>무</rt></ruby><ruby>攸<rt>유</rt></ruby><ruby>利<rt>리</rt></ruby> ○ <ruby>艱<rt>간</rt></ruby><ruby>則<rt>즉</rt></ruby><ruby>吉<rt>길</rt></ruby>
숫양이 울타리를 들이받아서, 물러나지도 못하고 나가지도 못하니, 이로울 바가 없다. 간난(艱難) 한 것은 길하다.

[풀이] 九三의 응효인 소인이니, 무능하고 불리하다

象曰 ^{불능퇴불능수}不能退不能遂는 ^{불상야}不詳也요 ^{간즉길}艱則吉은 ^{구부장야}咎不長也일세라.

상(象)에 이르기를, '물러나지도 못하고, 나가지도 못함'은 상세(詳細)하지 못하다는 뜻이고, '간난한 것은 길하다'는 허물이 오래가지 않기 때문이다.

• **〈古易斷時言〉의 점단**

과거의 잘못을 고치고 조심하라. 집안이 불안하고, 처자(妻子)에 관한 근심이 생긴다.

대장(大壯)이란 양(陽)인 대(大)가 장성(壯盛)한다는 뜻이다 • 지강(至强)한 건(乾)의 위에서 지동(至動)인 진(震)이 분발(奮發)한 괘이므로 대장(大壯)의 상이다 • 4개의 양효가 밑에서부터 전진하면서 상위의 二陰인 上六·六五와 대립하는데, 양(陽)은 강성(强盛)하고, 음(陰)은 쇠약한 상이다 • 건(乾) 부(父)는 안에서 지휘하고, 진(震) 장남은 밖에서 일을 수행하여, 사업이 장성한 상이다 • 소장법에서 보면, 곤(坤)괘에서 지뢰복(地雷復) 괘가 일어나고 양(陽)이 장성하여 임(臨)괘와 태(泰)괘를 거치면서 태평(泰平)이 된다. 그러나 四陽이 다시 진격하는 대장(大壯)에 이르면 양(陽)이 과성(過盛)하다.

• 부잣집에 재산이 가득 차고 번창한다는 뜻 • 사치스럽고 교만하다는 뜻 • 부지런히 굳세게 위로 움직이는 상(비행기) • 능력은 부족한데 지기(志氣)만 장성한다는 뜻 • 강력하고 용기가 있다는 뜻 • 용기가 너무 장성하면 주위 사람에게 강포(强暴)하게 된다는 뜻 • 성급하여 인내하지 못한다는 뜻 • 아래의 신하가 위의 군주를 속이고, 자식이 부모를 업신여긴다는 뜻 • 대괘로 보면 대태(大兌)의 괘상이다.

화지진
火地晉

晉^진은 康侯^{강후}를 用錫馬蕃庶^{용석마번서}하고 晝日三接^{주일삼접}이로다

初六^{초륙}은 晉如摧如^{진여최여}이니 貞^정이면 吉^길하고 罔孚^{망부}이라도 裕^유이면 无咎^{무구}이리라

六二^{륙이}는 晉如^{진여}이 愁如^{수여}이나 貞^정이면 吉^길하리니 受茲介福于^{수자개복우} 其王母^{기왕모}이리라

六三^{륙삼}은 衆允^{중윤}이라 悔^회이 亡^망하나라

九四^{구사}는 晉如^{진여}이 鼫鼠^{석서}이니 貞^정하나 厲^여하리라

六五^{륙오}는 悔亡^{회망}하니 失得^{실득}을 勿恤^{물휼}하면 往吉^{왕길}하야 无不利^{무불리}리라

上九^{상구}는 晉其角^{진기각}이니 維用伐邑^{유용벌읍}이면 厲^여하나 吉^길코 无咎^{무구}이어니와 貞^정이라도 吝^인하리라

晉. ^{강 후}康侯 · ^{용 석 마 번 서}用錫馬蕃庶 · ^{주 일 삼 접}晝日三接

진(晉)은, 강후(康侯)가 하사(下賜) 받은 말들을 많이 번식(繁殖) 시키고, 하루에 세 번이나 접촉(接觸) 한다.

[풀이] 진(晉)은 '나아간다'는 뜻이다. 강후(康侯)는 통설에 따르면 '삼감(三監)의 난(亂)'을 정리한 역사적 인물로 본다. 왕부지(王夫之)는 백성을 평강(平康)하게 안무(按撫)하는 자로 본다. 〈백서주역〉에는 괘명이 '溍'(진)으로 되어 있다.

^진象曰 晉은 ^{진 야}進也니 ^{명 출 지 상}明出地上하여 ^{순 이 려 호 대 명}順而麗乎大明하고 ^{유 진 이 상 행}柔進而上行이라 ^{시 이 강 후 용 석 마 번 서 주 일 삼 접 야}是以康侯用錫馬蕃庶晝日三接也라.

단(象)에 이르기를, 진(晉)은 나아가는 것이니 밝음이 땅 위에 솟아나와서, 유순(柔順)하고 대명(大明)에 붙었다. 유(柔)가 나아가서 상행(上行)함이라, 이로써 '강후가 하사받은 말들을 많이 번식시키고, 하루에 세 번이나 접촉한다'고 한다.

[풀이] 종래의 통설은 '진(晉)은 나아가는 것이고, 밝음이 땅 위에 솟아나오니' 아침에 해당한다고 본다. 또 '유(柔)가 나아가서 상행(上行)함'은 풍지관(風地觀)에서 六四가 六五로 상행한 변괘(變卦)로 보아서, 하괘의 三陰이 비로소 상괘와 소통한다고 풀이한다. 강후(康侯)가 전마(戰馬)를 관리하면서 三陰과도 교류하니 식소사번(食少事煩)하다.

^{명 출 지 상}象曰 明出地上이 ^진晉이니 ^{군 자 이}君子以하야 ^{자 소 명 덕}自昭明德하나니라.

태양(太陽)이 땅 위에 떠오르는 것이 진(晉)이다. 군자는 이것을 보고, 저절로 그 명덕(明德)을 밝힌다.

[풀이] 명덕은 말하지 않아도 저절로 알려지는 것이다.

- **〈古易斷時言〉의 점단**

백사(百事)에 길조(吉兆)다. 다만 의리가 없는 사람은 흉하다. 대체로 높은 사람의 지시나 명령대로 이행하는 것이 유리하다. 자기 고집을 내세우지 마라. 또 급히 구하는 것도 이루기 어렵다. 간사한 사람의 방해를 주의하라. 병은 오래가고 위험하다.

初六 晉如摧如·貞吉 ○ 罔孚 ○ 裕·无咎

진격(進擊)하다가 꺾인다. 점이 길하다. 신의가 없다. 넉넉하면 허물이 없다.

[풀이] 三陰의 시초이니 아직 실력을 갖추지 못하나, 九四와 상응하므로 스스로 진격해 본다.

象曰 晉如摧如는 獨行正也요 裕无咎는 未受命也일세라.

상(象)에 이르기를, '진격하다가 꺾인다'함은 홀로 바름을 행함이고, '넉넉하면 허물이 없다'란 명을 받지 아니함이다.

- **〈古易斷時言〉의 점단**

실력이 모자라니 조용히 긴 안목으로 열심히 준비하여야 하며, 급하게 서두르면 실패한다. 다툼을 삼가고 비방을 조심하라. 만사에 초지일관 (初志一貫)하면 마침내 성사한다.

272

六二 晉如愁如・貞吉 ○ 受兹介福于其王母

진격하여 확보(確保)한다. 점이 길하다. 왕모(王母)로부터 큰 복을
받는다.

[풀이] 왕모는 상응하는 군주인 六五이다.

象曰 受兹介福은 以中正也라.

상(象)에 이르기를, '큰 복을 받는다'는 것은 중정(中正)이기 때문이다.

• 〈古易斷時言〉의 점단

장차 복을 받으니, 뜻밖에 길사(吉事)가 있거나, 새로운 이익이 생긴
다. 따라서 성실하게 때를 기다려라. 남녀관계를 조심하라. 혼인은 길
하나 정식혼인이 아니거나 부모가 반대하는 결혼은 나중에 깨어진다.
병은 흉하다.

六三 衆允・悔亡

무리가 믿는다. 후회가 없다.

[풀이] 三陰의 무리가 그 선두(先頭)를 믿는다.

象曰 衆允之志는 上行也라.

상(象)에 이르기를, '무리가 믿는다'는 뜻은 위로 실행한다는 것이다.

[풀이] 三陰의 상행(上行)을 六五가 기다린다.

신용이 있고 화순(和順) 하면 성취하고, 백사에 남의 도움을 얻어 가일
층(加一層) 노력하면 여러 사람의 후원으로 이루어진다. 병은 흉하다.
분실물은 멀리 갔다.

九四　晉如鼫鼠·貞厲
　　　　진여석서　　정려
나아가는 것이 큰 들쥐 같으니, 점이 위태롭다.

[풀이] 큰 들쥐는 가다가 멈추어서 좌우로 살펴보고 다시 나간다. 三陰의 전
진을 九四가 저지한다.

象曰　鼫鼠貞厲는 位不當也일세라.
　　　석서정려　　　위부당야
상(象)에 이르기를, '큰 들쥐는 점이 위태롭다'는 것은 자리가 마땅하
지 못하기 때문이다.

• 〈古易斷時言〉의 점단
부정불의(不正不義) 한 소원이나 행동이 있는 때다. 만사에 매우 조심하
라. 일단 이익을 얻었다 할지라도 오래가지 못하고 실패한다. 간사한
무리는 패가망신(敗家亡身) 한다. 보통사람은 백사 난성(難成) 하고 손
재수(損財數) 가 있다. 정심(正心) 으로 고수(固守) 하고 전진하지 마라.

六五　悔亡·失得·勿恤 ○ 往·吉 无不利
　　　회망　실득　물휼　　왕　길 무불리
후회함이 없다. 잃었다가 찾는다. 걱정하지 마라. 나가면 길하여 이
롭지 않음이 없다.

[풀이] 六五는 三陰을 환영하니, 걱정 말고 전진하라는 뜻이다.

274

象曰 失得勿恤^{실 득 물 휼}은 往有慶也^{왕 유 경 야}리라.

상(象)에 이르기를, '잃었다가 찾는다. 걱정하지 마라'는 것은 나가
면 경사(慶事)가 있음이다.

• 〈古易斷時言〉의 점단

백사(百事)에 길조(吉兆). 성심(誠心)이면 길하다. 장애가 사라지고
점점 좋아지는 때다. 출산은 편안하나 다만 산기(産期)면 늦으니 서둘
러 잘못되지 않게 하라.

上九 晉其角^{진 기 각}·維用伐邑^{유 용 벌 읍} ○ 厲^여·吉^길 无咎^{무 구} ○ 貞吝^{정 린}

그 뿔에 나아가니, 오직 속읍(屬邑)을 정벌하는 것이다. 위태하나 길
하고 허물이 없으리라. 점이 어렵다.

象曰 維用伐邑^{유 용 벌 읍}은 道未光也^{도 미 광 야}일세라.

상(象)에 이르기를, '오직 속읍을 친다' 함은, 도(道)가 아직 빛나지 못함
이다.

• 〈古易斷時言〉의 점단

반성(反省)하고 도리를 지키며 성실·화정하면 길조(吉兆)다. 남들과
상의하여 추진하고, 고집부리면 대흉(大凶)이다. 거처는 옮기는 것이
좋고, 혼인은 불성하고, 병은 흉하며, 출산은 편안하다.

진(晋)은 '나아간다'는 뜻이다 ● 태양이 지상(地上)에 있으니, 태양이 동쪽 하늘에 떠오르는 상이다. 지화명이(地火明夷) 괘의 역위법(易位法)으로 보면, 명이(明夷)는 이(離)인 태양이 곤지(坤地)의 아래에 있는 상으로 밤중이다 ● 천지비(天地否) 괘의 변화괘로 보면, 비(否)는 천지 상하가 불통하는 비색(否塞)의 상이지만, 이 진(晋)괘는 六五에 一陰이 상괘의 주효로 등장하면서 군위(君位)와 중(中)을 얻으니, 상괘인 이(離)가 명(明)으로 천하를 밝게 비추는 상이다 ● 시각(時刻)은 일출(日出), 일중(日中)의 상이다.

● 아래에 있는 곤(坤)의 유순한 사람들이 위에 있는 이(離)의 문명(文明)한 사람을 따라가서 장차 성공하면서 승진한다는 뜻이다 ● 지혜로운 사람을 따라가면, 그 목적을 달성할 수 있다는 뜻 ● 영락(零落)한 사람이 이 괘를 얻으면, 장차 입신양명(立身揚名)한다는 뜻이 있다 ● 희망을 품고 앞으로 나아간다는 뜻 ● 밝아진다는 뜻 ● 대체로 발달 출세하는 희망적 운세로서, 공무원이나 대기업 근무자는 승진하는 상이다 ● 명성(名聲)이 사방에 널리 퍼지는 상 ● 재상(宰相)이나 이사(理事) 등이 지위를 이용하여, 정보가 상하로 상통하는 것을 방해하는 상 ● 기업, 상업은 노력에 비하여 이익이 적다 ● 겉은 화려하고 아름답지만, 속은 비어서 허망하다는 뜻 ● 이익을 계발하는 지혜가 없으면, 바쁘기만 하고 유약한 보통사람이라는 뜻 ● 잠깐 입신출세하지만 장차 영락(零落)한다는 뜻이 있다.

지화명이
地火明夷

明夷는 利艱貞하니라

初九는 明夷于飛에 垂其翼이나 君子于行에 三日不
食하야 有攸往에 主人이 有言이로다

六二는 明夷에 夷于左股이니 用拯馬이 壯하면 吉하리라

九三은 明夷于南狩하야 得其大首이니 不可疾貞이
니라

六四는 入于左腹이니 獲明夷之心을 于出門庭이로다

六五는 箕子之明夷이니 利貞하니라

上六은 不明하야 晦니 初登于天하고 後入于地로다

明夷. 利艱貞

명이(明夷)는 간난(艱難)을 점치면 이롭다.

[풀이] '명이'(明夷)는 '동이'(東夷)의 이칭(異稱)이다. 어려운 상황을 점치는 것을 간정(艱貞)이라 한다. 활을 잘 쏘는 동이가 나타나면 한족(漢族)으로는 대항하기 어려운 상황이므로, 간정만 괘사에 나온다. 통설은 명이는 '밝음이 깨어진다', '밝음이 다친다'는 뜻으로 본다. 또 상대방으로부터 공격을 받아서 내가 상처를 입고 깨어진다는 뜻이기도 하다.

象曰 明入地中이 明夷니 內文明而外柔順하여 以蒙大難이니 文王이 以之하니라 利艱貞은 晦其明也라 內難而能正其志니 箕子以之하니라.

단(彖)에 이르기를, 밝음이 땅속으로 들어가는 것이 명이(明夷)이니, 안은 문명(文明)하고, 밖은 유순(柔順)하여, 이로써 큰 어려움을 당함이니, 문왕(文王)이 그렇게 하였다. '간난을 점치면 이롭다' 함은, 그 밝음을 어둡게 하기 때문이다. 안에 어려움이 있어도 능히 그 뜻을 바르게 하니, 기자(箕子)가 그렇게 하였다.

[풀이] 명입지중(明入地中)이니 공자는 명이(明夷)를 캄캄한 밤중으로 보았다. 즉, 외괘인 三陰이 내괘인 이명(離明)을 덮어서 가리는 상황으로, 문왕(文王)과 기자(箕子)가 은(殷)나라 주왕(紂王) 때문에 간난을 겪은 고사(故事)를 예로 들었다.

象曰 明入地中이 明夷니 君子以하야 莅衆에 用晦而明하나니라.

상(象)에 이르기를, 태양이 땅속으로 들어가는 것이 명이(明夷)이다. 군자는 이것을 보고, 무리와 같이 지내면서 겉으로 어리석은 듯 행동하여 밝음을 감춘다.

• 〈**古易斷時言**〉의 점단

백사(百事)에 방해가 생기기 쉬운 시절이다. 정신(正愼)하라. 손재나 모함을 받고, 성실한 사람이 일단 재난을 당했으면 그 뒤는 길하게 된다는 뜻이 있다. 일상소사나 문학, 예술에 관한 것은 무방하다. 급하게 서둘지 마라. 병은 대체로 흉하고 산부는 혈허(血虛)하다.

初九 明夷于飛·垂其翼 ○ 君子于行·三日不食 ○ 有攸往· 主人有言

동이(東夷)가, 날다가 날개를 드리운다. 군자가 출행(出行)함에 사흘 동안 먹지 않는다. 갈 곳이 있다. 주인(主人)의 비난이 있다.

[풀이] 이경지, 고형 교수는 '明夷于飛'(명이우비)를 근거로 삼아서 명이(明夷)를 '하늘을 나는 새'[鳥]라고 풀이한다.

象曰 君子于行은 義不食也라.

상(象)에 이르기를, '군자가 출행함에', 의리 때문에 먹지 않는다.

• 〈**古易斷時言**〉의 점단

현상유지가 유리하고, 추진하면 반드시 손해를 본다. 다만 대덕(大德)의 군자는 나중에 길하게 된다. 만사에 남과 공적과 이익을 다투지 마라. 출산은 편안하나 산후를 조심하라. 병은 오래가고, 사람이나 물건은 구할 수 있다.

六二 <ruby>明<rt>명</rt></ruby><ruby>夷<rt>이</rt></ruby>·<ruby>夷<rt>이</rt></ruby><ruby>于<rt>우</rt></ruby><ruby>左<rt>좌</rt></ruby><ruby>股<rt>고</rt></ruby>·<ruby>用<rt>용</rt></ruby><ruby>拯<rt>증</rt></ruby><ruby>馬<rt>마</rt></ruby><ruby>壯<rt>장</rt></ruby>. <ruby>吉<rt>길</rt></ruby>

동이가 왼쪽 허벅지를 다치니, 응급용(應急用)인 말이 씩씩하면 길하다.

<ruby>象<rt></rt></ruby><ruby>曰<rt></rt></ruby> <ruby>六<rt>육</rt></ruby><ruby>二<rt>이</rt></ruby><ruby>之<rt>지</rt></ruby><ruby>吉<rt>길</rt></ruby>은 <ruby>順<rt>순</rt></ruby><ruby>以<rt>이</rt></ruby><ruby>則<rt>칙</rt></ruby><ruby>也<rt>야</rt></ruby>일세라.

상(象)에 이르기를, '六二의 길(吉)'이란 유순하게 법칙을 따름이다.

• 〈**古易斷時言**〉의 점단

정도(正道)로 성실하면 처음에는 장애가 있으나 마침내 길하게 된다. 보통사람은 망진(妄進)하면 손해를 본다. 일상의 소사는 된다. 부정하면 주소에 장애가 생긴다. 남녀관계를 조심하라. 출산은 늦고 병은 흉하다.

九三 <ruby>明<rt>명</rt></ruby><ruby>夷<rt>이</rt></ruby><ruby>于<rt>우</rt></ruby><ruby>南<rt>남</rt></ruby><ruby>狩<rt>수</rt></ruby>·<ruby>得<rt>득</rt></ruby><ruby>其<rt>기</rt></ruby><ruby>大<rt>대</rt></ruby><ruby>首<rt>수</rt></ruby> ○ <ruby>不<rt>불</rt></ruby><ruby>可<rt>가</rt></ruby><ruby>疾<rt>질</rt></ruby><ruby>貞<rt>정</rt></ruby>

동이가 남쪽으로 정벌을 가서 그 우두머리를 얻는다. 병점(病占)은 불가(不可)다.

[풀이] 〈백서주역〉에는 '明夷夷于南守'(명이이우남수)로 되어 있다.

<ruby>象<rt></rt></ruby><ruby>曰<rt></rt></ruby> <ruby>南<rt>남</rt></ruby><ruby>狩<rt>수</rt></ruby><ruby>之<rt>지</rt></ruby><ruby>志<rt>지</rt></ruby>를 <ruby>乃<rt>내</rt></ruby><ruby>大<rt>대</rt></ruby><ruby>得<rt>득</rt></ruby><ruby>也<rt>야</rt></ruby>로다.

상(象)에 이르기를, 남쪽으로 정벌을 나간 뜻은 크게 소득이 있다.

• 〈**古易斷時言**〉의 점단

성실하면 재건(再建)하여 발전하고 길조가 된다. 부정하면 실패하고 돌진을 금(禁)하라. 친척의 나쁜 일로 고생한다. 병은 치유되고 혼인은 좋지 않다. 단, 재혼은 좋다.

280

六四 入于左腹 ^{입 우 좌 복} · 獲明夷之心 ^{획 명 이 지 심} · 于出門庭 ^{우 출 문 정}

왼쪽 배에 들어가니, 명이의 마음을 얻어 문정(門庭)을 나갔다.

[풀이] 〈백서주역〉에는 '明夷夷于左腹'(명이이우좌복)으로 되어 있다.

象曰 入于左腹 ^{입 우 좌 복} 은 獲心意也 ^{획 심 의 야} 라.

상(象)에 이르기를, '왼쪽 배에 들어간다' 함은 마음과 뜻을 얻음이다.

• 〈古易斷時言〉의 점단

현상유지하는 것이 좋고 새로 추진하면 손해가 크다. 질병은 흉. 단, 수년에 걸친 지병은 위험하나 다시 치료된다. 혼인은 흉. 출산은 모중(母重)하나 자안(子安)하다.

六五 箕子之明夷 ^{기 자 지 명 이} ○ 利貞 ^{이 정}

기자(箕子)가 명이(明夷: 東夷)에 갔다. 이롭다는 점이다.

[풀이] 종래의 통설인 "기자가 주왕의 폭정을 충간(忠諫)하다가 곤욕(困辱)을 치른 고사이다"란 해석과는 다르게, 이경지 교수는 "기자지명이"(箕子之明夷)를 "기자가 동방(東方)의 나라인 일출처(日出處)로 갔다"고 풀이한다. 즉, 이효사는 "은(殷)이 망한 뒤의 고사(故事)로, 주왕(紂王)의 친척인 기자가 명이라는 동방의 고향을 찾아갔다"고 해석한다.

象曰 箕子之貞 ^{기 자 지 정} 은 明不可息也 ^{명 불 가 식 야} 라.

상(象)에 이르기를, '기자(箕子)의 정(貞)'은 밝음은 없앨 수 없다는 말이다.

[풀이] 5효는 군주 자리인데 기자 이야기가 여기에 있는 이유는, 당시에 그를 동이의 군왕으로 대우한 증거이다.

• 〈古易斷時言〉의 점단

보통사람은 바야흐로 재앙이 몸을 덮치는 난처한 시절이다. 손재(損財) 와 질병과 도난사고를 조심하라. 남의 일로 재앙을 받는 수가 있다. 비록 정도(正道)로 성실하더라도 매우 조심하지 않으면 흉하다.

上六 不明·晦 ○ 初登于天·後入于地
불명(不明)하고 어둡다. 처음에 하늘에 오르나, 뒤에 땅속에 들어간다.

象曰 初登于天은 照四國也요 後入于地는 失則也라.
상(象)에 이르기를, '처음에 하늘에 올랐다'는 것은 사방의 모든 나라를 비춘다는 것이고, '뒤에 땅으로 들어갔다'란 법칙을 잃은 것이다.

• 〈古易斷時言〉의 점단

백사(百事)가 난성(難成)이다. 성실하게 최선을 다하여야만 오래 지나서 성사한다. 보통사람은 질투하고 미워하는 생각이 있어 흉하게 된다. 자기주장을 내세우면 흉하게 된다.

명이(明夷)는 '밝음이 깨어진다', '다친다'는 뜻이다. 또 상대방에게 상처를 받아 내가 깨어진다는 뜻도 있다 • 64괘상 중에서 '손상', '파멸', '실패'의 괘는 명이(明夷)괘와 고(蠱)괘가 대표적인데, 고괘는 내부나 자기에게 원인이 있고 명이괘는 외부나 상대방에게 원인이 있다는 점에서 구별된다. 즉, 두 괘는 화근(禍根)의 출처가 내외로 구별된다 • 진(晉)괘의 역위로 보면, 진괘는 이일(離日)이 곤지(坤地) 위에 있어서 밝은 상황이지만, 명이괘는 이일이 곤지 아래로 들어가는 상이므로 어두운 그믐밤의 상이다 • 상위는 곤(坤)의 암매(暗昧)이고, 하위는 이(離)의 명지(明知)의 상이니, 자기는 비록 문명의 덕이 있어도 윗사람의 곤암(坤暗) 때문에 다치는 상이다.

• 손상 · 파멸 · 실패의 뜻 • 감추고 속인다는 뜻 • 남에게 속는다는 뜻 • 불이 나서 어둡고 재만 남았으니, 화재 위험이 있다는 뜻 • 도적을 만난다는 뜻 • 주륙(誅戮)당한다는 뜻 • 심야(深夜) · 미혹(迷惑)의 상 • 흉한 줄 알고 이를 경계해 미리 대비하면 재앙을 면할 수 있다.

풍화가인
風火家人

家人은 利女貞하니라

初九는 閑有家이니 悔亡하니라

六二는 无攸遂이요 在中饋니 貞吉하리라

九三은 家人이 嗃嗃하니 悔厲이나 吉하니 婦子이 嘻嘻면 終吝하리라

六四는 富家이니 大吉하리라

九五는 王假有家이니 勿恤하야 吉하리라

上九는 有孚코 威如이면 終吉하리라

家人_{가 인}. 利女貞_{이 녀 정}

가인(家人)은 여자의 점은 이롭다.

[풀이] 가인(家人)이란, 집안사람이란 뜻이니, 주부·부녀자·주택 등 가정에 관한 일을 정리한다.

象曰 家人_{가 인}은 女正位乎内_{여 정 위 호 내}하고 男正位乎外_{남 정 위 호 외}하니 男女正_{남 녀 정}이 天地之_{천 지 지} 大義也_{대 의 야}라 家人_{가 인}에 有嚴君焉_{유 엄 군 언}하니 父母之謂也_{부 모 지 위 야}라 父父子子兄兄弟_{부 부 자 자 형 형 제} 弟夫夫婦婦_{제 부 부 부 부} 而家道正_{이 가 도 정}하리니 正家而天下定矣_{정 가 이 천 하 정 의}리라.

단(彖)에 이르기를, 가인(家人)은 여자는 안에 바른 자리가 있고, 남자는 밖에 바른 자리가 있으니, 남녀가 바른 것이 천지의 대의(大義)이다. 가인(家人)에 엄군(嚴君)이 있으니 부모를 이름이라, 아비는 아비답고, 자식은 자식답고, 형은 형답고, 아우는 아우답고, 남편은 남편답고, 아내는 아내다우면 가도(家道)가 바르니, 집을 바르게 하여야만 천하가 안정된다.

[풀이] 상효를 제외하고 다 정위(正位)를 얻었는데, 九五와 六二를 특히 강조한다.

象曰 風自火出_{풍 자 화 출}이 家人_{가 인}이니 君子以_{군 자 이}하야 言有物而行有恒_{언 유 물 이 행 유 항}하나니라.

상(象)에 이르기를, 바람이 불에서 나오는 것이 가인(家人)이다. 군자는 이것을 본받아서, 언사(言辭)는 내실(內實)이 있고, 행동은 항상(恒常)하다.

주인이 부정한 사람이면 그 아랫사람도 부정한 경우가 많다. 손재수가
생긴다. 일상소사는 성사하지만, 대사(大事)는 불성한다. 대체로 가사
(家事)는 열에 다섯 여섯은 성사된다고 본다. 보통사람은 사랑에 빠지
는 경우가 많다. 혼인은 좋다. 출산은 편안. 병은 오래가고, 남녀관계
를 삼가라.

初九 閑有家 ○ 悔亡
집안의 어지러움을 막는다. 후회가 없다.

象曰 閑有家는 志未變也라.
상(象)에 이르기를, '집안의 어지러움을 막는다'는 뜻이 변하지 않는
다는 말이다.

• 〈古易斷時言〉의 점단

정도(正道)로 나가면 차차 길하게 되고 부녀자는 행복해진다. 만약 부
정하게 가면 크게 흉하다. 대체로 보통사람의 점은 작은 장애가 생겨서
후일에야 성사된다. 병은 중하고 오래간다.

六二 无攸遂 · 在中饋 ○ 貞吉
달리 이룰 것은 없고, 집안에서 음식(飮食)을 봉양한다. 점은 길하다.

象曰 六二之吉은 順以巽也일세라.
상(象)에 이르기를, '六二의 길(吉)'은 순종하면서 공손하다는 것이다.

286

• 〈古易斷時言〉의 점단

보통사람은 만사가 성사될 듯하지만 불성한다. 만약 계속 추진하면 재앙이 생긴다. 대체로 가정의 일상소사는 유리하다. 병은 불안하니 빨리 의사를 바꿔라. 출산은 늦고, 급하게 서두르면 난산한다.

九三 家人嗃嗃·悔厲·吉 ○ 婦子嘻嘻·終吝
<small>가 인 학 학　회 려 길　　부 자 희 희　종 린</small>

집사람들이 근엄하면, 후회하고 위태로워도 길하다. 부녀자가 긴장하지 않으면, 끝내 어렵게 된다.

象曰 家人嗃嗃은 未失也요 婦子嘻嘻는 失家節也라.
<small>　　가 인 학 학　미 실 야　　부 자 희 희　실 가 절 야</small>

상(象)에 이르기를, '집사람들이 근엄함'은, 〔가도(家道)를〕 잃지 아니함이요, '아내와 자식이 깔깔거림'은 가도가 절도를 잃었음이다.

• 〈古易斷時言〉의 점단

근면하면 만사가 천천히 성사되지만, 게으르면 백사불성(百事不成) 하며 손해 본다. 대체로 남과 같이 하는 일을 유리하다. 혼인은 좋다. 출산은 편안. 병은 중하고 오래간다.

六四 富家 ○ 大吉
<small>　　부 가　대 길</small>

그 집을 부유하게 하니 크게 길하리라.

象曰 富家大吉은 順在位也일세라.
<small>　　부 가 대 길　순 재 위 야</small>

'그 집을 부유하게 하니, 크게 길하리라'는 순종해 그 자리에 있을세라.

- **〈古易斷時言〉의 점단**

인륜(人倫)을 따르면 성사되고, 예의에 벗어나면 불성. 출산은 편안. 병은 중하다.

九五 王_왕假_격有_유家_가 · 勿_물恤_휼 · 吉_길

왕이 집에 왔다. 걱정하지 마라. 길하다.

[풀이] 〈백서주역〉에는 끝이 '往吉'(왕길)로 되어 있다.

象曰 王_왕假_격有_유家_가는 交_교相_상愛_애也_야라.

'왕이 집에 왔다' 함은 사귀어 서로 사랑함이다.

- **〈古易斷時言〉의 점단**

정직한 사람은 남의 도움을 얻어 일이 성사된다. 혼자서 추진하면 불성한다. 대체로 일상소사는 성사하지만 대사는 안 된다. 출산은 조금 늦다. 병은 변화가 있고 약을 바꾸는 것이 좋다.

上九 有_유孚_부 · 威_위如_여 ○ 終_종吉_길

믿음이 있고 위엄이 있으면 끝내 길하다.

[풀이] 믿음과 위엄이란 주부(主婦)에 대한 남편의 신의이다.

象曰 威_위如_여之_지吉_길은 反_반身_신之_지謂_위也_야라.

상(象)에 이르기를, '위엄이 있으면 길하다' 함은 몸을 반성(反省)함을 이르는 것이라.

288

• 〈古易斷時言〉의 점단

보통사람은 실패하므로, 현상유지하는 것이 좋다. 병은 흉하고, 혼인도
흉하다. 출산은 산후조리를 조심하라.

가인(家人)이란 '집안사람'이란 뜻이니, '집' 또는 '가정'이라고도 본다 • 손
(巽) 장녀가 위에 있고 이(離) 중녀가 아래에 있으니, 자매간에 상하질서가
정연하므로 가풍(家風)이 제대로 된 집안의 상이다 • 九五의 양효가 부(夫)
의 자리에 있어서 중정(中正)이고, 六二의 음효는 처(妻)의 자리에 있어서 중
정(中正)이므로, 부부가 제 역할을 하면서 화순친목(和順親睦)하게 집안을
유지한다는 뜻이다 • 괘체로 보면 上九를 제외하면 모든 효(爻)가 정위(正位)
에 있으니 가족 구성이 정상이라는 뜻이다.

　　• 내괘는 이명(離明)이고 외괘는 손손(巽遜)이니, 가인(家人)이 안으로 지
혜롭게 살피고 밖으로 공손하게 처신하여 가도(家道)가 날로 번창한다는 뜻
이다 • 가도(家道)나 가업(家業)은 모두가 가내의 사사(私事)라는 의미이니,
공사(公事)나 공익(公益)과는 대비되는 뜻 • 가업이 흥성(興盛)한다는 뜻 • 집
사람이니 외출보다는 재가(在家)가 유리하다는 뜻 • 인덕(人德)이 있다는 뜻
• 바람이 강하면 화재의 뜻 • 九五의 양효인 부(夫)와 六二의 음효인 처(妻)
의 사이에 친비하는 六四와 九三이 끼어서, 부부 사이를 방해하는 상 • 애정
(愛情)에 문제나 장애가 생긴다는 뜻 • 분수 밖의 일은 조심하라는 뜻 • 여자
가 결혼한다는 뜻 • 여자가 앞에 나서면 효율적인 경우가 있다는 뜻도 있다.

화택규
火澤睽

睽는 小事^{소사}는 吉^길하리라

初九는 悔^회이 亡^망하니 喪馬^{상마}하고 勿逐^{물축}하야도 自復^{자복}이니 見^견
惡人^{악인}이라야 无咎^{무구}이리라

九二는 遇主于巷^{우주우항}이라야 无咎^{무구}이리라

六三은 見輿曳^{견여예}코 其牛^{기우}이 掣^체이며 其人^{기인}이 天且劓^{천차의}니 无^무
初^초코 有終^{유종}이리라

九四는 睽孤^{규고}하야 遇元夫^{우원부}하야 交孚^{교부}이니 厲^여하여야 无咎^{무구}
이리라

六五는 悔亡^{회망}하니 厥宗^{궐종}이 噬膚^{서부}니 往^왕에 何咎^{하구}이리오

上九는 睽孤^{규고}하야 見豕負塗^{견시부도}와 載鬼一車^{재귀일거}이라 先張之^{선장지}
弧^호이다가 後說之弧^{후탈지호}하야 匪寇^{비구}이라 婚媾^{혼구}이니 往遇雨^{왕우우}하면
則吉^{즉길}하리라

^규睽. ^{소 사 길}小事 吉

규(睽)는, 소사(小事)에 길하다.

[풀이] 규(睽)는 '눈을 흘긴다'는 뜻이니, 중녀(中女)와 소녀(小女)가 서로 생각이 어긋나서 눈을 흘기는 장면이다. 즉, '서로 어긋난다', '괴리(乖離)된다'는 뜻이다. 〈백서주역〉에는 괘명이 '乖'(괴)로 되어 있고, 〈전국초죽서〉에는 '楑'(규)로 되어 있다.

象曰 睽는 火動而上하고 澤動而下하며 二女同居하나 其志不同行하니라 說而麗乎明하고 柔進而上行하여 得中而應乎剛이라 是以小事吉이니라 天地가 睽而其事同也며 男女가 睽而其志通也며 萬物이 睽而其事類也니 睽之時用이 大矣哉라.

단(彖)에 이르기를, 규(睽)는 불이 움직여 올라가고 못은 움직여 내려오며, 두 여자가 함께 살고 있으나 그 뜻은 함께 가지 못하니라. 기뻐하되 밝은 것에 붙고, 유(柔)가 나아가 위로 올라가서 중(中)을 얻어 강(剛)에 상응한다. 이로써 '작은 일은 길한 것'이니라. 하늘과 땅이 어긋나도 그 일은 같으며, 남녀는 어긋나지만 그 뜻은 통하며, 만물이 어긋나지만 그 일은 비슷하니, 규(睽)의 시용(時用)이 크도다.

象曰 上火下澤이 睽니 君子以하야 同而異하나니라.

상(象)에 이르기를, 위에 불이 있고 아래에 못물이 있는 것이 규(睽)이다. 군자는 이것을 보고, 같으면서도 다른 줄 안다.

[풀이] 같으면서도 다르다는 말은 부화뇌동(附和雷同)하지 않고 자기의 주장을 실현한다는 뜻이다.

화정(和正)하고 노력하면 평상시의 소사는 성사된다. 사람과 불화하면 만사 불길하고, 소사도 반드시 방해가 생겨 지체되거나 이루지 못하리라. 착오와 다툼이 끊임이 없다. 단, 학문(學問)은 성취한다. 병은 치유. 출산은 안(安). 혼인은 흉하다.

初九 悔亡 ○ 喪馬·勿逐·自復 ○ 見惡人 无咎
후회가 없어진다. 말을 잃으나 안 찾는다. 스스로 돌아온다. 악인(惡人)을 만나도 무탈하다.

象曰 見惡人은 以辟咎也라.
상(象)에 이르기를, '악인을 만난다'는 그 허물을 피한다는 뜻이다.

만사 처음엔 이루기 어려우나, 바르게 처신하면 오랜 후에 이루어지리라. 부정(不正), 불의(不義)한 일은 싸우다가 깨어진다. 병은 위험하여 많은 경우 낫기 어렵다. 혼인은 좋지 않다.

九二 遇主于巷 ○ 无咎
주인을 궁중(宮中)에서 만난다. 무탈하다.

[풀이] 항(巷)은 궁중의 도로(道路)이다.

象曰 遇主于巷이 未失道也라.
상(象)에 이르기를, '주인을 궁중에서 만난다'는 것은 도를 잃지 아니함이다.

292

정신(正信)하여 간절히 구하는 것은 이루어지리라. 단, 보통사람이 사
욕(私慾)으로 하는 것은 많은 경우 분쟁과 괴리를 초래하게 되니 삼가
라. 무릇 타인을 위하여 하는 것은 처음엔 이루기 어렵고 끝에는 이룬
다. 혼인은 구설 조심. 병은 중병이니 빨리 치료하면 치유. 출산은 편안
하나, 산부(産婦)가 놀라기 쉽다.

六三　見輿曳·其牛掣 ○ 其人天且劓 ○ 无初有終
수레를 뒤에서 끌어당기는데, 그 소는 뻗댄다. 그 사람은 묵형(墨刑)
과 의형(劓刑)을 받았다. 처음은 없고, 끝은 있다.

[풀이] 상하가 모두 상비(相比)하니 서로가 곤란한 상황이다.

象曰　見輿曳는 位不當也요. 无初有終은 遇剛也일세라.
상(象)에 이르기를, '수레를 뒤에서 끌어당김을 본다' 함은 자리가 마
땅치 못함이요, '처음은 없고 끝은 있다' 함은 강(剛)을 만났음일세라.

처음은 이루지 못할 것 같지만 나중에 이루어진다는 뜻이 있다. 뜻밖에
발생하는 사건은 반드시 재앙이 있다. 음식물을 조심하고, 만사 외부의
유혹을 주의하라. 일상생활에 부지런하면 길조(吉兆)가 있으리라. 병
은 낫기 어렵다. 출산은 늦다.

九四 睽孤 ○ 遇元夫 交孚·厲·无咎
규고   우원부 교부   여 무구

어긋나서 고독하다. 원부를 만나서, 사귐에 신의가 있다. 비록 위태
하나 무탈하다.

[풀이] 初九와 불응이고, 六五와 상비(相比)하나 소인이니 위태하다.

象曰 交孚无咎는 志行也라.
교부무구   지행야

상(象)에 이르기를, '신의로 사귀니 무탈하다'란 뜻대로 행함이다.

• 〈古易斷時言〉의 점단
백사(百事)에 처음엔 흩어지고 나중에 합한다는 뜻이 있다. 단, 성심
(誠心)으로 화순(和順)하여 타인과 더불어 같이 하는 것이 이롭고, 행
복을 얻으리라. 병은 낫고, 출산은 편안하고, 혼인은 가하다.

六五 悔亡 ○ 厥宗噬膚 ○ 往·何咎
회망   궐종서부   왕 하구

후회가 없다. 그 종친(宗親)과 같이 부드러운 고기를 씹는다. 가면
무슨 허물이 있겠는가.

[풀이] 소사(小事)를 수행한다.

象曰 厥宗噬膚는 往有慶也라.
궐종서부   왕유경야

상(象)에 이르기를, '그 종친과 부드러운 살을 씹듯 쉽게 합한다'는
것은 가면 경사가 있음이다.

보통사람은 만사 이루기 어렵다. 타인에게 부탁하면 순조롭게 되는 경
우 있으리라. 만사에 상식을 지키고 함부로 추구하지 마라. 병은 한 번
나았다가 재발하니 주의. 출산은 불안.

　　　　규 고　　　　견 시 부 도　　　재 귀 일 거　　　선 장 지 호　　　후 탈 지 호
上九 睽孤 ○ 見豕負塗・載鬼一車・先張之弧・後說之弧 ○

　비 구　　　혼 구　　　왕　　우 우　　즉 길
匪寇・婚媾 ○ 往・遇雨・則吉

어긋나서 고독하다. 돼지가 더러운 진흙에서 뒹구는 것을 본다. 귀신
(鬼神)을 한 수레 실었다. 처음에 활을 당겼으나 뒤에 활을 내려놓는
다. 도둑이 아니고 배우자다. 가다가 비를 만나면 길할 것이다.

[풀이] 六三이 응효인데 육형(肉刑)을 당한 사람이니, 흉하게 보인다.

　　　　우 우 지 길　　　군 의 망 야
象曰 遇雨之吉은 群疑亡也라.

상(象)에 이르기를, '비를 만나면 길하다'란 모든 의심이 없어짐을 뜻
한다.

의심 때문에 사람들과 불화가 생기고, 마침내 미움을 받게 되는 경우가
많으니 주의하라. 잘못하여 타인을 오해할 수 있으니 경망한 판단을 삼
가라. 또 만사 착오나 방해가 있어 이루기 어렵다. 부덕(不德) 무재(無
才)한 보통사람은 대처하기 어렵다. 급히 서두르면 흉하다.

규(睽)는 눈흘김이니, '어긋난다', '괴리된다'는 뜻이다. 따라서 '위배된
다', '의심하다', '등진다'는 뜻이 있다 • 이화(離火)는 위로 올라가고, 태택
(兌澤)은 아래로 내려가니, 수화(水火)가 교제하지 못한다. 등져서 어긋나
고 실패해서 떠나 버린다는 뜻이므로, 규(睽)라고 한다 • 이(離)의 중녀와
태(兌)의 소녀는 같은 부모가 집에서 키운 자매이지만, 그 시집가는 곳은
감(坎)과 간(艮)으로 각각 달라서, 그 뜻[志]도 역시 같지 않으므로 규(睽)
라고 한다.

   • 모든 사건에서 그 시작은 예상치 못한 작은 의심에서 미혹이 생기지
만, 그것이 모이고 쌓여서 결국 서로 등지게 된다 • 착오가 있어서 잘못된
다는 뜻 • 달라지고 변화한다는 뜻 • 증오한다는 뜻 • 속세를 떠나고자 한다
는 뜻 • 위배되어서 떠나간다는 뜻 • 항상 의혹이 있다는 뜻 • 과실(過失)이
라는 뜻 • 六五가 九二의 도움을 받으니, 큰일은 이루지 못하나 작은 일은
똑똑한 자를 따라가면 성사된다는 뜻 • 상호간에 애경(愛敬) 화목하면 이룰
수 있다는 뜻 • 각각 달리 쓸모가 있다는 뜻이 있다.

수산건
水山蹇

蹇^건은 利西南^{이서남}하고 不利東北^{불리동북}하며 利見大人^{이견대인}하니 貞^정이면

吉^길하리라

初六은 往^왕하면 蹇^건코 來^래하면 譽^예리라

六二는 王臣蹇蹇^{왕신건건}이 匪躬之故^{비궁지고}이라

九三은 往^왕하면 蹇^건코 來^래하면 反^반이리라

六四는 往^왕하면 蹇^건코 來^래하면 連^연하리라

九五는 大蹇^{대건}에 朋來^{붕래}리라

上六은 往^왕하면 蹇^건코 來^래하면 碩^석이라 吉^길하리니 利見大人^{이견대인}

하니라

蹇. 利西南·不利東北 ○ 利見大人 ○ 貞吉

건(蹇)은, 서남(西南)이 이롭고, 동북(東北)이 불리하다. 대인을 만나
보면 이롭다. 점은 길하다.

[풀이] 건(蹇)은 '다리가 불편하다'는 뜻이다. 이를테면, 산에 갔는데 발이 탈나
서 내려오기 불편한 장면이다. 이른바 난괘에 속한다. 중국은 서남지방에 산이
많고, 동북은 산이 적다. 다리가 불편한 사람은 산에 가야 조심하므로, '서남이
이롭고 동북이 불리하다'. 〈백서주역〉에는 괘명이 '寋'(건)으로 되어 있다.

象曰 蹇은 難也니 險在前也니 見險而能止하니 知矣哉라 蹇利西
南은 往得中也요 不利東北은 其道窮也라 利見大人은 往有功也
라 當位貞吉은 以正邦也니 蹇之時用이 大矣哉라.

단(彖)에 이르기를, 건(蹇)은 어려움이니 험(險)한 것이 앞에 있다.
험한 것을 보고 능히 그치면 지혜롭다. '건(蹇)은 서남쪽이 이롭다' 함
은 앞으로 가면 중정을 얻을 것이요, '동북쪽이 불리하다' 함은 그 도
로에서 궁하게 된다. '대인을 만나면 이로운 것'은 앞으로 가면 공(功)
이 있을 것이요, 〔九五가〕마땅한 자리에 있어서 '점은 길하다' 함은 나
라를 바르게 함이니, 건(蹇)의 시용(時用)이 크도다.

象曰 山上有水가 蹇이니 君子以하야 反身修德하나니라.

상(象)에 이르기를, 산 위에 물이 있는 것이 건(蹇)이다. 군자는 이
것으로 보고서, 자기 몸을 반성(反省)하고 덕성(德性)을 닦는다.

- **〈古易斷時言〉의 점단**

만사에 퇴수(退守)하고 새로운 희망은 버릴 것. 화순(和順)하고 성실(誠實)하면 길조로 변하지만, 강강(剛强)하면 흉하다. 급히 서두르면 백사불성(百事不成). 유능한 타인에게 부탁하여 추진하는 편이 유리하다. 백사(百事)에 처음은 흉하나 뒤에는 길하다는 뜻이 있다. 병은 난치. 출산은 난산이면서 늦다.

初六 往蹇 · 來譽
가면 건난(蹇難)하고, 오면 명예를 얻는다.

象曰 往蹇來譽는 宜待也니라.
상(象)에 이르기를, '가면 건난하고 오면 명예를 얻는다'란 마땅히 기다려야 함이다.

- **〈古易斷時言〉의 점단**

실패한다는 뜻이 있다. 현상유지하고 변화하지 말 것이며, 남녀관계를 조심하라. 병은 증세가 급변하니 치료를 게을리하지 마라. 혼인은 흉하고, 출산은 평평하다.

六二 王臣蹇蹇^{왕신건건}·匪躬之故^{비궁지고}

왕(王)과 신하(臣下)가 건난(蹇難)하고 발을 절뚝거림이 제 몸 때문이 아니다.

象曰 王臣蹇蹇^{왕신건건}은 終无尤也^{종무우야}리라.

상(象)에 이르기를, '왕과 신하가 건난하고 발을 절뚝거린다'는 것은 마침내 허물이 없다는 뜻이다.

• 〈古易斷時言〉의 점단
성실하면 마침내 길하게 되지만, 보통사람은 험난하고 흉한 일이 많다.

九三 往蹇^{왕건}·來反^{래반}

가면 건난(蹇難)하고, 오면 반성함이다.

象曰 往蹇來反^{왕건래반}은 內喜之也^{내희지야}일세라.

상(象)에 이르기를, '가면 건난하고, 오면 돌이킴'이란 안에서 기뻐함이다.

• 〈古易斷時言〉의 점단
백사(百事)가 대개 성사되지만 대사(大事)는 역부족이다. 남과 같이 협동하면 이롭고, 혼자 하는 것은 실패한다. 병은 중하니 빨리 치료하라. 늦으면 불치(不治). 혼인은 좋다.

300

六四 往蹇^{왕 건}·來連^{래 연}

가면 건난(蹇難)하고, 오면 따른다.

[풀이] 정도로 九五인 지휘자의 의견을 따른다.

象曰 往蹇^{왕 건 래 연}來連은 當位^{당 위}가 實也^{실 야}일세라.
상(象)에 이르기를, '가면 건난하고, 오면 따른다'란 마땅한 자리에
서 충실함이다.

• 〈古易斷時言〉의 점단
정도(正道)로 성실하면 백사(百事)가 성취된다. 윗사람의 지시를 따르
면 길하다. 그러나 병은 흉하다. 혼인은 길하다.

九五 大蹇^{대 건}·朋來^{붕 래}

대인(大人)이 건난하니, 붕우(朋友)가 온다.

[풀이] 군주가 어려우니 신하인 六二가 도와준다.

象曰 大蹇朋來^{대 건 붕 래}는 以中節也^{이 중 절 야}라.
상(象)에 이르기를, '대인이 건난하니 붕우가 온다'란 가운데 자리에
서 절제(節制)함이다.

• 〈古易斷時言〉의 점단
성실하면 남의 도움을 얻어 길하지만, 부정하면 백사가 흉하게 된다.
공명정대한 자세를 가져야 한다.

上六 往蹇^{왕건}·來碩^{래석} ○ 吉^길 ○ 利見大人^{이견대인}

가면 건난(蹇難)하고 오면 큰 공이 있다. 길하다. 대인을 만나 보면 이롭다.

[풀이] 九五가 대인이다.

象曰 往蹇來碩^{왕건래석}은 志在內也^{지재내야}요 利見大人^{이견대인}은 以從貴也^{이종귀야}라.

상(象)에 이르기를, '가면 건난하고 오면 큰 공이 있다'란 뜻이 안에 있음이요, '대인을 만나 보면 이롭다'는 귀한 것을 따름이다.

• 〈古易斷時言〉의 점단

백사(百事)가 길하고 성취된다. 다만 부정한 사람은 친화력이 없어서 흉하게 된다. 출산은 편안. 병은 치료되지만 재발을 조심.

괘상풀이

건(蹇)은 '다리가 불편하다'는 뜻이다. 따라서 '질병', '간난'(艱難), '액운'(厄運) 등의 뜻도 있다 • 감험(坎險)이 위에 있고, 간지(艮止)가 아래에 있어서, 험한 가운데 머물러서 절름거리고 나가지 못하고 정지한 상이다 • 전후를 살펴보면, 감험이 앞에 있고, 간산(艮山) 준험(峻險)이 뒤에 있어서, 감수(坎水)의 험난이 가로질러서 앞으로 나아갈 수 없고, 뒤에는 간산이 우뚝 솟아서 물러서지도 못하니 건(蹇)이라 한다 • 감수가 간산의 위에 있으면, 그 물은 반드시 아래로 흘러가지만, 그 도중에 돌과 나무를 만나서 흐름이 여러 갈래로 나뉘어서 건난(蹇難)한 상이다.

• 깊은 구덩이나 함정 속에 빠져서 나오지 못한다는 뜻 • 九五와 九三이 양분되어 협조가 안 되는 상 • 집안 식구들이 개성이 강해서 화합이 안 된

302

다는 뜻 • 익사(溺死)하는 상 • 간계(奸計)에 빠진다는 뜻 • 군부친속(君父親屬)을 위해서 간난고로한다는 뜻 • 건난의 시절이지만, 평소에 항상 삼가고 대비한다면 위험에 빠지지 않는다는 뜻 • 건(蹇)괘는 간난이 앞뒤로 2개가 있는데, 택지췌(澤地萃) 괘로 변환시켜서, 2개인 난제(難題)를 하나로 합쳐서 한꺼번에 해결한다는 뜻이 있다.

뇌수해
雷水解

解는 利西南하니 无所往이어든 其來復이 吉하고 有攸
往이어든 夙이 吉하니라

初六은 无咎하니라

九二는 田獲三狐하야 得黃矢니 貞하면 吉하리라

六三은 負且乘이라 致寇至이니 貞이라도 吝이리라

九四는 解而拇이면 朋至하야 斯孚이리라

六五는 君子이 維有解이면 吉하니 有孚于小人이리라

上六은 公用射隼于高墉之上하야 獲之니 无不利로다

解. ^{이서남}利西南 ○ ^{무소왕}无所往·^{기래복}其來復·^길吉 ○ ^{유유왕}有攸往·^{숙길}夙吉

해(解)는, 서남(西南)이 이롭다. 나갈 곳이 없으면 돌아옴이 길하고, 나갈 곳이 있으면 서두르는 것이 길하다.

[풀이] 해(解)는 '해결된다'는 뜻이다. 또 '해산(解散)한다'는 뜻도 있다. 즉, 지금까지 난국(亂局)인 경우에는 해결되는 상황이나, 문제가 없을 때에는 현재 상황이 흐지부지 해산되고 만다는 뜻이다. 〈전국초죽서〉에는 괘명이 '繲'(해)로 되어 있다.

象曰 ^해解는 ^{험이동}險以動이니 ^{동이면호험}動而免乎險이 ^해解라 ^{해리서남}解利西南은 ^{왕득중야}往得衆也요 ^{기래복길}其來復吉은 ^{내득중야}乃得中也요 ^{유유왕숙길}有攸往夙吉은 ^{왕유공야}往有功也라 ^{천지해이}天地解而 ^{뇌우작}雷雨作하며 ^{뇌우작이백과초목}雷雨作而百果草木이 ^{개갑탁}皆甲柝하나니 ^{해지시}解之時가 ^{대의재}大矣哉라.

단(彖)에 이르기를, 해(解)는 (坎上雷下이니) 험한 데서 움직임이니, 움직여서 험(險)을 면(免)하는 것이 해(解)이다. '해(解)는 서남쪽이 이롭다' 함은 가면 무리를 얻을 것이요, '되돌아오면 길하다' 함은 이에 중(中)을 얻었음이요, '갈 데가 있으면 서둘면 길하다' 함은 가면 공(功)이 있음이라. 천지(天地)가 풀려서 우레와 비가 일어나며, 우레와 비가 일어나면 백과(百果)와 초목(草木)이 모두 싹이 튼다. 해(解)의 시(時)가 크도다.

[풀이] 수뢰준(水雷屯)은 역위(易位)하면 뇌수해(雷水解)가 된다.

象曰 ^{뇌우작}雷雨作이 ^해解니 ^{군자이}君子以하야 ^{사과유죄}赦過宥罪하나니라.

상(象)에 이르기를, 천둥과 비가 만나면 해(解)다. 군자는 이것을 보고, 과실(過失)을 사면(赦免)해 주고, 고의(故意) 죄는 너그럽게 벌한다.

[풀이] 난국을 해결하려면 화해하고 포용해야 한다.

• 〈古易斷時言〉의 점단

백사 해결되거나 성사(成事)할 것 같으나, 파구(破舊)로 인하여 지장
(支障)이 생겨 대체로 불성한다. 출산은 해산 직전이면 편안. 그렇지
않으면 모자(母子) 중 한 명이 불안. 병은 치유되나, 추동(秋冬)에 오
래된 구병(久病)을 점치면 불치. 혼인은 불성.

初六 无咎
무탈하다.

象曰 剛柔之際라 義无咎也니라.
상(象)에 이르기를, 강(剛)과 유(柔)가 즈음하니, 의리(義理)상 무
탈하다.

• 〈古易斷時言〉의 점단

만사 평평하나, 추진하면 불리. 현상유지하고, 분수보다 작은 것은 유
리하다. 혼인은 불리. 병은 오래가고, 출산은 평평하다.

九二 田獲三狐 · 得黃矢 ○ 貞吉
사냥에서 여우 3마리를 잡고, 황동(黃銅) 화살을 얻는다. 점이 길하다.

[풀이] 여우는 호감(互坎)을 가리킨다. 잡은 여우 몸에서 화살을 뽑아 회수했다.

象曰 九二貞吉은 得中道也일세라.
상(象)에 이르기를, '九二가 점이 길하다'는 것은 중도(中道)를 얻었
음이다.

중정(中正)하고 불굴의 노력이 있으면 성공하나, 유약하면 흉하다. 유혹을 받아 실수하거나 부정한 마음을 먹으면 사기꾼에게 당한다. 병은 변화가 있으면 위험. 혼인은 과장(誇張)이 많아 불성. 출산은 편안하지만 허경(虛驚)이 있다.

六三 負且乘 · 致寇至 ○ 貞吝
부 차 승   치 구 지   정 린

짐을 지고 수레를 탔다. 도적(盜賊)을 불러들인다. 점이 어렵다.

[풀이] 상하로 상비(相比)하니, 일을 그르쳐 해산한다.

象曰 負且乘이 亦可醜也며 自我致戎이어니 又誰咎也리오.
   부 차 승   역 가 추 야   자 아 치 융   우 수 구 야

상(象)에 이르기를, '짐을 지고 수레를 탔음'은 또한 추(醜)할 수 있다. 내가 스스로 도둑을 불러들이니 또 누구를 탓하겠는가.

• 〈古易斷時言〉의 점단

부정하면 재앙을 초래한다. 백사(百事)가 사리사욕으로 흉하게 된다. 일상의 소사는 가하다.

九四 解而拇 · 朋至斯孚
   해 이 무   붕 지 사 부

너의 엄지발가락을 제거하면, 친구가 이르러 이에 서로 믿는다.

[풀이] 엄지발가락은 初六을 가리킨다. 九四와 初六이 비록 상응하지만 정위(正位)가 아니니 풀어서 제거하는 것이 바람직하다.

象曰 解而拇^{해 이 무}는 未當位也^{미 당 위 야}일세라.

상(象)에 이르기를, '너의 엄지발가락을 제거한다'는 것은 정당한 자리가 아님이다.

• 〈古易斷時言〉의 점단

부정한 친지에게 유혹당하면 재앙이 있다. 정직하면 남의 도움을 얻어 유리하게 된다. 부정직하면 뜻밖의 재앙을 만나니 조심하라. 보통사람은 만사가 불성하니 추진하지 마라. 혼인은 불길. 병은 불안. 출산도 불안.

六五 君子維有解^{군 자 유 유 해} · 吉^길 ○ 有孚于小人^{유 부 우 소 인}

군자의 결박이 풀린다. 길하다. 소인도 신용한다.

[풀이] 고형 교수는 '소인을 처벌(處罰)한다'고 풀이한다.

象曰 君子有解^{군 자 유 해}는 小人^{소 인}의 退也^{퇴 야}라.

상(象)에 이르기를, '군자가 해결이 된다'란 소인이 물러났음이다.

• 〈古易斷時言〉의 점단

대인은 길하나, 보통사람은 방해가 있고 고생이 많다. 정심(正心)으로 성실하게 노력하고, 항상 조심하라. 병은 중증이나 치료가 된다. 출산은 난산이다.

上六 公用射隼于高墉之上·獲之. 无不利
_{공 용 사 준 우 고 용 지 상   획 지   무 불 리}

공(公)이 높은 담 위에서 새매를 쏘아서 잡는다. 불리함이 없다.

[풀이] 공(公)인 上六이 새매인 六三을 제거한다.

象曰 公用射隼은 以解悖也라.
_{공 용 사 준   이 해 패 야}

상(象)에 이르기를, '공이 새매를 쏘아 잡았다'란 사나운 것을 해결한 것이다.

• 〈古易斷時言〉의 점단

신실(信實)하다면 오래된 장애가 없어지고 새로 길조가 생긴다. 병은 위험하나 고비를 넘기면 치유된다. 출산은 편안. 혼인은 대체로 좋다.

괘상풀이

해(解)는 '해결된다', '해산(解散)한다'는 뜻이 있다 • 뇌수해(雷水解) 괘는 진동(震動)이라는 춘양(春陽)의 기운이 감동(坎冬)의 얼음 위로 뚫고 나간 상으로 본다. 봄의 양기(陽氣)가 움직여서 감동의 결빙(結氷)을 녹였고, 지금 단비를 내려서 초목(草木)을 키우는 상이다 • 수뢰준(水雷屯) 괘의 역위로 보면, 준(屯)괘는 감수(坎水)가 진뢰(震雷)의 위에 있어서 진(震)이 동(動)하고자 하지만 감(坎)의 험중(險中)에서 탈출하지 못하는 상인데, 뇌수해 괘가 되면 진(震)이 진동(進動)하여 감험(坎險)의 외부로 빠져나가니, 즉 움직여서 험난을 벗어난 모습이다. 또 준(屯)괘는 겨울철에서 벗어나지 못한 상이다 • 감험을 통과하여 해결한다는 뜻이다.

뇌수해 309

• 위험한 곳을 벗어난다는 뜻 • 두 신하가 합심하여 어려움을 해결한다는 뜻 • 관용(寬容)의 뜻 • 이해(利害)를 설명하여 해결한다는 뜻 • 과오(過誤)를 용서하거나 죄를 가볍게 한다는 뜻 • 게으르다는 뜻 • 서로 갈라서고 분리되어 해산한다는 뜻 • 부부가 불화해서 이별하는 상 • 외괘인 진(震)으로 도망하여 내괘인 감(坎)의 어려움을 피한다는 뜻 • 진(震)인 움직이는 배를 타고 바다 멀리로 나가는 상이다.

산택손
山澤損

損은 有孚^{유부}이면 元吉^{원길}코 无咎^{무구}코 可貞^{가정}이요 利有攸往^{이유유왕}하니 曷之用^{갈지용}이리오 二簋^{이궤}이 可用享^{가용향}이니라

初九는 已事^{이사}이요 遄往^{천왕}이라야 无咎^{무구}이리니 酌損之^{작손지}니라

九二는 利貞^{이정}코 征^정이면 凶^흉하니 弗損^{불손}이라야 益之^{익지}리라

六三은 三人行^{삼인행}엔 則損一人^{즉손일인}코 一人行^{일인행}엔 則得其友^{즉득기우}이로다

六四는 損其疾^{손기질}하되 使遄^{사천}이면 有喜^{유희}하야 无咎^{무구}이리라

六五는 或^혹이 益之十朋之龜^{익지십붕지귀}어든 弗克違^{불극위}이니 元吉^{원길}하니라

上九는 弗損^{불손}이라도 益之^{익지}니 无咎^{무구}이어니와 貞^정이면 吉^길하야 利有攸往^{이유유왕}이니 得臣^{득신}이 无家^{무가}이리라

損. 有孚·元吉 ○ 无咎·可貞 ○ 利有攸往 ○ 曷之用·二簋
可用享

손(損)은, 믿음이 있으면 크게 길하다. 허물이 없으며 가하다는 점이
다. 갈 곳이 있으면 이롭다. 어떻게 쓰겠느냐? 대밥그릇 2개면 향응
(享應) 할 수가 있다.

[풀이] 손(損)은 '들어내어 준다', '줄어든다'는 뜻이다. 삼음삼양이니 지천태
(地天泰) 괘에서 九三이 상효로 이동하면서, 上六이 3효로 내려온 장면이다.
내괘는 외괘에다 一陽을 덜어주었으니, 내괘의 입장에서는 손실(損失) 내지
손해(損害)라는 설명이다.

象曰 損은 損下益上하여 其道上行이니 損而有孚면 元吉无咎可
貞利有攸往이니 曷之用二簋可用享은 二簋應有時며 損剛益柔가
有時니 損益盈虛를 與時偕行이니라.

단(彖)에 이르기를, 손(損)은 아래를 덜어서 위를 더해 주는 것이니,
그 도(道)는 위로 행함이니 '손(損)에 신의가 있으면 크게 길하고 허
물이 없고, 가하다는 점이니, 갈 데가 있어도 이로울 것이다. 어디에
쓸 것인가? 두 그릇이면 제사드릴 수 있다' 함은 두 그릇으로도 때에
맞춰서 향응할 수 있으며, 강(剛)을 덜고 유(柔)를 더해 주는 것도 때
가 있으니, 손익(損益)과 영허(盈虛)는 때와 더불어 행하는 것이다.

[풀이] 지천태(地天泰) 괘에서 풍족한 내괘의 九三이 상효로 옮겨가고, 上六
이 3효로 이동한 것이 산택손(山澤損)이다.

312

象曰 山下有澤이 損이니 君子以하야 懲忿窒欲하나니라.

산 아래에 못이 있는 것이 손(損)이니, 군자는 이것을 보고, 분을 가라앉히고 욕심을 막는다.

• 〈古易斷時言〉의 점단

교만한 마음을 덜어내고 과분한 사치와 주식(酒食)을 삼간다. 남에게 자비로운 마음을 베풀면 차차 좋아진다. 병은 치료되고 출산은 편안하며 혼인은 이롭다.

初九 已事遄往·无咎 ○ 酌損之

제사 지내는 일은 빨리 가면 무탈하다. 짐작하여 덜어내 줘야 할 것이다.

象曰 已事遄往은 尙合志也일세라.

상(象)에 이르기를, '제삿일은 빨리 간다'란 오히려 뜻을 합했음이다.

• 〈古易斷時言〉의 점단

사람들과 뜻을 모아서 남을 돕고자 노력하면 이롭게 된다. 시기를 잘 살피지 못하면 노력하나 공(功)이 없고 재앙이 생긴다. 보통사람은 손재(損財)하고 허망한 행동을 하면 관재(官災)를 당한다. 병은 치료되지만 오래가고 출산은 조금 난산이고 혼인은 불성하다가 성사된다.

九二 利貞 ○ 征凶 ○ 弗損益之

이롭다는 점이다. 원정(遠征)하면 흉하다. 덜어내지도 말고, 보태지도 말아라.

[풀이] 내실(內實)한 경우에만 남을 도울 수 있다.

象曰 <ruby>九二利貞<rt>구 이 이 정</rt></ruby>은 <ruby>中以爲志也<rt>중 이 위 지 야</rt></ruby>라.

상(象)에 이르기를, '九二가 이롭다는 점이다' 함은 중도에 뜻을 둠
이다.

• 〈**古易斷時言**〉의 점단

보통사람은 흉하다. 병은 오래가고 내상(內傷)이다. 출산은 불안하고
늦다. 급하면 안 된다. 혼인은 좋다. 다만 부정한 여자는 크게 흉하다.

<ruby>六三 三人行則損一人<rt>삼 인 행 즉 손 일 인</rt></ruby> ○ <ruby>一人行則得其友<rt>일 인 행 즉 득 기 우</rt></ruby>

세 사람이 출행(出行)하면 한 사람을 덜고, 한 사람이 출행하면 벗을
얻는다.

[풀이] 지천태의 내괘가 三陽인데, 그중 九三이 상효로 이동한 것을 말한다.

象曰 <ruby>一人行<rt>일 인 행</rt></ruby>은 <ruby>三<rt>삼</rt></ruby>이면 <ruby>則疑也<rt>즉 의 야</rt></ruby>리라.

상(象)에 이르기를, 한 사람이 가는데 셋이면 의심하기 때문이리라.

• 〈**古易斷時言**〉의 점단

한 가지 일에만 전념(專念)하면 성공하나, 경솔하거나 욕심이 많거나
정보가 어두우면 불성한다. 또 고집이 세면 실패한다. 병은 오래가지만
치료된다.

<ruby>六四 損其疾<rt>손 기 질</rt></ruby> · <ruby>使遄有喜<rt>사 천 유 희</rt></ruby> ○ <ruby>无咎<rt>무 구</rt></ruby>

질병을 덜어낸다. 빨리하게 하면 기쁘다. 무탈하다.

[풀이] '疾'(질)은 '가난'을 말한다. 初九의 '제삿일은 빨리 간다'와 상응한다.

314

象曰 損其疾^{손기질}하니 亦可喜也^{역가희야}로다.

상(象)에 이르기를, '그 질병을 치료한다'란 또한 기쁜 일이 있음이다.

• 〈古易斷時言〉의 점단

일상의 소사는 성사한다. 좋은 일은 속히 추진하고, 나쁜 일은 빨리 포기하라. 유약하면 방해가 있고 싸움이 생긴다. 혼인은 이쪽에서 시작한 것은 좋다. 출산은 편안. 질병은 치유.

六五 或益之十朋之龜·弗克違 ○ 元吉

어떤 사람이 값이 10붕(十朋)인 거북이를 주니, 거역할 수가 없다. 크게 길하다.

[풀이] 一陽을 내괘에서 얻었다는 내용이다. 〈백서주역〉에는 或(혹)자가 없다.

象曰 六五元吉^{육오원길}은 自上祐也^{자상우야}라.

상(象)에 이르기를, '六五는 크게 길하다'는 것은 하늘이 위에서 도움이다.

• 〈古易斷時言〉의 점단

독실(篤實)한 사람은 길하고, 보통사람은 대개 불성하고, 부정한 사람은 흉하다. 병은 흉. 혼인은 불성.

上九 弗損·益之 ○ 无咎 ○ 貞吉 ○ 利有攸往 ○ 得臣无家

덜어내지 않고 보태준다. 무탈하다. 점이 길하다. 갈 곳이 있으면 이롭다. 집이 없는 신하를 얻는다.

[풀이] 九三이 상효로 왔으니 상효는 이익(利益)이므로, '덜어내지 않고 보태준다'고 말한다. '집이 없는 신하'는 근검절약 정신을 강조한다는 뜻이다.

象曰 弗損益之는 大得志也라.
불 손 익 지 ── 대 득 지 야

상(象)에 이르기를, '덜지 않고 보태준다'는 크게 뜻을 얻음이다.

• 〈古易斷時言〉의 점단

만사형통이나, 세력을 믿고 나아가면 방해를 받거나 타인이 질투하여 혼란이 생긴다. 병은 치유되나 재발을 조심하고, 혼인은 좋다. 출산은 늦고 약간 난산이니 음식을 조심하라.

괘상풀이

손(損)은 '들어내어 준다', '줄어든다'는 뜻이다 ● 산이 위에 있고 택(澤)은 밑에 있으니, 산이 택기(澤氣)를 얻지 못하여 점차 붕괴되고 무너져내리는 흙으로 택(澤)이 서서히 메워지게 되니, 산택(山澤)이 함께 그 형체가 파손되는 상이다 ● 택산함(澤山咸) 괘의 역위법으로 보면, 함괘(咸卦)에 있어서는 간산(艮山)이 아래에 있고 태택(兌澤)이 위에 있어서, 산택(山澤)의 두 기운이 교감하는 상이다. 하지만 손(損)괘는 산기(山氣)는 위에 머무르고 택기(澤氣)는 아래로 내려와서 서로 교감하지 않으므로, 산은 초목(草木)을 기르지 않고 택(澤)은 물고기를 기르지 않으니, 산택(山澤)이 함께 그 공용(功用)을 잃는다는 뜻이다.

　● 지천태(地天泰) 괘의 교역법으로 말하면, 태(泰)괘는 상하가 서로 교차해서 국가안태(國家安泰)의 뜻이지만, 손(損)괘는 태(泰)의 九三이 상효로 올라가고 上六이 3효로 내려와서 변화한 괘이다. 즉, 자신을 감손(減損)해서 남에게 주어서 타인을 증익(增益)시키거나, 아래에 있는 것을 덜어서 위

316

에다 더하여서 상(上)에 보태준다는 뜻이다 • 지천태는 서로 상대해도 아직 손익을 보지 않지만, 손(損)괘는 九三을 덜어서 上六에 더하는 상이니, 하괘는 손감(損減)이고 상괘는 증익(增益)인데, 하괘인 하인이 다수이므로 손감으로 본다.

 • 만약 국민의 재산을 덜어서, 임금의 사치에 보탠다면, 세금이 과중하여 국민의 수입이 손감되니 장차 그 국가는 반드시 궁폐(窮弊)해질 것이니, 이것은 장기적으로 보면 그 국가에 손(損)이라고 본다 • 내심은 기쁘지만 외견은 멈추어서 힘쓰지 아니하니, 그 도(道)를 얻지 못하는 상이다 • 재화를 다른 사람에게 베푼다는 뜻 • 이욕(利慾)은 감소시키고 인덕(仁德)을 증가시킨다는 뜻 • 감쇠(減衰)하거나 잃어버린다는 뜻 • 불선(不善)한 것은 폐기한다는 뜻 • 의(義)를 깨달아 선(善)을 기약한다는 뜻 • 주변의 권유를 따라 흔쾌하게 보시(布施)한다는 뜻이 있다 • 대리(大離)괘의 사체(似体)이다.

풍뢰익
風雷益

益은 利有攸往하며 利涉大川하니라

初九는 利用爲大作이니 元吉이라야 无咎이리라

六二는 或이 益之十朋之龜어든 弗克違나 永貞이면
吉하니 王用享于帝라도 吉하리라

六三은 益之用凶事이라 无咎니 有孚코 中行하야 告
公用圭이니라

六四는 中行이면 告公從하리니 利用爲依遷國이니라

九五는 有孚惠心이라 勿問하야도 元吉니 有孚하야 惠
我德하리라

上九는 莫益之라 或擊之리니 立心勿恒이니 凶하니라

^익 ^{이 유 유 왕} ^{이 섭 대 천}
益. 利有攸往 ○ 利涉大川

익(益)은, 갈 곳이 있으면 이롭다. 대천(大川)을 건너가면 이롭다.

[풀이] 익(益)은 '더하다', '얻는다'는 뜻이다. 손(損)괘와 서로 대조된다. 삼음 삼양 괘인 천지비(天地否)에서 九四와 初六이 교역(交易)한 상황이다. 내괘 는 이익(利益)이고, 외괘는 손실(損失)이다.

^익 ^{손 상 익 하} ^{민 열 무 강} ^{자 상 하 하} ^{기 도 대 광}
象曰 益은 損上益下하니 民說无疆이요 自上下下하니 其道大光이

^{이 유 유 왕} ^{중 정} ^{유 경} ^{이 섭 대 천} ^{목 도 내 행} ^익
라 利有攸往은 中正하여 有慶이요 利涉大川은 木道乃行이라 益은

^{동 이 손} ^{일 진 무 강} ^{천 시 지 생} ^{기 익} ^{무 방} ^{범 익 지}
動而巽하여 日進无疆하며 天施地生하여 其益이 无方하니 凡益之

^도 ^{여 시 해 행}
道가 與時偕行하나니라.

단(象)에 이르기를, 익(益)은 위를 덜어 아래에 더해 주니 백성의 기 뻐함은 한량이 없고, 위로부터 아래로 내려오니 그 도(道)가 크게 빛 난다. '갈 데가 있으면 이롭다' 함은 중정(中正)하기 때문에 경사(慶 事)가 있음이요, '큰 내를 건너는 것이 이롭다' 함은 목도(木道)가 이 에 행하여지는 것이다. 익(益)은 움직이되 공손하여 날로 나아감이 한량이 없으며, 하늘은 베풀고 땅은 낳아서 그 유익(有益)함이 궁진 (窮盡)함이 없으니, 무릇 익(益)의 도(道)는 때와 더불어서 함께 시 행된다.

[풀이] 천지비(天地否) 괘에서 풍족한 외괘의 九四가 궁핍한 내괘의 초효로 이동하고, 내괘의 初六이 4효로 옮겨갔으니, 내괘 기준으로 보면 이익이라고 한다.

象曰 風雷가 益이니 君子以하야 見善則遷하고 有過則改하나니라.
상(象)에 이르기를, 바람과 천둥이 익(益)이다. 군자는 이것을 보고, 선(善)을 보면 장려하고 허물이 있으면 고친다.

• 〈古易斷時言〉의 점단
정도(正道)를 지키고 인륜(人倫)을 따르면 대체로 성공한다. 남의 은혜를 잊지 않고 부지런하면 길하며 성공하지만, 사리사욕을 추구하면 실패하고 재앙이 있다. 보통사람은 일상의 가사와 직업에서 이익이 있다. 병은 위험하고 불치가 많다. 출산은 편안하지만 놀라는 수가 있다. 혼인은 평평하나, 만약 화려한 외모만 좋아하면 흉하게 된다.

初九 利用爲大作 ○ 元吉 ○ 无咎
대규모 공사(工事)인 대작(大作)을 일으키면 이롭다. 크게 길하다. 무탈하다.

[풀이] 외부에서 받은 원조금(援助金)으로 대작 공사를 일으켜서 사회에 활력(活力)을 준다.

象曰 元吉无咎는 下가 不厚事也일세라.
상(象)에 이르기를, '크게 길하고, 무탈하다'란 아랫사람이 막중한 일을 처리하지 못함이다.

• 〈古易斷時言〉의 점단
정직한 공적(公的)인 일은 성공하나, 부정직한 경우에는 백사불성(百事不成). 은혜를 잊지 않고 성실하면 복이 있다. 허망한 사람은 주소(住

320

所) 가 불안하고 손재수(損財數) 가 따른다. 병은 불치. 출산은 평평하나 산후조리를 조심하라. 혼인은 안 좋다.

六二 或益之十朋之龜·弗克違 ○ 永貞吉 ○ 王用享于帝 ○ 吉
어떤 사람이 값이 10붕(十朋)인 거북이를 주면서 도우니 거역할 수 없다. 영정(永貞)은 길하다. 왕이 천제(天帝)에게 제사를 지낸다. 길하다.

[풀이] 외괘에서 받은 원조(援助)를 가지고 공익(公益)을 위한 영정을 일으킨다.

象曰 或益之는 自外來也라.
상(象)에 이르기를, '어떤 사람이 더해 준다'란 밖에서 온다는 뜻이다.

•〈古易斷時言〉의 점단
정직하고 성의가 있으면 만사가 형통하고 좋은 주소(住所)를 얻는다. 보통사람은 백사불성(百事不成)하고, 특히 허망한 사람은 반드시 흉하다. 사리를 탐하는 사람도 역시 흉하다. 출산은 편안. 병은 흉, 혼인은 불성.

六三 益之用凶事 ○ 无咎 ○ 有孚·中行告公用圭
흉사(凶事)에는 도와준다. 무탈하다. 신의가 있어서 중행(中行)이 공(公)에게 알리어서 규(圭)를 쓰도록 한다.

[풀이] 원조금은 공익을 위해서만 사용하지만, 천재지변(天災地變)과 같은 흉사(凶事)는 도와준다. 〈백서주역〉에는 흉사가 공사(工事)로 되어 있다.

象曰 ^{익용흉사}益用凶事는 ^{고유지야}固有之也라.

상(象)에 이르기를, '돕는데 흉한 일을 쓴다'는 고유(固有)한 일이다.

• 〈古易斷時言〉의 점단

만사에 절반을 성취하고 나면 고생이 더욱 심해지는데, 이 고비를 넘기면 성사된다. 병은 오래가고 약이 맞지 않는다. 의사를 자주 바꾸는 것은 안 좋다. 출산은 평평, 혼인은 불리하나 만약 여자가 현명하면 좋다.

六四 ^{중행고공종}中行告公從·^{이용위의천국}利用爲依遷國

중행(中行)이 공(公)에게 고(告)하니 공이 따른다. 나라를 옮기는 것이 이롭다.

[풀이] 중행(中行)인 六三이 공(公)인 六四에게 보고하면, 원조의 중핵(中核)인 공(公)이 이를 따라 九五에게 원조의 가부를 의논한다. 천도(遷都)하는 일까지도 포함된다.

象曰 ^{고공종}告公從은 ^{이익지야}以益志也라.

상(象)에 이르기를, '공에게 알려 따르게 한다'란 뜻을 더해줌이다.

• 〈古易斷時言〉의 점단

정직하면 귀인(貴人)으로부터 도움을 받아 복이 온다. 그러나 보통사람은 뜻밖의 재앙이 있고, 또 부정한 사람은 반드시 재앙을 면하기 어렵다. 병은 불안. 출산은 산모가 불안. 혼인은 흉.

九五 有孚^{유부}・惠心^{혜심} ○ 勿問^{물문}・元吉^{원길} ○ 有孚^{유부}・惠我德^{혜아덕}

신의가 있고 은혜를 베풀려는 마음이 있다. 묻지 않아도 크게 길하
다. 신의가 있어서 나의 덕택(德澤)을 은혜로 여긴다.

象曰 有孚惠心^{유부혜심}이라 勿問之矣^{물문지의}며 惠我德^{혜아덕}이 大得志也^{대득지야}라.

상(象)에 이르기를, '신의가 있고 은혜를 베풀려는 마음이 있는지라,
묻지 말 것이며', '내 덕택을 은혜로 여긴다'는 크게 뜻을 얻음이다.

• 〈古易斷時言〉의 점단

신용이 있는 사람은 남의 도움을 얻어서 일이 순조롭게 진행된다. 보통
사람은 대체로 일이 늦어진다. 소인배는 실패한다.

上九 莫益之^{막익지}・或擊之^{혹격지}. 立心勿恒^{입심물항}. 凶^흉

도와주지 않는다. 혹은 공격한다. 초지일관(初志一貫)하지 않으면
흉하다.

[풀이] 양실(陽實)한 부귀층이 인색하면 혹 공격당할 위험이 있다.

象曰 莫益之^{막익지}는 偏辭也^{편사야}요 或擊之^{혹격지}는 自外來也^{자외래야}라.

상(象)에 이르기를, '도와주지 않는다'함은, 편벽(偏僻)된 말이요,
'혹은 공격한다'함은 밖으로부터 온 것이다.

• 〈古易斷時言〉의 점단

허망한 사람은 실패하고, 사리사욕(私利私慾)에 눈이 어두우면 재앙을
부른다. 병은 흉, 산모는 흉, 혼인은 흉.

익(益)은 '더하다', '얻는다'는 뜻이다. 손(損)괘와 서로 대조된다 ● 장남이 진동(震動)하는데 장녀인 손(巽)이 순종하여 부부가 화합하여 상교(相交)하니 가도(家道)가 번창하는 상이다 ● 천지비(天地否) 괘의 교대법으로 본다면, 비(否)괘는 상하가 교제가 없어서 비색(否塞)의 상인데, 九四에 있는 양실(陽實)을 초효의 음허(陰虛)에 더해 주면서 진동(震動)하고, 初六의 음허(陰虛)가 4효로 올라가서 손순(巽順)이 되면서 상하가 교통·화합하여 상호간에 이익이 되는 상이다 ● 천지비 괘는 천지와 음양이 비색(否塞)한 시절인데, 뇌풍(雷風)의 이기(二氣)가 교합변화(交合變化)해서 진(震)인 백곡(百穀)과 손(巽)인 초목(草木)이 생장하는 상이 되었다.

　● 천지비 괘의 비색(否塞)의 상에서 상인(上人)이 하인(下人)에게 양실(陽實)을 보태니, 장기적으로 국민복지를 지향한다는 뜻이 있다 ● 뇌풍항(雷風恒) 괘의 역위법으로 보면, 항(恒)괘는 상진(上震)하고 하손(下巽)하여 서로 교제가 없는데, 상하가 서로 위치를 바꾸어 익(益)괘가 되어서는 조감(鳥瞰)으로 보면 상부상조(相扶相助)하여 이익이 증가한다는 뜻이다 ● 합심하여 대사를 도모하면 공익에 보탬이 된다는 뜻 ● 번창·승진·혜택의 뜻 ● 이욕(利慾)을 더하면 덕을 잃고, 사치하면 재물을 잃으니, 이욕과 사치를 경계해야 한다는 뜻 ● 이욕추구에 몰두하면 허황(虛荒)한 일을 저지른다는 뜻 ● 대리(大離)의 사체(似体)다.

택천쾌
澤天夬

夬는 揚于王庭하야 孚號이나 有厲이며 告自邑이요
不利卽戎이며 利有攸往하니라

初九는 壯于前趾니 往하야 不勝하야 爲咎이리라

九二는 惕號이니 莫夜에 有戎이라도 勿恤이로다

九三은 壯于頄니 有凶이나 君子이 夬夬면 獨行遇雨
하야 若濡有慍이나 无咎이리라

九四는 臀无膚이며 其行次且이니 牽羊하면 悔이 亡하
련마는 聞言하야도 不信하리로다

九五는 莧陸이니 夬夬하되 中行이면 无咎이리라

上六은 无號이니 終有凶하리라

夬. 揚于王庭 ○ 孚號 有厲 ○ 告自邑·不利卽戎 ○ 利有攸往

쾌(夬)는, 왕정(王廷)에서 드날린다. 믿음으로 호응하나, 위태함이 있다. 자기 고을에 고한다. 불리하면 적군과 싸운다. 갈 곳이 있으면 이롭다.

[풀이] 쾌(夬)는 제거할 대상을 결단(決斷)하여 결거(決去)한다는 뜻이다. 꼭대기의 一陰 소인을 아래의 五陽 군자들이 포위해 밖으로 밀어내는 장면인데, 독음(獨陰)의 저항이 치열할 것은 당연하다.

象曰 夬는 決也니 剛決柔也니 健而説하고 決而和하니라 揚于王庭은 柔乘五剛也요 孚號有厲는 其危乃光也요 告自邑不利卽戎은 所尙이 乃窮也요 利有攸往은 剛長이 乃終也리라.

단(象)에 이르기를, 쾌(夬)는 결단으로 강(剛)이 유(柔)를 결단하는 것이니, 건실하되 기뻐하고 결단하되 화목하다. '왕정에서 드날린다' 함은 유(柔)가 다섯 강(剛)을 걸터탔기 때문이요, '성심으로 부르짖으나 위태로움이 있다' 함은 그 위태로움이 이에 클 것이요, '자기 고을에 고하고, 이롭지 아니하면 적군과 맞붙는다' 함은 숭상하는 바가 이에 궁함이요, '갈 곳이 있으면 이롭다' 함은 강(剛)의 장성(長盛)이 이에 끝나기 때문이다.

象曰 澤上於天이 夬니 君子以하야 施祿及下하며 居德하야 則忌하나니라.

상(象)에 이르기를, 못이 하늘 위에 있음이 쾌(夬)니 군자는 이로써 녹(祿)을 베풀어 아랫사람에게 주며, 덕에 자리하기를 꺼린다.

• 〈**古易斷時言**〉의 점단

백사(百事)가 깨어지기 쉽다. 소원은 난성(難成)이다. 화정(和正)으로
신중하고 삼가라. 단, 심물(尋物)이면 찾을 수 있고, 대인(待人)은 기
다리면 오리라. 병은 흉. 출산은 편안하지만 산후(産後)를 조심하라.

初九 壯于前趾 ○ 往不勝爲咎
_{장 우 전 지} _{왕 불 승 위 구}

앞으로 발을 내딛는데 씩씩하다. 가면 이기지 못하니 허물이 된다.

[**풀이**] 초효는 발에 해당하니 발이 먼저 씩씩하게 나서는데, 上六과 거리가
멀고 세력이 미약하니 소인을 제거하지 못한다.

象曰 不勝而往이 咎也라.
_{불 승 이 왕} _{구 야}

상(象)에 이르기를, '이기지 못하면서 나간다'란 허물이다.

• 〈**古易斷時言**〉의 점단

위험하게 요행히 얻을 수도 있겠지만, 백사(百事) 조심하여 지키고 움
직이지 마라. 병은 오래가거나 위험하다. 출산은 쉽지 않거나, 혹 산후
에 고생이 있다.

九二 惕號 · 莫夜有戎 ○ 勿恤
_{척 호} _{모 야 유 융} _{물 휼}

걱정하면서 부르짖는다. 저녁나절의 적군(敵軍)이니 걱정하지 마라.

[**풀이**] 저녁에 나타나는 적은 걱정할 정도가 아니다.

象曰 <ruby>有<rt>유</rt></ruby><ruby>戎<rt>융</rt></ruby><ruby>勿<rt>물</rt></ruby><ruby>恤<rt>흘</rt></ruby>은 <ruby>得<rt>득</rt></ruby><ruby>中<rt>중</rt></ruby><ruby>道<rt>도</rt></ruby><ruby>也<rt>야</rt></ruby>일세라.

상(象)에 이르기를, '싸움이 있더라도 근심하지 마라'는 것은 중도(中道)를 얻었기 때문이다.

• 〈古易斷時言〉의 점단

대체로 일이 이루어진다는 뜻이 있다. 만사 사전(事前)에 심사숙고하고 선인(善人)과 의논하는 것이 이롭다. 조금이라도 준비를 소홀하게 하거나 방심하면 나중에 방해가 있다. 출산은 평안. 병은 변동이 있고, 혼인은 흉하다.

九三 <ruby>壯<rt>장</rt></ruby><ruby>于<rt>우</rt></ruby><ruby>頄<rt>규</rt></ruby> ○ <ruby>有<rt>유</rt></ruby><ruby>凶<rt>흉</rt></ruby> ○ <ruby>君<rt>군</rt></ruby><ruby>子<rt>자</rt></ruby><ruby>夬<rt>쾌</rt></ruby><ruby>夬<rt>쾌</rt></ruby> <ruby>獨<rt>독</rt></ruby><ruby>行<rt>행</rt></ruby><ruby>遇<rt>우</rt></ruby><ruby>雨<rt>우</rt></ruby><ruby>若<rt>약</rt></ruby><ruby>濡<rt>유</rt></ruby> ○ <ruby>有<rt>유</rt></ruby><ruby>慍<rt>온</rt></ruby><ruby>无<rt>무</rt></ruby><ruby>咎<rt>구</rt></ruby>

광대뼈가 씩씩하면 흉함이 있다. 군자가 결단하고 행하는데, 홀로 실행하다가 비를 만나서 젖는다. 오해받는 일이 있으나, 무탈하다.

[풀이] 上六과 상응하니 동지들에게 흉한 모습을 보인다. 그러나 동지들과 뜻을 같이하니, 비록 오해받아도 정도(正道)에서 벗어나지 않는다.

象曰 <ruby>君<rt>군</rt></ruby><ruby>子<rt>자</rt></ruby>가 <ruby>夬<rt>쾌</rt></ruby><ruby>夬<rt>쾌</rt></ruby>라 <ruby>終<rt>종</rt></ruby><ruby>无<rt>무</rt></ruby><ruby>咎<rt>구</rt></ruby><ruby>也<rt>야</rt></ruby>니라.

상(象)에 이르기를, '군자가 결단한다'는 것은 마침내 무탈하다는 말이다.

• 〈古易斷時言〉의 점단

바른 행동인데도 의심받고 또 지체(遲滯)되는 운(運)이라, 일이 어렵고 또 꼬이는 수가 있으니 준비하라. 구설을 조심하라. 만사 어렵다. 조금이라도 부정하면 반드시 크게 실패하리라. 출산은 늦지만 순산하리라. 병은 난치, 혼인은 불리.

九四 <ruby>臀<rt>둔</rt></ruby><ruby>无<rt>무</rt></ruby><ruby>膚<rt>부</rt></ruby>·<ruby>其<rt>기</rt></ruby><ruby>行<rt>행</rt></ruby><ruby>次<rt>차</rt></ruby><ruby>且<rt>저</rt></ruby> ○ <ruby>牽<rt>견</rt></ruby><ruby>羊<rt>양</rt></ruby><ruby>悔<rt>회</rt></ruby><ruby>亡<rt>망</rt></ruby> ○ <ruby>聞<rt>문</rt></ruby><ruby>言<rt>언</rt></ruby><ruby>不<rt>불</rt></ruby><ruby>信<rt>신</rt></ruby>

볼기에 살이 없어서 그 가는 것이 더디다. 양(羊)에 끌려가니 후회가 없다. 말을 들어도 믿지 않는다.

[풀이] 양이 음효에 있으니, 행동이 더디고 좋은 충고를 듣지 않는다. 그러나 九五에 다 같이 끌려서 가면 후회는 없다.

象曰 <ruby>其<rt>기</rt></ruby><ruby>行<rt>행</rt></ruby><ruby>次<rt>차</rt></ruby><ruby>且<rt>저</rt></ruby>는 <ruby>位<rt>위</rt></ruby><ruby>不<rt>부</rt></ruby><ruby>當<rt>당</rt></ruby><ruby>也<rt>야</rt></ruby>요 <ruby>聞<rt>문</rt></ruby><ruby>言<rt>언</rt></ruby><ruby>不<rt>불</rt></ruby><ruby>信<rt>신</rt></ruby>은 <ruby>聰<rt>총</rt></ruby><ruby>不<rt>불</rt></ruby><ruby>明<rt>명</rt></ruby><ruby>也<rt>야</rt></ruby>라.

상(象)에 이르기를, '그 가는 것이 더디다'란 자리가 마땅치 아니함이요, '말을 듣고도 믿지 아니함'은 귀가 밝지 아니하기 때문이다.

• 〈古易斷時言〉의 점단

만사 난성(難成). 얻고자 추진하면 화(禍)가 있고, 간혹 손망(損亡)하는 일도 있다. 화정(和正)으로 지킴이 좋다. 병은 오래가고 위험하다. 출산은 늦고 또 산후에 고생하리라. 혼인은 흉.

九五 <ruby>莧<rt>현</rt></ruby><ruby>陸<rt>륙</rt></ruby><ruby>夬<rt>쾌</rt></ruby><ruby>夬<rt>쾌</rt></ruby> ○ <ruby>中<rt>중</rt></ruby><ruby>行<rt>행</rt></ruby><ruby>无<rt>무</rt></ruby><ruby>咎<rt>구</rt></ruby>

산양(山羊)의 뿔처럼 빠르게 진행한다. 중도(中道)로 행하면 무탈하다.

[풀이] 주도(主導)하는 사람이 관맹상제(寬猛相濟)의 태도로 신속하게 처리하는 장면이다.

象曰 <ruby>中<rt>중</rt></ruby><ruby>行<rt>행</rt></ruby><ruby>无<rt>무</rt></ruby><ruby>咎<rt>구</rt></ruby>나 <ruby>中<rt>중</rt></ruby><ruby>未<rt>미</rt></ruby><ruby>光<rt>광</rt></ruby><ruby>也<rt>야</rt></ruby>라.

상(象)에 이르기를, '중(中)을 행하여 무탈하다'고 하나, 중(中)이 빛나지 않는다.

• 〈古易斷時言〉의 점단
유약(柔弱)하면 백에 하나도 이루지 못하고, 또 강맹(强猛)하면 만사에
재해가 많고 그 단체가 패망(敗亡)하기 쉽다. 관맹(寬猛)으로 상제(相
濟)해야 하는 어려운 시절이다. 비도(非道)나 비의(非義)의 무리는 당
장에 크게 다치므로 행동을 극히 삼가고 정심(正心)으로 돌아가야 한
다. 정선(正善) 현덕(賢德)한 사람이 아니면 모두 흉하다.

上六 无號 · 終有凶
울부짖는 것이 없다. 끝내 흉하게 된다.

[풀이] 꼭대기의 소인이 제거되는 장면이다.

象曰 无號之凶은 終不可長也니라.
상(象)에 이르기를, '대답이 없어 흉하다'란 마침내 장구(長久)하지
못함이다.

• 〈古易斷時言〉의 점단
백사(百事) 무성(無成)이니 신수(愼守)하라. 부정한 자는 재해가 많
다. 도난을 조심하라. 병은 난(難).

330

쾌(夬)는 '제거할 대상을 결단하여 결거(決去)한다'는 뜻이다 ● 一陰 소인이 상위에서 전횡(專橫)을 일삼으니, 五陽 군자가 합심하여 이를 제거하기로 결단한다는 뜻이다 ● 소장괘의 하나로, 순음(純陰)인 곤(坤)괘에서 시작하여 복(復)괘에서 一陽이 생겨서 성장하더니 二陽인 임(臨)괘, 三陽인 태(泰)괘와 四陽인 대장(大壯)괘를 거쳐서 이제 五陽에 이르렀다. 지금 五陽인 군자들이 상위의 방자(放恣)한 간흉(奸凶)을 결단하여 제거한다는 뜻이다. 그래서 쾌(夬)라고 하였다.

　● 건(乾)이 강건하게 결단하면서 태열(兌悅)로 기뻐한다는 뜻 ● 건(乾)의 지강(至剛)을 사용해서 태(兌)의 지약(至弱)을 제거하니, 용이하다는 뜻이기도 하다 ● 건(乾)의 강건(剛健)을 체(体)로 하고, 태(兌)의 숙살(肅殺)을 용(用)으로 한다는 뜻 ● 결정한다는 뜻 ● 목적을 달성한다는 뜻 ● 기세(氣勢)가 장성(壯盛)하다는 뜻 ● 상대를 항복시킨다는 뜻 ● 포기하고 내버린다는 뜻 ● 최고의 위치에 있는 소인이니 급격(急擊)하는 쪽이 도리어 이외로 화(禍)를 만난다는 뜻 ● 태(兌)의 대괘인 대장(大壯)괘의 사괘(似卦)로, 못에 물이 넘치는 상이다 ● 결궤(決潰)되어 영락(零落)한다는 뜻이 있다.

천풍구
天風姤

姤^구는 女^여이 壯^장하니 勿用取女^{물용취녀}이니라

初六^{계우금니}은 繫于金柅^{계우금니}니 貞^정이면 吉^길코 有攸往^{유유왕}이면 見凶^{견흉}하리니

羸豕^{이시}이 孚蹢躅^{부척촉}하니라

九二^{포유어}는 包有魚^{포유어}이니 无咎^{무구}이어니와 不利賓^{불리빈}하니라

九三^{둔무부}은 臀无膚^{둔무부}이며 其行次且^{기행차저}이니 厲^여하나 无大咎^{무대구}이리라

九四^{포무어}는 包无魚^{포무어}이니 起凶^{기흉}하리라

九五^{이기포과}는 以杞包瓜^{이기포과}이니 含章^{함장}이면 有隕自天^{유운자천}이리라

上九^{구기각}는 姤其角^{구기각}이니 吝^인하나 无咎^{무구}이리라

姤. 女壯 ○ 勿用取女

구(姤)는, 여자가 건장(健壯)하다. 여자를 취(取)하지 마라.

[풀이] 구(姤)는 '우연히 만난다'는 뜻이다. 五陽이 모인 곳에 一陰이 우연히 등장한다. 양(陽)들의 관심이 一陰에게 쏠리니, 양(陽)이 상궤(常軌)를 벗어난 행동을 보일 우려가 많다. 初六 독음(獨陰)의 영향이 강한 시절이므로 음의 성장(盛壯)을 경계해야 한다. 〈백서주역〉에는 괘명이 '旬'(구) 또는 '姁'(구)로 되어 있다.

象曰 姤는 遇也니 柔遇剛也라 勿用取女는 不可與長也일세라 天地相遇하니 品物이 咸章也요 剛遇中正하니 天下에 大行也니 姤之時義가 大矣哉라.

단(彖)에 이르기를, 구(姤)는 우연한 만남이니 유(柔)가 강(剛)을 만나는 것이다. '여자에게 장가가지 마라' 함은 오래 함께 살 수 없기 때문이다. 하늘과 땅이 서로 만나니 만물이 모두 빛남이요, 강(剛)이 중정(中正)을 만나 천하에 크게 시행하니 구(姤)의 시의(時義)가 크도다.

象曰 天下有風이 姤니 后以하야 施命誥四方하나니라.

상(象)에 이르기를, 천하에 바람이 부는 것이 구(姤)이다. 임금은 이것을 보고서, 명(命)을 내려서 사방에 알린다.

• 〈古易斷時言〉의 점단

백사(百事)가 난성(難成)이다. 일상생활에 관한 것일지라도 신분에 과분한 것은 불리한 시절이니, 하물며 기타의 일은 더 말할 것도 없이 모두 난성이다. 다만 물건을 찾는 실물점(失物占)이나 사람을 기다리는 대인점(待人占)에는 좋은 괘이다. 그러나 대체로 정심(正心)이고 신중한 사람은 뜻밖에 길조(吉兆)가 있으니, 정심으로 선도(善道)를 행하면 뜻밖에 귀인의 도움이 있다. 출산은 안산(安産)이지만 조산(早産)이 되기도 한다.

初六 <ruby>繫<rt>계</rt></ruby><ruby>于<rt>우</rt></ruby><ruby>金<rt>금</rt></ruby><ruby>柅<rt>니</rt></ruby> · <ruby>貞<rt>정</rt></ruby><ruby>吉<rt>길</rt></ruby> ○ <ruby>有<rt>유</rt></ruby><ruby>攸<rt>유</rt></ruby><ruby>往<rt>왕</rt></ruby> · <ruby>見<rt>견</rt></ruby><ruby>凶<rt>흉</rt></ruby> ○ <ruby>羸<rt>이</rt></ruby><ruby>豕<rt>시</rt></ruby><ruby>孚<rt>부</rt></ruby><ruby>蹢<rt>척</rt></ruby><ruby>躅<rt>촉</rt></ruby>

금속막대에 매어 두면 점이 길하다. 갈 곳이 있으면 흉한 꼴을 본다. 지친 돼지가 헤집고 다닌다.

[풀이] 一陰을 단단히 메어두면, 소인이 이리저리 헤집고 다니지 못할 것이다. 初六은 九二와 상비(相比)하니 九二가 제지하는 것이 바람직하다는 뜻이다. 그렇지 않으면 初六이 五陽을 이리저리 유혹하면서 헤집고 다닌다.

象曰 <ruby>繫<rt>계</rt></ruby><ruby>于<rt>우</rt></ruby><ruby>金<rt>금</rt></ruby><ruby>柅<rt>니</rt></ruby>는 <ruby>柔<rt>유</rt></ruby><ruby>道<rt>도</rt></ruby><ruby>牽<rt>견</rt></ruby><ruby>也<rt>야</rt></ruby>일세라.

상(象)에 이르기를, '금속막대에 매어 둔다'는 것은 유도(柔道)를 붙잡아서 매어 두는 것이다.

• 〈古易斷時言〉의 점단

백사(百事)가 이루기 어렵다. 물러나 지키기만 하고 나아가지 마라. 만약 바라고 구하면 오히려 손해만 자초하게 된다. 출산은 불안하고 난산(難産)인데, 급히 출산하면 죽는다. 병은 흉하다. 혼인도 크게 꺼린다.

九二 <ruby>包<rt>포</rt></ruby><ruby>有<rt>유</rt></ruby><ruby>魚<rt>어</rt></ruby> ○ <ruby>无<rt>무</rt></ruby><ruby>咎<rt>구</rt></ruby> ○ <ruby>不<rt>불</rt></ruby><ruby>利<rt>리</rt></ruby><ruby>賓<rt>빈</rt></ruby>

부엌에 생선이 있다. 무탈하다. 손님 노릇 하게 두는 것은 불리하다.

[풀이] 생선은 初六을 지칭한다. 九二가 初六을 붙잡고 있으니, 소인이 다른 곳에 가서 대접받는 손님 노릇을 하는 것이 어렵다는 뜻이다.

象曰 包有魚는 義不及賓也라.
상(象)에 이르기를, '부엌에 생선이 있다' 함은 의리상 다른 곳에 가서 손님 노릇을 못하도록 함이다.

• 〈古易斷時言〉의 점단
2효를 만나, 성의 있게 재주와 기량(技倆)을 다하면 비로소 재앙과 장애를 면하리라. 부정하거나 삼갈 줄 모르면 방해가 생긴다. 주소(住所)는 변란(變亂)할 우려가 있다. 혼인은 불성하고, 만약 성혼(成婚)되어도 흉하다. 병은 치유가 되지만, 그러나 계속 양생(養生)을 게을리하면 급변이 있다. 출산은 평온하나, 임신 중간에 친 점이면 불안하다.

九三 臀无膚 · 其行次且 ○ 厲 · 无大咎
엉덩이에 살이 없어 그 가는 것이 더디다. 위태하나 큰 탈은 없다.

[풀이] 3효는 엉덩이 부위이고, 양(陽)만 있으니 살이 없다. 初六과 어울리고 싶으나, 초효와 2효가 이미 상비(相比)하고 있으니 성사하기 어렵다.

象曰 其行次且는 行未牽也라.
상(象)에 이르기를, '그 가는 것이 더디다' 함은 가는데 끌려가는 것이 아니다.

• 〈古易斷時言〉의 점단
소원에는 방해가 있고 또 다투거나 등지게 된다. 만사에 평화롭지 못하고 또 근심 · 걱정 있으리니, 추진하지 말고 신중하게 현재 상태를 잘 지키면 흉을 면하리라. 출산은 안산(安産). 병은 오래 걸려도 치료 가능.

九四 包无魚 ○ 起凶
_{포 무 어} _{기 흉}

부엌에 생선이 없다. 동(動)하면 흉하다.

[풀이] 九四는 初六과 상응하지만, 이미 가까운 九二가 初六을 꽉 붙잡고 있으니, 九四는 응접받지 못한다. 따라서 '부엌에 물고기가 없다'고 한다.

象曰 无魚之凶은 遠民也일세라.
_{무 어 지 흉} _{원 민 야}

상(象)에 이르기를, '생선이 없으니 흉하다'란 백성을 멀리하기 때문이다.

[풀이] 생선은 음(陰)을 지칭한다. 여기서 음(陰)은 백성, 양(陽)은 고관(高官)이다.

• 〈古易斷時言〉의 점단

일이 많이 꼬여서 성과를 얻을 수 없으리라. 빨리 중지하고 지키거나 하라. 계속 추진해서 나아가면 반드시 손해를 본다. 또, 힘 있는 사람에게 부탁해도 도움이 되지 않는 경우가 있다. 출산은 대체로 평(平). 병은 많은 경우 불치.

九五 以杞包瓜 · 含章 ○ 有隕自天
_{이 기 포 과} _{함 장} _{유 운 자 천}

버드나무로 오이를 싸니 아름다움을 머금었다. 하늘에서 떨어지는 것이 있다.

[풀이] 오이는 상하기 쉬우나, 버드나무로 싸면 오래 보관할 수 있다고 한다. 거칠던 初六이 九五의 교화(敎化)로 아름답게 되었다는 뜻이다.

象曰 九五含章은 中正也요 有隕自天은 志不舍命也일세라.

象曰 <ruby>九五含章<rt>구오함장</rt></ruby>은 <ruby>中正也<rt>중정야</rt></ruby>요 <ruby>有隕自天<rt>유운자천</rt></ruby>은 <ruby>志不舍命也<rt>지불사명야</rt></ruby>일세라.

상(象)에 이르기를, '九五가 아름다움을 머금었다'는 것은 중정(中正)이기 때문이고, '하늘에서 떨어지는 것이 있다'는 것은 뜻이 천명(天命)을 버리지 않았기 때문이다.

• 〈古易斷時言〉의 점단

정도(正道)로 살아가면 일이 이루어지리라. 만일 사욕(私慾)이나 색정(色情)의 마음이 있으면 대흉(大凶)한 사건이 있으니 매우 조심하라. 또 성급하고 강정(剛情)하면 실패하리라. 또 문서와 인감에 관한 사기(詐欺)가 생긴다. 혼인은 불리하고, 출산은 평(平). 병은 급변하다가 날을 지나고 달을 넘으면 치유된다.

上九 <ruby>姤其角<rt>구기각</rt></ruby> ○ <ruby>吝<rt>인</rt></ruby> · <ruby>无咎<rt>무구</rt></ruby>

뿔에서 만난다. 어려우나 무탈하다.

[풀이] 뿔은 꼭대기에 있다. 上九는 무력한 양(陽)이니 初六을 어쩌지 못한다.

象曰 <ruby>姤其角<rt>구기각</rt></ruby>은 <ruby>上窮<rt>상궁</rt></ruby>하야 <ruby>吝也<rt>인야</rt></ruby>라.

상(象)에 이르기를, '그 뿔에서 만난다' 함은 위는 궁(窮)하여 어려운 것이다.

• 〈古易斷時言〉의 점단

上九는 이미 무력하므로 과강(過剛)해도 성사하기 어렵고, 유약(柔弱)해도 성사하기 어렵다. 언제나 강(剛)과 정(正)을 지키되, 불시에 생기는 사고를 미리 예비하고, 위험한 사물에는 몸을 가까이하지 마라.

구(姤)는 '우연히 만난다'는 뜻으로, 생각지 않았는데 갑자기 만난다는 의미다 • 소장괘로 본다면, 순음(純陰)인 곤(坤)괘에서 복(復)으로 되고 임(臨), 태(泰), 대장(大壯), 쾌(夬)를 거쳐 순양(純陽)인 건(乾)으로 된 경우, 건(乾)괘에서 일음효(一陰爻)가 아래에서 나타나 五陽 一陰이 되는데 이를 구(姤)라 한다 • 初六의 一陰이 손(巽)의 주효로서 五陽과 두루 서로 만나는 상이다 • 음(陰)의 도(道)는 하나의 양(陽)을 따라야 정도(正道)인데 一陰이 五陽을 따라가니, 부정(不貞)한 부녀(婦女)로 보고 조심하란 것이 구(姤)괘의 뜻이다.

　• 상대방은 건(乾)으로 강건해서 나 一陰을 환영하지 않지만, 나는 손순(巽順)으로써 공손하게 만난다는 뜻이다 • 외괘는 건강(健剛)하고 내괘는 손(巽)인 불결정(不決定)이니, 내심은 불결정인데 외관은 강건하니 일마다 흉하게 된다는 뜻 • 택천쾌(澤天夬) 괘의 왕래로 보면, 쾌(夬)괘와 구(姤)괘는 늘 왕래한다. 구(姤)의 一陰이 위로 올라가면 쾌(夬)가 되고, 쾌(夬)의 一陰이 아래로 내려가면 구(姤)로 된다 • 모든 점(筮)에서 이 괘는 '우연한 만남'을 상징하므로, 길(吉)과 흉(凶), 두 가지 뜻이 가능하나, 대체로 길은 적고 흉이 많다. 단, 여자는 길한 경우가 많다 • 갑자기 복권이 당첨되거나, 재앙을 만난다는 뜻 • 일이 시작된다는 뜻 • 되돌아서 온다는 뜻 • 재액이 계속 일어나 점차 쇠미(衰微)로 향하는 상 • 우연히 화(禍)를 만나는 상 • 겉은 강해 보여도 속은 불결단(不決斷)의 뜻 • 의혹이 많다는 뜻 • 아양과 간사한 이야기라는 뜻 • 여자는 아는 남자가 많은 상이다.

택지췌
澤地萃

萃는 亨하니 王假有廟이니 利見大人하니 亨코 利貞하
니 用大牲이 吉코 利有攸往하니라

初六은 有孚하되 不終이라 乃亂乃萃니 若號하면 一
握爲笑이어니와 勿恤코 往하면 无咎이리라

六二는 引하면 吉하야 无咎하리니 孚乃利用禴이리라

六三은 萃如嗟如이라 无攸利하니 往하면 无咎이어니
와 小吝하니라

九四는 大吉이라야 无咎이리라

九五는 萃有位이라 无咎이니 匪孚이어든 元永貞이면
悔이 亡하리라

上六은 齎咨涕洟라야 无咎이리라

^췌 ^형 ^{왕 격 유 묘} ^{이 견 대 인} ^형 ^{이 정} ^{용 대 생 길}
萃. 亨 ○ 王假有廟 ○ 利見大人 ○ 亨·利貞 ○ 用大牲吉 ○

^{이 유 유 왕}
利有攸往.

췌(萃)는, 형통한다. 왕(王)이 종묘(宗廟)에 이른다. 대인을 만나면
이롭다. 형통하고 이롭다는 점이다. 큰 제물을 바쳐야 길하다. 갈 곳
이 있으면 이롭다.

[풀이] 췌(萃)는 '모인다'는 뜻이다. 사람들이 끼리끼리 모여서 이익단체를 이
룬다. 하괘는 三陰끼리 모이고, 상괘는 二陽끼리 모였다. 三陰 단체와 二陽 단
체의 책임자들이 대립하는 상황이다. 이 괘사는 구조가 특이하여 언뜻 보기에
2개의 괘사가 섞인 것 같기도 하다. 고형 교수는 첫 글자인 '亨'(형)을 제사 지
낼 '享'(향)으로 해석한다. 〈백서주역〉에는 괘명이 '卒'(졸)로 되어 있고, 또 괘
사의 첫 글자인 '亨'(형)자가 없다.

^췌 ^{취 야} ^{순 이 열} ^{강 중 이 응} ^고 ^{취 야} ^{왕 격}
象曰 萃는 聚也니 順以說하고 剛中而應이라 故로 聚也니라 王假
^{유 묘} ^{치 효 향 야} ^{이 견 대 인 형} ^{취 이 정 야} ^{용 대 생 길 이 유}
有廟는 致孝享也요 利見大人亨은 聚以正也일세라 用大牲吉利有
^{유 왕} ^{순 천 명 야} ^{관 기 소 취 이 천 지 만 물 지 정} ^{가 견 의}
攸往은 順天命也니 觀其所聚而天地萬物之情을 可見矣리라.

단(彖)에 이르기를, 췌(萃)는 모이는 것이니 유순(柔順)하되 기뻐하
고 강(剛)이 중(中)에 있어서 응함이다. 그러므로 모이는 취(聚)라
고 한다. '왕(王)이 묘(廟)에 이른다' 함은 효성을 다하여 제사를 지
내는 것이요, '대인을 보는 것이 이롭고 형통한다' 함은 모이되 바르
게 함이요, '큰 희생(犧牲)을 씀이 길하고, 갈 데가 있으면 이롭다' 함
은 천명(天命)을 따르기 때문이니, 그 모이는 바를 보면 천지(天地)
만물(萬物)의 정(情)을 가히 볼 수가 있다.

象曰 澤上於地^{택 상 어 지}가 萃^췌니 君子以^{군 자 이}하야 除戎器^{제 융 기}하야 戒不虞^{계 불 우}하나니라.
상(象)에 이르기를, 못이 땅 위에 있는 것이 췌(萃)이다. 군자는 이
것을 보고, 병기(兵器)를 손질하여 불의(不意)의 사태에 대비한다.

• 〈古易斷時言〉의 점단
화정(和正)으로 상도(常度)를 지키고 정의를 행하는 자는 자연히 길사
(吉事)가 오지만, 욕심이 많아서 자기만 알고 남의 처지를 모르는 자는
다투고 손해 본다. 남의 은혜를 잊지 말고, 조상의 제사를 꼭 지내도록
한다. 병은 오래가고 중병으로 낫기 어렵다. 출산 및 혼인은 평(平).

初六 有孚不終^{유 부 부 종} · 乃亂乃萃^{내 란 내 췌} ○ 若號^{약 호} · 一握爲笑^{일 악 위 소} ○ 勿恤^{물 휼} · 往无咎^{왕 무 구}
믿음을 가지더라도 끝까지 못 간다. 마음이 심란하여 이리저리 몰려
다닌다. 만약 부르면, 한번 손잡고 웃으면 된다. 걱정하지 말고 가면
무탈하다.

[풀이] 初六은 이익단체인 주위의 二陰과 끼리끼리 어울린다. 그러나 상응하
는 사람은 九四이니, 만약에 그가 소리쳐 부르면 악수하면서 웃으면 해결된다.
사람을 제대로 찾아가기만 하면 탈은 없다.

象曰 乃亂乃萃^{내 란 내 췌}는 其志亂也^{기 지 란 야}일세라.
상(象)에 이르기를, '어지럽기도 하고 모이기도 한다' 함은 그 뜻이
어지럽기 때문이다.

정직하고 성실하면 만사가 이루어지리라. 그러나 허망한 사람은 백사
가 흉하다. 단, 불의(不義), 부실(不實) 한 사람을 가까이하거나 유혹을
받아 끌려가면 곤란해질 우려가 있다. 남녀관계를 조심해라. 병은 흉,
출산은 평안. 혼인은 이로우나 주위에서 반대하는 경우에는 훗날 평온
이 보장되지 않는다.

六二 引吉 · 无咎 ○ 孚乃利用禴
끌어오면 길하여 무탈하다. 성의(誠意)가 있으면 간단한 제사(祭祀)
도 이롭다.

[풀이] 六二는 이익단체인 三陰의 주역(主役)이다. 단체장(團體長)인 九五와
상응하니, 일면으로 단합하면서 신의(信義)를 다짐하는 제사도 지내야 좋다.

象曰 引吉无咎는 中하야 未變也일세라.
상(象)에 이르기를, '끌어오면 길하여 무탈하다'는 것은 중(中)에 있
어 변하지 않기 때문이다.

독실(篤實) 하면, 처음에는 걱정과 고생이 있을지라도 나중에는 평안하
게 성사되리라. 불의(不義)나 허망(虛妄)은 백사(百事)가 흉. 출산은
난산이나 끝내 편안. 병은 끝내 낫는다. 혼인은 평.

六三 萃如嗟如^{췌 여 차 여}·无攸利^{무 유 리} ○ 往无咎^{왕 무 구} ○ 小吝^{소 린}

모이면서 차탄(嗟歎)하니, 이로울 것이 없다. 가면 무탈하다. 소인
은 어렵다.

[풀이] 三陰의 상사(上司)이니 상하 양쪽으로 막히고 어렵게 되니, 한탄하고
망설이게 된다. 九四와 친비(親比)하니 단체장인 二陽 쪽으로 가면 무탈하다.

象曰 往无咎^{왕 무 구}는 上^상이 巽也^{손 야}일세라.

상(象)에 이르기를, '가서 무탈하다'는 것은 윗사람[二陽]이 공손하
기 때문이다.

• 〈古易斷時言〉의 점단

구하나 얻을 수 없거나 안 되는 일이 많으리라. 정성(正誠)에 견고하
거나, 아니면 부녀자의 정덕(貞德)이 있으면 길하다. 병은 흉, 출산은
안(安), 혼인은 성사(成事)하나 허망하면 실패.

九四 大吉^{대 길} ○ 无咎^{무 구}

대길(大吉)하여야 무탈하다.

[풀이] 九四는 위로 九五를 모시고, 아래로 三陰을 달래는 대신(大臣)의 막
중한 위치인지라, 상하에 모두 형평(衡平)을 갖추어야 한다. 그래서 대길하여
야만 비로소 무탈하다는 뜻이다.

象曰 大吉无咎^{대 길 무 구}는 位不當也^{위 부 당 야}일세라.

상(象)에 이르기를, '크게 길한 후에야 탈이 없다'는 것은 자리가 부
당하기 때문이다.

• 〈**古易斷時言**〉의 점단

이 효사는 해석이 까다롭다. 대길(大吉)하여야만 무탈하니, 어려운 처지에 있다. 만사에 절반만 성사(成事)되어도 성공이라고 생각하고, 더 크게 구하지는 마라. 아랫사람에게는 베풀고 윗사람과는 친숙하여야 하니, 대길해야만 무탈이라고 한다. 강강(剛强)하면 불편해지니, 대신인 자기의 위력을 과시(誇示)하지도 말아야 한다. 다만 화정(和正)하면 상하와 모두 친해져서, 뒷날에는 좋아진다. 출산은 늦지만 지장이 없다. 병은 난치.

九五 革有位 无咎 ○ 匪孚元 ○ 永貞 悔亡

단체장의 위치이니 무탈하다. 신의가 없어도 원(元)하여야 영정(永貞)이 후회가 없으리라.

[풀이] 단체장은 이익단체들의 이익분배보다 단체의 유지·강화를 위해 노력해야 하고, 장기적 안정에 신경을 써야만 후회가 없다.

象曰 革有位는 志未光也일세라.

상(象)에 이르기를, 단체장의 위치란 뜻이 빛나지 않는다는 말이다.

• 〈**古易斷時言**〉의 점단

지극히 정당(正當)한 경우면 성사하지만, 조금이라도 허망하고 사욕이 끼면 하는 것마다 모두 흉하다. 대개 자신의 능력을 반성하고 남의 시선을 감안하여 자기 분수를 지키면 길하고 자연스레 성사된다. 주소(住所)가 변동되지만 급하게 서둘면 불리하다. 또, 남에게 속지 마라. 혼인은 재산을 보고서 하면 흉하다. 출산은 편안, 병은 위험하고 약을 바꾸는 것은 좋지 않다.

344

上六 齎咨涕洟 ○ 无咎
_{자 자 체 이} _{무 구}

탄식(歎息)하고, 한탄(恨歎)하고, 눈물을 흘리고, 콧물을 흘린다. 무탈하다.

[풀이] 어느 이익단체에도 가담하지 않은 국외자(局外者)는 외롭다.

象曰 齎咨涕洟는 未安上也라.
_{자 자 체 이} _{미 안 상 야}

상(象)에 이르기를, '탄식하고 한탄하고 눈물을 흘리고 콧물을 흘린다'는 것은 윗자리에서 편안하지 못하기 때문이다.

•〈古易斷時言〉의 점단

백사(百事)에 방해가 있고, 아니면 지체되면서 이루기 어렵다. 성의(誠意)가 있고 의리(義理)에 합당한 것이라면 오랜 후에 성사되리라. 감언이설(甘言利說)로 사람을 속이면 장차 대흉(大凶)을 만난다. 출산은 불안. 병은 위험하나, 시일이 지나면서 나아지는 쪽으로 향하리라. 혼인은 불리.

괘상풀이

췌(萃)는 '모인다'는 뜻이다. 2개의 양효가 4·5효의 군(君)과 재상(宰相)의 위치에 앉아 있고, 아래의 四陰이 두 二陽의 덕에 복종하고 따르는 상이다 ● 태(兌)의 화열(和悅)이 위에 있고, 곤(坤)의 순종(順從)이 아래에 있어서, 위는 화열해서 아래를 사랑하고, 아래는 복종하고 따르면서 위로 모이는 상이다 ● 지택림(地澤臨) 괘의 역위법으로 본다면, 임(臨)은 못[澤]이 지하에 있는데 이 췌(萃)괘는 못이 지상에 있으므로, 못의 물이 지상을 윤택하게 하고 만물이 모여들어서 번성하는 것이니, 췌(萃)라고 한다.

• 사람들이 모여든다는 의미로, 도시가 번화한다는 뜻과 경쟁이 심하다는 뜻 • 재물이 모여든다는 뜻 • 이익단체가 피아간에 손익을 분배하는데, 재보(財寶)가 상대방에게 모여든다는 뜻 • 상대는 부유하고 나는 가난해도, 그가 나를 돕지 않는다는 뜻 • 생각지도 않은 비상사태가 발생한다는 뜻 • 기쁘게 모여서 수입을 위해 일을 한다는 뜻 • 물이 흘러 모이듯이 아래로 몰려든다는 뜻 • 어머니와 소녀가 모인다는 뜻이 있다.

지풍승
地風升

升은 元亨하니 用見大人하되 勿恤코 南征하면 吉하리라

初六은 允升이니 大吉하리라

九二는 孚乃利用禴이니 无咎이리라

九三은 升虛邑이로다

六四는 王用亨于岐山이니 吉코 无咎하리라

六五는 貞이라야 吉하며 升階하리라

上六은 冥升이니 利于不息之貞하니라

승(升)은, 크게 형통한다. 대인을 만나는 데 사용한다. 걱정하지 마라. 남정(南征)하면 길하다.

[풀이] 승(升)은 '위로 나아간다'는 뜻이다. 六五의 효사를 보면 승계(陞階)를 승(升)의 예로 들고 있는데, 대체로 주빈(主賓)이 서로 계단을 양보(讓步)하면서 대청(大廳)으로 올라가는 장면이다. 〈백서주역〉에는 괘명이 '登'(등)으로 되어 있다.

<ruby>象曰<rt>　</rt></ruby> <ruby>柔以時升<rt>유 이 시 승</rt></ruby>하여 <ruby>巽而順<rt>손 이 순</rt></ruby>하고 <ruby>剛中而應<rt>강 중 이 응</rt></ruby>이라 <ruby>是以大亨<rt>시 이 대 형</rt></ruby>하니라 <ruby>用<rt>용</rt></ruby> <ruby>見大人勿恤<rt>견 대 인 물 휼</rt></ruby>은 <ruby>有慶也<rt>유 경 야</rt></ruby>요 <ruby>南征吉<rt>남 정 길</rt></ruby>은 <ruby>志行也<rt>지 행 야</rt></ruby>라.

단(彖)에 이르기를, 유(柔)가 때를 보아서 올라가니 공손하되 유순(柔順)하고 강(剛)이 중(中)에서 응하는지라. 이로써 '크게 형통한다'. '대인을 만나되 근심하지 마라' 함은 경사(慶事)가 있음이요, '남(南)으로 정벌(征伐)하면 길하다' 함은 뜻대로 행함이다.

[풀이] 손님을 맞이해 집의 계단을 올라가는 예법(禮法)에다 승(升)의 뜻을 배대한다. 남정길(南征吉)은 손님인 六五가 주인인 二陽의 안내로, '유(柔)가 때를 보아 올라가니,' 양남(陽南)을 따름이 길하다는 뜻이다.

<ruby>象曰<rt>　</rt></ruby> <ruby>地中生木<rt>지 중 생 목</rt></ruby>이 <ruby>升<rt>승</rt></ruby>이니 <ruby>君子以<rt>군 자 이</rt></ruby>하야 <ruby>順德<rt>순 덕</rt></ruby>하야 <ruby>積小以高大<rt>적 소 이 고 대</rt></ruby>하나니라.

상(象)에 이르기를, 땅속에서 나무가 생겨나는 것이 승(升)이다. 군자는 이것을 보고서, 덕을 따르면서 적은 것을 쌓아서 높고 크게 만든다.

[풀이] 여기서는 나무가 움이 터고 자라면서 올라가는 것을 승(升)이라고 설명한다. 즉, 단전과 상전의 승계(陞階)가 그 내용이 조금 다르다.

천천히 추진하면 가능하나 급박(急迫)하게 서두르면 백사(百事)가 불성한다. 착한 사람과 친하여 함께 일을 도모하라. 병은 흉하고 출산은 편안하다.

初六 允升 윤 승 ○ 大吉 대 길

편안하게 올라간다. 크게 길하리라.

象曰 允升大吉 윤 승 대 길 은 上合志也 상 합 지 야 라.

상(象)에 이르기를, '편안하게 올라가니 크게 길하다'란 윗사람과 뜻이 합한 것이다.

[풀이] 아랫사람은 계단 위에 있는 사람이 잘 인도하여야 편안하게 올라갈 수 있다.

• 〈古易斷時言〉의 점단

겸손·신중하게 성실한 사람과 더불어 하면 좋다. 부정하면 주소에 재앙이 생긴다. 출산은 편안. 병은 오래가고 위험. 혼인은 난조.

九二 孚乃利用禴 부 내 이 용 약 ○ 无咎 무 구

정성(精誠)이 있으면, 약제(禴祭)를 지내는 것이 이롭다. 무탈하다.

[풀이] 동류(同類)인 九三과 신의(信義)가 있으면, 모임을 가짐이 좋다.

象曰 九二之孚 구 이 지 부 는 有喜也 유 희 야 라.

상(象)에 이르기를, '九二의 정성'이란 기쁨이 있다.

• 〈古易斷時言〉의 점단

만사 추진하면 불리하다. 분수를 지키고 현상유지하면 길하다. 병은 불
치. 출산은 편안. 혼인은 평평하나 허망하면 실패한다.

九三 升虛邑 (승 허 읍)

큰 언덕 위에 있는 고을에 올라간다.

[풀이] 올라가는 주인공이다. 상괘는 음(陰)뿐이므로 허읍(虛邑)이라 한다.

象曰 升虛邑(승 허 읍)은 无所疑也(무 소 의 야)라.

상(象)에 이르기를, '큰 언덕 위에 있는 고을에 올라간다'는, 의심이
없음이다.

• 〈古易斷時言〉의 점단

보통사람은 경우에 따라서 길흉이 달라지니 사물의 종류에 따라 판단하
라. 성질이 포악한 사람은 재앙이 있다. 출산은 편안하나 난산의 가능
성이 있고, 질병은 흉, 혼인도 흉.

六四 王用亨于岐山 (왕 용 형 우 기 산) ○ 吉(길)·无咎(무 구)

왕이 기산(岐山)에서 제사를 지낸다. 길하다. 무탈하다.

[풀이] 기산(岐山)은 주(周) 문왕(文王) 시절의 뒷산인 진산(鎭山). 그때 문왕
은 제후(諸侯)였기 때문에 4효에 해당한다.

象曰 _{왕 용 형 우 기 산} 王用亨于岐山은 _{순 사 야} 順事也라.

상(象)에 이르기를, '왕이 기산에서 제사를 지낸다'는 순응(順應)하는 일이다.

• 〈古易斷時言〉의 점단

충성으로 화순(和順)하고 근면하면 길하나, 강정(强情) 편벽하면 대흉하다. 보통사람은 흉사(凶事)는 없으나 손재(損財)를 조심하라. 또 희망하는 일은 불성한다. 병은 변화가 있고 오래된 병은 위험하다. 출산은 편안. 혼인은 불리.

六五 _{정 길} 貞吉 ○ _{승 계} 升階

점이 길하다. 계단을 올라간다.

[풀이] 아래의 九二가 점차로 승계(陞階)하여 상응하던 5효에 올랐다. 5효는 왕위(王位)니 왕으로 등극한 괘상이다. 대중(大衆)의 권유와 인도로 부득이 왕이 되었다는 뜻이다.

象曰 _{정 길 승 계} 貞吉升階는 _{대 득 지 야} 大得志也리라.

상(象)에 이르기를, '정고하면 길하여 계단을 올라간다'란 양대(陽大)가 뜻을 얻음이다.

• 〈古易斷時言〉의 점단

일상의 소사는 평평하고, 남과 같이하는 것은 이롭다. 부정한 일은 남의 방해를 받으니 조심하라. 출산은 불안. 병은 오래가고 위험. 혼인은 불성한다.

上六 冥升^{명 승}·利于不息之貞^{이 우 불 식 지 정}

올라가는 것이 버릇이다. 쉬지 않는 태도는 이롭다는 점이다.

[풀이] 5효가 계단의 끝인데도, 계속하여 올라가는 것에 집착한다. 그러나 죽을 때까지 쉬지 않고 올라가려는 그 정신은 기릴 만하다.

象曰 冥升在上^{명 승 재 상}하니 消不富也^{소 불 부 야}로다.

상(象)에 이르기를, '올라가는 버릇이 맨 위에 있다'란 흩어져서 부유(富裕)하지 않음이다.

[풀이] 소(消)는 소멸(消滅)이고, 불부(不富)는 음(陰)이니, 음계(陰界)인 저승으로 간다는 뜻이다.

• 〈古易斷時言〉의 점단
보통사람은 흉사는 없으나 뜻밖의 재앙이 생길 수 있다. 부정한 사람은 대흉하다.

괘상풀이

승(升)은 '위로 나아간다'는 뜻이다 ● 풍지관(風地觀) 괘의 역위에서 보면, 관(觀)괘는 손목(巽木)이 곤지(坤地) 위에 있어서 수목(樹木)이 무성해서 사람들이 관망(觀望)하는 것이 관(觀)이지만, 그 과실(果實)이 땅 밑에 떨어져서 종자(種子)가 되면 땅속에서 움터서 나무가 자라고 있는 상이니 승(升)괘이다. 후일에 차제(次第)에 나무가 신장(伸長)해서 올라가면, 손목(巽木)이 곤지(坤地) 위에 숲을 이루니 다시 관(觀)괘가 된다.

352

• 지금 즉시 위로 올라간다는 것은 아니고, 씨앗에서 움이 나듯이 때[時]의 흐름에 따라서 진행한다는 뜻이다 • 시작한다는 뜻 • 발생한다는 뜻 • 씨앗이 상처를 입는다는 뜻 • 처첩과 신복(臣僕)들이 도망간다는 뜻 • 적은 것을 심어서 크게 되고, 바닥에서부터 계단을 밟아 올라가서 높은 곳에 이른다는 뜻 • 입신하여 점차 발전하는 상 • 장차 번창하리라는 뜻 • 따르지만 친하지는 않다는 뜻 • 한번 가면 다시는 돌아오지 않는다는 뜻이 있다.

택수곤
澤水困

困은 亨코 貞大人이라 吉코 无咎하니 有言이면 不信하리라

初六은 臀困于株木이라 入于幽谷하야 三歲라도 不
覿이로다

九二는 困于酒食이나 朱紱이 方來니 利用亨祀이요
征이면 凶커니와 无咎이니라

六三은 困于石하며 據于蒺藜라 入于其宮이라도 不
見其妻이니 凶토다

九四는 來徐徐는 困于金車일세니 吝하나 有終이리라

九五는 劓刖이니 困于赤紱하나 乃徐有說하리니 利用
祭祀이니라

上六은 困于葛藟와 于臲卼하야 曰動悔니 有悔면 征
하야 吉하리라

困. 亨 ○ 貞大人吉·无咎 ○ 有言不信
곤(困)은, 형통한다. 대인의 점은 길하고 무탈하다. 말을 해도 믿지
않는다.

[풀이] 곤(困)은 '곤란(困難)하다'는 뜻이다. 나무가 화분에 갇히어 더 자라지
못하는 것이 곤(困)자의 뜻이다. 못에서 물이 빠져나가고 없으니 곤란한 여건
인데, 평소에 군자로 살아온 대인이라면 견딜 수 있다. 따라서 범부(凡夫)나 소
인의 점이라면 흉하다. 말이 신용(信用)이 없으니 동분서주(東奔西走)해도 도
와주는 이가 없어 쉽게 풀리지 않는 장면이다.

象曰 困은 剛揜也니 險以說하여 困而不失其所亨하니 其唯君子
乎인저 貞大人吉은 以剛中也요 有言不信은 尚口乃窮也라.
단(象)에 이르기를, 곤(困)은 강(剛)이 가려져 있다. 험하되 기뻐하
니, 곤궁하나 그 형통한 바를 잃지 않으니 그 오직 군자뿐이로구나.
'대인의 점은 길하다' 함은, 강(剛)이 중(中)에 있음이요, '말이 있으
나 믿지 않는다' 함은, 입만 숭상하면 이에 곤궁해짐이다.

[풀이] 양(陽)이 음(陰)에 가리어서 곤란한 시절이다. 상괘 태(兌)는 음효가
위에서 즐거워하고, 하괘 감(坎)은 양이 음 중에 빠져 있다. 다만 군자인 대인
은 평소의 신용이 돈독하여 난국(難局)을 타개할 수 있다.

象曰 澤无水가 困이니 君子以하야 致命遂志하나니라.
상(象)에 이르기를, 못에 물이 없는 것이 곤(困)이다. 군자는 이것을
보고서, 목숨을 걸고 초지(初志)를 완수(完遂)한다.

만사에 보통사람은 성사가 어렵고 고생이 끊임이 없거나, 혹은 병이나 빈곤과 자금난, 주택난 등으로 불안하다. 그러나 평소에 정심(正心) 성의(誠意)로 근면하게 일한 사람은 신용을 잃지 않아서 남의 도움을 얻어 풀리기도 하니, 성실(誠實)한 자는 근심하지 않아도 된다. 병은 중(重)하고 오래가나 치유된다. 출산은 시난(始難)하나 종안(終安)하다. 혼인은 불리하다.

初六 臀困于株木 · 入于幽谷 · 三歲不覿
<small>둔 곤 우 주 목　　입 우 유 곡　　삼 세 불 적</small>

엉덩이가 나무 등걸 때문에 불편하다. 깊은 골짜기에 들어가, 3년 동안 보지 못하리라.

[풀이] 나무 등걸에 앉으면서, 엉덩이가 땅에 붙은 괘상이 된다. 이설(異說)은 유곡(幽谷)을 감옥(監獄)으로 풀이한다. 〈백서주역〉에는 끝에 凶(흉)자가 붙어 있다.

象曰 入于幽谷은 幽不明也라.
<small>입 우 유 곡　　유 불 명 야</small>

상(象)에 이르기를, '깊은 골짜기에 들어간다'란 어두워서 밝지 않다는 말이다.

•〈**古易斷時言**〉의 점단

만사 이루기 어려우며, 구하고자 나아가면 불리하여, 고생만 하고 공(功)이 없다. 주거는 불안하고, 구설(口舌)을 조심하라. 백사(百事)에 정도(正道)와 성실로 때를 기다리라.

九二 困于酒食_{곤우주식} ○ 朱紱方來_{주불방래}·利用亨祀_{이용형사} ○ 征凶_{정흉} ○ 无咎_{무구}

주식(酒食) 때문에 곤란하다. 주불(朱紱) 두른 왕(王)이 찾아오니, 제사를 지내면 이롭다. 원정(遠征)은 흉하다. 무탈하다.

[풀이] 九二는 六三과 친비(親比)하니, 주식(酒食)이라는 주위의 이익과 유혹을 물리치기 어렵다. '붉은 무릎 가리개'를 두른, 주불(朱紱)이라는 동덕(同德)인 九五가 나타나, 함께 곤궁을 해결하고자 한다. 정성 어린 기도는 통하지만, 의욕만 가지고 무턱대고 나아가면 더욱 곤궁해지니 흉하다.

象曰 困于酒食_{곤우주식}은 中_중이라 有慶也_{유경야}리라.

상(象)에 이르기를, '주식 때문에 곤란하다'란 중(中)에 있기 때문에 경사(慶事)가 있다는 뜻이다.

•〈古易斷時言〉의 점단

친구와 믿을 만한 사람과 더불어 추진하는 것은 가하리라. 조금이라도 불의, 부실(不實)하거나, 내 마음대로 진행하면 반드시 흉하다. 충신(忠信)으로 하는 것은 처음에 방해나 지장이 있어 이루기 어렵지만 마지막에는 성취하리라. 출산은 안(安). 병은 오래간다. 혼인은 평(平).

六三 困于石_{곤우석} ○ 據于蒺藜_{거우질려}. 入于其宮_{입우기궁}·不見其妻_{불견기처}·凶_흉

돌에 걸려 어렵고, 가시덤불에 갇힌다. 그 집에 들어가도 그 처(妻)를 못 본다. 흉하다.

[풀이] 친비(親比)하는 九四는 돌처럼 완고해서 걸림돌이 되고, 그리고 가시덤불 속에 걸려 있어서 곤란하다. 집안도 거덜 나서 가족들이 피신(避身)한 상황이다.

象曰 據于蒺藜는 乘剛也일세요 入于其宮不見其妻는 不祥也라.

상(象)에 이르기를, '가시덤불에 갇힌다'란 강(剛)을 타고 있다는 것이고, '그 궁전에 들어가서도 그 처를 보지 못한다'란 상서롭지 않음이다.

[풀이] '강(剛)을 타고 있다'는 것은 九二를 가시덤불로 풀이한 것이다.

• 〈古易斷時言〉의 점단

진퇴(進退)가 불안하고, 몸과 집안을 보존하기가 어렵다. 일이 서로 어긋난다. 백사(百事)를 화정(和正)으로 삼가고 지켜라. 또 사물을 변동시키지 마라. 병은 위험. 출산은 조용히 기다려라. 급하게 서두르면 탈이 있으리라. 혼인은 불리.

九四 來徐徐 ○ 困于金車 ○ 吝·有終

서서히 온다. 금수레 때문에 곤란하다. 어렵지만, 끝이 있다.

[풀이] 금수레는 九二의 동덕(同德)인 재야(在野)의 현인(賢人)을 가리킨다. 고관(高官)인 九四가 비(比)도 아니고 응(應)도 아닌 九二에서 인재(人才)를 널리 구하지만, 그들도 곤란하니 천천히 움직일 수밖에 없다.

象曰 來徐徐는 志在下也니 雖不當位나 有與也니라.

상(象)에 이르기를, '천천히 오는 것'은 뜻이 아래에 있으니, 비록 자리가 마땅치 아니하나 함께 있음이니라.

• 〈古易斷時言〉의 점단

만사에 소원을 이루기 어렵다. 뜻밖의 고생이 생기며, 비상(非常)한 변고를 당한다는 의미. 질병과 출산은 다른 의미[異意]가 있다. 혼인은 흉.

九五 劓刖·困于赤紱 ○ 乃徐有說 ○ 利用祭祀

코를 베고 아킬레스건(腱)을 자른다. 적불(赤紱)을 두른 사람 때문에 곤란하다. 서서히 벗어난다. 제사를 지내면 이롭다.

[풀이] 의월(劓刖)은 육형(肉刑)인데, 의형(劓刑)은 코를 베니 上六에 해당하고, 월형(刖刑)은 발뒤꿈치를 자르니 初六에 해당한다. 직원들이 상하에서 응분(應分)의 처벌을 받는 상황이다. 또 적불(赤紱)은 九二의 제후나 현인인데, 그도 역시 자신의 문제로 곤란을 당하고 있다. 說(열)자는 벗어날 脫(탈)의 뜻으로 본다. 군주가 지성(至誠)이면 감천(感天)이니 해결방법을 모두 동원한다.

象曰 劓刖은 志未得也요 乃徐有說은 以中直也요 利用祭祀는 受福也리라.

상(象)에 이르기를, '코를 베이고 발뒤꿈치를 베인다'는 것은 뜻을 얻지 못했다는 말이고, '천천히 기쁨이 있다'는 것은 중(中)이면서 곧기 때문이며, '제사를 지냄이 이롭다'란 복을 받는다는 뜻이다.

• 〈古易斷時言〉의 점단

보통사람은 좋은 방향으로 전향하는 때이지만, 처음에는 만사가 지장이 있어 이루기 어렵다. 스스로 신념을 지니면 나중에 길하게 되고 남의 도움을 얻어 성사(成事)한다. 또 손재(損財)를 예방하라. 혼인은 좋지 않다. 출산은 안(安). 병은 오래된 구병(久病)이면 낫고, 신병(新病)은 위험하리라.

上六 困于葛藟·于臲卼 ○ 曰動悔 ○ 有悔·征吉

가시넝쿨 때문에 곤란하고, 나무 꼭대기에 매달려 있다. 움직이면 회린(悔吝)한다. 후회(後悔)하면 원정은 길하다.

[풀이] 갈류(葛藟)는 큰 나무의 꼭대기에 감겨서 붙어 있는 넝쿨이다. 바람이 불면 떨어질 위험이 있어 불안한 상황이다.

象曰 困于葛藟는 未當也요 動悔나 有悔는 吉行也라.

상(象)에 이르기를, '칡덩굴에 곤란을 당한다'는 것은 마땅치 않다는 뜻이고, '움직이면 회린한다. 후회한다'고 한 것은 길하게 가는 것이다.

- 〈古易斷時言〉의 점단

만사가 불성이다. 윗사람이나 귀인의 노여움을 사니 미리 조심하라. 또 계산착오를 조심. 강정(强情)에다 부정하면 재앙이 있다. 비록 당장은 일이 난성(難成)일지라도, 충신(忠信), 정직하여 지금까지 행동이 부끄럽지 않은 사람은 도리어 발달하고 입신(立身)하리라. 이것은 자신의 정(正)과 부정(不正)에서 생긴 결과이니, 항상 화정(和正)하도록 하라. 병은 치유 가능, 출산은 평안하나, 늦게 되는 것이 좋고, 급히 서둘지 마라. 혼인은 불성이고, 설혹 성사되어도 좋지 않으리라.

괘상풀이

곤(困)은 '곤란(困難)하다'는 뜻이다 ● 못[澤]에 있던 물이 줄줄 새어나가면, 물고기와 자라가 살지 못하고, 농사를 짓는데 곡식이 자라지 못하므로 곤궁(困窮)의 뜻이다 ● 곤(困)이란 글자는 둘러싸인 곳 가운데 있는 나무이니, 즉 분재(盆栽)인 수목(樹木)의 형상으로 그 뿌리는 계속 뻗어나가지 못하고 굽어 있고, 그 줄기·가지·입·꽃이 모두 가늘고 작게 외축(畏縮)해서 곤궁하기에 이것을 곤(困)이라고 한다 ● 수택절(水澤節) 괘의 역위법으로 보면, 절(節)은 감수(坎水)가 태택(兌澤) 위에 모여 있는 것이고, 곤(困)은 감수가 태택 아래에 있어 태택의 물[水]이 새어나가는 상이다 ● 태(兌) 소녀가 위에 있어

서, 감(坎) 중남을 가로막는 상이다 ● 돌아선 여자를 위해서 애쓴다는 뜻
● 나는 감험(坎險)한데, 상대방은 기뻐하면서 나를 도와주지 않고 조롱한다
는 뜻 ● 궁박(窮迫), 간고(艱苦), 외축(畏縮), 피비(疲憊) 등의 뜻이 있다.

　● 이 괘는 '삼난괘'(三難卦)의 하나로, 둔(屯)을 어려움의 시작, 건(蹇)을
어려움의 중간으로, 곤(困)을 어려움의 궁극(窮極)으로 본다 ● 절도(節度)를
잃어서 곤궁에 이른다는 뜻이다 ● 거처를 잃고 유랑(流浪)한다는 뜻이다
● 주위 사람과 의논해도 다시 믿어 주지 않는 상 ● 나아가고자 하면 다리를
절어 곤궁에 빠지고, 머물고자 하면 바늘방석에 앉아 있는 것처럼, 진퇴(進
退)가 모두 곤고(困苦)하다는 뜻이다 ● 저수지에 빠져 죽는 상 ● 군자는 지금
곤궁에 처해 있으나, 참고 견디면 때가 되어서 벗어나게 된다는 뜻도 있다
● 무릇 사물이 궁극에 이르면 반드시 원래대로 돌아가듯이, 사람도 곤고의
궁극에 이르러서 능히 잘 참고 바르게 지켜내면, 장차 원래대로 회복되는
시기가 온다는 뜻이 있다. 이른바 '궁즉변'(窮卽變), '변즉통'(變卽通)의 이치
를 적용한 해석이다.

수풍정
水風井

井은 改邑^{개읍}하되 不改井^{불개정}이라 无喪无得^{무상무득}하야 往來^{왕래}이 井^정 井^정하나니 汔至^{흘지}라도 亦未繘井^{역미율정}하여서 羸其瓶^{이기병}이면 凶^흉하니라

初六은 井泥不食^{정니불식}이라 舊井^{구정}에 无禽^{무금}이로다

九二는 井谷^{정곡}이라 射鮒^{석부}이요 甕敝漏^{옹폐루}이로다

九三은 井渫不食^{정설불식}하야 爲我心惻^{위아심측}하니 可用汲^{가용급}이라 王^왕 明^명하면 並受其福^{병수기복}하리라

六四는 井甃^{정추}이니 无咎^{무구}이리라

九五는 井洌^{정렬}하니 寒泉食^{한천식}이로다

上六은 井收勿幕^{정수물막}이니 有孚^{유부}이라 元吉^{원길}이니라

^정 ^{개 읍 불 개 정} ^{무 상 무 득} ^{왕 래 정 정} ^{흘 지} ^{역 미 율 정}
井. 改邑不改井 · 无喪无得 · 往來井井 ○ 汔至 亦未繘井 ·

^{이 기 병} ^흉
羸其瓶 · 凶

정(井)은, 읍(邑)을 고쳐도 정전법(井田法)은 개정(改定)하지 않는다. 잃음도 없고, 얻음도 없다. 오고 가며, 그 우물을 우물로 쓴다. 우물 물이 마르거나, 또한 우물에 두레박줄을 닿지 않아서, 물병이 깨지면 흉하다.

[풀이] 정(井)은 '우물'이다. 또한 물이 나오는 우물을 중심으로 하여 농지(農地)를 9등분으로 구분하던 고대의 토지제도인 정전법을 의미한다. '亦未繘井' (역미율정)이 〈백서주역〉에는 '亦未汲井'(역미급정)으로 되어 있다.

^{손 호 수 이 상 수 정} ^정 ^{양 이 불 궁 야} ^{개 읍 불 개 정}
象曰 巽乎水而上水井이니 井은 養而不窮也하니라 改邑不改井은

^{내 이 강 중 야} ^{흘 지 역 미 율 정} ^{미 유 공 야} ^{이 기 병} ^{시 이 흉}
乃以剛中也요 汔至亦未繘井은 未有功也요 羸其瓶이라 是以凶

^야
也라.

단(彖)에 이르기를, (병을) 물속에 넣어서 물을 퍼 올리는 것이 정(井)이니, 우물은 아무리 길어내어 사용하여도 궁하지 아니하다. '고을은 고쳐도 우물은 고치지 못한다'는 것은, 이에 강(剛)이 중(中)에 있기 때문이요, '거의 이르러 또한 우물물을 긷지 못한 것'은 아직 공(功)이 없음이요, '그 병이 깨진다'는 것은 흉한 것이다.

^{목 상 유 수} ^정 ^{군 자 이} ^{노 민 권 상}
象曰 木上有水가 井이니 君子以하야 勞民勸相하나니라.

상(象)에 이르기를, 나무 위에 물이 있는 것이 정(井)이다. 군자는 이것을 보고, 백성을 위하여 힘쓰고 서로 상조(相助)하도록 권장한다.

추진하는 일은 성공하지 못한다. 보통사람은 현상유지를 하는 것이 좋다. 화정(和正)한 군자와 같이 일을 하면 좋다. 쟁론(爭論)을 삼가라. 간사하고 불의(不義)하면 고생이 많다. 대인은 사업을 바꾸어도 좋다. 병은 오래가고 위험하다. 출산은 늦고 난산. 혼인은 불길.

初六 井泥不食 ○ 舊井无禽
<small>정 니 불 식　　구 정 무 금</small>

우물에 진흙만 있어 먹지 못한다. 오래된 우물에는 동물이 없다.

象曰 井泥不食은 下也일세요 舊井无禽은 時舍也라.
<small>정 니 불 식　　하 야　　구 정 무 금　　시 사 야</small>

상(象)에 이르기를, '우물에 진흙이 있어 먹지 못한다'는 것은 맨 아래에 있기 때문이고, '오래된 우물에 동물이 없다'란 때에 버려졌기 때문이다.

추진하는 것은 불성하니, 노력해도 공이 없다. 현상유지가 좋고 나중에 환경이 바뀌면 길하게 된다. 재능이 없는 사람은 자중(自重)하라. 혼인은 흉, 출산은 불안. 병은 오래가거나 혹은 불치.

九二 井谷射鮒 ○ 甕敝漏
<small>정 곡 석 부　　옹 폐 루</small>

우물의 돌 틈 사이로 물이 나와 붕어에게 흘러간다. 옹기가 깨어져 물이 샌다.

[풀이] 물이 거의 말라 버린 우물에 붕어가 살고 있다.

象曰 井谷射鮒^{정곡석부}는 无與也^{무여야}일세라.

상(象)에 이르기를, '우물의 돌 틈 사이로 물이 나와 붕어에게 흘러간
다'는 것은 함께함이 없음이다.

• 〈古易斷時言〉의 점단

독실(篤實)하면 행복은 못 얻어도 재앙은 없다. 자기의 분수를 지키고
일체의 욕망을 포기하라. 부정하면 고생만 한다.

九三 井渫不食^{정설불식} · 爲我心惻^{위아심측} · 可用汲^{가용급} ○ 王明^{왕명} · 並受其福^{병수기복}

우물물이 깨끗한데도 마시지 않고 있다. 내 마음에 측은하다. 물을
먹을 수 있다. 왕이 현명하면 같이 복을 받는다.

[풀이] 좋은 우물인데도 사람들이 알지 못하고 있다.

象曰 井渫不食^{정설불식}은 行^행을 惻也^{측야}요 求王明^{구왕명}은 受福也^{수복야}라.

상(象)에 이르기를, '우물물이 깨끗한데도 마시지 않는다'는 행인들이
측은히 여김이고, '왕의 영명(英明)을 구한다'란 복을 받음이다.

• 〈古易斷時言〉의 점단

아직 때가 오지 않았으니 만사불성(萬事不成)이다. 병은 흔하지 않은 증
세이고 혹이 발견되기도 한다. 대개 불치가 많다. 출산은 난산이 많다.

六四 井甃^{정추} ○ 无咎^{무구}

우물을 기와나 벽돌로 쌓는다. 무탈하다.

[풀이] 우물을 새로 정비(整備)하는 상황이다.

象曰 井甃无咎는 脩井也일세라.

상(象)에 이르기를, '우물을 기와나 벽돌로 쌓으니 허물이 없다'란, 우물을 수리(修理)함이다.

•〈古易斷時言〉의 점단

원하는 것은 이루기 어렵다. 혹 성취하더라도 끝에 가서는 손해가 난다. 착오가 생기고 백사(百事)가 불안하여 추진되지 않는다.

九五 井洌 · 寒泉食

우물이 맑다. 시원한 샘물을 마신다.

象曰 寒泉之食은 中正也일세라.

상(象)에 이르기를, '시원한 샘물을 먹는다' 함은 중정(中正)하기 때문이다.

•〈古易斷時言〉의 점단

분수와 능력에 따라 일이 성취된다. 남에게 베풀어 주고 또 조화롭게 지내면 길하다. 출산은 편안, 병은 진행하고 혼인은 평평.

上六 井收勿幕 ○ 有孚 · 元吉

우물에서 퍼 올리고 뚜껑을 덮지 않으니, 신의(信義)가 있어서 크게 길하다.

象曰 元吉在上이 大成也라.

상(象)에 이르기를, '크게 길함이 위에 있다'란 크게 이룸이다.

보통사람이면 정직하고 화정(和正)하지 못하므로 불리하고, 만일 사리
사욕을 따르면 주거까지도 흉하게 된다. 백사불성(百事不成), 손재수
가 있다.

괘상풀이

정(井)은 '우물'이다. 또한 물이 나오는 우물을 중심으로 하여 농지(農地)를
정전법(井田法)으로 구분하던 고대의 토지제도를 의미한다 • 일촌일읍(一
村一邑)이 모여서 같이 물을 긷는 장소이니, 우물 근처에는 여러 사람이 모
여들어 그곳에서 교역하는 시장(市場)이 열리기도 하므로, '시정'(市井)이
라는 뜻이 있다 • 감수(坎水) 아래에 손목(巽木)이 있으니, 손목인 나무바가
지를 감수의 아래로 넣어서 물을 길어 올리는 손(巽)의 상이니 정(井)이라
고 한다 • 풍수환(風水渙) 괘의 역위법으로 보면, 환(渙)괘는 손목이 감수
위에 존재하지만, 정(井)괘는 손목이 감수 아래로 들어간다. 즉, 나무를
이용해 물병이나 두레박을 만들어 물을 길어 올리는 상으로, 이것이 우물
[井]의 상이다.

　• 지천태(地天泰) 괘의 교대법으로 보면, 태(泰)괘는 건(乾)의 양기(陽氣)
가 곤(坤)의 지하에서 운행하는 상이니 이것은 수맥(水脈)이다. 태(泰)괘에
서 六五가 초효로 내려와서 손풍(巽風)으로 지하에 들어가니[入], 初九가
5효로 올라가서 감수(坎水)의 주(主)가 되니, 땅에 구멍을 내어 들어가면,
수맥에서 물이 솟아나서 우물이 되는 상이다 • 우물은 아무리 길어내어도
마르지 않고, 그냥 두어도 넘치지 않는 덕이 있다. 이 우물은 농사를 지
어서 사람을 양육하는 데 필수적인 장소이니, 바꾸거나 폐기할 수 없다
는 뜻이 있다.

　• 길러서 양육한다는 뜻 • 가정을 유지한다는 뜻 • 일용(日用)에 편리하

다는 뜻 • 얻을 것도 잃을 것도 없다는 뜻 • 청결하다는 뜻 • 계속 사용하지 않으면 점차 폐정(廢井)이 된다는 뜻 • 바닥에 통한다는 뜻 • 험한 일에 종사한다는 뜻 • 없어지지 않는다는 뜻 • 의혹이 많은데도 결단하지 못하고 험한 일에 계속 관여한다는 뜻 • 두레박이 깨져서 물이 새는 것처럼, 재물이 차츰 없어진다는 뜻 • 거의 성공에 이르렀는데 일이 실패로 돌아간다는 뜻이 있다.

택화혁
澤火革

革은 己^기日^일이라야 乃^내孚^부하리니 元^원亨^형코 利^이貞^정하야 悔^회이

亡^망하니라

初九는 鞏^공用^용黃^황牛^우之^지革^혁이니라

六二는 己^기日^일乃^내革^혁之^지면 征^정吉^길하야 无^무咎^구하리라

九三은 征^정이면 凶^흉코 貞^정이면 厲^려하니 革^혁言^언이 三^삼就^취면 有^유

孚^부이리라

九四는 悔^회亡^망하니 有^유孚^부이면 改^개命^명하야 吉^길하리라

九五는 大^대人^인이 虎^호變^변이니 未^미占^점에 有^유孚^부이니라

上六은 君^군子^자는 豹^표變^변이요 小^소人^인은 革^혁面^면이니 征^정이면 凶^흉코

居^거貞^정이면 吉^길하리라

革.　<ruby>己日乃孚<rt>기일내부</rt></ruby> ○ <ruby>元亨<rt>원형</rt></ruby>·<ruby>利貞<rt>이정</rt></ruby> ○ <ruby>悔亡<rt>회망</rt></ruby>

혁(革)은, 기일(己日)이 되어야 이에 믿음이 있다. 크게 형통하고, 이롭다는 점이다. 후회가 없다.

[풀이] 혁(革)은 '고친다', '바꾼다'는 뜻이다. 혁명(革命)이란 천명(天命)을 바꾸는 중대한 일이니, 신중하게 진행할 일이다. 기일(己日)은 십간(十干)에서 여섯 번째에 해당하니, 이미 중간지점을 지나갔다고 본다. 기일(己日)을 사일(巳日)이나 이일(已日)로 보는 견해도 있다. 〈백서주역〉에는 괘명이 '勒'(륵)으로 되어 있다.

象曰 革은 水火相息하며 二女同居하되 其志不相得이 曰革이라 己日乃孚는 革而信之라 文明以說하야 大亨以正하니 革而當할세 其悔乃亡하니라 天地가 革而四時成하며 湯武가 革命하여 順乎 天而應乎人하니 革之時 大矣哉라.

단(彖)에 이르기를, 혁(革)은 물과 불이 서로 상극(相剋)하는 것이다. 두 여자가 함께 있으면서 그 뜻을 서로 얻지 못한 것이 이르되 혁(革)이다. '기일(己日)이 되어야 믿는다' 함은 변혁(變革)되어야 믿는지라, 문명(文明)함으로써 백성을 열복(悅服)시켜서 '크게 형통하고 바르게 하니' 변혁함이 마땅하므로, '그 뉘우침이 없을 것이다'. 천지(天地)가 변혁하여야 사시(四時)가 이루어지며, 탕왕(湯王)·무왕(武王)이 혁명(革命)을 일으켜서, 하늘에 순응하고 사람에 응하니, 혁(革)의 시(時)가 크도다.

象曰 澤中有火가 革이니 君子以하야 治歷明時하나니라.
상(象)에 이르기를, 못 가운데 불이 있는 것이 혁(革)이다. 군자는 이
것을 보고, 달력을 정리하여 시절(時節)을 분명하게 밝혔다.

• 〈古易斷時言〉의 점단
만사가 통달하여 이롭고, 또 일을 개혁(改革)하는 데 좋다. 정실(正
實)하면 길하고, 입신출세할 시절이다. 그러나 백사(百事)를 신중하
게 비밀스레 추진해야 한다. 경솔하여 성급하면 잘못되어 흉하게 된
다. 목적이 부정하면 재앙이 있고, 또 남녀문제로 파탄(破綻)이 생긴
다. 혼인은 불리. 병은 생사(生死)를 오가지만, 며칠 지나면 낫겠다.
출산은 조금 난산(難產)이지만 안전.

初九 鞏用黃牛之革
황소가죽으로 만든 줄을 가지고 단단히 묶는다.

[풀이] 성급히 굴지 않아야 한다. 六二와 친비(親比)하니 잘 관리해야 한다.

象曰 鞏用黃牛는 不可以有爲也일세라.
상(象)에 이르기를, '황소가죽으로 견고하게 묶는다'는 것은 행동하면
안 된다는 뜻이다.

• 〈古易斷時言〉의 점단
경솔하게 먼저 개혁하려 하면 무너지리라. 당분간은 스스로 지키는 불
변(不變)정책이 이롭다. 정성(精誠)스럽고 정직(正直)하면 먼 곳에서
도와주는 길조(吉兆)가 있으리라.

六二 <ruby>己日乃革之<rt>기 일 내 혁 지</rt></ruby> · <ruby>征吉<rt>정 길</rt></ruby> ○ <ruby>无咎<rt>무 구</rt></ruby>

기일(己日)이 되어서 변혁(變革)하여 정벌하면 길하다. 무탈하다.

[풀이] 이명(離明)의 중효(中爻)이니, 때가 되면 혁명함이 길하다는 현인(賢士)들의 판단이다. 2효는 사회의 목탁(木鐸)인 저명인사나 우국지사를 나타내는 것으로, 현대에는 언론인들이 포함된다 하겠다.

<ruby>象曰 己日革之<rt>기 일 혁 지</rt></ruby>는 <ruby>行有嘉也<rt>행 유 가 야</rt></ruby>라.

상(象)에 이르기를, '기일이 되어야 변혁한다'란 실행하면 아름다움이 있음이다.

• 〈古易斷時言〉의 점단

신정(愼正) 화순(和順)하게 노력해 게으르지 않으면서 또 동지(同志)나 보조자(補助者)가 있으면 성사되리라. 보통사람은 화순하더라도 일상(日常)의 소사만 통하고, 대사는 이루지 못하리라. 또 강강(剛强) 편정(偏情)하면 실패하니, 남과 함께하고 남을 따라 하는 것이 좋다. 혼인은 불리, 병은 흉. 출산은 안산(安産)이지만, 혹 조산(早産)한다.

九三 <ruby>征凶<rt>정 흉</rt></ruby> · <ruby>貞厲<rt>정 려</rt></ruby> ○ <ruby>革言三就<rt>혁 언 삼 취</rt></ruby> · <ruby>有孚<rt>유 부</rt></ruby>

원정(遠征)은 흉하다. 점괘가 위태롭다. 변혁한다는 말을 세 사람이 하니, 믿을 만하다.

[풀이] 九三은 강강(强剛)하므로 조급하게 설치면 위험하고 일을 그르친다. 3효·4효·5효가 건(乾)괘를 이루어 혁명의 주체세력이 되는데, 동지가 셋이나 있고, 또 신의(信義)가 있으니 일을 완수할 것이다.

372

象曰 革言三就^{혁 언 삼 취}어니 又何之矣^{우 하 지 의}리오.

상(象)에 이르기를, '변혁한다는 말을 세 사람이 한다'면, 또 어디로 가겠느냐?

• 〈古易斷時言〉의 점단

가볍게 변혁하지도 말고, 또 고집스레 옛것에 집착하지도 말라. 변혁이 대개 성사(成事)되는 시절이니, 다만 시의(時宜)에 따라서 신중하게 도모하라. 혼인은 유리, 병은 흉.

九四 悔亡^{회 망} ○ 有孚^{유 부} ○ 改命吉^{개 명 길}

후회가 없다. 신의(信義)가 있다. 천명(天命)을 고침이 길하리라.

[풀이] 혁명동지들이 신의를 지키면서 때를 기다리다가 변혁하면 성공한다.

象曰 改命之吉^{개 명 지 길}은 信志也^{신 지 야}일세라.

상(象)에 이르기를, '천명을 고침이 길하다'는 것은 혁명한다는 뜻을 믿는다는 것이다.

• 〈古易斷時言〉의 점단

만사를 이루는 시절이다. 대체로 2효의 효점(爻占)과 비슷하다.

九五 大人虎變^{대 인 호 변} · 未占有孚^{미 점 유 부}

대인이 호변(虎變)한다. 점치지 않아도 신의가 있다.

[풀이] 혁명에 성공한다. 혁명 주체세력의 대표인 대인의 공(功)이 호랑이의 가죽 무늬처럼 빛난다.

象曰 大人虎變은 其文이 炳也라.
상(象)에 이르기를, '대인이 호랑이처럼 변한다'는 것은 그 무늬가 빛
나는 것이다.

• 〈古易斷時言〉의 점단
보통사람은 이 효에 해당되지 않는다. 혁명 주체세력인 대인의 공(功)
이 호랑이의 가죽 무늬처럼 빛이 난다. 만약 부정(不正), 부덕(不德)
한 자가 이 점괘를 얻으면 대흉(大凶)의 점이다. 병자(病者)나 혼인
모두 흉하다.

上六 君子豹變·小人革面 ○ 征凶 ○ 居貞吉
군자가 표변(豹變)한다. 소인은 혁면(革面)한다. 원정은 흉하다. 거
주에는 길점(吉占)이다.

[풀이] 이미 혁명이 끝난 시절이니, 야인(野人)인 군자도 새롭게 변신하지만,
표범가죽 색깔은 좀 우중충하다. 이익만 추구하는 소인들은 새 물결을 따라서
안면을 즉시 바꾸어서 잘 적응한다.

象曰 君子豹變은 其文이 蔚也요 小人革面은 順以從君也라.
상(象)에 이르기를, '군자는 표범처럼 변한다'란 그 무늬가 우중충하
다는 것이고, '소인은 얼굴만 바꾼다'란 유순하게 임금을 따름이다.

• 〈古易斷時言〉의 점단
조용히 일상의 분수를 지키고 근신하면 평안하다. 바라는 것을 얻고자
나아가면 노고가 많으리라. 또 타인 때문에 고생하는 수도 있다. 병은
무겁고 길다. 출산은 난산으로 늦어진다. 혼인은 이루기 어렵다.

374

혁(革)은 '고친다', '바꾼다'는 뜻이다. 또 혁(革)은 가죽이니, 재료인 짐승의 털가죽을 벗겨서 손질하고, 다듬어서 피혁(皮革)으로 바꾸어진다. 혁(革)은 피혁이 만들어지는 이러한 개변(改變) 현상을 가리킨다 • 가죽은 원래 이(离)괘인데, 공정(工程)에서 하괘 이(离)인 불로 건조하면서 단단한 가죽부분인 九四·九五가 강화되므로 상괘 태(兌)가 형성되는 상이다[王夫之] • 태택(兌澤)의 수(水)와 이화(離火)가 상대하는데, 수(水)가 강하면 화(火)를 이기고, 불길이 강하면 물을 이긴다. 수(水)와 화(火)가 서로 상극(相剋)하여 그 세력이 변동하므로 변혁(變革)의 뜻이다 • 이(離)의 여름이 앞서 오고, 태(兌)의 가을이 뒤따르는 것이니, 이것은 계절의 변혁이다 • 이(離)의 중녀와 태(兌)의 소녀가 부모의 집에서 같이 자라지만, 결혼 상대는 다르니 시집가서 사는 곳이 바뀐다는 뜻이다.

• 태금(兌金)은 위에 있고, 이화(離火)는 아래 있으니, 불로 쇠를 제련(製鍊)하는 상이다 • 아래의 불은 위에 있는 강(剛)한 것을 능히 부드럽게 하고, 날것을 능히 익힐 수 있으니, 변혁의 뜻이다 • 불로 물을 끓이는 상이므로, 물이 끓으면 음식이 익으면서 바뀐다는 뜻이다 • 화풍정(火風鼎) 괘와 택화혁(澤火革) 괘는 모두 음식을 익히는 팽임(烹飪)의 상이라고 한다. 그런데 정(鼎)괘에는 손목(巽木)과 이화(離火)만 있고 수(水)가 없으며, 혁(革)괘에는 택수(澤水)와 이화(離火)만 있고 목(木)이 없다. 하지만 그 호괘(互卦)에 각각 감수(坎水)와 손목(巽木)이 들어 있어서 팽임(烹飪)의 상을 갖추고 있다고 풀이한다.

• 옛것을 버린다는 뜻 • 석양(夕陽)의 뜻 • 서로 상극하니 물건을 감손(減損)한다는 뜻 • 상쟁한다는 뜻 • 소멸되어 없어진다는 뜻 • 꺼리는 것을 증오한다는 뜻 • 이명(离明)인 기지(機智)와 태설(兌說)의 능변(能辯)으로 민심(民心)을 움직여 변혁을 성공시킨다는 뜻 • 밝아져서 기쁘다는 뜻 • 수화기제(水火旣濟) 괘와 유사한 뜻이 있다.

화풍정
火風鼎

鼎_은 元吉亨_{하니라}

初六_은 鼎_이 顚趾_나 利出否_요 得妾_{하야} 以其子_{이니}
无咎_{이리라}

九二_는 鼎有實_{이라} 我仇_이 有疾_{이니} 不我能卽_{이나}
吉_{하리라}

九三_은 鼎耳_이 革_{이라} 其行_이 塞_{하야} 雉膏_이 不食_{이나}
方雨虧悔_니 終吉_{이리라}

九四_는 鼎_이 折足_{하야} 覆公餗_{하니} 其形_이 渥_{이라} 凶_{토다}

六五_는 鼎黃耳 金鉉_{이니} 利貞_{하니라}

上九_는 鼎玉鉉_{이니} 大吉_{하야} 无不利_{니라}

鼎. ^{원길}元吉 ○ ^형亨

정(鼎)은, 크게 길하다. 형통한다.

[풀이] 통설은 괘획(卦劃)의 모양인 화상(畵象)이 솥과 같다고 해석한다. 즉, 초효는 솥다리, 2효·3효·4효는 솥몸체, 5효는 솥귀, 상효는 솥고리라고 본다. 솥의 공능(功能)은 원길(元吉)하고 형통한다.

象曰 鼎은 ^{상야}象也니 ^{이목손화팽임야}以木巽火亨飪也니 ^{성인}聖人이 ^팽亨하여 ^{이향상제}以享上帝하고 ^{이대팽}而大亨하여 ^{이양성현}以養聖賢하니라 ^{손이이목}巽而耳目이 ^{총명}聰明하며 ^{유진이상행}柔進而上行하고 ^{득중이응호강}得中而應乎剛이라 ^{시이원형}是以元亨하니라.

단(彖)에 이르기를, 정(鼎)은 형상(形象)이니, 나무를 불속에 넣어서 음식을 삶아 익힌다. 성인이 음식을 삶아서 상제(上帝)께 제사를 지내고, 많이 삶아서 성현(聖賢)을 기르느니라. 순종하여 귀와 눈이 총명(聰明)하며, 유(柔)가 나아가 올라가서 중(中)을 얻어 강(剛)에 응함이라. 이로써 '크게 형통하나니라'.

[풀이] 솥에 들어간 음식재료는 날것인데, 익어서 나온 음식물은 변질(變質)되고 먹을 만하니, 팽임(烹飪)의 상이 있다. 상황이 변하고 바뀌었으니 그에 적합한 새로운 인재가 필요하므로, 익힌 음식으로 양현(養賢)하는 것에 비유한다.

象曰 ^{목상유화}木上有火가 ^정鼎이니 ^{군자이}君子以하야 ^{정위}正位하야 ^{응명}凝命하나니라.

상(象)에 이르기를, 나무 위에 불이 있음이 정(鼎)이다. 군자는 이것을 본받아서, 지위를 바르게 하고 명(命)을 소중히 한다.

[풀이] 모닥불은 음식을 하려고 나무에다 불을 붙인 것이다.

정심(正心)이고 정직(正直)한 사람은 백사 통달하고 입신출세하며 남의 도움을 얻는다. 부정하고 허망한 사람은 손재(損財), 남녀문제 등으로 고생한다. 보통사람은 조심하면 만사 평안하고 화합하며, 남과 협동하여 일을 하는 것이 유리하고, 혼자서 시도하는 것은 불리하다. 혼인은 흉하고, 병은 낫기 어렵고, 출산은 편안하다.

初六 鼎顚趾 · 利出否 ○ 得妾以其子 · 无咎

솥의 발이 뒤집힌다. 찌꺼기를 쏟아 버리면 이롭다. 첩(妾)을 그 자식과 같이 얻는다. 무탈하다.

[풀이] 솥 안의 찌꺼기를 쏟아 버려야 새 음식을 만들 수 있다. 九二와 친비(親比)하니, 친자식을 데리고 첩이 된다.

象曰 鼎顚趾나 未悖也요 利出否는 以從貴也라.

상(象)에 이르기를, '솥의 다리가 부러졌다'란 어그러짐이 아니요, '찌꺼기를 쏟아 버린다'란 귀한 것을 따름이다.

처음에는 방해나 장애가 있어도 나중에는 성사한다. 대체로 신용이 있고 재능이 있으면 유리하고, 그렇지 못하면 성공하기 어렵다. 혼인은 재혼(再婚)은 유리하고 초혼(初婚)은 불리하다. 병은 흉하고, 혹 오래 끈다. 출산은 늦으면 불안하다.

九二 鼎有實 ○ 我仇有疾 · 不我能卽 · 吉
솥에 음식이 있다. 내 원수(怨讐)가 질병이 생겨 나에게 오지 못한다. 길하리라.

[풀이] 六五와 상응한다. 九二 九三 九四는 신(新) 세력이다. 새 정부를 구성하는 주역들이다. 친비하는 初九가 아프니, 九二가 장애물이 없어졌다.

象曰 鼎有實이나 愼所之也니 我仇有疾은 終无尤也리라.
상(象)에 이르기를, '솥에 음식이 있다'란 갈 바를 신중히 하는 것이고, '내 원수가 병에 걸렸다'란 마침내 허물이 없다는 것이다.

• 〈古易斷時言〉의 점단
화순(和順) 정직하게 행동하여 이욕(利慾)이 걸린 외부의 유혹을 조심하라. 화정(和正)하면 원방(遠方)에서 길조(吉兆)가 있다. 주소(住所)는 해결되고 다만 신분보다 작으면 유리하다. 혼인은 불리하지만, 외국에 시집가는 것은 좋다. 병은 흉하고, 출산은 편안.

九三 鼎耳革 · 其行塞 ○ 雉膏不食 ○ 方雨 · 虧悔 · 終吉
솥귀를 바꾸면 솥을 옮기지 못한다. 꿩고기를 못 먹는다. 비가 오면 후회가 없다. 끝내 길하다.

[풀이] 솥귀인 上九는 솥몸인 九三과 상응한다. 솥은 솥귀를 바꾸면 당장 사용할 수 없으니, 음식을 처리할 수 없다. 장차 비가 와서 음양이 화합하면 솥을 옮기게 되니 후회가 없고 종길(終吉)하다.

象曰 鼎耳革은 失其義也일세라.
상(象)에 이르기를, '솥귀를 바꿨다'란 그 의리를 잃었다는 것이다.

• 〈古易斷時言〉의 점단
재덕(才德)이 있는 사람은 당장에는 성사되지 않으나 마침내 성공한다.
보통사람은 머지않아 길하게 된다. 단, 호색(好色)한 사람은 재앙이 있
고 불행해진다. 혼인은 성립. 병은 흉하지만 열흘을 지나면 치료된다.
출산은 편안.

九四 鼎折足 · 覆公餗 · 其形渥 ○ 凶
솥발이 부러져, 공(公)의 음식을 뒤엎어서, 그 모습이 젖는다. 흉하다.

[풀이] 九四는 솥발인 初九와 상응인데, 初九가 九二와 친비하여 九四를 외면
하면, 九四가 피해를 받는다.

象曰 覆公餗하니 信如何也오.
상(象)에 이르기를, '공(公)의 음식을 뒤엎는다'는 것은 그 신의(信義)
가 어떠하겠느냐?

• 〈古易斷時言〉의 점단
능력에 과분한 업무를 맡아서 백사(百事)에 재앙이 생긴다. 매우 조심하
라. 혼인은 흉. 병은 낫기 힘들다. 출산은 편안하나 산후를 조심하라.

六五 鼎黃耳·金鉉 ○ 利貞

솥의 황동(黃銅) 귀에 금속(金屬) 고리가 있다. 이로운 점괘(占卦)다.

[풀이] 5효는 솥귀에 해당하는데 황동이고, 상효는 솥귀의 고리에 해당하는데 양(陽)이니 단단한 금속으로 된 고리이다.

象曰 鼎黃耳는 中以爲實也라.

상(象)에 이르기를, '솥에 노란색 귀'는, 중(中)으로 실을 삼았다는 것이다.

• 〈古易斷時言〉의 점단

성신(誠信)하고 유덕(有德)한 유명인사는 길하지만, 보통사람은 이루기 어렵다. 신분이나 분수에 맞지 않는 희망을 품는 경우가 있으며, 뜻밖의 사건이 발생하기도 한다. 혼인은 흉하고, 병은 위험하고, 출산은 뜻밖에 조산(早産)하는 경우가 있다.

上九 鼎玉鉉 ○ 大吉 ○ 无不利

솥에 옥(玉)으로 된 고리가 있다. 대길(大吉)하여, 불리할 것이 없다.

[풀이] 옥(玉)으로 만든 고리는 단단하면서도 서늘한 장식용이니 귀(貴)한 물건이다. 새 정부의 지도자(指導者)이다.

象曰 玉鉉在上은 剛柔節也일세라.

상(象)에 이르기를, '옥으로 만든 고리가 위에 있다'는, 강과 유가 조절됨이다.

• 〈古易斷時言〉의 점단

만사 고수(固守)하고 변하지 마라. 일상소사는 길하다. 군자는 백사(百事) 성공한다. 보통사람은 만사 중간에 실패할 수가 있으니 조심하라.

정(鼎)은 '음식을 익히는 솥'을 뜻한다. 솥에 들어간 음식은 날것이 익어서 변하고 바뀌는 팽임(烹飪)의 상이 있다 • 〈단전〉에서 "정(鼎)은 상(象)이다"라고 말한 것은, 초효를 솥발, 2~4효의 양효 3개는 솥의 배, 5효의 음(陰)을 솥귀, 상효의 양획(陽畫)을 솥귀고리로 본 것이다. 이것을 정(鼎)괘의 화상(畫象)이라고 한다 • 정(鼎)괘는 손(巽) 나무를 밑에 놓고, 이(離) 불을 피우는 상인데, 솥의 상이 있으므로 음식을 익히는 팽임의 상이 된다 • 풍화가인(風火家人) 괘와 비교하면, 내외가 교역한다.

　• 매일 일상에 사용하므로 폐지하는 일이 없다는 뜻 • 팽임하여 가족을 돌본다는 뜻 • 가업을 상속한다는 뜻 • 식사나 접대의 뜻 • 양육한다는 뜻 • 모든 것을 조화(調和)·조미(調味)한다는 뜻 • 새로운 것을 취해서 바뀐다는 뜻 • 종래의 의혹이 한꺼번에 밝혀진다는 뜻 • 명주(明主)를 따라 성공하여 입신양명한다는 뜻 • 이(離)의 문명(文明)과 손(巽)의 유순(柔順)을 이용하여 정담(鼎談)을 나누고, 능히 백성을 다스려서 정치(政治)한다는 뜻 • 유화(有和)하고 지혜가 있는 인물이라는 뜻이 있다.

중뢰진
重雷震

震_진은 亨^형하니 震來^{진래}에 虩虩^{혁혁}이면 笑言^{소언}이 啞啞^{액액}이리니 震驚^{진경}
百里^{백리}에 不喪匕鬯^{불상비창}하나니라

初九는 震來虩虩^{진래혁혁}이라야 後^후에 笑言啞啞^{소언액액}이리니 吉^길하나니라

六二는 震來^{진래}에 厲^여하야 億喪貝^{억상패}하고 躋于九陵^{제우구릉}이니 勿^물
逐^축이라도 七日得^{칠일득}하리라

六三은 震蘇蘇^{진소소}이니 震行^{진행}하면 无眚^{무생}하리라

九四는 震^진이 遂泥^{수니}라

六五는 震^진에 往來^{왕래}이 厲^여이나 億无喪^{억무상}하고 有事^{유사}이로다

上六은 震^진이 索索^{삭삭}하야 視^시이 矍矍^{확확}이니 征^정이면 凶^흉하니
震不于其躬^{진불우기궁}이요 于其鄰^{우기린}이면 无咎^{무구}이어니와 婚媾^{혼구}는 有言^{유언}
이리라

^진^형　　^{진 래 혁 혁}　^{소 언 액 액}　　^{진 경 백 리}　^{불 상 비 창}
震. 亨 ○ 震來虩虩 笑言啞啞 ○ 震驚百里 不喪匕鬯

진(震)은, 형(亨)하다. 천둥번개나 지진이 오면 겁이 난다. 웃음소리
가 난다. 천둥번개나 지진이 오면 백리(百里)까지 놀라게 한다. 주걱
과 울창주(鬱鬯酒)를 잃지 않는다.

[풀이] 진(震)은 '움직인다'는 뜻이다. 양(陽)이 二陰에 눌려 지내다가 분발(奮
發)하여 진동(振動)하는 상이다. 二陰의 아래에서 一陽이 떨쳐 일어나 격렬(激
烈)하게 움직이는 괘상이니, 위로는 천둥번개와 아래로는 지진(地震)을 상징
한다. 〈백서주역〉에는 괘명이 辰(진)으로 되어 있다.

^진^형　^{진 래 혁 혁}　^{공 치 복 야}　^{소 언 액 액}　^{후 유 칙 야}
象曰 震은 亨하니 震來虩虩은 恐致福也요 笑言啞啞은 後有則也
　　^{진 경 백 리}　^{경 원 이 구 이 야}　　^{출 가 이 수 종 묘 사 직}　　^{이 위 제}
라 震驚百里는 驚遠而懼邇也니 出可以守宗廟社稷하여 以爲祭
^{주 야}
主也라.

단(彖)에 이르기를, 진(震)은 형통하니 '천둥번개나 지진이 오면 겁
이 난다'는 조심하면 복을 이룸이요, '웃음소리가 나는 것'은 뒤에 법
칙이 있기 때문이다. '천둥번개나 지진이 오면 백리까지 놀라게 한다'
는, 먼 곳을 놀라게 하고 가까운 곳을 두렵게 함이니, 나아가 종묘(宗
廟) 사직(社稷)을 지키고 제주(祭主)가 된다.

[풀이] 하괘는 지진이고, 상괘는 천둥번개이다. 천재지변에는 천지신명(天地
神明)에게 제사(祭祀)를 지내는 것이 은(殷)나라의 풍습이다. 제주는 원래 장
남인 진(震)이 담당한다.

^{전 뢰}　^진　^{군 자 이}　^{공 구 수 성}
象曰 洊雷가 震이니 君子以하야 恐懼脩省하나니라.

상(象)에 이르기를, 거듭되는 천둥이 진(震)이다. 군자는 이것을 본
받아서, 조심스레 두려워하고 수양하고 반성한다.

384

• 〈古易斷時言〉의 점단

경신(敬愼)하고 부지런하면 성사하지만 조금이라도 허영에 들뜨거나 나태하면 재앙과 수치를 당하고, 그것이 나중에 고생을 초래하게 된다. 남녀문제는 조심하라. 흉한 괘는 아니지만 행동의 정사(正邪)에 따라서 결과가 길흉(吉凶)으로 서로 달라진다. 보통사람은 재물 때문에 고생하고 남과 다투게 된다. 남녀문제는 조심하라. 출산은 미리 점치면 불안하고, 출산 직전이면 안(安). 병은 흉. 혼인은 불화(不和).

初九 震來虩虩 ○ 後・笑言啞啞 ○ 吉
지진이 와서 겁을 낸다. 뒤에 웃음소리가 난다. 길하다.

[풀이] 지진이 무사히 지나가고 나면 안도의 웃음이 나온다.

象曰 震來虩虩은 恐致福也요 笑言啞啞은 後有則也라.
상(象)에 이르기를, '지진이 와서 겁을 낸다'란 조심하면 복을 이룸이고, '웃음소리가 난다'란 뒤에 법칙이 있음이다.

• 〈古易斷時言〉의 점단

독실(篤實) 검소하면 성사하지만, 약간의 손재(損財)나 고생이 따르니 조심하라. 부정(不正)하고 부허(浮虛)하면 실패하고 재앙이 있다. 출산은 편안. 병은 불안. 혼인은 불성.

六二 震來厲 ○ 億喪貝・躋于九陵 ○ 勿逐・七日得
지진이 오니 위태(危殆)하다. 붕패(朋貝)를 잃을 것을 걱정한다. 구릉(九陵)에 오른다. 안 찾아도 7일이면 얻는다.

[풀이] 지진은 피해가 광범위하니, 재물의 파손이 예상된다. 사람은 우선 대피지대로 피신한다. 그대로 7일만 지나면 지진이 대부분 멈춘다고 생각한 듯하다.

象曰 震來厲는 乘剛也일세라.
<small>진 래 려　　승 강 야</small>

상(象)에 이르기를, '지진이 오니 위태하다'는 것은 강(剛)을 탔기 때문이다.

• 〈古易斷時言〉의 점단

정직하고 실천하는 사람은 길하다. 시작은 불안하나 끝에는 이익. 보통 사람은 지장(支障)이 있고, 일이 반쯤 되어가다 뒤집히니 조심하라. 병은 오래가고 중증(重症). 출산은 조금 난산. 혼인은 평(平)이나 지체된다.

六三 震蘇蘇 ◦ 震行·无眚
<small>진 소 소　　진 행　무 생</small>

지진으로 무서워한다. 여진(餘震)이 진행되어도 재앙이 없다.

[풀이] 여진이 계속되는 상황이다. 번갯불이면 항상 위험하나, 지진이므로 여진이면 대체로 재앙이 없다.

象曰 震蘇蘇는 位不當也일세라.
<small>진 소 소　　위 부 당 야</small>

상(象)에 이르기를, '여진으로 무서워한다'는 것은 자리가 부당하기 때문이다.

• 〈古易斷時言〉의 점단

만사불성(萬事不成)하고 부정하고 허식이 있으면 반드시 손재(損財), 이별, 고생하는 흉사(凶事)가 있다. 충신(忠信), 독실(篤實)한 사람은 재앙을 면한다. 혼인은 흉, 병은 불치, 출산은 놀랄 일을 예비하라.

九四 震 遂泥
번개가 진흙에 떨어진다.

[풀이] 상괘는 천둥번개이니 아래로 진흙에 떨어진다고 표현한다. 번갯불이 사람에게 떨어질 수 있다.

象曰 震遂泥는 未光也로다.
상(象)에 이르기를, '번개가 진흙에 떨어진다'는 것은 빛나지 않기 때문이다.

• 〈古易斷時言〉의 점단
대사(大事)는 불성. 보통 일은 재삼(再三) 노력하고 나서야 이루어진다. 소송을 삼가라. 병은 재발을 조심, 출산은 편안하나 늦을 수 있다. 혼인은 불리.

六五 震往來厲 · 億无喪 · 有事
번개가 왕래하니 위태롭다. 잃을 염려는 없다. 사고(事故)는 있을 수 있다.

[풀이] 지진과 달리 번개는 피해가 적으니, 붕패(朋貝)를 잃을 염려가 없다. 다만 벼락으로 생기는 화재(火災)가 있을 수 있다.

象曰 震往來厲는 危行也요 其事在中하니 大无喪也니라.
상(象)에 이르기를, '번개가 왕래하니 위태롭다'는 것은 위태로운 출행(出行)이요, '사고(事故)가 그 중위(中位)에서 있으니 크게 잃을 것이 없다'는 것이다.

화정(和正)·신실(信實)하면 백사 길조. 부정하면 불리. 남녀관계를 조심하라. 악인에게 유혹당하기 쉽다. 병은 흉, 출산은 안(安)하나 음식을 조심.

上六. 震索索·視矍矍 ○ 征凶 ○ 震不于其躬 于其鄰·无咎○
婚媾有言

벼락이 이어져서 눈동자가 불안하니, 정벌 가면 흉하다. 벼락이 내 몸에 떨어지지 않고 그 이웃에 떨어진다. 무탈하다. 혼구(婚媾)는 말썽이 있을 것이다.

[풀이] 벼락이 내 몸에 떨어지지 않고 그 이웃에 떨어진다. 그러나 외출은 위험하다.

象曰 震索索은 中未得也요 雖凶無咎는 畏隣戒也일새라.

상(象)에 이르기를, '벼락이 이어진다'는 것은 중(中)을 얻지 못했기 때문이고, '비록 흉하더라도 무탈하다'는 것은 이웃의 경계를 두려워하기 때문이다.

• 〈古易斷時言〉의 점단

불의(不義)하면 불안하다. 백사(百事) 미리 예비하지 않으면 흉조가 많다. 전쟁이나 난리가 있다. 병은 위험, 출산은 난산.

진(震)은 '움직인다'는 뜻이다. 一陽이 二陰의 아래에서 움직이는 것이므로, 양(陽)이 二陰에 눌려 지내다가 분발(奮發)하여 진동(振動)하는 상이다. 그래서 진(震)의 괘상은 벼락을 동반한 천둥번개나 지진처럼 격렬한 현상을 대표한다 ● 용진(勇進) 급진(急進)의 상 ● 빨리 간다는 뜻 ● 떨치고 움직인다는 뜻이다 ● 분투(奮鬪) 노력의 뜻 ● 세력이 장성(壯盛)하다는 뜻 ● 위맹(威猛)하고 강세(强勢)인 인물 ● 용력(勇力)이 있는 장사(壯士)의 뜻 ● 과단성(果斷性) 있는 인물 ● 일을 일으켜서 공(功)을 이룬다는 뜻 ● 소리와 이름이 멀리까지 들린다는 뜻 ● 장남이 선조의 업(業)을 상속한다는 뜻 ● 한 사람이 앞에서 달리면, 또 한 사람이 뒤에서 쫓아가는 상이다.

● 갑자기 진동하다가 갑자기 멈춘다는 뜻 ● 갑자기 폭발하는 상 ● 두려워한다는 뜻 ● 비행기가 비행하는 상 ● 소리만 있고 형질(形質)은 없다는 뜻 ● 빠르게 입신하였으나 나중에 남긴 것이 없다는 뜻 ● 경거망동한다는 뜻 ● 재능은 있지만 짧은 기간에 성급해서 일을 이루지 못한다는 뜻 ● 처음 생겨나서 움직인다는 뜻 ● 팔괘방위는 정동쪽 ● 오행으로는, 양목(陽木)에 해당한다 ● 춘괘(春卦)·생기 ● 갑을(甲乙)과 인묘(寅卯)의 시공(時空) ● 3과 8의 수·청색·신맛 ● 사람의 신체에서는 발·간장·담장·호흡기 등에 배대한다 ● 병은 히스테리, 불안증, 불면증, 정신병, 간·비장 질환 등이다.

중산간
重山艮

艮其背면 不獲其身하며 行其庭하야도 不見其人하야
无咎이리라

初六은 艮其趾라 无咎하니 利永貞하니라

六二는 艮其腓니 不拯其隨이라 其心不快로다

九三은 艮其限이라 列其夤이니 厲이 薰心이로다

六四는 艮其身이니 无咎이니라

六五는 艮其輔이라 言有序이니 悔亡하리라

上九는 敦艮이니 吉하니라

^{간 기배} ^{불 획기신} ^{행기정} ^{불견기인} ^{무 구}
艮其背 · 不獲其身 ○ 行其庭 · 不見其人 ○ 无咎

등을 붙잡아 멈추어도 그 몸을 얻지 못하고, 뜰을 거닐어도 그 사람을
볼 수 없다. 무탈하다.

[풀이] 간(艮)은 '멈추다', '세우다', '머무르다'라는 뜻이다. 괘사의 내용은 "그 몸
을 못 잡고, 그 사람을 못 본다"는 뜻인데, 그 설명은 〈단전〉에 자세히 나온다. 통
설은 앞에 '艮'(간)이라는 괘명이 생략되었다고 한다. 〈백서주역〉에는 괘명이
'根'(근)으로 되어 있다.

^간 ^{지야} ^{시지즉지} ^{시행즉행} ^{동정불실기시 기}
象曰 艮은 止也니 時止則止하고 時行則行하여 動靜不失其時 其
^{도 광 명} ^{간 기 지} ^{지 기 소야} ^{상 하} ^{적 응} ^{불 상 여 야}
道光明이니 艮其止는 止其所也일세라 上下가 敵應하여 不相與也
^{시 이불 획기신} ^{행기정불견기 인무 구 야}
일세라 是以不獲其身하고 行其庭不見其人无咎也라.

단(象)에 이르기를, 간(艮)은 정지(停止)하는 것이니, 그쳐야 할 때
에는 그치고, 가야 할 때에는 가므로, 동정(動靜)이 그 때를 잃지 않
는다면 그 도(道)가 크게 밝을지니, 그 그칠 때에 간(艮)하는 것은 그
장소에 정지한 것이다. 상하(上下)가 적응(敵應)하여 서로 함께하지
않으므로, 이리하여 '그 몸을 얻지 못한다' 하고, '그 뜰에 가도 그 사
람을 보지 못한다. 허물이 없다'고 한다.

[풀이] '그 그칠 때에 간(艮)하는 것은 그곳에서 멈춘 것이다'라는 '艮其止는 止其
所也'의 해석이 어렵다. 동(動)을 그 동(動)한 곳에서 멈추고, 또한 정(靜)도 그 정
(靜)한 곳에서 멈추니, 동정(動靜)을 모두 멈춘다는 말이다. 즉, '동정(動靜)이 모
두 그때, 그곳에 멈추어 있다'는 설명이다. 이것을 공자는 상하(上下)가 적응(敵
應)하여 몰교섭(沒交涉)이라고 설명한다. 이렇게 정지(停止)하면, 사람도 모르고
모습도 못 보니 무사(無思) 무위(無爲)한 무념(無念)의 경지에 도달한다. 한편, '艮
其止'에서 止(지)는 背(배)의 오자(誤字)라고 조열지(晁說之) 선생이 지적했다.

象曰 <ruby>兼山<rt>겸 산</rt></ruby>이 <ruby>艮<rt>간</rt></ruby>이니 <ruby>君子以<rt>군 자 이</rt></ruby>하야 <ruby>思不出其位<rt>사 불 출 기 위</rt></ruby>하나니라.

상(象)에 이르기를, 겹쳐 있는 산이 간(艮)이다. 군자는 이것을 본받아서, 생각이 항상 그 위치(位置)를 벗어나지 않는다.

[풀이] "생각이 그 위치를 벗어나지 않는다"는 말은, 안의 칠정(七情)이나 바깥의 경계(境界)에 끄달리지 않는다는 이야기와 같다.

• 〈古易斷時言〉의 점단

보통사람은 백사불성(百事不成)이다. 정도(正道)로 독실(篤實)하면 열에 대여섯은 성사한다. 고생이 많고 기운을 제대로 펴지 못한다. 다만 일상(日常)의 소사는 무난하다. 병은 오래가고 치료가 어렵다. 출산은 늦다.

<ruby>初六<rt></rt></ruby> <ruby>艮其趾<rt>간 기 지</rt></ruby> ○ <ruby>无咎<rt>무 구</rt></ruby> ○ <ruby>利永貞<rt>이 영 정</rt></ruby>

그 발에 멈춘다. 무탈하다. 영정(永貞)은 이롭다.

[풀이] 효위(爻位)를 인체에 배대한 것이 함괘(咸卦)와 같다.

象曰 <ruby>艮其趾<rt>간 기 지</rt></ruby>는 <ruby>未失正也<rt>미 실 정 야</rt></ruby>라.

상(象)에 이르기를, '그 발에 멈춘다'는 것은 바름을 잃지 않음이다.

• 〈古易斷時言〉의 점단

정도(正道)를 따라 분수를 지키면 일상의 소사는 된다. 대사는 추진하지 마라. 사치스럽고 허영에 들뜨면 흉해지는 수. 병은 중하니 빨리 치료하라. 출산은 편안하고, 혼인은 평평.

六二　<ruby>艮其腓<rt>간 기 비</rt></ruby> ○ <ruby>不拯其隨<rt>부 증 기 수</rt></ruby>·<ruby>其心不快<rt>기 심 불 쾌</rt></ruby>

장딴지에 멈춘다. 그 상사(上司)를 건져주지 못하니, 그 마음이 불쾌하다.

[풀이]　六二가 九三과 친비(親比)하는데도 그 상사를 건져주지 않으니, 장딴지가 허벅지를 따라가지 않는다고 비유한다.

象曰　<ruby>不拯其隨<rt>부 증 기 수</rt></ruby>는 <ruby>未退聽也<rt>미 퇴 청 야</rt></ruby>일세라.

상(象)에 이르기를, '그 상사를 건져주지 못한다'는 것은 물러나서 들으려 하지 않음이다.

• 〈**古易斷時言**〉의 점단

가까운 친지가 도움이 되지 않고 여러 가지 재앙이 생겨 백사 실패한다. 병은 대체로 흉하고 소아는 회충이 있다. 잘만 치료하면 낫는다. 출산은 산달에 친 점이면 편안하고 3, 4개월 전에 친 점이면 흉하다. 혼인은 대흉하다.

九三　<ruby>艮其限<rt>간 기 한</rt></ruby> ○ <ruby>列其夤<rt>열 기 인</rt></ruby>·<ruby>厲薰心<rt>여 훈 심</rt></ruby>

허리에 멈춘다. 척추가 부러지고, 위태로움이 마음을 태운다.

[풀이]　원래 3효는 허리 아랫부분인 하복부에 배대하는데, 허리에 배대하고 있다. 척추를 다쳐서 심장에도 영향을 주고 있다.

象曰　<ruby>艮其限<rt>간 기 한</rt></ruby>이라 <ruby>危<rt>위</rt></ruby>가 <ruby>薰心也<rt>훈 심 야</rt></ruby>라.

상(象)에 이르기를, '허리에 머문다'는 것은 위태로움이 마음을 태운다는 말이다.

• 〈古易斷時言〉의 점단

현명한 사람의 지시를 따라 행동하고 자신의 재주만 믿고 행동하지 마라. 스스로 재앙을 부르는 실수를 하기 쉬우니 조심하라. 병은 위험, 출산은 평평하나, 혹 포의(胞衣)를 벗지 못한다. 혼인은 흉.

六四 艮其身_{간 기 신} ○ 无咎_{무 구}

몸에 멈춘다. 무탈하다.

[풀이] 몸은 전신(全身)을 가리킨다. 〈백서주역〉에는 '无咎'(무구)가 없다.

象曰 艮其身_{간 기 신}은 止諸躬也_{지 저 궁 야}라.

상(象)에 이르기를, '그 몸에 머문다'란 자기 몸에 머문다는 것이다.

• 〈古易斷時言〉의 점단

화순(和順)으로 정도를 따르면 사람의 도움을 얻어 일이 이롭게 된다. 고집을 부리거나 먼저 추진하면 모두 불안하다. 부정한 일은 실패하고 주거가 불안해진다. 출산은 평평, 병은 흉, 혼인은 불리.

六五 艮其輔_{간 기 보}. 言有序_{언 유 서} ○ 悔亡_{회 망}

뺨에 멈춘다. 말에 두서(頭序)가 있다. 후회 없다.

[풀이] 뺨은 원래 상효에 배대하는데, 말은 마음이 의도하는 대로 따르므로 심장에서 멈추어야 하니 여기 5효에 붙였다.

象曰 艮其輔_{간 기 보}는 以中_{이 중}으로 正也_{정 야}라.

상(象)에 이르길, '그 뺨에 멈춘다'는 것은 중(中)으로써 바로잡음이다.

• 〈古易斷時言〉의 점단

만사 조심하고, 재삼(再三) 연구한 후에 일을 추진하라. 천천히 추진하되 게으름 피우지 마라. 믿는 도끼에 발등 찍히기 쉽고 사기꾼에게 속기 쉽다. 출산은 편안. 병은 위중, 혼인은 성립하나 부정하면 재앙이 생긴다.

上九 敦艮^{돈 간} ○ 吉^길

돈독(敦篤)하게 멈춘다. 길하다.

[풀이] 멈추어도 멈춘 동(動)과 정(靜)을 잊지 못하니, 그래서 돈독하다고 표현한다.

象曰 敦艮之吉^{돈 간 지 길}은 以厚終也^{이 후 종 야}일세라.

상(象)에 이르기를, '돈독히 멈춤이 길하다'는 것은 후(厚)하게 끝났기 때문이다.

• 〈古易斷時言〉의 점단

독실(篤實)하게 고수하면 길하나, 오랫동안 못 버티면 흉하게 된다. 희망은 얻지 못하지만 쉬지 않고 노력하면 행운을 얻는 수가 있다. 겉은 좋으나 속이 부실하면 흉하게 된다. 병은 불치, 출산은 늦고 조금 난산. 혼인은 대체로 이루어지지 않는다.

간(艮)은 '멈추다', '세우다', '머무르다'라는 뜻이다 ● 간(艮)괘는 一陽이 二陰을 넘어가서 더 나아가지 못하게 멈추고 있는 상이다 ● 간(艮)의 괘상은 산인데, 산은 부동(不動)이고 멈추고 있어서 한정된다는 뜻이 있다 ● 나아가지 못한다는 뜻 ● 하나의 산을 넘으면 또 하나의 산을 만나듯이, '산 너머 산'으로 멈추어야 하는 간난(艱難)이 연속해 온다는 뜻 ● 일을 멈추어 진행할 수 없다는 뜻 ● 일이 하나에 그쳐서 다른 일로 옮길 수 없다는 뜻 ● 단단하다는 뜻 ● 나아가는 데 어려움이 있어 정지한다는 뜻 ● 완고해서 다른 사람들과 불화하는 상 ● 독실근후(篤實謹厚)의 상 ● 무분별하게 망동(妄動)하지 않는다는 뜻 ● 일에 머뭇거리고 선뜻 나서지 못한다는 뜻 ● 조급하더니, 지금은 고요하게 머물러 있다는 뜻이다.

● 상대는 용감하지만, 내가 거부한다는 뜻 ● 상대로부터 도움받은 경우에, 자신도 상대를 도와 함께 공(功)을 세우는 상. 이것은 내전법(內顚法)의 구전(口傳)이다 ● 돌려준다는 뜻 ● 집을 2개로 나누는 상이다 ● 64별괘 중에서 '중지한다', '정체된다'는 점괘로는 중산간(重山艮) 괘가 첫째이고, 그 다음은 대축(大畜)괘, 그 다음은 소축(小畜)괘이다 ● 사멸(死滅)이나 상망(喪亡)의 뜻이 있다. 이것은 건(乾), 진(震)을 생육(生育)하는 상으로 보고, 반대로 곤(坤), 간(艮)은 노사(老死)하여 흙으로 돌아가는 상으로 보기 때문이다 ● 팔괘방위는 동북쪽으로 토(土)에 해당한다 ● 오행에서는 겨울과 봄 사이의 계절, 무기(戊己)나 축인(丑寅) 사이의 시공(時空), 5와 10의 수, 황색, 단맛 ● 사람의 신체에서는 손, 코, 흉격, 비장, 위장 ● 병은 혈행불순, 반신불수, 식체, 복통, 흉격비색(胸膈痞塞), 관절통 등이다.

풍산점
風山漸

漸은 女歸가 吉하니 利貞이니라

初六은 鴻漸于干이니 小子이 厲하야 有言이나 无咎이니라

六二는 鴻漸于磐이라 飮食이 衎衎하니 吉하니라

九三은 鴻漸于陸이니 夫征이면 不復하고 婦孕이면 不育하야 凶하니 利禦寇하니라

六四는 鴻漸于木이니 或得其桷이면 无咎이리라

九五는 鴻漸于陵이니 婦이 三歲를 不孕하나 終莫之勝이라 吉하리라

上九는 鴻漸于陸이니 其羽이 可用爲儀니 吉하니라

漸. 女歸吉 ○ 利貞

점(漸)은, 여자가 시집감에 길하다. 이롭다는 점이다.

[풀이] 점(漸)은 '서서히 나아간다'는 뜻이다. 여자가 시집가는 상황이라면 좋지만, 남자가 장가가는 것이라면 좋은 뜻이 못 된다.

象曰 漸之進也는 女歸의 吉也라 進得位하니 往有功也요 進以正하니 可以正邦也니 其位는 剛得中也라 止而巽할세 動不窮也라.

단(彖)에 이르기를, 점점(漸漸) 나아가는 것이므로, 여자가 시집가면 길함이다. 나가서 자리를 얻으니 나아가면 공(功)이 있다. 나아가되 바르게 하니 가히 나라를 바르게 함이니, 그 자리는 강(剛)이 중(中)을 얻었음이다. 멈춰서 공손하므로 움직여도 궁(窮)하지 아니하다.

[풀이] 점차로 순서를 밟아서 진행하므로 여자가 시집가는 상황에만 적합하다고 본다. 즉, 남자가 장가가는 것은 좋지 않다.

象曰 山上有木이 漸이니 君子以하야 居賢德하며 善俗하나니라.

상(象)에 이르기를, 산 위에 나무가 있는 것이 점(漸)이다. 군자는 이것을 본받아서, 현덕(賢德)에 머물러서 풍속(風俗)을 선(善)하게 한다.

[풀이] 산에 심은 나무는 다시 옮겨심기가 어렵다.

• 〈古易斷時言〉의 점단

보통사람은 백사(百事)에 착오(錯誤)가 생기니 주의하라. 남자는 여자를 조심하라. 병은 흉하고, 출산은 편안하고, 혼인은 유리하다.

初六. 鴻漸于干 ○ 小子厲 · 有言 · 无咎
큰기러기가 물가에 천천히 나아간다. 소자(小子)는 위태하여 말썽이
있으나 무탈하다.

[풀이] 효사들이 큰기러기가 철따라 남북(南北)으로 이동하는 상황을 6효에다
배대하고 있다. 새끼는 체력이 약하니 이동하기에 문제가 있다.

象曰 小子之厲나 義无咎也니라.
상(象)에 이르기를, '소자(小子)는 위태하지만', 의리상 허물이 없음이다.

• 〈古易斷時言〉의 점단
신중하고 조심스러운 사람을 따라가면 유리하고, 자기 고집을 부리면
방해를 받아 불성한다. 일이 천천히 성사되기는 하나 아직 결실을 맺을
때는 아니다. 부지런히 화합하면서 추진하면 점차 좋아진다. 병은 치료
가 더디다. 출산은 편안하나 늦다. 혼인은 길하다.

六二 鴻漸于磐 ○ 飮食衎衎 · 吉
큰기러기가 물가 바위 위로 천천히 나아간다. 음식이 맛있다. 길하다.

[풀이] 물에서 잡은 고기를 바위에서 잘 먹는다.

象曰 飮食衎衎은 不素飽也라.
상(象)에 이르기를, '먹고 마심에 즐겁다'란 단순히 배를 채워서만은
아니다.

[풀이] 철새가 이동을 위한 체력을 보충하기 위한 행동이다.

- **〈古易斷時言〉의 점단**

정도(正道)로 순종하면서 정인(正人)을 따라가면 길하니, 대개 벼슬을
얻고 행복해진다. 부정한 사람을 따르면 파산하게 되니 조심하라. 병은
불안. 출산은 평안. 혼인은 불길.

九三 鴻漸于陸 ○ 夫征不復・婦孕不育・凶 ○ 利禦寇

큰기러기가 육지(陸地)로 천천히 나아간다. 남편이 원정 가서 돌아
오지 않고, 아내가 임신하여 기르지 않으니, 흉하다. 도둑을 막는 것
이 이롭다.

[풀이] 기러기가 무리들을 벗어나서 잘못 육지에 이른다.

象曰 夫征不復은 離群하야 醜也요 婦孕不育은 失其道也요 利用
禦寇는 順相保也라.

상(象)에 이르기를, '남편이 원정 가서 돌아오지 않는다'란 무리를 떠
나서 추(醜)함이요, '아내가 임신해도 기르지 않는다'란 도(道)를 잃
었음이요, '도둑을 막는 것이 이롭다'란 유순하게 서로를 보전함이다.

- **〈古易斷時言〉의 점단**

도움을 얻지 못하고, 소원은 불성한다. 혹은 허망한 사람에게 속아서
파산하는 수가 있으니 조심하라. 대체로 불안하다.

六四 鴻漸于木 ○ 或得其桷・无咎

큰기러기가 나무 위로 천천히 나아가다가, 혹 평평한 나뭇가지를 얻
으면 무탈하다.

[풀이] 시집가려는 암기러기다. 기러기는 물갈퀴가 있어서, 평평한 나뭇가지라야 안전하다.

象曰 或得其桷은 順以巽也라.
상(象)에 이르기를, '혹 평평한 나뭇가지를 얻는다'는 것은 유순(柔順)하고 공손하다는 뜻이다.

• 〈古易斷時言〉의 점단
높은 자리에 있는 사람은 재앙이 있고 온화하고 정직하면 액(厄)을 면하지만, 보통사람은 흉이 많고 고생과 근심이 생긴다. 모든 소원은 불성한다. 병은 흉하고 출산은 평평.

九五 鴻漸于陵 ○ 婦三歲不孕 · 終莫之勝吉
큰기러기가 높은 언덕으로 천천히 나아간다. 부인(婦人)이 3년 동안 임신을 못한다. 끝내 이기지 못하니 길하다.

[풀이] 九五는 신랑 후보이다. 높은 언덕이니, 좋은 환경이 아니라서 부부가 소원(疎遠)하다.

象曰 終莫之勝吉은 得所願也라.
상(象)에 이르기를, '끝내 이기지 못하니 길하다'라고 한 것은 소원을 이룸이다.

[풀이] 혼인관계가 계속되면 결국 소원대로 이루어진다.

- **〈古易斷時言〉의 점단**

백사불성(百事不成)하고, 독실(篤實)한 사람은 간혹 길하지만 지체된
다. 병은 오래가고 무겁다. 출산은 난산. 혼인은 흉.

上九 鴻漸于陸 ○ 其羽可用爲儀吉

큰기러기가 구름 위로 천천히 나아간다. 그 깃털은 장식(裝飾)으로
쓸 수 있다.

[풀이] 통설은 '陸'을 구름길인 '逵'(규)로 본다. 하늘 높이 비상(飛翔)하여 내
려올 뜻이 없다는 것이다.

象曰 其羽可用爲儀吉은 不可亂也일세라.

상(象)에 이르기를, '그 깃털은 의식(儀式)에 쓸 수 있으니 길하다'는
것은 가히 어지럽힐 수 없음이다.

- **〈古易斷時言〉의 점단**

적극적으로 추진하면 흉하니, 중지하고 현상을 유지하는 것이 길하다.
병은 위험하지만 도움을 얻으니 의사를 찾아보라. 출산은 난산이고 늦
다. 혼인은 불리.

점(漸)은 '서서히 나아간다'는 뜻이다 ● 손목(巽木)이 간산(艮山) 위에서 생장 (生長)하는 상이다. 수목(樹木)이 산에서 자라는 것을 보면, 날이 가고 달이 가면서 서서히 성장하기 때문에 점(漸)이다 ● 나무가 생장하는 것처럼 점진 (漸進)하는 것으로, 화지진(火地晉) 괘와 비교하면 완급(緩急)의 구별이 있 다. 진(晉) 괘는 해가 떠오르는 것처럼 빨리 나아가고, 점(漸) 괘는 산에서 나 무가 자라듯이 서서히 나아가는 것이다 ● 천지비(天地否) 괘의 교역괘로 본 다면, 비(否) 괘는 폐색(閉塞)해서 불통하는 상인데, 六三이 나아가서 4효에 머물면서 서로 소통하는 변화가 생기지만, 간신히 한자리를 넘어선 것뿐이 므로 점점(漸漸)의 뜻이다.

　● 만사에 정도(正道)로 서서히 나아가면 길하다는 뜻 ● 독실하게 유능한 사람을 뒤따라가면 점차 길조(吉兆)를 가져온다는 뜻 ● 만사에 성급하게 서 두르면 실패한다는 뜻이다 ● 상대방이 유혹해도 거절하고 만나지 않는 상 ● 승진하여 지위가 차차 높아지는 상 ● 부부가 불화하는 상이 있다. 이것은 5효 부(夫)와 2효 부(婦)의 사이에서, 4개의 효(爻)가 상하로 서로 친비하면 서 문제가 생기는 상으로 본 것이다.

뇌택귀매
雷澤歸妹

歸妹는 征하면 凶하니 无攸利하니라

初九는 歸妹以娣니 跛能履라 征이면 吉하리라

九二는 眇能視니 利幽人之貞하니라

六三은 歸妹以須이니 反歸以娣니라

九四는 歸妹愆期니 遲歸이 有時니라

六五는 帝乙歸妹에 其君之袂이 不如其娣之袂이 良이요 月幾望이니 吉하리라

上六은 女이 承筐无實하며 士이 刲羊无血이니 无攸利리라

404

^{귀매} ^{정흉} ^{무유리}
歸妹. 征凶·无攸利
귀매(歸妹)는, 원정(遠征)하면 흉하다. 이로울 것이 없다.

[풀이] 귀매(歸妹)는 '처녀에게 장가간다'는 뜻이다. 중국 고대에는 잉첩(媵妾)
제도가 있어서, 한 남자가 자매에게 장가가는 풍습이 존재했다. 종래의 통설은
귀매를 '나이 많은 사내에게 시집가는 어린 누이'나 '잉첩'으로 해석한다. 그러나
왕부지(王夫之)는 나이 많은 진뢰(震雷) 장남이 어린 태택(兌澤) 소녀에게 반해
서 잉첩제도를 이용해 자진해서 장가가는 상황으로 해석했는데, 이는 여자가 남
자에게 자진하여 시집가는 풍산점(風山漸) 괘와 대비된다.

象曰 歸妹는 天地之大義也니 天地不交而萬物이 不興하나니 歸
妹는 人之終始也라 說以動하여 所歸가 妹也이니 征凶은 位不當也요
无攸利는 柔乘剛也일세라.

단(象)에 이르기를, 장가가는 귀매는 천지(天地)의 대의(大義)니 천지
가 교접(交接)하지 않으면 만물이 일어나지 못하나니, 장가가는 귀매는
사람의 마지막이자 처음이다. 기뻐하되 움직여서 소녀에게 장가가므
로, '출정(出征)하면 흉한 것'은 자리가 마땅하지 않기 때문이요, '이로
운 바가 없다' 함은 유(柔)가 강(剛)을 걸터탔기 때문이다.

[풀이] 남자가 여자에게 먼저 청혼(請婚)하는 것은 '사람의 마지막이자 처음이다'.
음양(陰陽)의 교합에서 사람이 출몰한다고 보고, 공자는 귀매는 천지의 대의라 했
다. 그러나 미모(美貌)에 혹한 귀매는 흉하다고 했다.

象曰 <ruby>澤上有雷<rt>택상유뇌</rt></ruby>가 <ruby>歸妹<rt>귀매</rt></ruby>니 <ruby>君子以<rt>군자이</rt></ruby>하야 <ruby>永終<rt>영종</rt></ruby>하되 <ruby>知敝<rt>지폐</rt></ruby>하나니라.

상(象)에 이르기를, 못 위에 천둥이 있는 것이 귀매이다. 군자는 이를 본받아, 결과를 길게 하되 그 폐단을 알고 있다.

[풀이] 무엇보다 나이 차이가 많으니 해로(偕老)하기 어려운 난점(難點)이 있다.

• 〈**古易斷時言**〉의 점단

일상(日常)의 소사는 장애가 없으나, 대사는 불성이다. 혼자서 간단하게 결정하여 일을 추진하면 모두 흉하다.

<ruby>初九<rt></rt></ruby> <ruby>歸妹以娣<rt>귀매이제</rt></ruby> ○ <ruby>跛能履<rt>파능리</rt></ruby> · <ruby>征吉<rt>정길</rt></ruby>

장가를 가는데 잉첩(媵妾)으로 한다. 절름발이가 걸을 수가 있다. 원정(遠征)하면 길하다.

[풀이] 자매 중에서 어린 동생[娣]을 잉첩으로 노린 결혼이다. 절름발이도 시집가니 길하다.

象曰 <ruby>歸妹以娣<rt>귀매이제</rt></ruby>나 <ruby>以恒也<rt>이항야</rt></ruby>요 <ruby>跛能履吉<rt>파능리길</rt></ruby>은 <ruby>相承也<rt>상승야</rt></ruby>일세라.

상(象)에 이르기를, '장가를 가는데 잉첩으로 한다'는 것은 오래된 전통이고, '절름발이가 걸을 수가 있으니 길하다'는 것은 서로 이어받는 것이다.

• 〈**古易斷時言**〉의 점단

자기가 주관하는 일은 실패하고, 남을 따라서 도와주는 일은 가능성이 있다. 단, 부실한 일은 중도에서 깨진다. 출산은 편안하나 영아(嬰兒)에 문제가 있다. 혼인은 흉.

406

九二 眇能視 ○ 利幽人之貞
애꾸눈이 능히 본다. 유인(幽人)에게 이로운 점이다.

[풀이] 六五와 상응하니, 좋은 인연이다. 유인은 부귀영화(富貴榮華)에 무관심한 사람을 가리킨다.

象曰 利幽人之貞은 未變常也라.
상(象)에 이르기를, '유인에게 이점(利占)이다'라는 것은, 상덕(常德)을 바꾸지 않는 것이다.

• 〈古易斷時言〉의 점단
정실(正實)하고 재능이 있으면 신분에 상응하는 행복을 얻어 길하다. 보통사람은 만사불성(萬事不成)이고, 부정불의(不正不義)하면 재앙이 계속하여 발생하고, 또 놀랄 일이 생긴다. 출산은 난산(難産)의 우려가 있고, 출산 직전이면 안(安). 혼인은 불리.

六三 歸妹以須 ○ 反歸以娣
장가를 가는데 수(須)로 한다. 도리어 잉첩에게 돌아간다.

[풀이] 수(須)는 급사(給使)인 천인(賤人)이다.1) 六三이 九四와 친비(親比)하여 인연을 맺어 하천(下賤)한 수(須)가 되지만, 결국에는 잉첩이 된다.

象曰 歸妹以須는 未當也일세라.
상(象)에 이르기를, '장가를 가는데 수(須)로 한다'는 것은 온당(穩當)하지 않기 때문이다.

---

1) 다산(茶山)선생은 수(須)를 매(妹)와 제(娣)의 중간의 자매(姉妹)로 본다.

백사(百事)에 조화(調和)가 어렵고, 불리하고, 재앙이 생긴다. 매우 조심하고 화정(和正)하도록 하라. 혼인은 흉.

九四 歸妹愆期 ○ 遲歸有時
　　　귀매전기　　지귀유시

장가를 가는데 때를 놓친다. 늦어지는 것은 모두 때가 있다.

[풀이] 귀매(歸妹)하는 주인공인 귀족(貴族)이 혼기(婚期)를 놓친 상황이다. 체통을 지키려면 서두르지 말아야 옳다.

象曰 愆期之志는 有待而行也라.
　　　전기지지　　유대이행야

상(象)에 이르기를, '때를 놓치는 의중(意中)'은 기다렸다가 행하려는 것이다.

정심(正心)으로 삼가면 뒤에 길하게 되고, 지금부터 좋아진다. 급하게 추진하면 불리하다. 불의(不善)한 사람의 꾐에 넘어가지 마라. 출산은 안(安). 혼인은 길(吉). 병은 장기(長期).

六五 帝乙歸妹 ○ 其君之袂 不如其娣之袂良 ○ 月幾望吉
　　　제을귀매　　기군지몌　　불여기제지몌량　　월기망길

제을(帝乙)이 장가를 가는데, 여군(女君)의 옷소매가 여동생인 잉첩의 소매보다 좋지 않다. 달이 보름에 가까우니 길하다.

[풀이] 제을의 귀매인데도 잉첩보다 차림이 허접하다 하니, 제을의 본심은 잉첩에게 있다 하겠다.

象曰 ^{제 을 귀 매 불 여 기 제 지 몌 량 야}帝乙歸妹不如其娣之袂良也는 ^{기 위 재 중}其位在中하야 ^{이 귀 행 야}以貴行也라.

상(象)에 이르기를, '제을이 장가를 가는데, 여군(女君)의 옷소매가 여동생인 잉첩의 소매보다 좋지 않다'란 그 자리가 중(中)에 있어 귀(貴)하게 행함이다

• 〈古易斷時言〉의 점단

부녀자는 정실(正實)하면 길점(吉占)이고, 부정(不正)하면 흉점(凶占)이 된다. 남자는 일이 불성하고 허망한 일이 생기고 구설수도 있다. 출산은 평(平), 병은 장기치료하고 완치는 어렵다. 혼인은 보통사람은 좋지 않거나 잘 안 이루어진다.

上六 ^{여 승 광 무 실}女承筐无實 · ^{사 규 양 무 혈}士刲羊无血 · ^{무 유 리}无攸利

여자가 광주리를 받는데 실물(實物)이 없고, 남자가 양(羊)을 찌르니 핏물이 없다. 이로울 것이 없다.

[풀이] 귀매의 폐단을 지적한다. 남자가 예물(禮物)로 준 것이 산 양(羊)이 아니고 죽은 양이니 당연히 피가 없고, 애초에 성의(誠意)가 없는 혼사다.

象曰 ^{상 육 무 실}上六无實은 ^{승 허 광 야}承虛筐也라.

상(象)에 이르기를, '上六에서 실물이 없다'라는 것은 빈 광주리를 이어받았음이다.

• 〈古易斷時言〉의 점단

계산착오가 생기고 불성사되는 시절이니, 정심(正心), 화순(和順)하고 만사를 삼가라. 출산은 불안. 병은 치유. 혼인은 흉.

귀(歸)란 '혼인하는 것'을 말하고, 매(妹)는 '소녀'를 일컫는 것이니, 귀매(歸妹)는 '처녀에게 장가간다'는 뜻이다 ● 자매가 함께 한 남자에게 시집가는 고대의 잉첩제도를 해설한 괘이다 ● 왕부지(王夫之)는 나이 많은 진뢰(震雷) 장남이 어린 태택(兌澤) 소녀에게 혹(惑)하여서 적극적으로 장가가는 상황으로 본다.

● 이 괘는 태(兌)의 소녀가 진(震)의 장남을 따라가는 상이니, 택산함(澤山咸) 괘와 구별된다. 소녀가 나이가 많은 늙은 장남에게 시집간다는 뜻이므로 귀매라고 부른다 ● 소녀가 기뻐하며 장남의 아래에서 움직이는 상이니, 남녀화합의 뜻이다 ● 색욕(色慾)에 약하다는 뜻 ● 이익을 탐한다는 뜻 ● 이 괘는 풍산점(風山漸) 괘와 표리(表裏) 관계다. 점(漸) 괘는 일을 천천히 처리하고, 귀매(歸妹) 괘는 빨리 처리하고자 한다는 뜻이다 ● 조속하게 일을 완성하려고 한다는 뜻 ● 종래부터 계속 생각하던 일이 나쁜 결과로 끝난다는 뜻 ● 나쁜 생각을 일으킨다는 뜻 ● 귀입(歸入) 복종한다는 뜻이 있다.

뇌화풍
雷火豐

豊은 亨하니 王이 假之하야 勿憂이요 宜日中이니라

初九는 遇其配主하되 雖旬이나 无咎하니 往하면 有尚이리라

六二는 豊其蔀이라 日中見斗이니 往하면 得疑疾하리니 有孚發若하면 吉하리라

九三은 豊其沛라 日中見沬이요 折其右肱이나 无咎이니라

九四는 豊其蔀이라 日中見斗이니 遇其夷主하면 吉하리라

六五는 來章이면 有慶譽하야 吉하리라

上六은 豊其屋하고 蔀其家이라 闚其戶하니 闃其无人하야 三歲라도 不覿이로소니 凶하니라

411

豊. 亨 ○ 王假之·勿憂 ○ 宜日中

풍(豊)은, 형(亨)하다. 왕(王)이 가서 도달한다. 걱정하지 마라. 밝은 대낮에 준비해야 한다.

[풀이] 풍(豊)은 지명(地名)이다. 풍(豊)괘는 수도(首都)인 풍경(豊京)에서 화산이 폭발하여, 왕과 백성이 집단으로 이웃 성(城)으로 피난(避難) 가는 장면이 묘사되어 있다. 화산재가 태양을 가리기 전에 밝은 대낮에 두성(斗城)이나 매성(沫城)으로 피난 가야 한다는 내용이다. 그러나 종래의 통설은 풍(豊)을 '가득 넘치는 모습'으로 보고, 당장은 기세가 풍성(豊盛)하지만, 시간이 흘러가면 곧 시들어간다고 경고하는 내용으로 해설하였다. 한편 왕부지(王夫之)는 일중(日中)을 '일식(日蝕)이 시작하기 전'이라고 풀이한다.

象曰 豊은 大也니 明以動이라 故로 豊이니 王假之는 尚大也요 勿憂宜日中은 宜照天下也라 日中則昃하며 月盈則食하나니 天地盈虛도 與時消息이요 而況於人乎며 況於鬼神乎야.

단(象)에 이르기를, 풍(豊)은 큰 것이니 밝은 것으로 움직이는지라, 고로 풍(豊)이다. '왕이 찾아온다' 함은 큰 것을 숭상함이요, '걱정하지 마라. 밝은 대낮에 준비해야 한다'는 마땅히 천하를 비추어야 한다는 것이다. 해가 중천에 오면 기울고, 달도 차면 이지러지나니, 천지가 차고 비는 것은 때와 함께 생기고 사라지는 법이다. 하물며 사람에게 있어서랴! 하물며 귀신에게 있어서랴!

[풀이] 공자는 풍(豊)은 가득 넘치는 모습으로 보고 당장은 기세가 풍성하지만 시간이 흘러가면 곧 시들어간다고 경고하는 내용으로 해설하였고, 통설은 이를 따른다. 그러나 왕부지는 개기일식(皆旣日蝕)을 나타낸다고 해석했다.

象曰 雷電皆至가 豊이니 君子以하야 折獄致刑하나니라.
상(象)에 이르기를, 우레와 번개가 모두 이르는 것이 풍(豊)이니, 군자는 이로써 옥사(獄事)를 판단하고 형벌을 집행(執行)하나니라.

[풀이] 우레와 번개가 모두 이르니 불이 위로 폭발하는 상이다. 화산폭발이나 폭발로 인한 화재(火災)의 위험이 있다. 화산재가 휘날려서 어둡게 된다는 뜻이 있으니, 형사재판(刑事裁判)은 신속하게 바로 처형(處刑)하자는 입장이다.

• 〈古易斷時言〉의 점단
보통사람은 흉인 경우가 많다. 손재(損財)나 질병 또는 처자(妻子)로 말미암은 고생이 있으니 조심하라. 다만 검소(儉素), 겸손(謙遜), 근면(勤勉)하고 성의가 있으면 재앙을 면할 수도 있다. 출산은 난산이나 결과는 안(安)이고, 산모가 발병할 염려가 있다. 병은 흉하다. 혼인은 길한 듯하나 흉하다.

初九 遇其配主 ○ 雖旬 · 无咎 ○ 往有尙
배주(配主)를 만난다. 열흘 안에는 무탈하다. 피난(避難) 가면 숭상(崇尙)이 있다.

[풀이] 배주(配主)는 九四를 가리키니, 初九와 九四는 양(陽)이므로 상응이 아니지만 동지(同志)는 될 수 있으니 지위가 동등한 성주(城主)다. 열흘이 지나면 풍성한 좋은 여건이 흉하게 변하니, 서두르는 게 좋다.

象曰 雖旬无咎니 過旬이면 災也리라.
상(象)에 이르기를, '열흘 안에는 무탈하다'는 것은, 열흘이 지나면 재앙이 있다는 뜻이다.

• **〈古易斷時言〉의 점단**

정실(正實)하고 거기에 선우(善友)나 좋은 팀을 얻어서 서로 상부상조(相扶相助)하면 길하다. 보통사람은 성사하기 어렵고 새로 추진하면 불리하니, 하던 일이나 계속하고 남의 일이 잘되는 것을 시샘하지 마라. 병은 매우 위험하나 좋은 의사를 구할 수 있다. 출산은 평(平)하나 늦을 수 있다. 혼인은 흉.

六二 豊其蔀 · 日中見斗 ○ 往得疑疾 ○ 有孚發若 ○ 吉
<small>풍 기 부　　 일 중 견 두　　 왕 득 의 질　　 유 부 발 약　　 길</small>

풍성(豐城)의 차양(遮陽)이다. 대낮에 두성(斗城)을 본다. 나아가면 의심을 받는다. 신의(信義)가 있으면 발휘(發揮)한다. 길하다.

[풀이] 일중견두(日中見斗)를 왕부지는 일식(日蝕) 현상으로 설명한다. 낮에 북두성(北斗星)이 보일 정도로 일식이 심하다고 설명한다. 그러면 풍기부(豊其蔀)와 풍기패(豊其沛)는 무엇인가? 생각건대, 괘상에서 아래에 불이 타고 그 위로는 폭발이 일어나는 것은 화산폭발 현상이다. 그리고 두(斗)와 매(沫)는 지명(地名)으로 두성(斗城)과 매성(沫城)이다. 피난 갈 곳이다. 화산이 터지면 화산재가 심하니 풍기부와 풍기패는 필요한 예방조치이다. 〈백서주역〉에는 吉(길)자가 없다. 2효는 5효 군주와 응하는 신하인데 의심받고 있다.

象曰 有孚發若은 信以發志也라.
<small>유 부 발 약　　 신 이 발 지 야</small>

상(象)에 이르기를, '신의가 있으면 발휘한다'는 것은 신의로 그 뜻을 편다는 것이다.

• **〈古易斷時言〉의 점단**

사람과 상대할 때에 화정(和正)으로 하되 강유(剛柔)를 잘 결정하라. 뜻밖의 재앙이나 손재(損財)를 조심하라. 출산은 난산이니 산부의 심기를 편안하게 해주어야 한다. 병은 흉하나 겉으로 보이는 종물(腫物)은 치유. 혼인은 불리.

九三 豊其沛 · 日中見沬 ○ 折其右肱. 无咎
_{풍기패} _{일중견매} _{절기우굉} _{무구}

풍성(豐城)의 장막(帳幕)이다. 대낮에 매성(沬城)을 본다. 그 오른 팔을 부러뜨린다. 무탈하다.

[풀이] 화산폭발이 심하니 더 멀리 떨어진 매성으로 피난 가야 한다. 폭발 때문에 오른팔을 부러뜨린다. 九三과 九四가 가장 맹렬한 위치가 된다. 왕부지는 매성은 작은 별이고, 일식 현상이 가장 심하면 작은 매성까지 보인다고 풀이한다.

象曰 豊其沛라 不可大事也요 折其右肱이라 終不可用也라.
_{풍기패} _{불가대사야} _{절기우굉} _{종불가용야}

상(象)에 이르기를, '풍성의 장막이다'란 큰일은 할 수 없음을 말하고, '그 오른팔을 부러뜨린다'란 끝내 사용하질 못한다는 것이다.

• 〈古易斷時言〉의 점단

간사하면 흉하다. 쟁론(爭論)이나 망동(妄動)으로 재앙이 생기니 조심하라. 사람 때문에 고생하게 된다. 출산은 불안. 병은 흉.

九四 豊其蔀 · 日中見斗 ○ 遇其夷主. 吉
_{풍기부} _{일중견두} _{우기이주} _길

풍성(豐城)의 차양(遮陽)이다. 대낮에 두성(斗城)을 본다. 그 이주(夷主)를 만난다. 길하다.

[풀이] 이주(夷主)는 初九를 말하니, 初四가 상응하지 못하나 동지(同志)로 천재지변에 대비하여 상부상조하는 성주(城主)이다.

象曰 豊其蔀는 位不當也일세요 日中見斗는 幽不明也일세요 遇其 夷主는 吉行也라.

상(象)에 이르기를, '풍성의 차양이다'란 자리가 마땅치 않음이고, '대 낮에 두성을 본다'란 어두워지면 밝지 않음이고, '그 이주를 만난다' 함은 길한 출행(出行)이다.

• 〈古易斷時言〉의 점단

조금 부진(不振)하더라도 화정(和正)하면 후길(後吉)하다. 남녀문제를 조심하라. 병은 흉. 출산은 평. 혼인은 불리.

六五 來章 · 有慶譽 · 吉

유능한 현인(賢人)을 불러오면, 경사와 명예가 있어 길하다.

[풀이] 六五의 군주가 六二의 현신(賢臣)을 중용(重用)하여 천재지변을 미리 예보(豫報)하고 예비한다면 경예(慶譽)할 일이니 길하다.

象曰 六五之吉은 有慶也라.

상(象)에 이르기를, '六五의 길(吉)'은 경사가 있음이다.

• 〈古易斷時言〉의 점단

성실(誠實)하면 길조(吉兆)이니, 구악(舊惡)을 일소하면 행복해지는 시절이다. 병자는 급변을 예방하고 조심하면 치유. 출산은 평. 혼인 은 불리.

416

上六 豊其屋. 蔀其家 ○ 闚其戶·闃其无人 ○ 三歲不覿·凶
<ruby>풍기옥</ruby> <ruby>부기가</ruby> <ruby>규기호</ruby> <ruby>격기무인</ruby> <ruby>삼세부적</ruby> <ruby>흉</ruby>

풍성(豊城) 의 집이다. 집을 차양(遮陽) 으로 가린다. 집안을 들여다보니 조용하여 사람이 없다. 3년 동안 보지 못한다. 흉하다.

[풀이] 장기간 화산폭발이 계속되어, 주민들이 집을 비우고 피난을 간 지 3년이 지났다. 풍성은 폐허가 된 상황이다.

象曰 豊其屋은 天際翔也요 闚其戶闃其无人은 自藏也라.
'풍성의 집이다' 함은 하늘에 화산재가 날림이요, '집안을 들여다보니 조용하여 사람이 없다' 함은 스스로 멀리 피난 감이다.

• 〈古易斷時言〉의 점단

백사불성(百事不成). 심지어 스스로 재앙을 자초하는 실수를 범한다. 친한 사람과 헤어지고, 주소(住所) 가 불안하고 손재수가 생긴다.

괘상풀이

원래 풍(豊)자는 '제기(祭器)에 제수(祭需)가 풍만(豊滿)하다'는 뜻이다 • 괘상은 번갯불과 태양이 함께 하늘에서 빛나거나 번쩍거리니 그 밝음이 성대(盛大)하다는 뜻이다 • 한편 풍(豊)은 지명(地名)이기도 하다. 주(周)나라의 수도(首都)가 풍경(豊京)이었는데 후에 호경(鎬京)으로 천도했다 • 불이 위로 폭발하는 상이니, 화산폭발이나 화재의 위험이 있다 • 六五 上六의 二陰이 아래의 二陽을 덮어서 가리고 六二가 初九를 덮어 가리는 상이니, 화산재와 연기가 휘날려서 시야가 어둡다는 뜻이다.

• 모든 일에 명지(明智)가 없으면 사리(事理)에 어둡고, 힘써 움직이지 않으면 공(功)을 이룰 수 없는데, 풍(豊)은 이(離)의 지(智)가 안에서 밝고,

진(震)의 움직임이 밖에서 힘쓰는 상이다 ● 밝게 만사에 통달한 자가 일을 적극 도모하니, 성대하게 이룬다는 뜻이다 ● 사람의 능력을 따지면, 이(離)를 명지(明智)로 보고, 진(震)을 위용(威勇)으로 보아서, 지위용(知威勇)을 겸비한 능력 있는 인물로 본다 ● 지자(智者)와 용자(勇者)가 뜻을 합쳐 큰 공을 세운다는 뜻이 있다.

● 장애로 고장이 많아서 힘들다는 뜻 ● 보통사람의 경우, 허장성세(虛張聲勢)를 부리는 사람에게 속지 않도록 조심해야 한다는 뜻 ● 의혹의 뜻 ● 밤낮으로 주의를 게을리해서는 안심할 수 없다는 뜻 ● 성대함을 믿고 방종하기 때문에 낭비가 많아서, 신체적으로 고생이 많거나 물질적으로 회복하기 어렵다는 뜻 ● 현재 강성(强盛)한 사람이 갑자기 실패하거나 파멸한다는 뜻 ● 밝은 대낮에 일식 현상이 나타나듯이 주위여건이 나빠지는 상황을 뜻한다 ● 외괘인 三陰이 내괘인 이명(離明)을 덮어서 가리는 지화명이(地火明夷) 괘와 상사(相似)하므로, 외부의 상황변화를 경계하라는 뜻이 있다 ● 보통사람은 흉한 일이 많으니, 손재수가 있거나 병이 나거나 처첩의 걱정이 있다 ● 관(官)에서 (탈세 등으로) 나를 의심한다 ● 헛되게 많이 꾸미는 사람은 재앙이 있으니, 검약을 지키고 화려한 것을 삼간다 ● 생각지 않은 폭발을 조심하라.

화산려
火山旅

旅_는 小亨^여_{하니} 旅貞^{여 정}_{하면} 吉^길_{하니라}

初六_은 旅瑣瑣^{여 쇄 쇄}_니 斯其所取災^{사 기 소 취 재}_{니라}

六二_는 旅卽次^{여 즉 차}_{하야} 懷其資^{회 기 자}_{하고} 得童僕貞^{득 동 복 정}_{이로다}

九三_은 旅焚其次^{여 분 기 차}_{하고} 喪其童僕^{상 기 동 복}_{이니} 貞^정_{이라도} 厲^여_{하니라}

九四_는 旅于處^{여 우 처}_{하고} 得其資斧^{득 기 자 부}_{하나} 我心^{아 심}_은 不快^{불 쾌}_{로다}

六五_는 射雉^{사 치}_니 一矢^{일 시}_이 亡^망_{이라도} 終以譽命^{종 이 예 명}_{이리라}

上九_는 鳥焚其巢^{조 분 기 소}_{이니} 旅人^{여 인}_이 先笑後號咷^{선 소 후 호 도}_{이라} 喪牛^{상 우}
于易^{우 역}_{이니} 凶^흉_{하니라}

^여 ^{소 형} ^{여 정 길}
旅. 小亨·旅貞吉
여(旅)는 소(小)는 형통한다. 여정(旅程)에는 길점(吉占)이다.

[풀이] 여(旅)는 '여행'(旅行), '여단'(旅團)의 뜻이다. 여단은 원래 도망가는 적군을 추적하여 체포하는 특수임무를 수행하는 군대조직이다. 추적하는 과정이 여행과 같은 장면이므로 같은 범주로 보고 있을 뿐이다.

^{여 소 형} ^{유 득 중 호 외 이 순 호 강} ^{지 이 려 호 명} ^{시 이}
象曰 旅小亨은 柔得中乎外而順乎剛하고 止而麗乎明이라 是以
^{소 형 여 정 길 야} ^{여 지 시 의 대 의 재}
小亨旅貞吉也니 旅之時義大矣哉라.

단(彖)에 이르기를, '여(旅)는 조금 형통한다' 함은, 유(柔)가 밖에서 중(中)을 얻어 강(剛)에 유순(柔順)하고, 머물러 밝은 데에 자리 잡은지라. 이로써 '소(小)는 형통하고, 여행에는 길점이다' 함이니, 여(旅)의 시의(時義)가 크도다.

[풀이] 여(旅)는 여행과 여정이란 뜻이나, 군대에서 5백 명의 군사로 형성된 여단을 지칭하는 경우가 있다.

^{산 상 유 화} ^여 ^{군 자 이} ^{명 신 용 형} ^{이 불 유 옥}
象曰 山上有火가 旅니 君子以하야 明慎用刑하며 而不留獄하나니라.
상(象)에 이르기를, 산 위에 불이 있는 것이 여(旅)이다. 군자는 이것을 보고, 분명하고 신중하게 형벌을 사용하고 옥사(獄事)를 미루지 않는다.

[풀이] 범인이나 탈주범을 추적하는 장면이니, 즉결처분(卽決處分)이 필요한 상황이다.

• 〈古易斷時言〉의 점단
화정(和正)하면 만사 순조롭고, 고강(高岡)하고 교만하면 실패하고 근심이 생긴다. 일상소사는 지장이 없다. 혼인은 불리. 출산은 편안. 병은 흉.

初六 旅瑣瑣^{여쇄쇄} ○ 斯其所取災^{사기소취재}

여단(旅團)이 자질구레한 일에 신경을 쓴다. 그것이 재앙을 취한다.

[풀이] 여단이 작은 일에다 신경을 쓰다 보니 큰일은 그만 잊어버려서 재앙이 생긴다.

象曰 旅瑣瑣^{여쇄쇄}는 志窮^{지궁}하야 災也^{재야}라.

상(象)에 이르기를, '여단이 자질구레한 일에 신경을 쓴다'는 것은 뜻이 궁하여 재앙이 됨이다.

• **〈古易斷時言〉의 점단**

소사는 이롭고 대사는 불성하거나 중간에 손실이 발생한다. 백사(百事)에 화순(和順)하고 남과 같이 추진하면 유리하다. 사리사욕이나 소리(小利)를 탐하면 흉하다. 혼인은 불리. 출산은 편안하나 산후를 조심. 병은 흉.

六二 旅卽次^{여즉차} ○ 懷其資^{회기자} · 得童僕貞^{득동복정}

여단이 숙소에 든다. 자금(資金)을 품었다. 동복(童僕)의 곧음을 얻는다.

[풀이] 고형 교수는 六三의 효사를 참조하면, 맨 끝에 '吉'(길)이라는 글자가 있어서, "득동복(得童僕) 정길(貞吉)"을 "동복을 얻는다. 점이 길하다"로 해석하여야 한다고 주장한다.

象曰 得童僕貞^{득동복정}은 終无尤也^{종무우야}리라.

상(象)에 이르기를, '어린 노복(奴僕)의 곧음을 얻는다'라는 것은 결과가 무난함이다.

정직, 화순(和順)한 사람은 백사(百事) 평안하며 무탈하다. 보통사람
도 평평하나 고집을 부리면 흉하다. 혼인은 평안하지만 순조롭지 않고,
병은 중하고 오래간다. 출산은 늦다.

九三 旅焚其次 ○ 喪其童僕 · 貞厲
<small>여 분 기 차　　상 기 동 복　　정 여</small>

여단(旅團)의 숙소가 불탄다. 동복(童僕)을 잃는다. 점이 위태롭다.

[풀이] 九三은 진효(進爻)이니 급하게 추적하느라고 전진만 하는 상황이라서,
사고(事故)가 생긴다.

象曰 旅焚其次하니 亦以傷矣요 以旅與下하니 其義喪也니라.
<small>여 분 기 차　　역 이 상 의　　이 려 여 하　　기 의 상 야</small>

상(象)에 이르기를, '여단이 그 숙소를 불태운다'란 역시 상처받는 것
이고, 여단에서 아랫사람에게 신경을 쓴다는 것은 그 의(義)를 잃었
음이다.

• 〈**古易斷時言**〉의 점단
3효를 만나면, 우매(愚昧)하고 고집이 세면 재앙을 만나고 재물을 잃는
다. 화순(和順) 정신(正信)한 군자의 가르침을 따르면 재앙을 면하고
길하다. 혼인은 여자가 현덕(賢德)하면 길하고 불리하다. 병은 흉하고,
출산은 자(子)는 평안, 산모(産母)는 불안.

九四 旅于處 ○ 得其資斧 · 我心不快
<small>여 우 처　　득 기 자 부　　아 심 불 쾌</small>

여단이 잠깐 멈춘다. 자금과 도끼를 얻는다. 내 마음은 불쾌하다.

[풀이] 4효는 초효와 상응하니 보급(補給) 업무 때문에 잠시 머물러야 하는 상황이다. 양효인 여단이니 전진하고 싶은 생각뿐인데, 추급(追及)을 멈추는 것이 불쾌하다. 여기서 도끼는 필요한 군사장비(軍事裝備)를 말한다.

象曰 旅于處는 未得位也니 得其資斧하나 心未快也라.
상(象)에 이르기를, '여단(旅團)이 잠깐 멈춘다'는 것은 아직 바른 자리를 얻지 못함이고, '자금과 도끼를 얻었으나' 그 마음은 상쾌하지 못함이라.

• 〈古易斷時言〉의 점단
잠시 길조(吉兆)이나, 나중에 상실(喪失)한다. 혼인은 불리. 병은 난치.

六五 射雉一矢亡·終以譽命
꿩을 쏘아서 화살 하나로 적중했으나, 꿩을 놓친다. 끝내 명예와 복록을 얻는다.

[풀이] 一矢亡(일시망)에 대한 해석이 다양하다. "꿩을 쏘다가 화살 한 개를 잃는다"거나, "꿩을 쏜다. 화살 하나로 잡았다"고 해석하기도 한다. 아무튼 결국에 추적하던 대상을 체포하는 상황이면 명예롭다.

象曰 終以譽命은 上逮也일세라.
상(象)에 이르기를, '마침내 명예와 복록이 있다'는 것은 상(上)이 상(賞)을 준다는 뜻이다.

• 〈古易斷時言〉의 점단
정신(正信), 화순(和順)하면 행복을 얻는다. 혼인은 평(平). 출산은 안(安). 병은 장기치료.

上九 鳥焚其巢 ○ 旅人先笑·後號咷 ○ 喪牛于易. 凶
새가 그 둥지를 태운다. 여단(旅團)이 먼저 웃고는, 나중에 울부짖는
다. 역(易)이라는 동네에서 소를 잃는다. 흉하다.

[풀이] 산상(山上)의 불이 끝까지 번져 새 둥지가 불타니, 여단이 낙관하고 추
적하던 상대를 결국 놓치고 마는 상황이다. 소는 보상금을 가리킨다.

象曰 以旅在上하니 其義焚也요 喪牛于易하니 終莫之聞也로다.
상(象)에 이르기를, 여행하는데 맨 윗자리에 있으니, 그 뜻이 '불탄다'
라는 것이요, '소를 역(易)에서 잃었다' 하니 마침내 좋은 소식을 듣
지 못함이다.

• 〈古易斷時言〉의 점단
먼저는 기쁘고 나중에 슬프다. 자기의 분수보다 적게 추진하는 것이 유
리하고, 분수에 넘치면 흉한 결과가 온다. 주소는 재앙이 있고 손재수
가 있다. 병은 위험하니 병원과 의사를 바꾸라. 혼인은 흉하다. 출산
은 불안.

괘상풀이

여(旅)는 '여행'(旅行), '여단'(旅團)의 뜻이다 ● 이화(离火)가 간산(艮山)을 불
태우는 상으로, 산은 머물러 움직이지 않지만, 산불은 타면서 옮겨가고
머무르지 않는다. 산은 여관(旅館)과 같고 불은 나그네와 같기에, 객사(客
舍)나 행상(行商)하는 상이다. 그래서 여행한다는 여(旅)이다 ● 천지비(天地
否) 괘의 교대법으로 보면, 비(否)의 九五가 내려와 3효에 머무르고, 六三
이 올라와서 5효에 붙어 있는 것이 여(旅)괘이니, 내외왕래(內外往來)하는

여행이라는 뜻을 가진다 • 안에서 바깥으로 나가고, 국외에서 국내로 들어오고, 지방에서 도시로 오르내리는 것은 모두 다 여행, 이사라는 뜻이다.

　• 거주처를 잃는다는 뜻 • 먼 곳[遠方]으로 이전(移轉)한다는 뜻 • 도망자를 추적한다는 뜻 • 산화비(山火賁) 괘의 역위괘(易位卦)로 보면, 감옥에서 출감한다는 뜻이 있다 • 불안하다는 뜻 • 친척이 적어서 부조(扶助)가 적다는 뜻 • 가내(家內)가 불화하여 가출한다는 뜻 • 이해(利害)를 분명히 따져 보고서 일을 중지한다는 뜻 • 지혜롭고 독실한 사람에게 따라붙어서 순종하는 상 • 주의하지 않으면 산불이나 화재를 만날 상 • 결단하기가 어렵다는 뜻 • 처음에는 웃어도, 나중에는 피로하여 포기한다는 뜻이 있다.

중풍손
重風巽

巽은 ^손小亨하니 利有攸往하며 利見大人하니라

初六은 進退니 利武人之貞이니라

九二는 巽在牀下이니 用史巫紛若하면 吉코 无咎리라

九三은 頻巽이니 吝하니라

六四는 悔이 亡하니 田獲三品이로다

九五는 貞하야 吉하니 悔이 亡하야 无不利이니 无初有
終이라 先庚三日하며 後庚三日이면 吉하리라

上九는 巽在牀下하야 喪其資斧이니 貞이라도 凶하니라

巽. 小亨・利有攸往 ○ 利見大人
<small>손   소 형   이 유 유 왕   이 견 대 인</small>

손(巽)은, 음소(陰小)가 형통한다. 갈 곳이 있으면 이롭다. 대인을 만나 보면 이롭다.

[풀이] 손(巽)은 '공손(恭遜)하다'는 뜻이다. 一陰이 二陽의 아래로 '공손하게 따라 들어가서 엎드리는 것'을 말한다. 손(巽)의 괘상은 바람이고, 괘의는 들어가는 입(入)이다. 손(巽)은 아래의 음소(陰小)가 윗자리의 양(陽)들이 양보해 준 덕분에, 공손하게 그곳에 들어가니[入], 특정 직종(職種)에 요행히도 진입하여 생계를 꾸려가는 상황이다. 〈백서주역〉에는 괘명이 '筭'(산)으로 되어 있다.

象曰 重巽으로 以申命하나니 剛이 巽乎中正而志行하며 柔皆順乎
剛이라 是以小亨하니 利有攸往하며 利見大人하나라.

단(彖)에 이르기를, 중손(重巽)으로 명령을 알리나니, 강(剛)이 중정(中正)을 따라 공손하게 뜻을 행하니, 유(柔)가 모두 강(剛)에게 유순(柔順)하게 들어감[入]이라. 이로써 '음소(陰小)가 형통함'이니 '갈 데가 있으면 이롭고, 대인을 만나는 것이 이롭다'.

[풀이] 직업 선택의 자유를 국가에서 명령으로 보장하여, 취업을 권장하는 장면이다. 고대에는 신분계급이 있어서 주로 농공상(農工商)에 종사할 자유가 있을 뿐이지만, '강(剛)이 중정(中正)을 따라 공손하게 뜻을 시행한다'는 농공상에서 일자리를 개방하는 것이고, '유(柔)가 모두 강(剛)에게 유순하게 들어감'은 무직자가 처음 직업을 선택하는 경우에 기존 세력들이 양보하는 장면이다.

象曰 隨風이 巽이니 君子以하야 申命行事하나라.

상(象)에 이르기를, 바람이 바람을 따르는 것이 손(巽)이다. 군자는 이것을 보고, 명령을 거듭 펴고 상황을 점검한다.

• **〈古易斷時言〉의 점단**

겸손하고 진실한 사람은 무사하지만, 조금이라도 오만하거나 경솔하면 흉하다. 또 직업과 주거는 중대한 사항이니, 항상 대덕(大德)을 갖춘 군자에게 의논하라. 병은 흉, 출산은 평평, 혼인은 흉.

初六 進退・利武人之貞

전진도 하고 후퇴도 한다. 무인(武人)의 점에 이롭다.

[풀이] 〈백서주역〉에는 '進退'(진퇴)가 '進內'(진내)로 되어 있다. 음소(陰小)가 二陽의 내부로 스며드는 틈입(闖入) 과정에서 망설이는 것을 나타낸다. 무직자가 용기를 내어 직장에 취직할 때는 무인처럼 단호한 태도가 필요하다.

象曰 進退는 志疑也요 利武人之貞은 志治也라.

상(象)에 이르기를, '진퇴(進退)한다'는 것은 뜻에 의심이 있다는 말이고, '무인의 점에 이롭다'는 것은 뜻을 다스린다는 것이다.

[풀이] 직장을 처음 결정할 때에는 결단이 필요하다.

• **〈古易斷時言〉의 점단**

보통사람은 백사(百事)가 불성하지만, 뜻이 굳고 정도(正道)를 지키는 사람을 따라가면서 추진하면 소사는 성사한다. 백사에 불리하고 진전이 없다.

九二 巽在牀下·用史巫紛若. 吉. 无咎
<small>손 재 상 하　용 사 무 분 약　길　무 구</small>

공손하게 상(牀) 밑에 엎드린다. 점쟁이와 무당을 불러들여 분잡(紛雜)스럽게 하면, 길하여 무탈하다.

[풀이] 初六인 음소(陰小)가 九二인 상 밑에 들어가니, 서로 친비(親比)하는 모습이다.

象曰 紛若之吉은 得中也일세라.
<small>분 약 지 길　득 중 야</small>

상(象)에 이르기를, '분잡하면 길하다'는 것은 중(中)을 얻었다는 것이다.

• 〈古易斷時言〉의 점단
만사에 겸손하고 평온하면 무사하나, 강력하게 추진하면 뒤에 실수가 생긴다. 병은 중하고 위험, 출산은 편안. 혼인은 불리.

九三 頻巽·吝
<small>빈 손　인</small>

미간을 찡그리고 엎드린다. 어렵고 불편하다.

[풀이] 九三은 初六이 들어옴을 보고 얼굴을 찡그린다. 멀어서 친비하지 않지만, 반대도 못할 처지다.

象曰 頻巽之吝은 志窮也라.
<small>빈 손 지 린　지 궁 야</small>

상(象)에 이르기를, '미간을 찡그리고 엎드리는 불편함'은 뜻이 궁하기 때문이다.

• 〈**古易斷時言**〉의 점단
정도(正道)로 행하면 남의 도움이 있고, 거짓이 개입되면 실패하고 흉한 경우가 많다.

六四 悔亡·田獲三品
_{회망} _{전획삼품}
후회가 없다. 사냥을 나가서 3가지를 잡는다.

[풀이] 사냥 나가서 상품(上品)·중품(中品)·하품(下品)을 모두 수확했으니, 대 성공이다. 직장에서 능력을 발휘한다.

象曰 田獲三品은 有功也라.
_{전획삼품} _{유공야}
상(象)에 이르길, '사냥을 나가서 3가지를 잡는다'는 것은 공(功)이 있음이다.

• 〈**古易斷時言**〉의 점단
정도(正道)를 지키고 공손하면 윗사람으로부터 도움을 얻어서, 처음에는 곤궁하지만 나중에 성공한다. 보통사람은 성공하기 어렵고, 자기의 분수를 망각하는 일이 있으니 조심하라. 병은 진행하고, 출산은 평평, 혼인은 불리.

九五 貞吉悔亡·无不利 ○ 无初有終·先庚三日·後庚三日吉
_{정길회망} _{무불리} _{무초유종} _{선경삼일} _{후경삼일길}
점이 길하니, 후회가 없다. 불리할 것이 없다. 처음은 없고 끝은 있으니, 선경삼일(先庚三日: 丁日)과 후경삼일(後庚三日: 癸日)이다. 길하다.

430

[풀이] 군주의 자리니, 六四가 틈입(闖入)하여 공을 세우면 적절하게 대우한다. 선경삼일은 신명(申命)을 예고하는 것이고, 후경삼일은 행사(行事)이니 결과를 사후에 점검함이다. 경(庚)은 바뀜이니, 새로운 업무지시를 내리는 신명이다.

象曰 九五之吉은 位正中也일세라.
상(象)에 이르기를, 九五의 길함은 자리가 정중(正中)하기 때문이다.

• 〈古易斷時言〉의 점단
보통사람은 백사(百事)에 흉조(凶兆)로 불성하니 현상을 유지하라. 병은 난치병이나 오래됐으면 치유 가능. 혼인은 흉, 출산은 늦어지나 편안.

上九 巽在牀下・喪其資斧・貞凶
공손하게 상(牀) 밑에 엎드린다. 자금과 도끼를 잃는다. 점이 흉하다.

[풀이] 六四인 음소(陰小)가 능력을 인정받아 특채(特採)되었으나, 끝내 목적을 달성하지 못하고 중도에 탈락하면 흉하게 된다.

象曰 巽在牀下는 上窮也요 喪其資斧는 正乎凶也이라.
상(象)에 이르기를, '공손하게 상 밑에 엎드린다' 함은 상(上)이 궁(窮)함이요, '자재(資財)와 무기를 잃었다' 함은 바로 흉함이다.

[풀이] '상이 궁하다'는 것은 경영자 중에 능력 있는 사람이 없다는 뜻이다.

• 〈古易斷時言〉의 점단
정직하고 청백(淸白)하면 길하지만, 보통사람은 대체로 불안하다. 출산은 평평하지만 약간 난산(難産)이 될 수 있고, 혼인은 불화(不和).

손(巽)은 '공손(恭遜)하다'는 뜻이다 ● 一陰이 二陽의 아래로 '공손하게 따라 들어가서 엎드리는 것'을 손(巽)이라 한다 ● 관대한 사람을 만나 공손하게 '따라가다', '들어가다', '엎드리다', '흩어지다', '엎드려 복종하다'는 뜻이다 ● 틈새를 따라 숨어 들어가는 바람이 대표적 괘상이다 ● 태풍은 기압의 차이가 크게 생기면 그 사이에 바람이 따라 들어가서 일어나는 강력한 바람이다.

　● 교언영색(巧言令色)으로 아첨한다는 뜻 ● 진퇴를 결단하지 못한다는 뜻 ● 의혹이 많다는 뜻 ● 결정하지 못한다는 뜻 ● 왕래한다는 뜻 ● 도망쳐 행방을 감춘다는 뜻 ● 욕심이 많다는 뜻 ● 간특(奸慝)하다는 뜻 ● 매매(賣買)에서는 이득이 많은 중개라는 뜻 ● 번창한다는 뜻 ● 명령을 하달한다는 뜻 ● 일을 처리하지 않고 있다가, 때에 이르러 갑자기 놀라고 조급해한다는 뜻 ● 장녀 ● 팔괘방위는 동남쪽 ● 오행은 음목(陰木)이고, 춘(春)괘 ● 갑을(甲乙)과 진사(辰巳)의 시공(時空) ● 3과 8의 수 · 청색 · 신맛 ● 사람의 신체로는 넓적다리, 간담, 근막 ● 병은 중풍 · 우울증 · 항문치질 · 감기 · 관절동통 등이다.

432

중택태
重澤兑

兑^태는 亨^형하니 利貞^{이정}하니라

初九^{초구}는 和兑^{화태}니 吉^길하니라

九二^{구이}는 孚兑^{부태}니 吉^길코 悔^회이 亡^망하니라

六三^{육삼}은 來兑^{내태}니 凶^흉하니라

九四^{구사}는 商兑^{상태}라 未寧^{미령}이나 介疾^{개질}이니 有喜^{유희}리라

九五^{구오}는 孚于剝^{부우박}이면 有厲^{유려}이리라

上六^{상육}은 引兑^{인태}라

兌. ^형 ^이 ^정

태(兌)는, 형통하고 이롭다는 점이다.

[풀이] 태(兌)는 '기쁨', '희열'의 뜻이다. 원래 태(兌)의 괘상은 '입'이나 '저수지'이고, '괘의'는 기쁨이다. 언론의 자유가 보장되어 서로 대화로 할 말을 하고 지내면, 감정에 맺힌 것이 없어 대화의 즐거움을 누린다는 뜻이다. 이 괘는 대화의 내용에 따라 생기는 결과를 설명한다. 〈백서주역〉에는 괘명이 '奪'(탈)로 되어 있다.

象曰 兌는 說也니 剛中而柔外하여 說以利貞이라 是以順乎天而應乎人하여 說以先民하면 民忘其勞하고 說以犯難하면 民忘其死하나니 說之大民勸矣哉라.

단(彖)에 이르기를, 태(兌)는 기뻐함이니, 강(剛)은 중(中)에 있고 유(柔)는 밖에 있어 '기뻐하고 이롭다는 점이다'. 이로써 하늘을 따르고 사람에게 응하여, 기쁨으로 솔선수범하면 백성이 그 노고를 잊고, 기쁜 마음으로 어려운 일을 처리하면, 백성이 그 죽음을 두려워하지 않는다. 기쁜 마음으로 솔선수범하면 백성들에게 크게 권장할 수 있다.

[풀이] 태(兌)괘는 강(剛)이 중(中)에 있고, 유(柔)는 밖으로 심중(心中)을 토로(吐露)하여 기분이 '기쁘고 이롭다'는 뜻이다. 심중을 자유롭게 토로하는 언론의 자유가 허용되어야 국민에게 진정한 기쁨이 보장되고, 국민이 단합할 수 있고, 애국하게 된다는 것을 강조하고 있다.

象曰 麗澤이 兌니 君子以하야 朋友講習하나니라.

상(象)에 이르기를, 못이 붙어 있는 것이 태(兌)이다. 군자는 이것을 보고서, 붕우(朋友)와 더불어 강습(講習)한다.

[풀이] 가장 권장할 대화는 공부하고 토론하는 내용임을 강조한다.

• **〈古易斷時言〉의 점단**

만사 이루어질 징조가 있을지라도, 부정하거나 너무 강한 사람이나 너무 유한 사람들은 모두 이루지 못한다. 또 보통사람은 가업(家業) 이외에는 손대지 마라. 손재수가 있다. 길한 것같이 보이는 것에 유혹되지 마라. 출산은 안산(安産), 병은 치유, 혼인은 평(平)이지만 간혹 불성한다.

初九 和兑 · 吉

화기(和氣) 넘치게 대화하며 기뻐한다. 길하다.

[풀이] 정위(正位)에 어울리게 대화하니, 화이부동(和而不同)한 태도이므로 결과가 좋다고 본다.

象曰 和兑之吉은 行未疑也일세라.

상(象)에 이르기를, '화기 넘치게 대화하며 기뻐하니 길하다' 함은 행실을 의심하지 않음이다.

[풀이] 원칙대로 대화를 진행하므로 길하다.

• **〈古易斷時言〉의 점단**

고생이 많다. 혹은 친한 사람 때문에 마음고생이 있다. 정실(正實)하면 화(禍)를 면하리라. 병은 치유, 출산은 편안, 혼인은 불성.

九二 孚兑 · 吉 · 悔亡

신뢰하면서 대화하며 기뻐한다. 길하다. 후회가 없다.

[풀이] 응하는 동지(同志)인 九五와 신뢰하면서 대화한다. 六三의 친비(親比)한 정(情)에 끄달리지 않으니 길하다.

象曰 孚兌之吉은 信志也일세라.
상(象)에 이르기를, '믿음으로 기뻐하니 길하다'란 동지를 믿는 것이다.

• 〈古易斷時言〉의 점단
정직하고 신용 있는 사람은 백사(百事) 가성(可成)하여 길하나, 다만 남녀문제를 조심할 것. 정사(正邪)와 선악(善惡)을 잘 살펴서 추진해야 하나니, 한번 잘못 생각하면 뒤에 후환(後患)이 있다. 혼인은 평(平), 출산 안(安), 병은 흉(凶).

六三 來兌 · 凶
찾아와서 대화하며 기뻐한다. 흉하다.

[풀이] 상하로 친비(親比)하는 九二와 九四가 함께 찾아오니, 분수를 지키지 못하고 정담(情談)에 골몰하게 되니 흉하다.

象曰 來兌之凶은 位不當也일세라.
상(象)에 이르기를, '찾아와서 기뻐하니 흉하다'는 것은 자리가 마땅치 않기 때문이다.

[풀이] 친비한 관계 때문에 대화의 내용이 부당한 장면이다.

436

• 〈古易斷時言〉의 점단

일상생활의 작은 것은 형통하지만, 강하면 실패하고 유하면 치욕을 받
으리라. 대체로 하는 일은 불성이다. 출산은 순산(順産)이나 산후를 조
심하라. 혼인은 흉하고, 병은 낫기 어렵다.

九四 商兌未寧 · 介疾有喜
<small>상 태 미 령　　개 질 유 희</small>

헤아리면서 대화하니, 편안하지 못하다. 병이 빨리 나으면 기쁨이 있다.

[풀이] 대신(大臣)이 六三과 밀비(密比)하면서 九五와의 의리(義理)에 끼어
있어서, 대화를 망설이고 있다. 순리적으로 의리를 따르면 아픔이 빨리 치유
되니, 결과가 좋다.

象曰 九四之喜는 有慶也라.
<small>구 사 지 희　　유 경 야</small>

상(象)에 이르기를, '九四의 기쁨'이란 경사가 있다는 것이다.

• 〈古易斷時言〉의 점단

정실(正實)한 태도로 사욕(私慾)과 허욕(虛慾)을 버리면 이루어진다.
또 군부(君父)를 위한 행위는 길하다. 보통사람은 대개 불안하고 마음
고생 있으리라. 노성(老成)하고 정덕(正德)한 군자의 조언을 따르면
이롭다. 일상의 소사는 잘되지만, 출산은 불안. 혼인은 평(平)하다.
단, 부정한 사람은 끝내 흉하다. 병은 오래 걸리지만 치유된다.

九五 孚于剝 · 有厲
<small>부 우 박　　유 려</small>

믿음이 안 가는 동지(同志)를 신뢰하면, 위태롭다.

[풀이] 박(剝)은 九四를 말한다. 九四는 동지인 군신관계이지만, 六三과 밀비(密比)하고 있으니 믿을 수 없는 신하이다. 만약에 九四를 신뢰하고, 上六의 친비(親比)를 포기하면 위태롭게 된다.

象曰 孚于剝은 位正當也일세라.

상(象)에 이르기를, '믿음이 안 가는 동지를 신뢰한다'는 것은 자리가 정당하기 때문이다.

[풀이] 九四와는 같은 동지로서 서로 상응하고 있으니 믿고 대화하는 것이 당연하다는 뜻이다.

• 〈古易斷時言〉의 점단

만사가 반쯤 잘되어 가다가 실패한다는 뜻이니, 함부로 추진하지 마라. 친한 사람이라고 끄달리지도 말라. 또 남녀문제를 주의하라. 혼인은 대체로 이롭지 못하다.

上六 引兌

인도(引導)하면서 대화하며 기뻐한다.

[풀이] 윗사람이 아랫사람들을 끌어들여서 대담(對談)하며 기뻐하니, 감히 거절하지 못한다.

象曰 上六引兌는 未光也라.

상(象)에 이르기를, '上六에 이끌려서 기뻐한다'는 것은 빛나지 못함이다.

[풀이] 사람들이 스스로 택하여 대담하며 기뻐하여야 좋은 것이지, 윗사람이 강권(强勸)하는 인태(引兌)는 바람직하지 못하다.

• 〈**古易斷時言**〉의 점단

화정(和正)하고, 조용히 지켜보는 것이 좋다. 만사에 신중하되, 천천히 계획하라. 추진하거나 추구하면 재해가 생긴다. 출산은 늦고, 난산(難産)이 있으리니, 급하게 서두르지 마라. 병은 치료가 오래 걸리고, 혼인은 평평하다.

괘상풀이

태(兌)는 '기쁨', '희열'이라는 뜻이다 • 비천한 一陰이 존귀한 二陽 위에 있으면서 인기가 있으니, '기뻐한다'는 뜻이다 • 괘상은 웅덩이 바닥에 물이 고인 못이니, 물이 고인 웅덩이를 비롯하여 연못, 저수지, 늪, 호수에 이르기까지 모두 태(兌)에 속한다. 즉, 감(坎)괘를 유수(流水)로 보고, 태(兌)괘를 지수(止水)로 본다 • 입으로 토로하는 듣기 좋은 말과 기분 좋은 이야기라는 뜻 • 웃고 즐긴다는 뜻이다 • 애경(愛敬)이 깊다는 뜻 • 애호(愛好)한다는 뜻 • 친화한다는 뜻 • 강습하고 공부한다는 뜻이다.

　• 뭇사람들의 말이 시끄럽다는 뜻이다 • 비천하고 듣기 싫은 이야기라는 뜻 • 윗사람과 불화한다는 뜻 • 유화(柔和)하고 애경하며 복종하면, 크게 기뻐한다는 뜻 • 감복(感服)한다는 뜻이다 • 팔괘방위에 따르면, 서방인 유(酉) 방향이다 • 오행으로, 금(金)이고 추절(秋節)에 해당한다 • 태(兌)를 가을로 보면, 훼손(毁損), 숙살(肅殺), 우수(憂愁)의 뜻이 있다 • 낙엽이 지면 가지가 노출되듯이, 사물의 진상이 드러난다는 뜻 • 시공(時空)은, 경신(庚辛)과 유(酉)에 해당한다 • 4와 9의 수 • 매운맛 • 사람의 신체로는 입·폐장·방광 • 병은 천식, 기침, 구강질환, 골절, 뇌전증 등이다.

풍수환
風水渙

渙은 亨하니 王假有廟이며 利涉大川하니 利貞하니라

初六은 用拯하되 馬이 壯하니 吉하니라

九二는 渙에 奔其机니 悔이 亡하니라

六三은 渙其躬이니 无悔이리라

六四는 渙其群이라 元吉이니 渙에 有丘이 匪夷所思
이리라

九五는 渙에 汗其大號하며 渙王居면 无咎이리라

上九는 渙其血去하며 逖出이니 无咎이리라

^환 ^형 ^{왕 격 유 묘} ^{이 섭 대 천} ^{이 정}
渙. 亨·王假有廟·利涉大川·利貞

환(渙)은, 형(亨)하다. 왕(王)이 종묘(宗廟)에 간다. 대천(大川)을 건너가면 이롭다. 이롭다는 점이다.

[풀이] 환(渙)은 '흩어진다', '풀린다'는 뜻이다. 강풍에 폭우가 겹치니 물과 바람에 쓸려 흩어지는 상황이다. 태풍이나 홍수가 나서 강물이 도시를 덮치는 장면이나, 해일(海溢)로 파도가 마을을 덮쳐서 물로 인한 피해가 심한 비상사태다.

^{환 형} ^강 ^{내 이 불 궁} ^{유 득 위 호 외 이 상 동} ^{왕 격}
象曰 渙亨은 剛이 來而不窮하고 柔得位乎外而上同할세라 王假
^{유 묘} ^{왕 내 재 중 야} ^{이 섭 대 천} ^{승 목} ^{유 공 야}
有廟는 王乃在中也요 利涉大川은 乘木하여 有功也라.

단(彖)에 이르기를, '환(渙)이 형통한다' 함은 강(剛)이 와서 궁(窮)하지 않고, 유(柔)가 밖에서 자리를 얻어서 상(上)과 같은지라. '왕이 종묘에 간다' 함은, 왕이 중(中)에 있음이요, '큰 내를 건너는 것이 이롭다' 함은 나무를 타고 공(功)이 있음이다.

[풀이] 비(否)괘에서 교역한 괘이니, 九四가 九二로 오고, 六二가 六四로 간 것이다. '왕이 종묘에 간다'는 말은 중대한 사건이 있다는 뜻이다. 천재지변에 '나무를 타고 공(功)이 있음'은 물난리에 나무를 타고 물을 건너갔다는 것이다. 비상사태에 직면한 상황이다.

^{풍 행 수 상} ^환 ^{선 왕} ^이 ^{향 우 제} ^{입 묘}
象曰 風行水上이 渙이니 先王이 以하야 享于帝하며 立廟하니라.

상(象)에 이르기를, 바람이 물 위로 부는 것이 환(渙)이다. 선왕(先王)이 이를 보고서 천제(天帝)에게 제사 지내고 종묘를 세운다.

[풀이] 천재지변에는 속수무책이었다는 뜻이다.

• 〈**古易斷時言**〉의 점단
백사(百事) 가 불안정하다. 성심성의껏 노력하면 처리된다. 부정하고
불성실하면 이별, 손재의 우려가 있다. 혼인은 불리, 출산은 평안, 병
은 치유된다.

初六 用拯馬壯 · 吉
구제(救濟) 해 주는 말이 건장하다면 길하다.

[풀이] 구제해 주는 말은 九二이고, 그것으로 길한 것은 初九이다. 말을 타고
급히 달려가야 할 일이니 중대한 상황이 벌어지고 있다. 〈백서주역〉엔 用(용)
자와 壯(장)자가 없고, 또 끝에 悔亡(회망)이 있다.

象曰 初六之吉은 順也일세라.
상(象) 에 이르기를, '初六의 길함'은 유순하기 때문이다.

• 〈**古易斷時言**〉의 점단
믿고 맡길 사람이 있으면 정도(正道) 는 순조롭게 되나, 부정하면 불성
한다. 신용을 얻으면 윗사람의 도움을 얻어 길하다. 병은 치유. 단, 내
상(內傷) 은 난치. 출산은 편안. 혼인은 불성.

九二 渙奔其机 ○ 悔亡
물이 넘쳐서 계단을 뒤덮는다. 후회가 없다.

[풀이] 홍수가 계단을 덮친다.

442

象曰 渙奔其机는 得願也라.
상(象)에 이르기를, '물이 넘쳐서 계단을 뒤덮는다'는 원하는 바를 얻는 것이다.

• 〈古易斷時言〉의 점단
보통사람은 주거가 불안하고 외부의 유혹에 넘어가 실패하기 쉽다. 또 자기의 고집을 내세우면 흉하다. 병은 기운이 없는 자는 흉하고, 출산은 편안하다. 혼인은 평평하지만, 간혹 허망하고 부정한 때도 있다.

六三 渙其躬 ○ 无悔
물이 넘쳐서 몸을 휩쓴다. 후회가 없다.

[풀이] 홍수가 행인을 덮친다.

象曰 渙其躬은 志在外也일세라.
상(象)에 이르기를, '물이 넘쳐서 몸을 휩쓴다' 함은 뜻이 밖에 있음이다.

• 〈古易斷時言〉의 점단
관대한 기상이 있어서 사리사욕에 빠지지 않는 사람은 일이 순조롭다. 보통사람은 실패가 많다. 주소가 불안하다. 혼인은 불리, 병은 장기는 위험, 출산은 평평하다.

六四 渙其群 · 元吉 ○ 渙有丘 · 匪夷所思
물이 넘쳐서 무리를 휩쓴다. 크게 길하다. 물이 넘쳐서 언덕을 덮는다. 보통사람이 상식적으로 생각하는 정도가 아니다.

[풀이] 물이 넘쳐서 무리를 휩쓸어 버리니, 군주 옆에서 이권(利權)을 노리는 무리들이 흩어진다. 홍수가 언덕을 덮친다.

象曰 渙其群元吉은 光大也라.
상(象)에 이르기를, '물이 넘쳐서 무리를 휩쓴다. 크게 길하다' 함은 영광이 크다는 것이다.

• 〈古易斷時言〉의 점단
보통사람은 백사불성(百事不成). 화순(和順)하고 조심스럽게 추진하면 무방하다. 고집을 세우면 흉하다. 병은 치료되고, 출산은 편안.

九五 渙汗其大號 ○ 渙王居 ○ 无咎
물난리가 거대하여 사람들이 울부짖는다. 물이 왕궁(王宮)을 휩쓴다. 무탈하다.

[풀이] 물난리가 생각보다 거대하여 사람들이 우왕좌왕한다. 물이 넘쳐흘러서 높은 왕궁까지 휩쓸어 버린다.

象曰 王居无咎는 正位也라.
상(象)에 이르기를, '왕궁은 무탈하다' 함은 바른 자리이기 때문이다.

• 〈古易斷時言〉의 점단
사리사욕이 없으면 무사하나, 욕심이 많은 소인은 대흉(大凶)하다. 보통사람도 반흉(半凶)하고, 백사불성(百事不成)이다. 출산은 평평하다.

上九 渙其血^{환 기 혈} ○ 去逖出^{거 척 출} · 无咎^{무 구}

上九 渙其血 ○ 去逖出 · 无咎

물난리로 피를 흘린다. 두려움을 벗어나면, 무탈하다.

[풀이] 물난리가 지나갔다. 사상자(死傷者)가 확인된다. 〈백서주역〉에는 '无
咎'(무구)가 없다.

象曰 渙其血^{환 기 혈}은 遠害也^{원 해 야}라.

상(象)에 이르기를, '물난리로 피를 흘린다'란 해(害)를 멀리함이다.

• 〈古易斷時言〉의 점단

재앙이 있다. 정심(正心)으로 조심하지 않으면 피할 수 없으니, 소인을
멀리하라. 개인감정에 끌리고 부정하면 불성한다. 단, 기량(技倆) 있
는 사람은 예외다. 출산은 평평하나 혹 태의를 벗기 어렵거나 쌍둥이가
나온다. 병은 난치.

괘상풀이

환(渙)은 '흩어진다', '풀린다'는 뜻이다 ● 손풍(巽風)이 감수(坎水) 위로
불면, 물에 물결이 나타나면서 바람에 따라 흩어지고 발산하는 상이니,
이것을 환(渙)이라고 한다 ● 손(巽)의 춘풍(春風)이 감(坎)의 동빙(冬氷)을
녹여서 풀린다는 뜻이다 ● 내가 감험(坎險)의 위험에 빠져 있는 것을 상
대가 손풍으로 환산(渙散)하여 주는 상이다 ● 천지비(天地否) 괘의 교대
법으로 보면, 비(否)괘의 경우, 천지가 비색(否塞)해서 교제하지 않았는
데, 六二의 지기(地氣)가 위로 올라가서 손풍의 주효가 되고, 九四의 천
기(天氣)가 아래에 내려와서 감수(坎水)의 주효가 되니, 바람과 비가 비
색한 기운을 환산하는 상이다.

•괴로움과 고생과 근심을 환산한다는 뜻 •밖에서 도와주어 환산한다는 뜻 •배를 타고 돛에 바람을 안고 먼 곳으로 간다는 뜻 •대천(大川)이나, 강해(江海)를 건너가는 것은 좋다는 뜻 •큰 바람으로 파도가 높은 상이니, 태풍을 만나 천신만고(千辛萬苦)한다는 뜻 •작은 배가 풍파에 표류한다는 뜻 •바람에 날리는 나뭇잎과 같이 유랑분주(流浪奔走)해서 주거가 일정치 않다는 뜻 •심기가 어지럽다는 뜻 •천지신명에게 제사 지낸다는 뜻 •수택절(水澤節) 괘의 종괘로서, 항아리의 물을 쏟아 버리는 것처럼 재산을 모두 탕진하고 가난해진다는 뜻 •수풍정(水風井) 괘의 역위로 보면, 두레박으로 길은 물이 우물 밖으로 나오는 상 •사물이 흩어져 이산(離散)된다는 뜻 •집안 재산을 주위에 뿌려 위험을 피한다는 뜻이 있다.

수택절
水澤節

節은 亨하니 苦節은 不可貞이니라

初九는 不出戶庭이니 无咎니라

九二는 不出門庭이라 凶하니라

六三은 不節若이라 則嗟若이니 无咎이니라

六四는 安節이니 亨하니라

九五는 甘節이라 吉하니 往有尙하리라

上六은 苦節이니 貞이라도 凶하니 悔이 亡하리라

節. 亨 ○ 苦節・不可貞

절(節)은, 형통한다. 고통스럽게 절제(節制)하려면, 불가(不可)하다
는 점이다.

[풀이] 절(節)은 대나무 마디를 말하는데, 즉 '절제하고 분수를 지킨다'는 뜻이다.

象曰 節亨은 剛柔分而剛得中할세요 苦節不可貞은 其道窮也일세
라 說以行險하고 當位以節하고 中正以通하니라 天地節而四時成
하나니 節以制度하여 不傷財하며 不害民하나니라.

단(彖)에 이르기를, '절(節)이 형통한다' 함은, 강(剛)과 유(柔)가 나
누어져서 강(剛)이 중(中)을 얻었음이요, '고절(苦節)은 불가(不可)
하다는 점이다' 함은, 그 도(道)가 궁하기 때문이다. 기뻐하면서 험
한 일을 행하고, 마땅한 자리에 있으면서 절제하고, 중정(中正)함으
로써 통한다. 천지에 절도(節度)가 있어서 사시(四時)가 이루어지나
니, 제도(制度)로써 절제하여 재물을 상하지 아니하며 백성에게 해
를 주지 않는다.

[풀이] 절도가 있으면 좋지만, 억지로 행동을 제한하면 어리석은 짓이니, 점
칠 필요가 없다.

象曰 澤上有水가 節이니 君子以하야 制數度하며 議德行하나니라.
상(象)에 이르기를, 못 위에 물이 있는 것이 절(節)이다. 군자는 이것
을 보고서, 빈도(頻度)를 제정하고 덕행(德行)을 의논한다.

[풀이] 저수지의 물을 조절하듯이, 행사(行事)의 빈도를 정하고, 그 효과와 덕
행을 논의하니, 분수 밖의 행동을 삼간다.

• 〈**古易斷時言**〉의 점단
자기의 분수를 지키고 과분(過分) 한 것을 기대하지 마라. 보통사람은 소사는 성취되나, 대사는 불성한다. 출산은 난산이고 늦다. 병은 중하고 오래간다. 혼인은 불리.

初九 不出戶庭・无咎
방문(房門) 밖의 뜰을 벗어나지 않는다. 무탈하다.

[풀이] 저수지의 밑바닥은 물샐 틈 없이 튼튼해야 한다.

象曰 不出戶庭이나 知通塞也니라.
상(象)에 이르기를, '방문 밖의 뜰을 벗어나지 않는다'는, 통하고 막힘을 아는 것이다.

• 〈**古易斷時言**〉의 점단
조용히 현상유지하고 물러나서 지키는 것이 유리하다. 추진하고 구하면 모두 흉하고 재앙이 생긴다. 충효(忠孝)에 관한 일은 가하다.

九二 不出門庭・凶
대문 안의 마당을 벗어나지 않는다. 흉하다.

[풀이] 저수지의 밑바닥은 물샐 틈 없이 튼튼해야 하지만, 수구(水口)가 없이 너무 꽉 막으면 수리(水理)에 불편하다.

象曰 _{불 출 문 정 흉} 不出門庭凶은 _{실 시 극 야} 失時極也일세라.

상(象)에 이르기를, '대문 안의 마당을 벗어나지 않는다. 흉하다'라는 것은 때를 잃음이 극(極)에 다다랐다는 뜻이다.

• 〈古易斷時言〉의 점단

시기를 잘 살펴서 일을 추진하라. 편협하게 자기 고집만 내세우면 흉하다. 보통사람은 고집이 너무 세다. 병은 거처를 옮기고 약을 바꿔라. 출산은 불안하고, 혼인은 급하게는 안 된다.

六三 _{부 절 약} 不節若 ○ _{즉 차 약} 則嗟若 · _{무 구} 无咎

절제(節制)하지 않는다. 차탄(嗟歎)한다. 무탈하다.

[풀이] 음(陰)이 무능하여 절제하지 못한다.

象曰 _{부 절 지 차} 不節之嗟를 _{우 수 구 야} 又誰咎也리오.

상(象)에 이르기를, '절제하지 않아서 슬퍼함'을 누굴 탓하랴.

• 〈古易斷時言〉의 점단

백사(百事)가 불통(不通)하니 현상을 유지하고 나가지 마라. 혼인은 흉하고, 출산은 늦고 난산이고, 병은 치유된다.

六四 _{안 절} 安節 · _형 亨

편안하게 절제한다. 형통한다.

[풀이] 음(陰)이 九五를 받들어서 편안하게 절제한다.

450

象曰 _{안 절 지 형} 安節之亨은 _{승 상 도 야} 承上道也라.

象日 安節之亨은 承上道也라.
상(象)에 이르기를, '편안하게 지키는 절검(節儉)이니 형통한다'란 상도(上道)를 이어받음이다.

[풀이] 상도인 九五처럼 정위(正位)를 지킨다.

• 〈古易斷時言〉의 점단
백사가 결정되지 않는 상태다. 화순(和順)하고 정실(正實)한 군자는 이롭다. 병은 오래가고, 출산은 약간 난산이면서 늦고, 혼인은 불성.

九五 _{감 절} 甘節 ○ _길 吉 · _{왕 유 상} 往有尙
즐겁게 절제한다. 길(吉)하다. 나가면 존경(尊敬)을 받는다.

[풀이] 잘 절제하는 군주는 길하고 존경받는다.

象曰 _{감 절 지 길} 甘節之吉은 _{거 위 중 야} 居位中也일세라.
상(象)에 이르기를, '즐겁게 절제하여 길함'은 자리가 가운데에 있기 때문이다.

• 〈古易斷時言〉의 점단
막혔던 운이 차차 풀리고 결과가 나타나는 시절이 된다. 화정(和正)하면 길하고, 간사하면 나중에 재앙이 온다. 병은 중하고, 출산은 편안하며, 혼인은 길.

上六 _{고 절}苦節 · _{정 흉}貞凶 ○ _{회 망}悔亡

고통스럽게 절제하려면, 점이 흉하다. 후회가 없다.

[풀이] 절제가 필요하지 않는 상황에서 억지로 절제하려 하면, 절제의 뜻에
어긋난다.

象曰 _{고 절정 흉}苦節貞凶은 _{기 도 궁 야}其道窮也일세라.

상(象)에 이르기를, '고통스럽게 절제하려면, 점이 흉하다'라는 것은
그 도(道)가 궁색(窮塞)하기 때문이다.

• 〈古易斷時言〉의 점단

흉사(凶事)가 많고 고생. 혼인은 길하지만 불성한다. 병은 흉하고, 출
산은 평평하다.

절(節)은 '절제(節制)하고 분수를 지킨다'는 뜻이다 • 감(坎)의 물이 태(兌)의
못에 모여 있는데, 저수지의 물이 넘치면 반드시 둑을 무너뜨리고, 또 물
이 부족하여 고갈되면 저수지가 소용이 없다. 이처럼 한량(限量)에 맞도록
분수를 지켜야 하므로 절제라고 한다 • 천하의 사물에는 각각 알맞은 한량
이 있기 때문에 그에 따라서 적절하게 한도를 지킨다는 뜻이다 • 지천태
(地天泰)괘의 교역법으로 보면, 태(泰)괘는 하건(下乾)은 유여하고 상곤(上
坤)은 부족한 괘인데 이 절(節)괘는 유여하면 덜어주고 부족하면 보태어
서, 손익의 방편을 활용하여 각각의 경우에 그 분배를 절도(節度)에 맞게
한다는 뜻이다.

    • 또, 태(泰)괘는 안태(安泰)로서 무사태평한 상황인데, 九三이 올라가

452

서 九五가 되어 감험(坎險)을 주도하여 이미 험난이 생겼는데, 六五가 내려와서 六三으로 태택(兌澤)을 주도하면서 절제를 강조하면서 흔쾌히 그 험난에 대처한다는 뜻이다 • 절검(節儉)을 지킨다는 뜻 • 저수지로 흘러들어오는 물은 저수지 바닥이 튼튼해야만 저수되므로, 절도를 지키지 않으면 곤궁에 이른다는 뜻 • 여유가 없는데 억지로 감내하는 고절(苦節)은 사람들을 궁박(窮迫)하게 몰아붙인다는 뜻 • 고생이 많다는 뜻 • 매우 조심하고 삼가서 절도를 지킨다는 뜻 • 절검하면서 때를 기다린다는 뜻 • 사람들과 팀을 이루어 일을 도모하면 성공한다는 뜻이 있다.

풍택중부
風澤中孚

中孚는 豚魚이면 吉하니 利涉大川하고 利貞하니라

初九는 虞하면 吉하니 有他이면 不燕하리라

九二는 鳴鶴이 在陰이어늘 其子이 和之로다 我有好爵하야 吾與爾靡之하노라

六三은 得敵하야 或鼓 或罷 或泣 或歌이로다

六四는 月幾望이요 馬匹이 亡이니 无咎이리라

九五는 有孚이 攣如이니 无咎이니라

上九는 翰音이 登于天이니 貞이라도 凶하니라

中孚. 豚魚吉·利涉大川·利貞
중부(中孚)는, 돼지와 물고기도 길하다. 대천을 건너가면 이롭다. 이롭다는 점이다.

[풀이] 중(中)은 마음이고, 부(孚)는 신뢰(信賴)이니, '심중(心中)에 신실(信實)이 있다'는 뜻이다. 〈백서주역〉에는 '中孚'(중부)가 '中復'(중부)로 되어 있다. 즉, 통행본의 '孚'(부)자가 〈백서주역〉에는 모두 '復'(부)자로 되어 있다.

象曰 中孚는 柔在內而剛得中할세니 說而巽할세 孚가 乃化邦也니라 豚魚吉은 信及豚魚也요 利涉大川은 乘木코 舟虛也요 中孚하고 以利貞이면 乃應乎天也리라.

단(彖)에 이르기를, 중부(中孚)는 유(柔)가 내부에 있고 강(剛)이 중(中)을 얻었으므로 기뻐하고 공손함이니, 믿음이 이에 나라를 감화시킨다. '돼지와 물고기가 길하다' 함은 믿음이 돼지나 물고기에 미치기 때문이요, '큰 내를 건너는 것이 이롭다' 함은 나무를 타는데 배는 가운데가 비어 있기 때문이요, '중부(中孚)하고 정고(正固)하면 이롭다'는 것은 이에 하늘에 순응한 것이다.

[풀이] 내부의 六三과 六四는 음물(陰物)인데, 외부의 四陽이 강중(剛中)하여 보호하니 길하다. 물위에 바람이 불고, 괘상이 외실내허(外實內虛)하니 배의 형상이다.

象曰 澤上有風이 中孚니 君子以하야 議獄하며 緩死하나니라.
상(象)에 이르기를, 못 위에 바람이 부는 것이 중부(中孚)이니, 군자는 이로써 옥사(獄事)를 신중하게 의논하며 사형(死刑)을 늦춘다.

[풀이] 형벌제도를 신중하게 운용하여, 오판(誤判)을 없애고자 한다. 사형집행을 늦추어서 사형수가 자기과오를 스스로 인정할 시간을 준다는 취지다. 전적으로 형사재판에 관한 내용이다.

• 〈古易斷時言〉의 점단

신용이 크게 있으면 길하지만, 보통사람은 모두 흉하다. 병은 중증이면 난치. 출산은 평평하다. 혼인은 길한 것 같으나 이루기 어렵다.

初九 虞吉 ○ 有他不燕

생각하고 길하다. 다른 믿는 곳이 있으면 편안하지 않다.

[풀이] 九二와 상부(相孚)하니 편안하고, 만약 六四와 상응하면 편안하지 못하다.

象曰 初九虞吉은 志未變也일세라.

상(象)에 이르기를, '初九에 생각하고 길하다'는 것은 뜻이 변하지 않기 때문이다.

• 〈古易斷時言〉의 점단

지성(至誠)이면 감천(感天)하지만, 보통사람은 대체로 일이 이루어지지 않는다. 손실이 생긴다. 혼인은 불리, 출산은 편안, 병은 빨리 치료하면 완치한다.

九二 鳴鶴在陰 · 其子和之 ○ 我有好爵 · 吾與爾靡之

학(鶴)이 그늘에서 우니, 그 새끼가 화답한다. 내게 좋은 술이 있으니, 내가 너와 같이 한잔하리라.

[풀이] 九二는 학이고, 初九는 새끼다. 술은 六三이다. 동지(同志)인 二陽이 술로 어울린다.

象曰 其子和之^{기자화지}는 中心願也^{중심원야}라.

상(象)에 이르기를, '그 새끼가 화답한다'는 것은 중(中)의 마음으로 원하는 것이다.

• 〈古易斷時言〉의 점단
특별히 신중하고 성의가 있어서 보통사람과 차이가 나면 길하나, 일반적으로는 흉하다. 손재(損財)하고 착각을 일으키는 수가 있다. 혼인은 평평하다. 출산은 편안, 병은 진행되고 오래간다.

六三 得敵^{득적} ○ 或鼓^{혹고} · 或罷^{혹파} ○ 或泣^{혹읍} · 或歌^{혹가}

적(敵)을 만난다. 혹은 북 치고, 혹은 그친다. 혹은 울고, 혹은 노래한다.

[풀이] 적은 六四이니, 동류(同類)로서 본래 적이 아니지만, 음사(陰私)하므로 상대를 의심하고 시기(猜忌)한다.

象曰 或鼓或罷^{혹고혹파}는 位不當也^{위부당야}일세라.

상(象)에 이르기를, '혹은 북 치고, 혹은 그친다'는 것은 자리가 마땅치 않기 때문이다.

[풀이] 음(陰)이 양위(陽位)에 있어서 정위(正位)가 아니므로 六三이 초조하고 안정감이 모자란다.

• 〈**古易斷時言**〉의 점단

행동을 매우 신중하게 하여야 한다. 부정하게 행동하면 상대방도 역시
부정하게 대응한다. 보통사람은 만사에 흠이 많고 실패하기 쉽다. 물러
서서 현상유지나 하는 것이 좋다. 출산은 늦고, 병은 중하다.

六四 月幾望 · 馬匹亡 · 无咎
　　　（월기망）　（마필망）　（무구）

달이 보름에 가깝다. 말이 짝을 잃으나, 무탈하다.

[풀이] 九五의 태양의 빛을 순수(順受)하니 六四인 달이 보름이다. 짝말은 六三
인데, 六四가 六三과는 갈라서고 九五와 친비(親比)하니 무탈하다.

象曰 馬匹亡은 絶類하야 上也라.
　　　（마필망）　（절류）　（상야）

상(象)에 이르기를, '짝말이 없어졌다' 함은 동류(同類)와 갈라서고 위
를 따름이다.

• 〈**古易斷時言**〉의 점단

사리사욕을 버리고 착한 사람을 따라가면 허물이 없지만, 조금이라도
사심(私心)이 있으면 흠해진다. 추진하는 것은 좋지 않으니, 현상을 유
지하라. 혼인은 불리, 출산은 평평하다. 병은 위험.

九五 有孚 · 攣如 · 无咎
　　　（유부）　（련여）　（무구）

신의(信義)가 있고, 서로 호감이 있다. 무탈하다.

[풀이] 군주가 동지인 九二와는 신의가 있고, 친비하는 九四와는 서로 호감
(好感)이 있다.

458

象曰 有孚攣如^{유부련여}는 位正當也^{위정당야}일세라.

상(象)에 이르기를, '신의가 있고, 서로 호감이 있다'는 것은 자리가 정당하기 때문이다.

• 〈古易斷時言〉의 점단

대체로 정당한 일은 성사되지만, 부정한 사람은 백사(百事)에 흉하다.

上九 翰音登于天^{한음등우천} · 貞凶^{정흉}

닭이 하늘에 오른다. 점이 흉하다.

[풀이] 〈예기〉(禮記) 곡례편(曲禮篇)에 보면, 닭을 한음(翰音)이라고 부른다. 퇴위(退位)한 上九가 아래와 상대하지 않고, 고고(孤高)하게 처신한다. 대괘가 대리(大離)니, 上九에 위로 올라가는 닭이 등장한다.

象曰 翰音登于天^{한음등우천}이니 何可長也^{하가장야}리오.

상(象)에 이르기를, '닭이 하늘에 올라감'이니 어찌 오래갈 수 있으리오.

• 〈古易斷時言〉의 점단

재주를 부려 신임(信任)을 얻으려 하면 재앙을 초래한다. 보통사람은 불안하고 고생이 많다. 혼인은 불리, 출산은 늦고 불안, 병은 불치.

중(中)은 '마음'이고, 부(孚)는 '신뢰로 믿는다'는 뜻이다. 즉, '심중(心中)에 신실(信實)이 있다'는 뜻이다 ● 二陰은 안에 있고 四陽은 바깥에 있는데, 三四의 二陰은 중허(中虛)의 상이고 二五의 양효는 중실(中實)의 상이다. 중허가 중실을 신뢰하니, 중실은 감개(感慨)가 무량하다. 즉, 중허와 중실이 믿음을 함께 갖추었으므로 중부(中孚)라고 한다 ● 대괘로 보면 대리(大離)의 상이니, 마음을 가리킨다. 마음에 신의를 정실(正實)하게 지니면 마음의 바른 덕이라는 뜻이다 ● 마음은 태(兌) 기쁨을 바탕으로 하고 몸은 손(巽) 공손을 따르니, 심신 내외가 믿음의 뜻이 있으므로 이를 중부라고 하였다.

　● 믿을 만한 관계라는 뜻 ● 내가 기쁨으로 남을 따르고, 또 상호간에 기쁨이 합쳐지는 상이니 역시 중부의 뜻이다 ● 손풍(巽風)이 태택(兌澤)에 불면 물에 물결이 움직인다. 그러나 그 움직임은 무심(無心)이어서 자연스런 것이니, 무심한 믿음이므로 중부이다 ● 친화한다는 뜻 ● 회의를 화목하게 잘 끝낸다는 뜻 ● 자타가 협력해서 일을 도모한다는 뜻 ● 사물이 내 뜻에 잘 응하는 상 ● 빈 배에 탄다는 뜻 ● 입 맞추고 연애한다는 뜻이 있다 ● 반대로, 교언(巧言)은 믿을 수 없다는 뜻 ● 거짓으로 속인다는 뜻 ● 유언비어 (流言蜚語)의 뜻도 있다.

뇌산소과
雷山小過

小過^{소과}는 亨^형하니 利貞^{이정}하니 可小事^{가소사}이요 不可大事^{불가대사}이니라

飛鳥遺之音^{비조유지음}에 不宜上^{불의상}이요 宜下^{의하}이면 大吉^{대길}하리라

初六^{초육}은 飛鳥^{비조}이라 以凶^{이흉}이니라

六二^{육이}는 過其祖^{과기조}하야 遇其妣^{우기비}니 不及其君^{불급기군}이요 遇其臣^{우기신}이라 无咎^{무구}이니라

九三^{구삼}은 弗過防之^{불과방지}라 從或戕之^{종혹장지}니 凶^흉하니라

九四^{구사}는 无咎^{무구}하니 弗過^{불과}하야 遇之^{우지}니 往^왕이면 厲^려이라 必戒^{필계}며 勿用永貞^{물용영정}이니라

六五^{육오}는 密雲不雨^{밀운불우}는 自我西郊^{자아서교}이니 公^공이 弋取彼在穴^{익취피재혈}이로다

上六^{상육}은 弗遇^{불우}하야 過之^{과지}니 飛鳥^{비조}이 離之^{이지}라 凶^흉하니 是謂災眚^{시위재생}이라

461

^{소 과} ^{형 이 정} ^{가 소 사} ^{불 가 대 사} ^{비 조 유 지 음} ^{불 의 상}
小過. 亨利貞 ○ 可小事・不可大事 ○ 飛鳥遺之音・不宜上・

^{의 하 대 길}
宜下大吉

소과(小過)는, 형통하고 이로운 점이다. 소사는 가능하고 대사는 불가
하다. 나는 새가 소리를 낸다. 상승은 안 되고, 하강은 마땅하다. 대
길(大吉)이다.

[풀이] 소과(小過)는 '음(陰)이 지나치다'는 뜻이다. 또 '조금 지나치다'는 뜻도
있다. 양(陽)이 내부에 갇혀 있고, 四陰이 외부를 장악하고 있다. 사업은 활동
적인 二陽이 주관하는데, 양(陽)이 갇혀 있고, 수적으로도 소극적인 음소(陰
小)가 과다(過多)하다. 당연히 소극적인 소사는 가능하고, 적극적인 대사는 불
가한 상황이다. 괘상을 날아가는 새에 배대하여, 九三과 九四는 새의 몸체이
고, 나머지 음효(陰爻)들은 양쪽 날개로 본다.

^{소 과} ^{소 자 과 이 형 야} ^{과 이 리 정} ^{여 시 행 야} ^{유 득 중}
象日 小過는 小者過而亨也니 過以利貞은 與時行也니라 柔得中이

^{시 이 소 사 길 야} ^{강 실 위 이 부 중} ^{시 이 불 가 대 사 야} ^{유 비}
라 是以小事吉也요 剛失位而不中이라 是以不可大事也니라 有飛

^{조 지 상 언} ^{비 조 유 지 음 불 의 상 의 하 대 길} ^{상 역 이 하 순 야}
鳥之象焉하니 飛鳥遺之音不宜上宜下大吉은 上逆而下順也일세라.

단(彖)에 이르기를, 소과(小過)는 음소(陰小)가 과다하되 '형통함'
이니, '지나치지만, 이롭다는 점이다' 함은, 때에 따라서 적절하게
시행(施行)함이다. 유(柔)가 중(中)을 얻었으므로 '작은 일은 길하
다' 하고, 강(剛)이 제자리를 잃고 중(中)을 얻지 못하였으니 '큰일
은 불가하다'고 한다. 날아가는 새의 괘상이 있으니, '나는 새가 소
리를 남기니, 상승(上昇)은 마땅치 못하고, 하강(下降)은 크게 길하
다' 함은, 올라가는 것은 역(逆)이 되고, 내려오는 것은 순(順)이 된
다는 뜻이다.

462

象曰 山上有雷가 小過니 君子以하야 行過乎恭하며 喪過乎哀하며
用過乎儉하나니라.

상(象)에 이르기를, 산 위에 우레가 있는 것이 소과(小過)이다. 군자
는 이것을 보고서, 행동은 지나치게 공손하고, 상사(喪事)는 지나치
게 슬퍼하며, 소비(消費)는 지나치게 검소하게 한다.

• 〈古易斷時言〉의 점단
백사(百事)가 불통(不通)하여, 불화(不和)하고 고생한다. 남과 등지고
다투니 조심하라. 세력을 믿고 방자하게 행동하는 소인은 대흉(大凶)
이다. 그러나 일상소사는 정직하고 근면하면 이루어진다. 혼인은 불
리, 병은 치유, 출산은 평평하다.

初六 飛鳥以凶
나는 새이므로 흉하다.

[풀이] 초효와 상효는 날개의 끝으로 날 때는 그 끝이 가장 힘을 쓰는데, 양
(陽)이 소(少)하니 기력(氣力)이 부치는 상황이라 흉하다고 본다.

象曰 飛鳥以凶은 不可如何也라.
상(象)에 이르기를, '나는 새이므로 흉하다'는, 어떻게 해야 할지 모른
다는 말이다.

• 〈古易斷時言〉의 점단
백사(百事)를 현상유지만 하라. 새로 추진하면 흉하고 손해 본다. 혼인
은 불리, 병은 흉, 출산은 평평하다.

六二 過其祖_{과기조}·遇其妣_{우기비} ○ 不及其君_{불급기군}·遇其臣_{우기신} ○ 无咎_{무구}

할아버지를 지나쳐서 할머니를 만나고, 임금에 미치지 못하고 그 신
하를 만난다. 무탈하다.

[풀이] 상효는 조(祖)요 군(君)이며, 5효는 비(妣)요 신(臣)이다. 六二가 六五
와 부응한다는 뜻이다.

象曰 不及其君_{불급기군}은 臣不可過也_{신불가과야}라.

상(象)에 이르기를, '임금에 미치지 못한다'는 것은 신하는 지나칠 수
가 없다는 뜻이다.

• 〈古易斷時言〉의 점단
일상소사는 통하고 이롭다. 남과 같이하는 것이 좋고, 남과 계속 친화
하라. 혼인은 평평하나, 화려함이나 사치를 구하는 자는 흉하다. 병은
길고, 출산은 평평하다.

九三 弗過_{불과} ○ 防之_{방지}·從或戕之_{종혹장지}·凶_흉

과다하지 않다. 미리 방비한다. 쫓아오거나 혹 죽일 것이다. 흉하다.

[풀이] 상대적으로 양대(陽大)가 적으므로, 九三은 과다한 음(陰)의 해악(害
惡)을 방지하여야 한다. 과다한 음(陰)의 공격이 있으면 九三은 필사적으로 대
항하여 싸우는 상황이니, 싸우다가 죽기도 한다.

象曰 從或戕之_{종혹장지}니 凶如何也_{흉여하야}오.

상(象)에 이르기를, '쫓아오거나 혹 죽이니' 흉함을 어찌하리오.

464

백사불성(百事不成). 적극 추진하면 흉. 허황된 사람에게 유혹당하기 쉽
다. 출산은 평. 병은 불안하고 변동이 있는데, 거처를 옮기고 약을 써라.

九四 无咎 ㅇ 弗過·遇之 ㅇ 往厲·必戒 ㅇ 勿用永貞
무 구   불 과 우 지   왕 려 필 계   물 용 영 정

무탈하다. 과다하지 않으니, 만나서 어울린다. 가면 위태로우니 경계
하라. 영정(永貞)은 쓰지 마라.

[풀이] 九四는 양(陽)이지만 음위(陰位)이므로 과다한 음(陰)에 대항(對抗)하
지 않고, 순응하여 어울린다.

象曰 弗過遇之는 位不當也요 往厲必戒는 終不可長也일세라.
불 과 우 지   위 부 당 야   왕 려 필 계   종 불 가 장 야

상(象)에 이르기를, '과다하지 않으니, 만나서 어울린다'는 것은 자리
가 부당하기 때문이고, '가면 위태하므로 반드시 경계하라'는 것은 끝
내 오래가지는 못한다는 뜻이다.

• 〈古易斷時言〉의 점단
일체 추진하지 말고 현상유지만 하라. 노력해도 불성하고 재앙만 생긴
다. 혼인은 불리하고, 출산은 평(平)하나 늦어지는 수가 있다. 병은 오
래가고 치료하기 어렵다.

六五 密雲不雨·自我西郊 ㅇ 公弋·取彼在穴
밀 운 불 우 자 아 서 교   공 익 취 피 재 혈

먹구름인데 비가 안 오는 것은, 우리 서교(西郊)에서 시작한다. 공
(公)이 주살로 굴속에서 그것을 취한다.

[풀이] 음(陰)이 양(陽)을 못 만나니, 六五 구름이 비를 이루지 못한다. 九四인 공(公)이 줄 달린 화살로 동굴 안에 있는 六五를 맞히려 하나 불가능하다.

象曰 密雲不雨는 已上也일세라.
상(象)에 이르기를, '먹구름인데 비가 안 오는 것'은 이미 올라갔기 때문이다.

[풀이] 음(陰)인 구름은 이미 5효에 올라가 있어서, 九四와는 교우(交遇)하지 못한다.

• 〈古易斷時言〉의 점단
비는 안 오고, 사냥은 성과가 있다. 악인(惡人)을 버리고 선인(善人)과 친하면 도움을 얻는다. 정실(正實)하고 온화하면 일상소사는 성사한다. 혼인은 길, 출산은 평안, 병은 흉.

上六 弗遇 ○ 過之 ○ 飛鳥離之・凶 ○ 是謂災眚
만나서 어울리지 않는다. 과다하다. 나는 새가 그물에 걸리면 흉하다. 이것을 재생(災眚)이라고 말한다.

[풀이] 二陽과 만나지 않고 음(陰)이 지나치게 많다. 날개를 펴고 나는 새가 힘이 없어 그만 그물에 걸린다. 대괘가 대감(大坎)이니, 아래로 내려오다 그물에 걸린다.

象曰 弗遇過之는 已亢也라.
상(象)에 이르기를, '만나서 어울리지 않는다. 과다하다'란 이미 너무 높이 올라갔다는 것이다.

466

• 〈古易斷時言〉의 점단

만사가 불안하니, 가사(家事)나 주거에 문제가 있어 고생이다. 단, 화정(和正)하면 재앙을 면한다. 새로 추진하는 것은 삼가라. 허영심이 있으면 흉하다. 병은 흉하고, 출산은 평평하다.

소과(小過)는 '음(陰)이 지나치다'는 뜻이다. 또 '조금 지나치다'는 뜻도 있다 ● 二陽이 내부에 있고 四陰이 외부에 있으니 겉보기에 '음이 지나친 상'이다 ● 한편 원래 양은 강하고 음은 유하기 때문에, 二陽보다 四陰이 많더라도 '음이 크게 지나치지는 않다'는 뜻이 있다. 그래서 소과(小過)라고 한다 ● 산뢰이(山雷頤) 괘의 역위법으로 보면, 이(頤)괘는 진뢰(震雷)가 간산(艮山) 아래에 있지만, 지금 소과는 진뢰가 간산(艮山) 위에 있으니, 번개와 우레가 산을 넘어 지나가는 상이다.

● 진(震) 장남(長男)이 간(艮) 소남(少男)의 위에 있으나, 나이는 '조금 많다'는 뜻 ● 과실(過失)이 있다는 뜻 ● 착오가 생긴다는 뜻 ● 결정이 늦어진다는 뜻 ● 피아 상호간에 등지거나 떠나가는 상 ● 일이 틀어진다는 뜻이다 ● 일이 지연된다는 뜻 ● 상대는 움직이고 나아가고, 나는 머물러 정지하고 있어서 서로 분열된다는 뜻 ● 혹자는 행동하고 혹자는 정지하듯이, 한 무리가 양단(兩端)으로 나뉜다는 뜻 ● 작은 일은 이루지만, 큰일은 이룰 수 없다는 뜻 ● 장남과 소남, 두 사람이 큰길을 걸어가는 상 ● 두 명이 동행해도 그 뜻은 각각 다른 상 ● 집을 버리고 도망가는 상 ● 장년(長年)이 가출한다는 뜻이 있다. 대괘가 대감(大坎)이니 대체로 험하고 어려운 상황이다.

수화기제
水火旣濟

旣^기濟^제는 亨^형이 小^소하고 利貞^{이정}하니 初吉^{초길}코 終亂^{종난}하니라

初九^{초구}는 曳其輪^{예기륜}하며 濡其尾^{유기미}면 无咎^{무구}이리라

六二^{육이}는 婦喪其茀^{부상기불}이니 勿逐^{물축}이라도 七日^{칠일}에 得^득하리라

九三^{구삼}은 高宗^{고종}이 伐鬼方^{벌귀방}하야 三年克之^{삼년극지}니 小人勿用^{소인물용}이라

六四^{육사}는 繻^수에 有衣袽^{유의녀}하야 終日戒^{종일계}니라

九五^{구오}는 東鄰殺牛^{동린살우}이 不如西鄰之禴祭^{불여서린지약제}이 實受其福^{실수기복}이니라

上六^{상육}은 濡其首^{유기수}이라 厲^여하니라

^{기 제} ^{형 소} ^{이 정} ^{초 길 종 난}
旣濟. 亨小·利貞 ○ 初吉終亂

기제(旣濟)는, 소(小)가 형통한다. 이롭다는 점이다. 처음은 길하고, 나중에는 혼란스럽다.

[풀이] 기제(旣濟)는 '이미 여건이 모두 갖추어졌다', '상황이 완료되었다'는 뜻이다. 중정응비(中正應比)가 구비하므로 기제라고 부른다. 그러나 초길(初吉)하나 종난(終亂)이니, 크게 이로운 상황은 아니다. 주희는 〈단전〉을 근거로 삼아 '亨小·利貞'(형소·이정)을 '小亨·利貞'(소형·이정)으로 고쳐야 한다고 주장했다.

^{기 제 형} ^{소 자 형 야} ^{이 정} ^{강 유 정 이 위 당 야} ^{초 길}
象曰 旣濟亨은 小者亨也니 利貞은 剛柔正而位當也일세라 初吉
^{유 득 중 야} ^{종 지 즉 난} ^{기 도 궁 야}
은 柔得中也요 終止則亂은 其道窮也라.

단(彖)에 이르기를, '기제가 형통한다' 함은, 작은 것이 형통함이니, '이롭다는 점이다' 함은 강(剛)과 유(柔)가 바르고 마땅한 자리에 있기 때문이다. '처음은 길하다' 함은 유(柔)가 중(中)을 얻었기 때문이요, '나중에 이르러 어지럽다'는 것은 그 도(道)가 궁하기 때문이다.

[풀이] '작은 것이 형통함'이니, 큰 것은 형통이 아니다. '나중에 이르러 어지럽다'는 것은 그 도(道)가 궁하기 때문이라고 하니, 역시 '작은 것이 형통한' 小亨·利貞(소형·이정)이 옳다.

^{수 재 화 상} ^{기 제} ^{군 자 이} ^{사 환 이 예 방 지}
象曰 水在火上이 旣濟니 君子以하야 思患而豫防之하나니라.

상(象)에 이르기를, 물이 불 위에 있는 것이 기제이다. 군자는 이것을 보고 환란을 미리 생각하여 이를 예방한다.

[풀이] 위에 있는 물이 쏟아지면 아래의 불이 꺼지고, 아래의 불이 맹렬(猛烈)하면 물이 마르니, 서로 자기 자신을 미리 보호·예방하라는 경고다.

• 〈古易斷時言〉의 점단

보통사람은 부정(不正), 불의(不義)하거나 변덕이 심하므로 대체로 불길하고, 초길(初吉)하나 종난(終亂)하다. 혼인은 평평하지만, 끝이 좋지 않다. 출산은 평평하다. 병은 치유.

初九 曳其輪 · 濡其尾 · 无咎
(예 기 륜)   (유 기 미)   (무 구)
그 수레바퀴를 뒤에서 끌어당긴다. 꼬리를 적신다. 무탈하다.

[풀이] 六二는 수레인데, 初九가 나아가지 못하게 뒤에서 끌어당기고 있다. 그래서 힘이 약한 六二가 나가지 못하고 꼬리가 젖는다.

象曰 曳其輪은 義无咎也니라.
(예 기 륜)   (의 무 구 야)
상(象)에 이르기를, '그 수레바퀴를 뒤에서 끌어당긴다'는 의리상 무탈함이다.

• 〈古易斷時言〉의 점단

정심(正心)으로 실행하면 남의 도움을 받아서 길하고, 새로 추진하면 흉하다.

六二 婦喪其茀 · 勿逐 · 七日得
(부 상 기 불)   (물 축)   (칠 일 득)
부인이 수레의 문 가리개를 잃었다. 안 찾아도 7일 후에 얻는다.

[풀이] 마차의 가리개를 잃으니 중정(中正)한 부녀(婦女)로서는 창피한 일이다.

象曰 七日得은 以中道也라.
(칠 일 득)   (이 중 도 야)
상(象)에 이르기를, '7일 후에 얻는다'는, 중도(中道)로 하기 때문이다.

470

새로 추진하는 일이 있으면 흥하고, 현상을 유지하는 것이 좋다. 혼인
은 불리. 출산은 늦고 급하게 굴면 어렵게 된다. 병은 오래가지만 서두
르면 치료가 된다.

九三 高宗伐鬼方 · 三年克之 · 小人勿用
고종(高宗)이 귀방(鬼方)을 정벌한다. 3년 만에 이긴다. 소인은 쓰
지 마라.

[풀이] 상(商)나라 고종(高宗)이 귀신을 숭상하는 초(楚)나라를 정벌한 고사
(古事)이다. 소인은 上六을 가리킨다.

象曰 三年克之는 憊也라.
상(象)에 이르기를, '3년 만에 이긴다'는 지치고 고달프다는 뜻이다.

• 〈古易斷時言〉의 점단
주거가 불안하고 만사가 실패하기 쉽다. 사리사욕을 버리고 성내지 아
니하면 액(厄)을 면한다. 출산은 평평하고, 병은 오래가며 위험하다.

六四 繻有衣袽 · 終日戒
헌 옷으로 배에 스며드는 물을 막는다. 종일토록 경계한다.

[풀이] 음유(陰柔)하므로 적극적으로 배를 수리하지 않고, 고식적(姑息的) 방
법을 취한다.

象曰 ^{종일계}終日戒는 ^{유소의야}有所疑也라.

상(象)에 이르기를, '종일토록 경계한다'는, 의심하는 바가 있음이다.

• 〈古易斷時言〉의 점단

시시때때로 재앙이 생긴다. 주의하고 방심하지 않으면 재앙을 면한다. 남녀관계를 조심하라. 출산은 불안. 혼인은 흉, 병은 불치.

九五 ^{동린살우}東鄰殺牛 · ^{불여서린지약제}不如西鄰之禴祭 · ^{실수기복}實受其福

동쪽 이웃에서 소를 잡는 제사(祭祀)가, 서쪽 이웃이 검소하게 제사 지내고 실속 있게 그 복을 받는 것만 하다.

[풀이] 동린(東鄰)은 주왕(紂王)에, 서린(西鄰)은 문왕(文王)에 비유한 것이니, 제사는 성의(誠意)가 중요하다는 뜻이다. 〈백서주역〉에는 殺牛(살우) 뒤에 以祭(이제)가 있고, 맨 끝에 吉(길)자가 있다.

象曰 ^{동린살우불여서린지시야}東鄰殺牛不如西鄰之時也니 ^{실수기복}實受其福은 ^{길대래야}吉大來也라.

상(象)에 이르기를, '동쪽 이웃이 소를 잡는 것이 서쪽 이웃이 때를 맞춘 것만 같지 못하고, 실속 있게 그 복을 받는다'라는 것은 길한 일이 크게 온다는 것이다.

• 〈古易斷時言〉의 점단

보통사람은 성사하기 어려우니 현상을 유지하고 뜻밖의 재앙이나 모함을 조심하라. 혼인은 불리, 병은 불치, 출산은 평평.

472

上六 濡其首·厲

머리를 적신다. 위태롭다.

[풀이] 음유(陰柔)한데도 용감하게 억지로 물을 건너다가 머리가 잠기니, 위태한 짓이다.

象曰 濡其首厲니 何可久也리오.
상(象)에 이르기를, '그 머리를 적시니 위태롭다'란, 어찌 오래갈 수 있겠느냐.

• 〈古易斷時言〉의 점단
백사(百事) 실패하기 쉬우니 조심하라. 신규 사업은 불성하고 재앙만 불러온다. 혼인은 흉. 출산은 평평하다. 병은 오래가고 불치다.

괘상풀이

기제(既濟)는 '이미 여건이 모두 갖추어졌다', '상황이 완료되었다'는 뜻이다 • 6효에서 귀중하게 보는 것은 중(中)·정(正)·응(應)·비(比)라는 4가지 조건인데, 이 괘는 이것들을 모두 구비한 유일한 괘이다. 그래서 기제(既濟)라고 부른다 • 화수미제(火水未濟)의 역위로 보면, 미제(未濟)는 이화(離火)가 감수(坎水)의 위에 있어서 물과 불이 불교(不交)하는 상태이지만, 이 기제 괘는 감수가 이화 위에 있어 물과 불이 상하로 상교(相交)하고 있다. 물과 불이 능히 상교하면, 즉 만물이 생육(生育)할 조건이 구비되므로, 기제라고 한다 • 또 물과 불이 상교하는 것은, 물[水]을 솥에 넣고 아래에서 불[火]을 피우는 상이므로, 부엌에서 음식을 삶아 익히는 팽임(烹飪)의 뜻이 있다.

• 사물이 이미 완성되었다는 뜻 • 이미 정해졌다는 뜻 • 유용한 물건이므로 잠깐이라도 버릴 수 없다는 뜻 • 적당하다는 뜻 • 이미 완성된 것이 점차 어지럽게 된다는 뜻 • 물과 불이 서로를 공격하나, 궁극에 진료(盡了)하거나 멸망한다는 뜻 • 상쟁하는 경우에는 중개인을 찾아서 타협하고 처리한다는 뜻 • 부부가 불화한다는 뜻이 있는데, 그 이유는 5효 부(夫)와 2효 부(婦) 사이에 3·4효가 끼어서, 2·5효와 친비하려 하기 때문이다.

화수미제
火水未濟

未濟_{미제}는 亨_형하니 小狐_{소호}이 汔濟_{흘제}하야 濡其尾_{유기미}니 无攸利_{무유리}하니라

初六_{초육}은 濡其尾_{유기미}니 吝_인하니라

九二_{구이}는 曳其輪_{예기륜}이니 貞_정이라 吉_길하리라

六三_{육삼}은 未濟_{미제}에 征_정이면 凶_흉하나 利涉大川_{이섭대천}하니라

九四_{구사}는 貞_정이면 吉_길하야 悔_회이 亡_망하리니 震用伐鬼方_{진용벌귀방}하야 三年_{삼년}에야 有賞于大國_{유상우대국}이로다

六五_{육오}는 貞_정이라 吉_길하야 无悔_{무회}니 君子之光_{군자지광}이 有孚_{유부}이라 吉_길하니라

上九_{상구}는 有孚于飲酒_{유부우음주}니 无咎_{무구}이어니와 濡其首_{유기수}이면 有孚_{유부}하야 失是_{실시}하리라

^{미제 형   소호홀제   유기미   무유리}
未濟. 亨 ○ 小狐汔濟 · 濡其尾 · 无攸利

미제(未濟)는, 형통한다. 여우새끼가 물을 건너다가 꼬리를 적신다.
이로운 것이 없다.

[풀이] 미제(未濟)는 '아직 여건이 갖추어지지 못했다'는 뜻이다. 여우새끼가
물을 건널 적에 꼬리를 치켜세우고 헤엄치는데, 힘이 없어서 꼬리가 내려와 물
에 젖으면 도강(渡江)을 포기하고 되돌아간다. 아직 준비가 모자라니 얼른 포
기한 것이다.

^{미제형   유득중야   소호홀제   미출중야   유기미무유}
象曰 未濟亨은 柔得中也요 小狐汔濟는 未出中也요 濡其尾无攸
^{리   불속종야   수부당위   강유응야}
利는 不續終也라 雖不當位나 剛柔應也니라.

단(象)에 이르기를, '미제(未濟)가 형통함'은 유(柔)가 중(中)을 얻
었기 때문이요, '어린 여우가 물을 건너간다' 함은 아직 중간을 넘어
가지 못하였기 때문이요, '그 꼬리를 적셔서 이로울 바 없다' 함은 계
속해서 건너가지 못함이다. 비록 자리는 마땅치 않으나 강유(剛柔)
가 서로 응한다.

[풀이] 미제(未濟)는 육효(六爻)가 모두 정위(正位)가 아니고, 유(柔)가 중
(中)을 얻음은 六五만을 말한다. 그러나 육효가 모두 상응(相應)하니 여건만
맞으면 사업을 운영할 잠재력(潛在力)은 가지고 있다고 본다.

^{화재수상   미제   군자이   신변물   거 방}
象曰 火在水上이 未濟니 君子以하야 愼辨物하야 居方하나니라.

상(象)에 이르기를, 불이 물 위에 있는 것이 미제(未濟)이다. 군자는
이것을 보고, 신중하게 사물의 성질을 판단하여 제자리에 있게 한다.

[풀이] 위에 불이 있고 밑에 물이 있으니, 서로 관여하지 않아서 공(功)도 없
고 과(過)도 없다. 따라서 적성에 맞추어 각자의 위치를 잘 잡아야 한다.

- **〈古易斷時言〉의 점단**

정직, 근면한 사람이 성심(誠心)으로 노력하면 반드시 장래엔 길하게 된다. 다만, 만사를 급하게 추진하지 말고, 느긋하게 천천히 조용히 추진하는 것이 유리하다. 혼인은 길. 출산은 편안. 병은 위험하지만 치유된다.

初六 濡其尾·吝
<small>유 기 미   인</small>

꼬리를 적신다. 아쉽다.

[풀이] 음유(陰柔)한 初六이 물을 건너려고 한다.

象曰 濡其尾는 亦不知極也라.
<small>유 기 미   역 부 지 극 야</small>

상(象)에 이르길, '그 꼬리를 적신다'는 것은 또한 극(極)을 알지 못함이다.

- **〈古易斷時言〉의 점단**

화정(和正)하고 화순(和順)하면 유리하다. 자기의 고집을 내세우면 흉하다. 혼인은 불리. 출산은 편안하나 산모가 고생한다. 병은 치유된다.

九二 曳其輪·貞吉
<small>예 기 륜   정 길</small>

수레를 잡아서 멈춘다. 점이 길하다.

[풀이] 九二가 初六의 도강(渡江)을 막아선다.

象曰 九二貞吉은 中以行正也일세라.
<small>구 이 정 길   중 이 행 정 야</small>

상(象)에 이르기를, '九二가 정고하면 길하다'란 중(中)에 있어 바르게 행함이다.

[풀이] 九二의 저지(沮止)가 정당(正當)하다.

• ⟨古易斷時言⟩의 점단

만사 순조로운 시절이다. 정신(正信)에 화순하면 입신출세하고, 허망하면 흉하다. 혼인은 길. 출산은 평안. 병은 흉.

六三 未濟 · 征凶 · 利涉大川
미제　　정흉　　　이섭대천

건너가지 못할 때다. 원정(遠征) 가면 흉하다. 대천(大川)을 건너가면 이롭다.

[풀이] 六三은 음유(陰柔)하니 힘이 아직 모자란다. 그러나 왕부지는 미제(未濟)로 수수방관하는 것보다는 대의(大義)를 위하여 흉함을 무릅쓰고, 손익(損益)을 불문(不問)하고 대천을 건너가는 것이 보다 더 이롭다고 강조한다. 고형 교수는 '利涉大川'(이섭대천)은 '不利涉大川'(불리섭대천)의 오기(誤記)라고 한다.

象曰 未濟征凶은 位不當也일세라.
미제정흉　　위부당야

상(象)에 이르기를, '건너가지 못할 때에 정벌 가면 흉하다' 함은 자리가 마땅치 않기 때문이다.

• ⟨古易斷時言⟩의 점단

다재다능한 사람이 정심(正心)이고 견고하면 길하다. 그러나 경거망동하면 불리하다. 남녀문제는 주의하라. 부인이 관여하는 변화는 불리하다. 혼인은 평(平)하나, 부정하면 나중에 헤어진다. 출산은 편안. 병은 급변을 주의하고 며칠 지나면 치유된다.

478

九四 <ruby>貞<rt>정</rt></ruby><ruby>吉<rt>길</rt></ruby>·<ruby>悔<rt>회</rt></ruby><ruby>亡<rt>망</rt></ruby> ○ <ruby>震<rt>진</rt></ruby><ruby>用<rt>용</rt></ruby><ruby>伐<rt>벌</rt></ruby><ruby>鬼<rt>귀</rt></ruby><ruby>方<rt>방</rt></ruby>·<ruby>三<rt>삼</rt></ruby><ruby>年<rt>년</rt></ruby><ruby>有<rt>유</rt></ruby><ruby>賞<rt>상</rt></ruby><ruby>于<rt>우</rt></ruby><ruby>大<rt>대</rt></ruby><ruby>國<rt>국</rt></ruby>

점이 길하니, 후회가 없다. 들쑤셔서 귀방(鬼方)을 정벌하니, 3년 만에 대국(大國)에서 상을 탄다.

[풀이] 대국이 상을 주니, 국제적 분쟁거리를 어렵게 해결한 것이다. 외괘에 들어서니, 이제 미제(未濟)에서 기제(既濟)로 넘어가는 상황이다.

<ruby>象<rt></rt></ruby><ruby>曰<rt></rt></ruby> <ruby>貞<rt>정</rt></ruby><ruby>吉<rt>길</rt></ruby><ruby>悔<rt>회</rt></ruby><ruby>亡<rt>망</rt></ruby>은 <ruby>志<rt>지</rt></ruby><ruby>行<rt>행</rt></ruby><ruby>也<rt>야</rt></ruby>라.

상(象)에 이르기를, '점이 길하니, 후회가 없다' 함은 뜻이 펼쳐짐이다.

• 〈**古易斷時言**〉의 점단

고생을 견디고 정직하면 반드시 성과가 있고 소원을 이룬다. 그러나 보통사람은 일이 지체되고 또 남의 도움을 잊게 된다. 혼인은 불리. 출산은 편안. 병은 장기치료.

六五 <ruby>貞<rt>정</rt></ruby><ruby>吉<rt>길</rt></ruby>·<ruby>无<rt>무</rt></ruby><ruby>悔<rt>회</rt></ruby> ○ <ruby>君<rt>군</rt></ruby><ruby>子<rt>자</rt></ruby><ruby>之<rt>지</rt></ruby><ruby>光<rt>광</rt></ruby>·<ruby>有<rt>유</rt></ruby><ruby>孚<rt>부</rt></ruby>·<ruby>吉<rt>길</rt></ruby>

점이 길하다. 후회가 없다. 군자의 영광(榮光)이니, 신의(信義)가 있다. 길하다.

[풀이] 신의는 동성(同性)이나 동지(同志) 사이에서 형성된다. 여기서는 九二를 동지로 보고 있다.

<ruby>象<rt></rt></ruby><ruby>曰<rt></rt></ruby> <ruby>君<rt>군</rt></ruby><ruby>子<rt>자</rt></ruby><ruby>之<rt>지</rt></ruby><ruby>光<rt>광</rt></ruby>은 <ruby>其<rt>기</rt></ruby><ruby>暉<rt>휘</rt></ruby>가 <ruby>吉<rt>길</rt></ruby><ruby>也<rt>야</rt></ruby>라.

상(象)에 이르기를, '군자의 영광이다'란 그 광휘가 길함이다.

• **〈古易斷時言〉의 점단**

보통사람은 힘들다. 화순·정직하고 노련한 사람을 따라가는 것이 좋다. 부정하면 흉하다. 또 성의가 있으면 뜻밖의 길조(吉兆)가 생기고, 우매하고 고집을 부리면 흉하다. 혼인은 흉. 출산은 평. 병은 치유.

上九 有孚于飮酒·无咎 ○ 濡其首 ○ 有孚·失是

신의가 있어서 술을 마시니 무탈하다. 머리를 적신다. 신의가 있어도, 옳지 못하다.

[풀이] 동지들이 술판을 벌인다. 절제(節制)할 줄 모르면 동지들에게 지탄받는다.

象曰 飮酒濡首는 亦不知節也라.

상(象)에 이르기를, '술을 마시고, 머리를 적신다'는, 절제를 알지 못함이다.

• **〈古易斷時言〉의 점단**

만사에 서둘러서 빨리 처리하는 것이 유리하다. 머뭇거리면 실패한다. 새롭게 시작하는 것에는 길조다. 일상의 생활은 이루어진다. 남녀문제를 조심하라. 부정한 사람은 손실이 발생한다. 혼인은 서둘지 말고, 출산은 평평하며, 병은 빨리 치유된다.

미제(未濟)는 '아직 여건이 갖추어지지 못했다'는 뜻이다 • 이화(离火)는 위에 있고 감수(坎水)는 아래에 있어서 위와 아래로 각각 분리되니, 불과 물이 상교(相交)하지 않으므로 미제이다 • 수화기제(水火旣濟) 괘와 비교하면, 미제(未濟) 괘도 응(応)과 비(比)는 갖추었지만, 아직 각 효가 정위(正位)를 얻지 못하고 중정(中正)도 아니다. 그래서 모두 다 갖추지 않았다고 미제라고 한다.

　• 상황의 정리가 아직 끝나지 않았다는 뜻 • 적당하지 않다는 뜻 • 상괘인 화(火)는 위로 올라가고, 하괘인 수(水)는 아래로 내려가니, 서로 등지고 갈라진다는 뜻이다 • 쟁론하거나 투쟁한다는 뜻 • 서로 미워한다는 뜻 • 분잡(紛雜)하다는 뜻 • 집안 분위기가 각인각색(各人各色)이라서 불화한다는 뜻 • 부부불화(夫婦不和) • 六五인 음효가 주효이기 때문에 남자가 궁한 상 • 친목하고 화합할 조건이 미비하다는 뜻 • 아직은 미정(未定)이라는 뜻 • 명지(明智)와 성의(誠意)를 겸비한 인물이라면 좋은 때를 기다린다는 뜻이 있다.